新编高等院校财经类“十三五”创新系列精品规划教材

用友 ERP 财务管理系统
（用友 U8V10.1 版）

（彩色版）

主　编　庞靖麒　张晓琳　刘　荣
副主编　安宝强　张海斌　郑洪文　刘　磊
参　编　薄庚申　马晓东　纪芬洲

中国商业出版社

图书在版编目(CIP)数据

用友 ERP 财务管理系统:用友 U8V10.1 版 / 庞靖麒,张晓琳,刘荣主编. —北京 : 中国商业出版社, 2018.2

ISBN 978-7-5044-9212-8

Ⅰ. ①用… Ⅱ. ①庞…②张…③刘… Ⅲ. ①财务软件-高等职业教育-教材 Ⅳ. ①F232

中国版本图书馆 CIP 数据核字(2015)第 291417 号

责任编辑:蔡凯

中国商业出版社出版发行

010-63180647 www.c-cbook.com

(100053 北京广安门内报国寺 1 号)

新华书店经销

北京市兴怀印刷厂印刷

* * * * *

开本:787×1092 毫米 1/16 印张:19 字数:300 千字

2018 年 2 月第 1 版 2018 年 2 月第 2 次印刷

定价:56.00 元

* * * *

(如有印装质量问题可更换)

前言

为认真贯彻落实国务院《关于加快发展现代职业教育的决定(国发〔2014〕19号)》、教育部等六部委《现代职业教育体系建设规划(2014－2020年)》文件精神,根据财政部《全面推进我国会计信息化工作的指导意见(财会[2009]6号)》和《企业会计信息化工作规范(财会〔2013〕20号)》,我们以财政部2006年颁布的《企业会计准则》和最新修订准则以及有关财经法规为依据,结合高等职业教育会计相关专业会计信息化课程要求和2015年全国职业院校技能大赛中的会计信息化比赛要求,编写了本书。

本书以用友ERP－U8V10.1软件为载体,以日照泽瑞服饰有限责任公司2016年1月份的业务为示例,按照企业信息化工作流程设置了财务软件准备、财务软件初始设置、日常经济业务核算、期末业务处理、编制财务报表5个项目,其中财务软件初始设置、日常经济业务核算、期末业务处理项目中,按照用友功能模块的不同,又将内容划分为基础设置、总账管理、薪资管理、固定资产管理、应收款管理、应付款管理几个子系统。在编写体例上,设置了职业能力目标、典型工作任务、项目背景资料、常见错误分析和项目小结环节,以清晰的业务流程、准确的操作步骤和详细的内容讲解,启发学生思考,提高学生使用用友ERP－U8V10.1软件处理经济业务的能力。

与其他会计信息化教材相比,本书具有以下显著特点:

1. 实用性。本书按照企业会计信息化业务的实际工作流程编排,教材内容与工作流程高度统一,且所有业务均来源于企业工作实践,业务类型丰富,代表性强,能够很好地培养学生的财务软件实操能力。

2. 完整性。本书按照项目化的基本原则设计,项目要素完整,项目任务明确,可操作性强,能够很好地考核监控任务完成情况。

3. 创新性。本书设置了常见错误分析环节,总结学生日常训练普遍出现的高频错误和问题,逆向分析问题产生的原因,提供问题解决方案。

本书由庞靖麒、张晓琳、刘荣担任主编,安宝强、张海斌、郑洪文、刘磊担任副主编,薄庚申、马晓东、纪芬洲参编。编写分工如下:郑洪文(日照职业技术学院)编写子项目1.1、1.2;安宝强(山东外国语职业学院)编写子项目1.3、2.1;张晓琳(日照职业技术学院)编写子项目2.2、3.1、3.6;刘荣(日照职业技术学院)编写子项目2.3、2.4、3.2、3.3;庞靖麒(日照职业技术学院)编写子项目2.5、2.6、3.4、3.5;纪芬洲(日照裕鑫动力有限责任公司)编写子项目4.1;薄庚申(山东外国语职业学院)编写子项目4.2;刘磊(国网山东日照供电公司)编写子项目5.1;马晓东(国网山东日照供电公司)编写子项目5.2。张海斌(新道科技股份有限公司山东分公司)对全书进行了通稿审阅。

本书的出版得到了新道科技股份有限公司山东分公司、日照裕鑫动力有限责任公司、国网山东日照供电公司的大力支持,在此深表感谢。

由于时间仓促,加之编者水平有限,书中难免存在疏忽和不当之处,恳请广大读者批评指正。

编　者

2018年2月

目　录

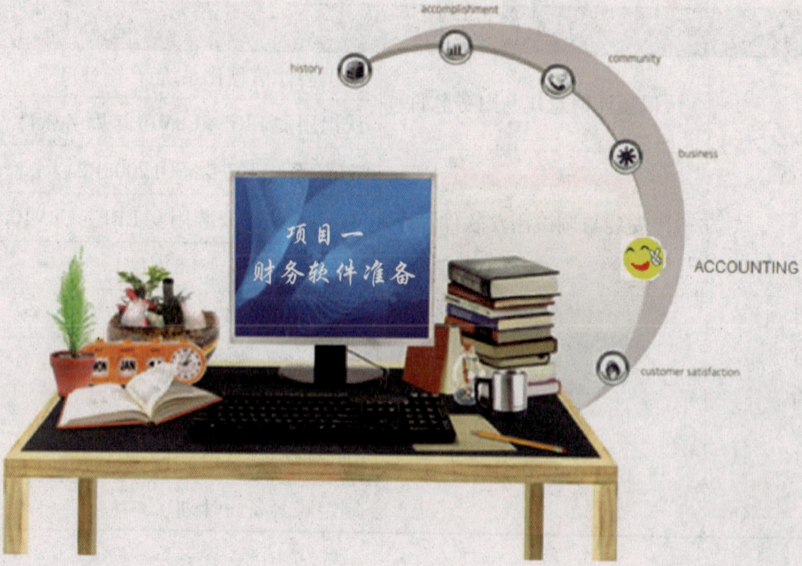

项目一　财务软件准备

职业能力目标

目标类型	目标要求	对应子项目
能力目标	能描述用友软件的构成及各模块间的关系	子项目 1.1
	能调试软件安装环境并安装软件	子项目 1.2
	会建立、修改、引入、备份、删除账套	子项目 1.3
	会增、减操作员并进行权限赋予	子项目 1.3
	会制定账套备份计划	子项目 1.3
知识目标	了解会计信息系统的概念及构成	子项目 1.1
	了解用友软件的基本功能及各模块间的关系	子项目 1.1
	知道用友财务软件的安装流程	子项目 1.2
	知道账套的基本原理及作用	子项目 1.3
	熟悉操作员及权限的管理流程及作用	子项目 1.3
	掌握系统管理员与账套主管的权限差异	子项目 1.3

典型工作任务

项目	子项目	典型工作任务
财务软件准备	认识会计信息化与财务软件	认识会计信息化系统
		认识用友 ERP－U8V10.1 财务软件
	安装与调试用友软件	Win7 系统下安装 SQL2008R2
		Win7 系统下安装用友 ERP－U8V10.1
		调试用友 ERP－U8V10.1
	系统管理	启动系统管理
		增加、修改、删除操作员
		操作员权限赋予
		建立、修改、备份、引入账套
		制定账套备份计划

项目背景资料

日照泽瑞服饰有限责任公司成立于2010年，从事服装生产销售活动，企业使用手工账进行核算。随着企业经营规模的扩大，2015年年底，企业购入用友财务软件一套，并于2016年年初将手工会计核算转为财务软件处理，企业会计核算的基本信息如下。

(一)公司基本信息

1. 账套信息:账套号:007;账套名称:日照泽瑞服饰有限责任公司;账套路径:默认;启用会计期:2016年1月;会计期间设置:1月1日至12月31日。

2. 单位信息:单位名称:日照泽瑞服饰有限责任公司;机构代码:250506000041232;单位简称:泽瑞服饰;单位地址:山东省日照市威海路116号;联系电话、传真:0633－8172003;电子邮件:rzfs@163.com;税号:372500045578120。

3. 核算类型:本币代码:RMB;本币名称:人民币;企业类型:工业;行业性质:2007年新会计制度科目;账套主管:马娟;按行业性质预置科目:是。

4. 基础信息:该企业有外币核算，进行经济业务处理时，需要对存货、客户、供应商进行分类。

5. 编码方案:

(1)科目编码级次4－2－2－2

(2)客户分类、供应商分类编码级次2－2

(3)存货分类编码级次2－2－3

(4)部门、结算方式、收发类别编码级次1－2

(5)其他编码保持不变

6. 数据精度:保持系统默认设置。

7. 系统启用:"总账"、"应收款管理"、"应付款管理"、"固定资产"、"薪资管理"，模块的启用日期为“2016 年 1 月 1 日”。

(二)操作员及权限信息

实施电算化后，根据财务分工，单位财务人员的具体岗位职责和工作权限如下：

操作员	职位	工作内容	权限
001 马娟	主管	负责财务软件运行环境的建立、各模块初始设置和日常运行管理、总账系统的凭证审核、记账、账簿查询、月末对账、结账及财务报表的生成工作。	具有系统所有模块的全部权限
002 张珍	会计	负责总账、固定资产、应收款管理、应付款管理、薪资模块凭证的填制或生成。	拥有“财务会计 - 总账、固定资产、应收款管理、应付款管理”的全部权限，以及“人力资源 - 薪资管理”权限。
003 苏立伟	会计	负责应收款管理和应付款管理系统单据的填制工作。	拥有“基本信息 - 公共单据”权限及“财务会计 - 应收款管理、应付款管理”中除单据审核外的权限。
004 宋丽丽	出纳	负责现金、银行存款的管理工作。	拥有“总账 - 凭证 - 出纳签字”和“总账 - 出纳”的权限。

(三)账套备份计划

为了保证企业财务数据的安全，财务部制订了账套备份计划：

计划编号	001	计划名称	2016 泽瑞服饰账套备份
备份类型	账套备份	发生频率	每周
发生天数	7	开始时间	0:00:00
有效触发	2 小时	保留天数	60 天
备份路径	D:\U8\账套备份		

(四)产品生产流程

该公司设立一个基本生产车间，生产高档女装和普通女装，其中高档女装包括女式西装和女式风衣两种产品，在车间完成产品的裁剪、缝纫及熨烫整理工作，产品完工入库后，经检验合格后送交成品库。企业采用品种法核算产品成本，原材料在生产开始时一次性投入。

(五)企业的会计政策和核算方法

1. 存货采购采用实际成本法核算，存货发出成本于月末汇总计算；

2. 固定资产折旧方法采用平均年限法(一)，按月计提折旧；

3. 增值税税率为 17%，城市建设维护税税率为 7%，教育费附加率为 3%，企业所得税实行查账计征，按季预缴、年终汇算清缴，税率为 25%；所有业务不做特别说明，均为无税单价。

子项目 1.1　认知会计信息化及财务软件

任务框架

任务 1:认知会计信息化

任务 2:认知用友 ERP - U8V10.1 软件

任务 1:认知会计信息化

※任务描述

了解会计信息化的发展历程。

※知识解析

一、会计信息化与会计电算化

会计电算化也叫计算机会计，是指以电子计算机为主体的当代电子技术和信息技术应用到会计实务中，它实现了数据处理的自动化，使传统的手工会计信息系统发展演变为电算化会计信息系统。

会计信息化是指将会计信息作为管理信息资源，全面运用计算机、网络通信为主的信息技术对其进行获取、加工、传输、应用等处理，为企业经营管理、控制决策和经济运行提供充足、实时、全方位的信息，以提高会计管理决策能力和企业管理水平。会计信息化是从会计电算化、会计信息系统概念的基础上派生的，也是未来会计的发展方向。

从发展历程上看，会计电算化是会计信息化的前身，但是两者侧重点又有不同。会计电算化侧重于使用计算机进行会计核算，体现的是会计核算的介质改革；会计信息化则侧重于为管理层提供信息，体现的是信息社会作用于企业管理的思想改革。

二、我国会计信息化的发展历程

自 1946 年世界上第一台计算机 ENIAC 问世以来，计算机在信息处理方面所显示出来的巨大潜力就引起了会计人员的重视。1954 年美国通用电气公司首次利用电子计算机计算职工薪金引起了会计数据处理技术的变革，开创了利用计算机进行会计数据处理的新纪元。

1981 年 8 月，中国人民大学和第一汽车制造厂联合召开了“财务、会计、成本应用电子计算机问题讨论会”，首次正式提出“电子计算机在会计工作中的应用”问题，引入“会计电算化”概念，标志着我国会计信息化的发展步入正轨。一般认为，我国会计信息化的发展历程分为四个阶段。

尝试阶段(1983 年以前)。我国第一台电子计算机诞生于 1958 年，直到 1983 年，会计电算化都发展缓慢，因为会计电算化人才缺乏，设备缺乏，财会人员对计算机感到神秘，会计电算化还没有引起各级领导的重视。在尝试阶段对会计电算化的探索为后来形成商品化会计软件奠定了基础。政府的相关部门在这个阶段获得了许多成功的经验。

自发发展阶段(从1983年到1986年)。1983年我国国务院成立电子振兴领导小组，计算机得到了广泛的应用。据财政部对全国3万多家单位的调查表明，至1988年3月，已有14%的单位开展了会计电算化工作，大部分都是单机工作，只处理一些简单账务。在自发发展阶段存在的问题包括会计电算化经验不足，理论准备与人才培养都跟不上；没有合适的软件使得计算机闲置；组织管理工作滞后致使盲目低水平重复开发，浪费了人力、物力和财力。

有组织、有计划地稳步发展阶段(1986年到1992年)。一些行业主管部门通过组织开发专用或通用会计软件，减少了开发费用，同时也加快了会计电算化的进程。与此同时，一些商业化的会计软件公司也纷纷建立，逐步形成了商品化会计软件市场。会计软件的开发向通用化、专业化、商品化方向发展。

管理型会计软件发展阶段(1992年至今)。以宏观调控为主，财务软件开发以市场为主，企业会计电算化发展从单纯的软件应用到强调组织管理作用阶段。会计软件从事后“核算型”发展到事前有预测、决策，事中有规划、控制，事后有核算、分析的“管理型“软件。1994年财政部颁布《会计核算软件基本功能规范》，规定了总体规范、会计数据输入的规范、会计数据处理的规范、会计数据输出的规范以及会计数据安全规范。1996年财政部颁布《会计电算化工作规范》，明确规定了会计电算化工作的软硬件、工作程序和内部管理制度。

在计算机互联网时代，为了实现企业的各种信息，特别是财务(会计)信息的充分共享，XBRL国际联合会(XBRL International)制定了XBRL标准。XBRL可译为可扩展商业报告语言，是一种用于商业和财务信息的定义和交换的XML的标记语言，能有效解决数据的共享和传输问题，是当前国际上会计信息处理的最新技术。2009年4月，财政部发布《关于全面推进我国会计信息化工作的指导意见》，明确提出“力争通过5~10年左右的努力，建立健全会计信息化法规体系和会计信息化标准体系(包括可扩展商业报告语言(XBRL)分类标准)”。2010年10月19日，国家标准化管理委员会和财政部在北京发布了可扩展商业报告语言(XBRL)技术规范系列国家标准和企业会计准则通用分类标准，成为我国会计信息化领域发展的又一个里程碑和新起点。2013年12月6日，财政部正式发布《企业会计信息化工作规范》，首次明确提出“鼓励软件供应商在会计软件中集成可扩展商业报告语言(XBRL)功能，便于企业生成符合国家统一标准的XBRL财务报告”。

任务2:认知用友ERP-U8V10.1软件

※任务描述

了解用友ERP-U8V10.1软件

※知识解析

一、用友ERP-U8V10.1软件的功能模块

用友ERP-U8V10.1软件为2011年5月上市的产品，是用友ERP-U8V10.0的升级版本，包括以下产品:企业门户、财务会计、管理会计、供应链管理、生产制造、分销管理、零售管理、人力资源管理、决策支持、集团应用、企业应用集成、移动应用等，如图1.1.1和1.1.2所示:

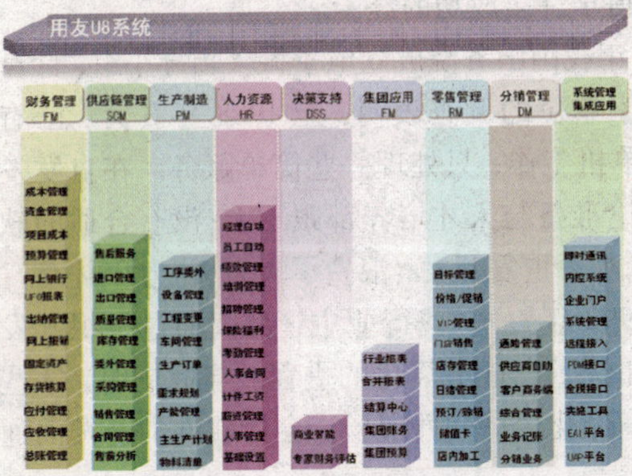

图 1.1.1　U8V10.1 产品范围

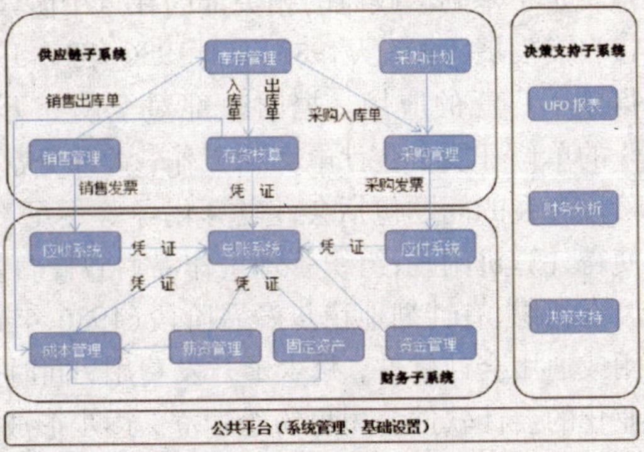

图 1.1.2　U8V10.1 产品功能架构图

二、用友 U8V10.1 演示期控制规则

表 1－1－1　　用友 U8V10.1 演示期控制规则

产品	子产品模块	演示期控制规则
财务管理	总账	总体控制时间为 2 个月。填制凭证控制为可不连续的 2 个月（以是否有数据为标准），如 1 月填制了凭证，2 月未制单，则还可填制 3 月份的凭证，从 3 月制过凭证起，账套到期。
	UFO 报表	无加密狗情况：打印：所有表都不能打印。 无加密狗情况：报表表页最多只能有 4 页。
	固定资产	产品月结超过 2 个月。
	应收款管理	其他应收单、收款单有单据日期相隔超过 2 个月。
	应付款管理	其他应付单、付款单有单据日期相隔超过 2 个月。
	现金流量表	无加密控制。
人力资源	薪资管理	1. 薪资数据超过 2 个月。 2. 按照年度账进行控制，即每个年度账均控制 2 个月期末处理。
	计件工资	1. 薪资数据超过 2 个月；有超过 2 个月的计件明细数据（包括：计件数据录入表、班组计件数据录入表和工资分配表，其中一张表有超过 2 个月的数据即过期）。 2. 薪资人员档案超过 40 个的计件属性人员时。 3. 个人计件和集体计件有一产品过期，则另一产品也过期。

三、用友 U8V10.1 常用快捷键

表 1－1－2　　　　用友 U8V10.1 快捷键一览表

快捷键	功能	说明
F1	帮助	在线帮助
F2	参照	光标所在字段的参照
F3	查询	在账表及列表中调出查询条件窗口，在参照中模糊查询后连续定位
F4	调用	调用常用凭证
F5	增加	新增一张凭证或单据
F6	保存	保存单据、凭证或账表格式
F7	企业日历	在基础档案中修改
F8	修改	在基础档案中成批修改
F9	计算器	
F10	激活菜单	
F11	记事本	
F12	显示命令窗口	
Ctrl + F3	定位	用于单据、列表和报表界面
PageUp	上一个/张	
Alt + PageUp	第一个/张	
PageDown	下一个/张	
Alt + PageDown	末一个/张	
Ctrl + I	增行	在单据和其他录入界面操作时新增一行
Ctrl + D	删行	在单据和其他录入界面操作时删除一行
Ctrl + P	打印	
Ctrl + F4	退出当前窗口	
Alt + F4	退出系统	

子项目 1.2　安装与调试用友软件

任务框架

任务 1：Win7 **系统下安装** SQL2008R2

任务 2：Win7 **系统下安装用友** ERP－U8V10.1

任务 3：**调试用友** ERP－U8V10.1

用友 ERP－U8V10.1 软件的安装与调试是学习用友软件的第一步，用友 ERP－U8V10.1 的安装对操作系统、数据库、浏览器和相关服务具有较高的要求。

※※

小提示

用友 ERP－U8V10.1 软件的安装必须满足以下要求：

◆操作系统：XP、Win2003、Win2008、Win7 及以上

◆数 据 库：SQL2000、SQL2005、SQL2008 及以上

◆浏 览 器：IE6、IE7、IE8、IE9 及以上

◆产品相关：IIS5.0、NetFrameWork2.0、Office2003 及以上

1. 操作系统

安装操作系统及其关键补丁：Windows XP—SP2（及更高版本补丁）、Windows 2003—SP2（包括 R2）（及更高版本补丁）；Vista—SP1（及更高版本补丁）、Windows2008—SP1（及更高版本补丁）、Win7（SP1 或更高版本补丁）、Windows2008 R2（SP1 或更高版本补丁）；

使用 Windows update 进行其他所有微软补丁的更新（推荐）；

英文和繁体操作系统，必须安装简体中文语言包（通过 windows 安装盘进行安装）后才能正常使用 U8 产品；

全面支持 64 位环境，推荐安装和使用服务器端产品（包括应用服务器和数据库服务器）。安装之前，需要先手工安装 U8 V10.1 所需要的基础环境补丁和缺省组件；

如果在 Vista、Windows2008、Win7、Windows2008、R2 等操作系统上安装运行 U8 V10.1 产品，建议至少配置 2G 以上内存，推荐 4G 以上内存。

2. 数据库

如果安装数据库服务器，请先安装好数据库，U8 V10.1 支持以下 SQLServer 数据库版本：SQL2000（包括 MSDE）（SP4 及更高版本补丁）、SQL2005（包括 EXPRESS）SP2（及更高版本补丁）、SQL2008（SP1 或更高版本补丁）、SQL2008R2；为支持正版软件使用，更大程度地保障数据安全，同时防止相关使用盗版法律诉讼事件的发生，请联系用友分公司相关人员或代理商购买正版 SQL 软件；

简体中文数据库默认安装即可；

在繁体和英文操作系统上安装相应语言的数据库时，请选择“自定义安装”，设置“服务器排序规则”设置为简体中文（PRC），安装成功后显示为 Chinese_PRC_CI_AS（注：一旦安装完毕，此设置不可修改，只能在安装数据库时进行选择）；

在繁体和英文操作系统上安装数据库后，必须先将操作系统的默认语言修改为简体中文（PRC），否则将导致 U8 V10.1 数据库服务器无法使用；

支持数据库的多实例使用，但前提条件为必须有默认实例（包括对应的关键补丁）存在，否则将导致安装 U8 V10.1 数据库服务器失败；

SqlServer 服务的登录身份必须要设置为"本地系统账户(local system)"或属于本机管理员组的用户，否则将导致无法正确创建 U8 账套；

SqlServer 服务的身份验证模式请选择"混合模式"选项，并设置管理员"sa"账号的密码。

3. 浏览器

支持微软 IE 浏览器 IE6.0 + SP1 和以上版本(IE7、IE8、IE9)使用 U8 V10.1 的 WEB 产品。

4. 产品相关

如果选择安装 U8 V10.1 服务端(如应用服务器、数据服务器和文件服务器等)，推荐使用 Server 版的操作系统，且磁盘分区的文件系统格式应为 NTFS；

如果选择安装应用服务器或文件服务器，请先安装 IIS，否则将导致 Windows NET Framework 2.0 不能在 IIS 上成功注册文件映射关系和系统组件，需要手工完成 IIS 文件映射配置和 aspnet_isapi.dll 的注册；IIS 组件可以通过操作系统安装盘获取；如果是 Vista 或 Windows2008、Win7、Windows2008R2，请务必手工安装 IIS；

如果选择安装数据库服务器，请按照实际业务数据量确保存储数据文件的逻辑磁盘至少有 10G 以上的空闲空间，因 U8 产生的所有数据和临时数据均存储在这台服务器的硬盘上；

分布式安装(即不同的组件安装到不同的服务器上)时，各服务器应该在同一个域或者工作组中；

如果选择使用销售管理，安装销售管理客户端的机器必须先安装 MS OFFICE2003 或以上版本(如 OFFICE2007 等)，因为它需要使用到 OFFICE 的部分组件功能；

如果选择使用生产制造，请确保 IIS Web 服务中的 Http 连接超时参数为 28800 秒。在小于此值的情况下执行生产制造的 MPS/MRP 处理时，因服务端组件运行的时间比较长，IIS 会认为客户端异常断开连接，自动清除此客户端的会话信息，导致客户端系统异常退出。

※※

任务 1：Win7 系统下安装 SQL2008R2

作为一种大型的 ERP 软件，数据库的安装与调试在用友 ERP－U8V10.1 软件中具有举足轻重的地位。用友 ERP－U8V10.1 软件可以支持 SQL2000、SQL2005、SQL2008 等多个数据库版本。从企业业务发展的角度，日照泽瑞服饰有限责任公司决定使用 SQL2008R2 作为用友 ERP－U8V10.1 软件的配套数据库。

※任务描述

请在 Win7 系统下安装 SQL Server 2008 R2(64 位)数据库。

※操作指导

(1)将 cn_sql_server_2008_r2_standard_x86_x64_ia64_dvd_522239.iso 载入虚拟光驱后，双击"setup"应用程序开始安装，如图 1.2.1 所示：

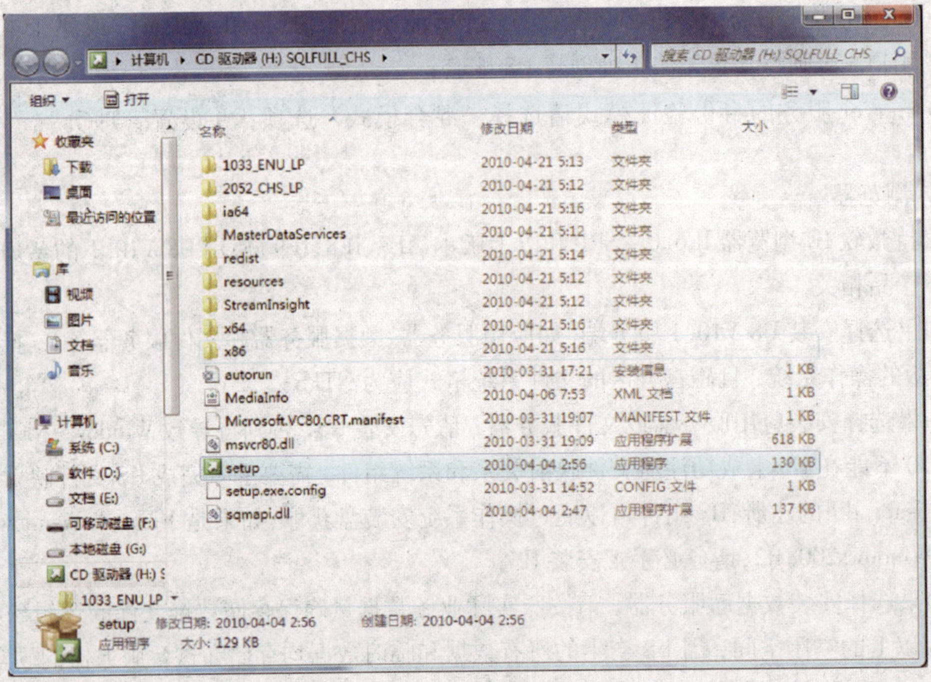

图 1.2.1　软件安装包界面

(2)进入“SQL Server 安装中心”界面，在左侧的目录树中选择“安装”，在右侧的选择项中，选择“全新安装或向现有安装添加功能”按钮，然后进入安装程序，如图 1.2.2 所示：

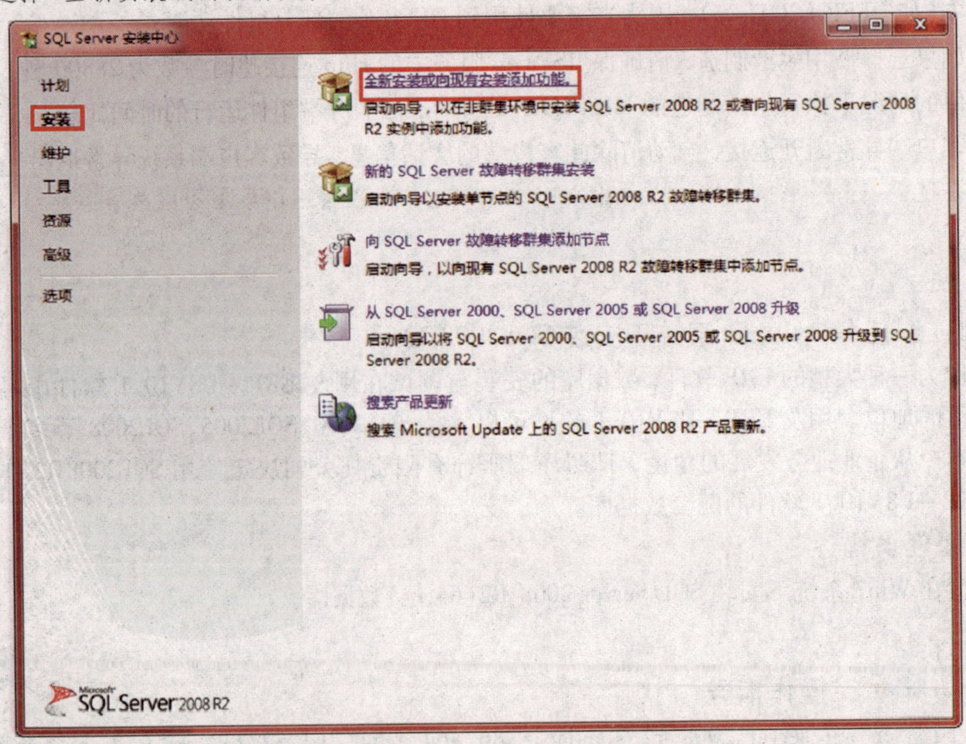

图 1.2.2　开始安装界面

(3)进入“安装程序支持规则”界面，检测安装是否能顺利进行，通过就点击“确定”，否则可点击重新运行来检查，如图1.2.3所示：

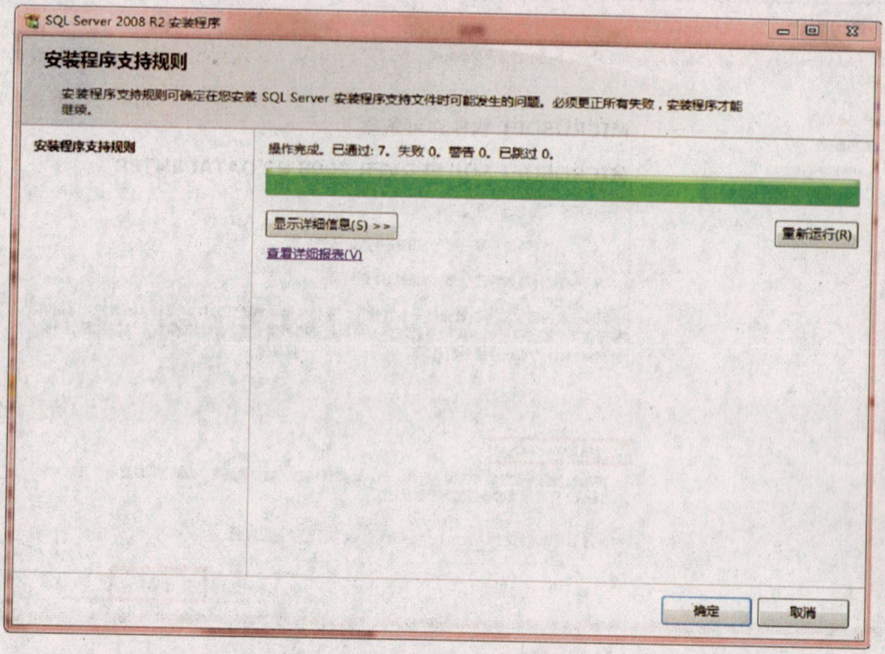
SQL Server 2008 R2 安装程序
安装程序支持规则
安装程序支持规则可确定在您安装 SQL Server 安装程序支持文件时可能发生的问题。必须更正所有失败，安装程序才能继续。
安装程序支持规则
操作完成。已通过: 7。失败 0。警告 0。已跳过 0。
显示详细信息(S) >>
重新运行(R)
查看详细报表(V)
确定
取消

图1.2.3　安装程序支持规则界面

(4)进入“产品密钥”界面，选择“输入产品密钥”选项，并输入SQL Server 2008 R2安装光盘的产品密钥，点击“下一步”，如图1.2.4所示：

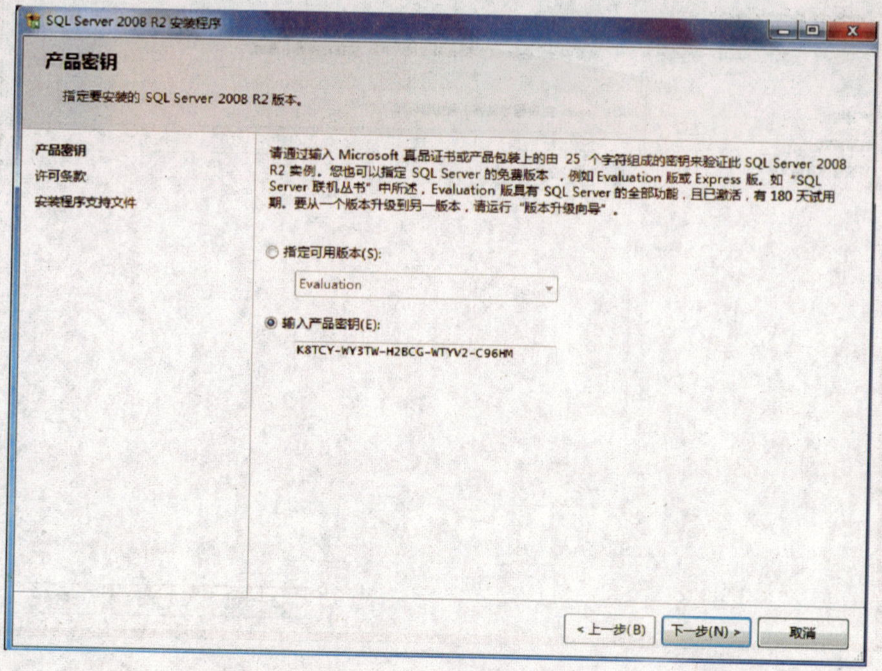
SQL Server 2008 R2 安装程序
产品密钥
指定要安装的 SQL Server 2008 R2 版本。
产品密钥
许可条款
安装程序支持文件
请通过输入 Microsoft 真品证书或产品包装上的由 25 个字符组成的密钥来验证此 SQL Server 2008 R2 实例。您也可以指定 SQL Server 的免费版本，例如 Evaluation 版或 Express 版。如“SQL Server 联机丛书”中所述，Evaluation 版具有 SQL Server 的全部功能，且已激活，有 180 天试用期。要从一个版本升级到另一版本，请运行“版本升级向导”。
指定可用版本(S):
Evaluation
输入产品密钥(E):
K8TCY-WY3TW-H2BCG-WTYV2-C96HM
< 上一步(B)
下一步(N) >
取消

图1.2.4　输入产品秘钥界面

(5)进入“许可条款”界面，勾选“我接受许可条款”，并点击“下一步”，如图 1.2.5 所示：

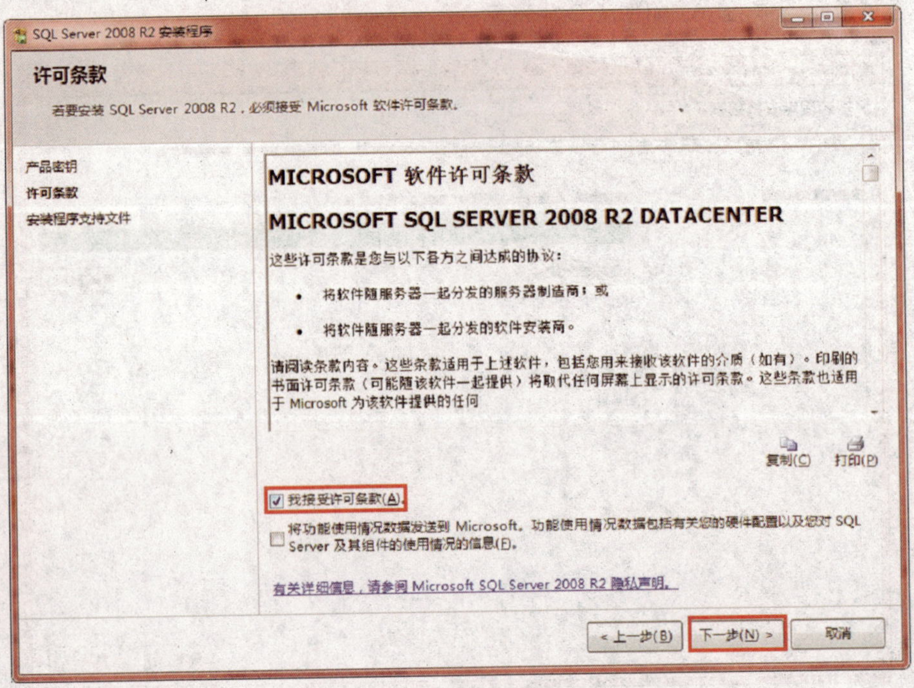
SQL Server 2008 R2 安装程序
许可条款
若要安装 SQL Server 2008 R2，必须接受 Microsoft 软件许可条款。
产品密钥
许可条款
安装程序支持文件
MICROSOFT 软件许可条款
MICROSOFT SQL SERVER 2008 R2 DATACENTER
这些许可条款是您与以下各方之间达成的协议：
将软件随服务器一起分发的服务器制造商；或
将软件随服务器一起分发的软件安装商。
请阅读条款内容。这些条款适用于上述软件，包括您用来接收该软件的介质（如有）。印刷的书面许可条款（可能随该软件一起提供）将取代任何屏幕上显示的许可条款。这些条款也适用于 Microsoft 为该软件提供的任何
复制(C)
打印(P)
我接受许可条款(A)。
将功能使用情况数据发送到 Microsoft。功能使用情况数据包括有关您的硬件配置以及您对 SQL Server 及其组件的使用情况的信息(F)。
有关详细信息，请参阅 Microsoft SQL Server 2008 R2 隐私声明。
< 上一步(B)
下一步(N) >
取消

图 1.2.5　许可条款界面

(6)进入“安装程序支持文件”界面，点击“安装”，如图 1.2.6 所示：

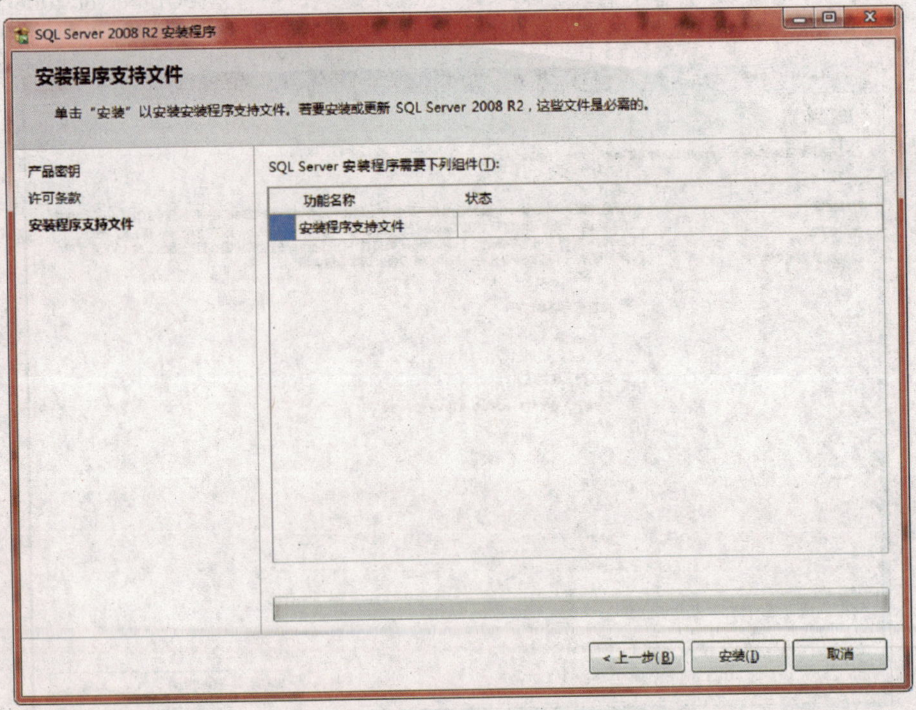
SQL Server 2008 R2 安装程序
安装程序支持文件
单击“安装”以安装安装程序支持文件。若要安装或更新 SQL Server 2008 R2，这些文件是必需的。
产品密钥
许可条款
安装程序支持文件
SQL Server 安装程序需要下列组件(T):
功能名称
状态
安装程序支持文件
< 上一步(B)
安装(I)
取消

图 1.2.6　安装程序支持文件界面

(7)进入“安装程序支持规则”界面，全部已通过，点击“下一步”，如图 1.2.7 所示：

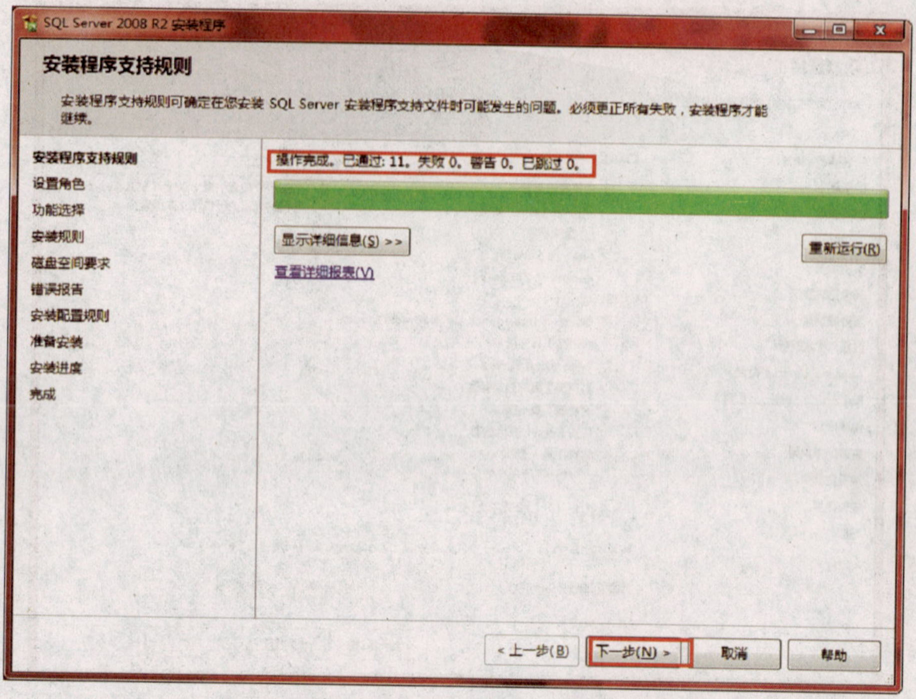

图 1.2.7　安装程序支持文件完成界面

(8)进入“设置角色”界面，选择“SQL Server 功能安装”，点击“下一步”，如图 1.2.8 所示：

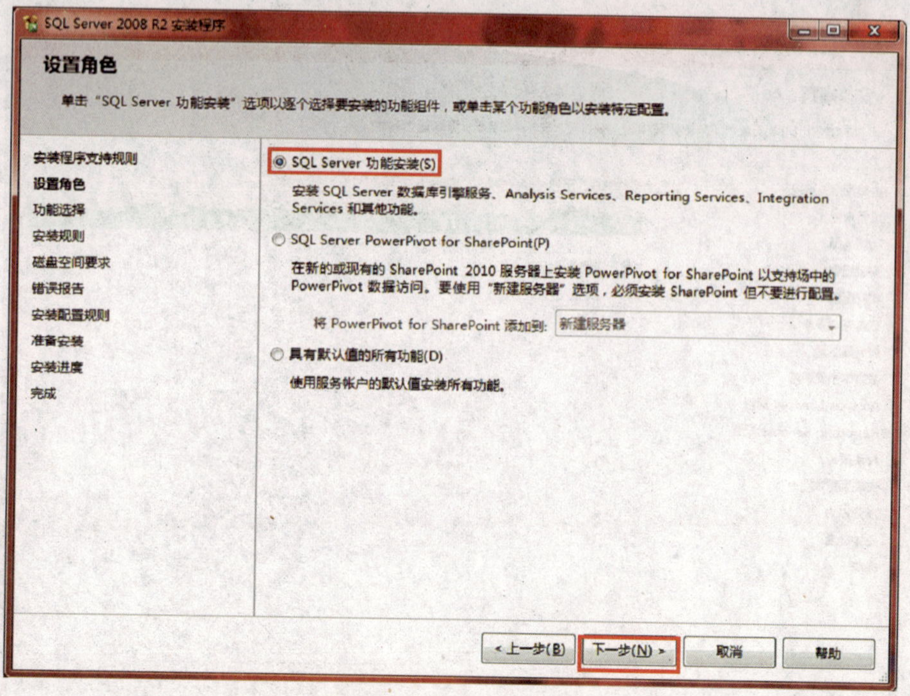

图 1.2.8　设置角色界面

(9)进入“功能选择”界面，点击“全选”按钮，全部选择，点击“下一步”，如图 1.2.9 所示：

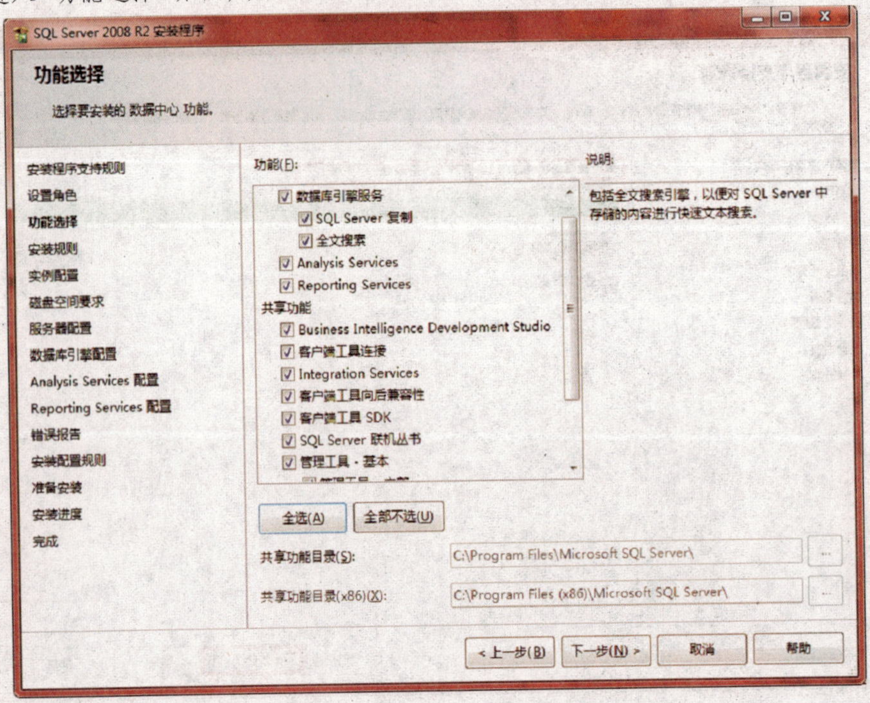

图 1.2.9　功能选择界面

(10)进入“安装规则”界面，显示操作完成，点击“下一步”，如图 1.2.10 所示：

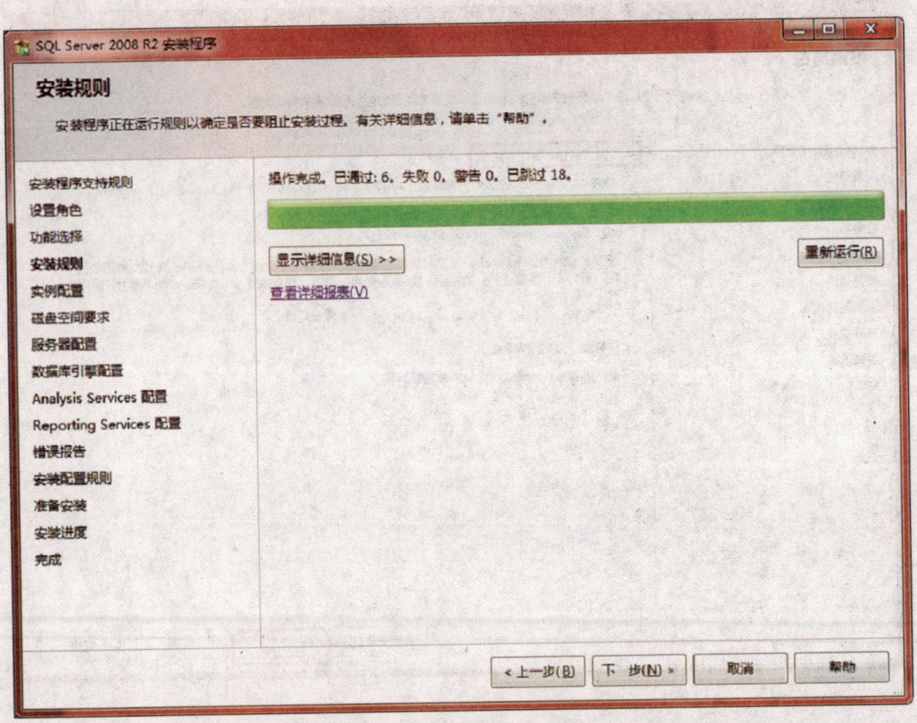

图 1.2.10　安装规则界面

(11)进入“实例配置”界面，选择“默认实例”，点击“下一步”，如图 1.2.11 所示：

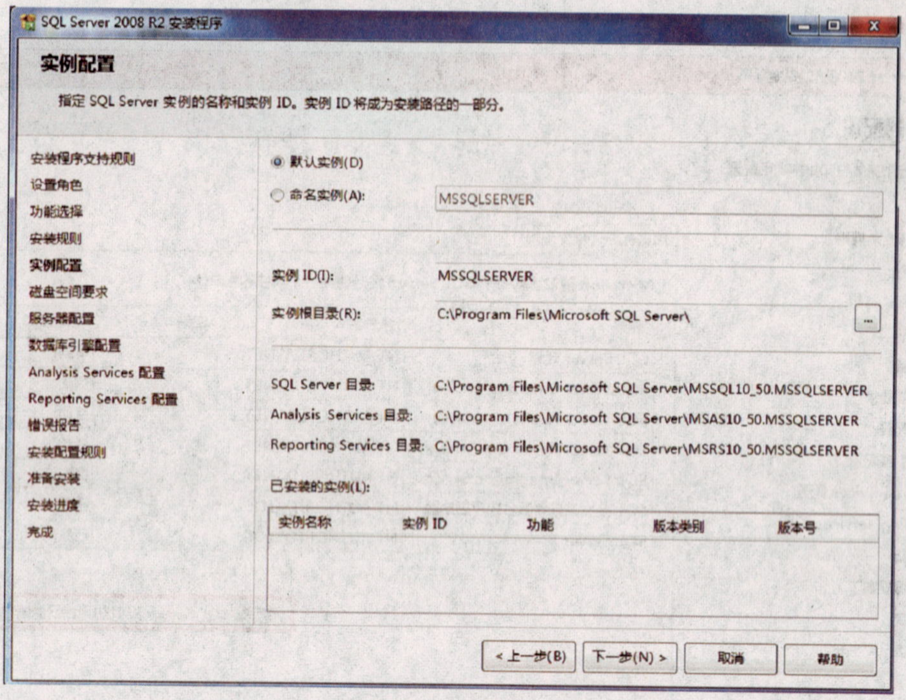

图 1.2.11　实例配置界面

(12)进入“磁盘空间需求”界面，显示安装所需的空间大小，点击“下一步”，如图 1.2.12 所示：

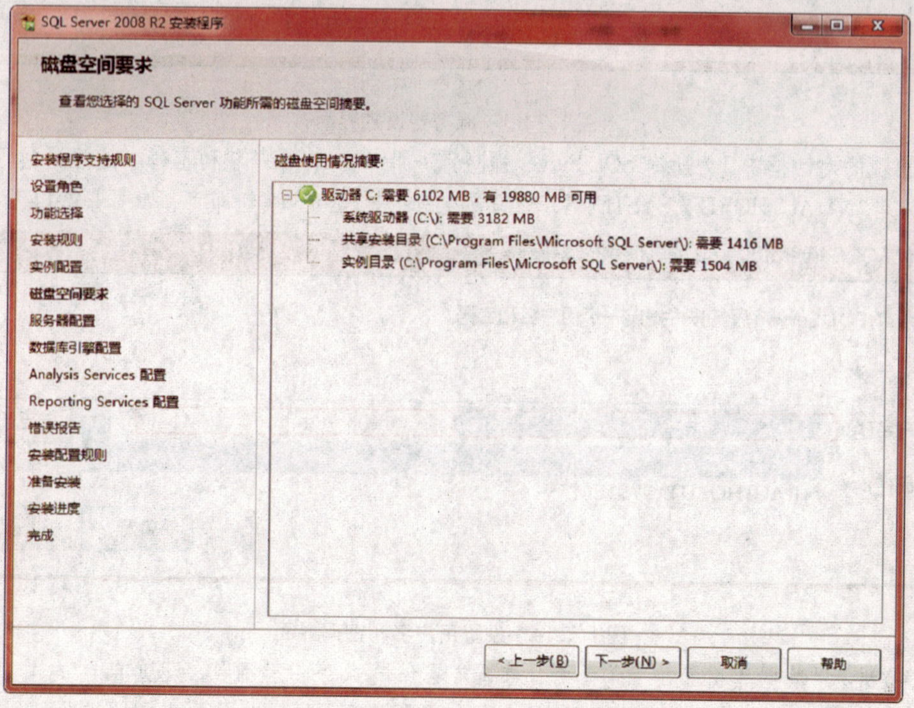

图 1.2.12　磁盘空间需求界面

(13)进入“服务器设置”界面，要配置服务器的服务账户。选择“对所有 SQL Server 服务使用相同的账户”。操作完成后点击“下一步”，如图 1.2.13 所示：

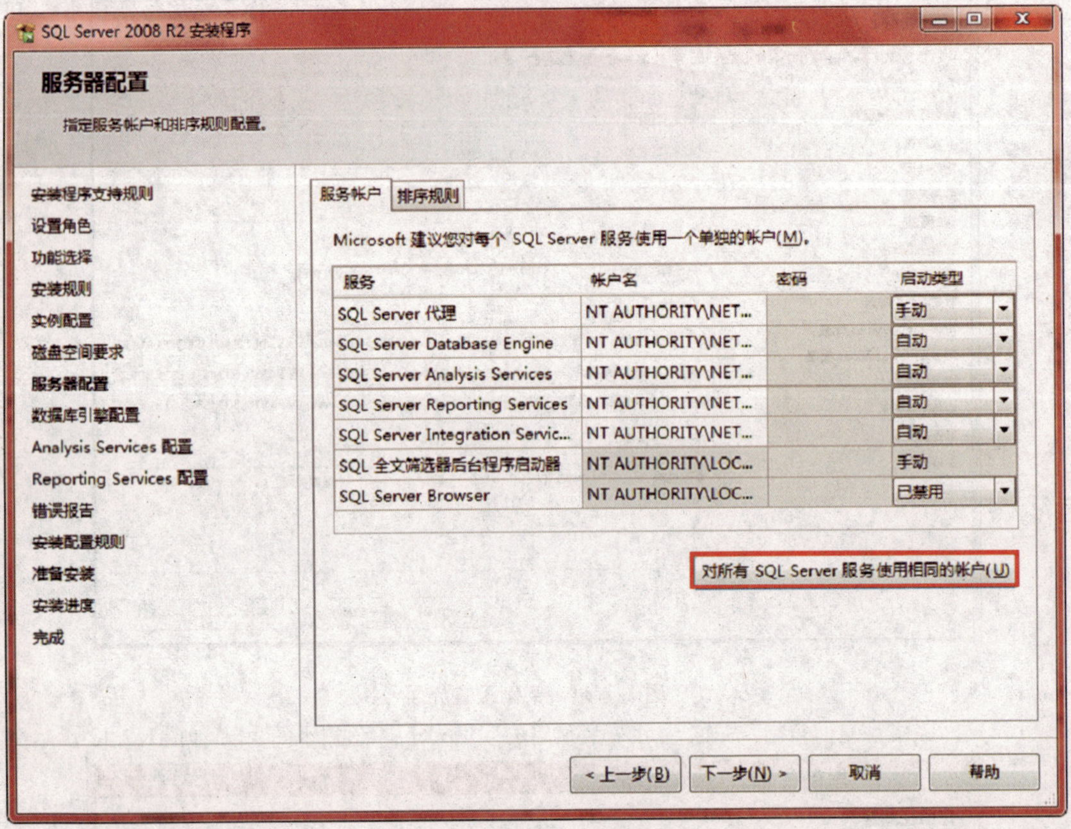

图 1.2.13　服务器设置界面

在出现的对话框中，为所有 SQL Server 服务账户指定一个用户名和密码。这里通过下拉列表选择账户名“NT AUTHORITY SYSTEM”，密码置空，单击“确定”按钮即可，如图 1.2.14 所示：

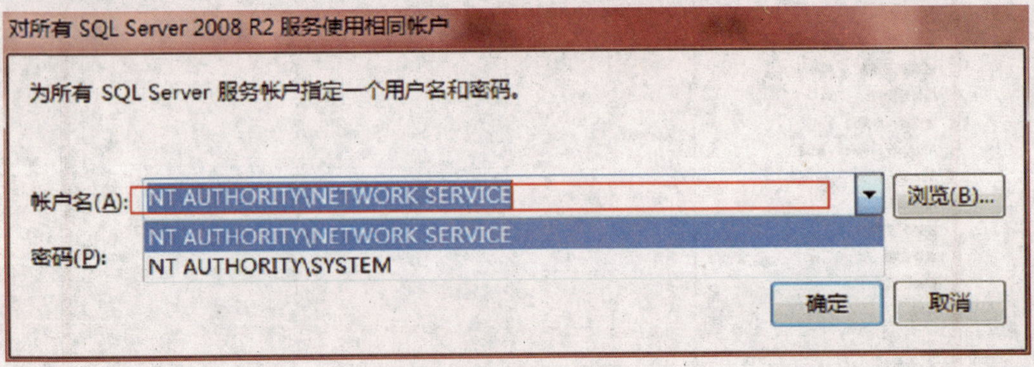

图 1.2.14　设置用户名和密码界面

(14)进入“数据库引擎配置”界面，选择“混合模式身份验证”，设置自己的用户名和密码(这是必填项目)。然后再添加一个本地账户方便管理，单击“添加当前用户”即可；依次设置数据目录和 FILESTREAM，随后点击“下一步”，如图 1.2.15 所示：

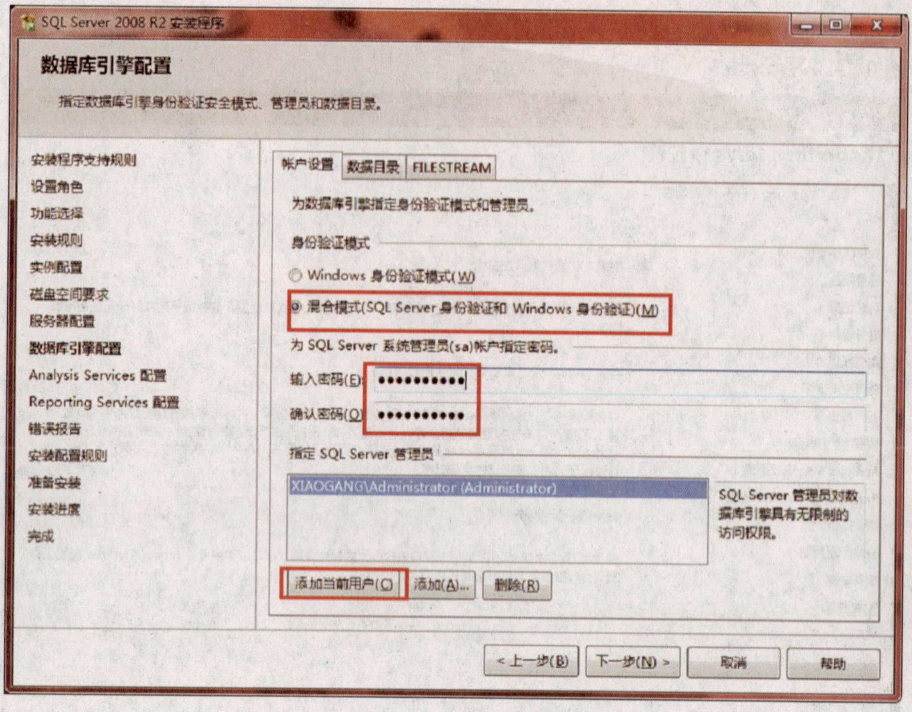

图 1.2.15　设置数据库引擎配置界面

(15)进入“Analysis Services 配置”界面，单击“添加当前用户”，点击“下一步”，如图 1.2.16 所示：

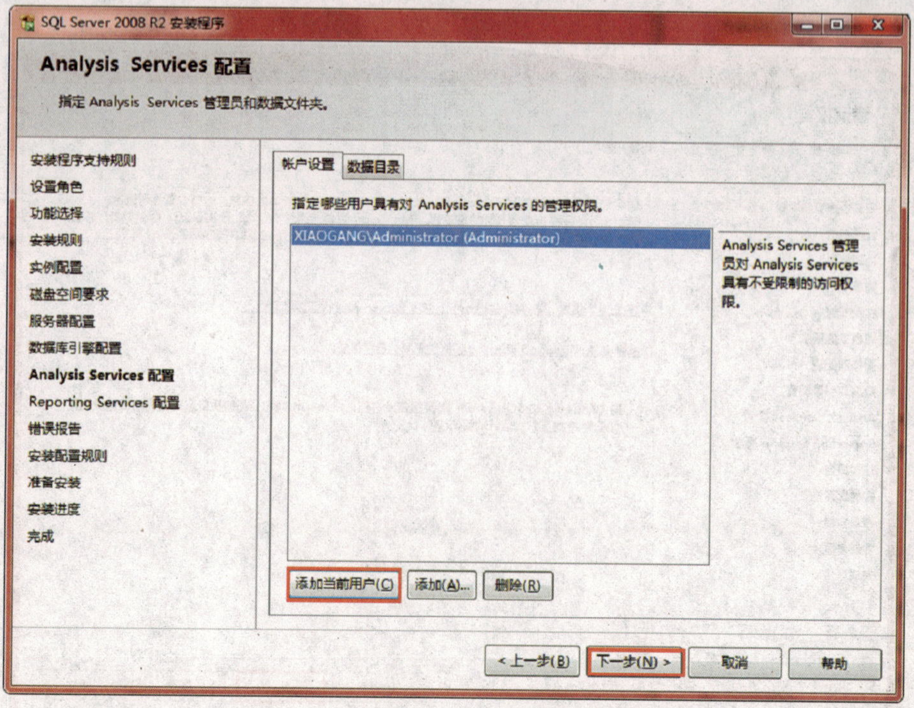

图 1.2.16　配置 Analysis Services 界面

(16)进入“Reporting Services 配置”界面，勾选“安装本机模式默认配置”，单击“下一步”，如图 1.2.17 所示：

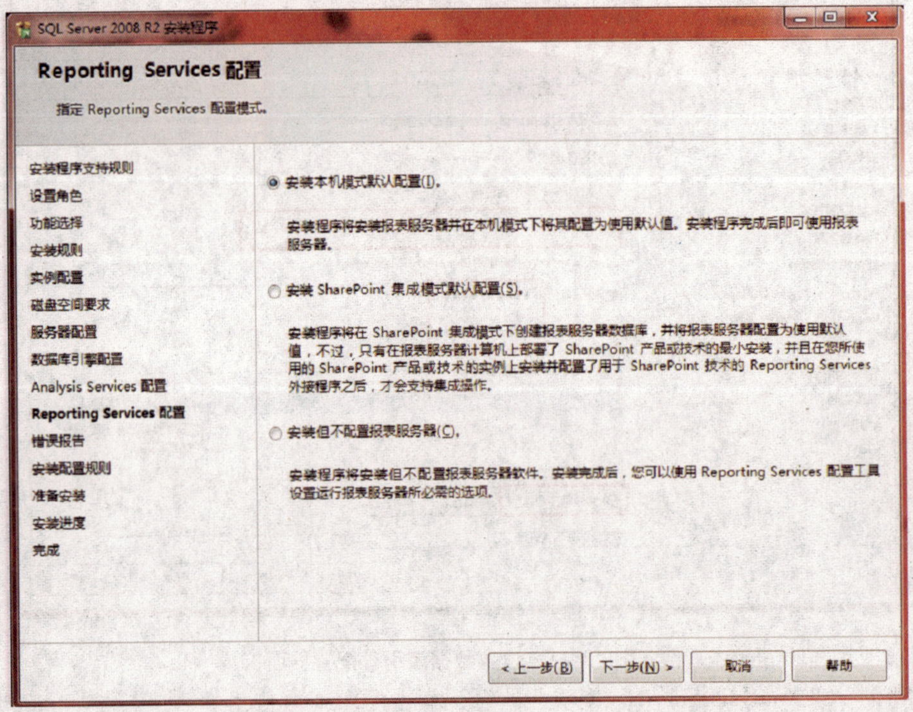
SQL Server 2008 R2 安装程序
Reporting Services 配置
指定 Reporting Services 配置模式。
安装程序支持规则
设置角色
功能选择
安装规则
实例配置
磁盘空间要求
服务器配置
数据库引擎配置
Analysis Services 配置
Reporting Services 配置
错误报告
安装配置规则
准备安装
安装进度
完成
安装本机模式默认配置(I)。
安装程序将安装报表服务器并在本机模式下将其配置为使用默认值。安装程序完成后即可使用报表服务器。
安装 SharePoint 集成模式默认配置(S)。
安装程序将在 SharePoint 集成模式下创建报表服务器数据库，并将报表服务器配置为使用默认值，不过，只有在报表服务器计算机上部署了 SharePoint 产品或技术的最小安装，并且在您所使用的 SharePoint 产品或技术的实例上安装并配置了用于 SharePoint 技术的 Reporting Services 外接程序之后，才会支持集成操作。
安装但不配置报表服务器(C)。
安装程序将安装但不配置报表服务器软件。安装完成后，您可以使用 Reporting Services 配置工具设置运行报表服务器所必需的选项。
< 上一步(B)
下一步(N) >
取消
帮助

图 1.2.17　配置 Reporting Services 界面

(17)进入“错误报告”界面，单击“下一步”，如图 1.2.18 所示：

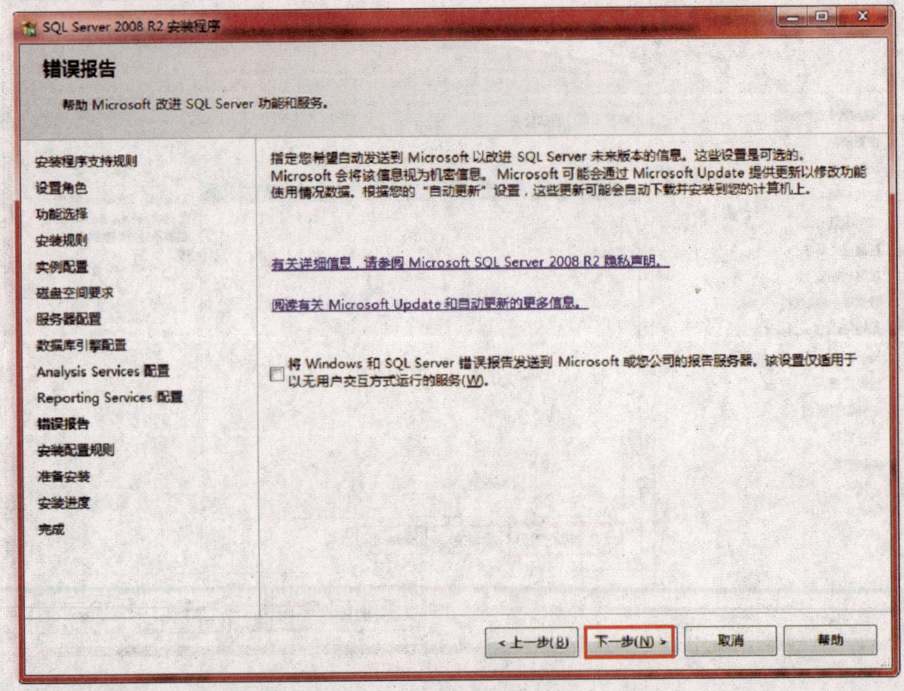
SQL Server 2008 R2 安装程序
错误报告
帮助 Microsoft 改进 SQL Server 功能和服务。
安装程序支持规则
设置角色
功能选择
安装规则
实例配置
磁盘空间要求
服务器配置
数据库引擎配置
Analysis Services 配置
Reporting Services 配置
错误报告
安装配置规则
准备安装
安装进度
完成
指定您希望自动发送到 Microsoft 以改进 SQL Server 未来版本的信息。这些设置是可选的。Microsoft 会将该信息视为机密信息。Microsoft 可能会通过 Microsoft Update 提供更新以修改功能使用情况数据。根据您的“自动更新”设置，这些更新可能会自动下载并安装到您的计算机上。
有关详细信息，请参阅 Microsoft SQL Server 2008 R2 隐私声明。
阅读有关 Microsoft Update 和自动更新的更多信息。
将 Windows 和 SQL Server 错误报告发送到 Microsoft 或您公司的报告服务器。该设置仅适用于以无用户交互方式运行的服务(W)。
< 上一步(B)
下一步(N) >
取消
帮助

图 1.2.18　错误报告界面

(18)进入“安装配置规则”界面，提示完成后，单击“下一步”，如图 1.2.19 所示：

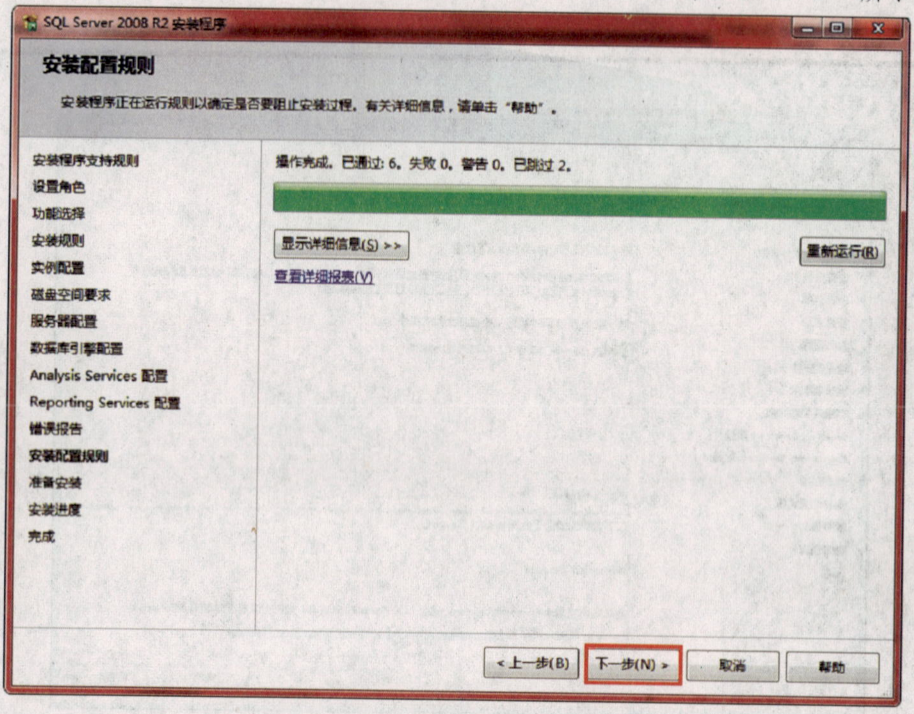

图 1.2.19　安装配置规则界面

(19)进入“准备安装”界面，点击“安装”，如图 1.2.20 所示：

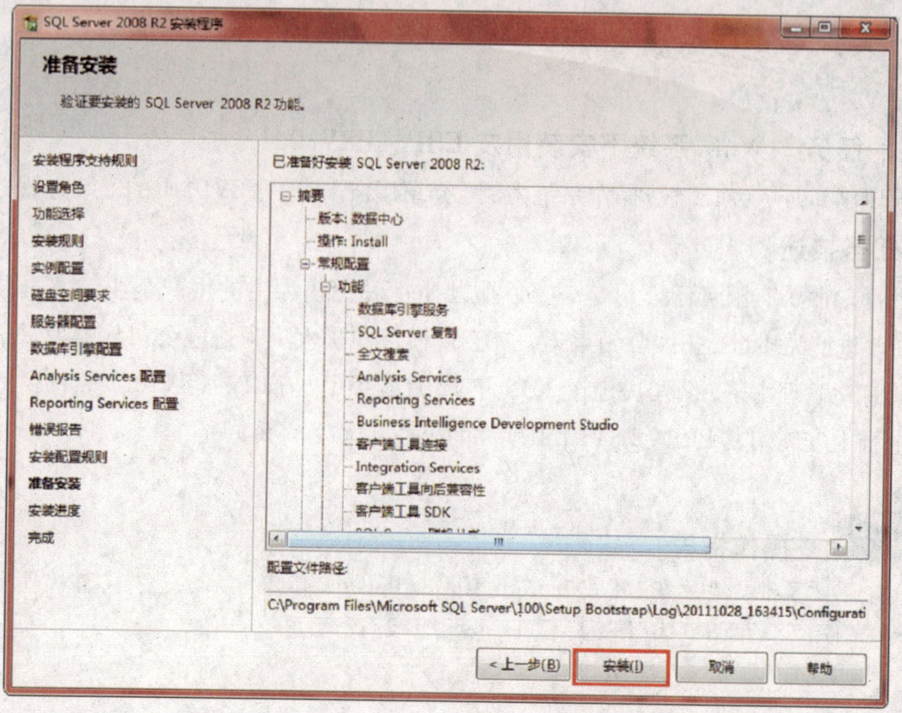

图 1.2.20　准备安装界面

(20)安装完成，点击“关闭”，如图 1.2.21 所示：

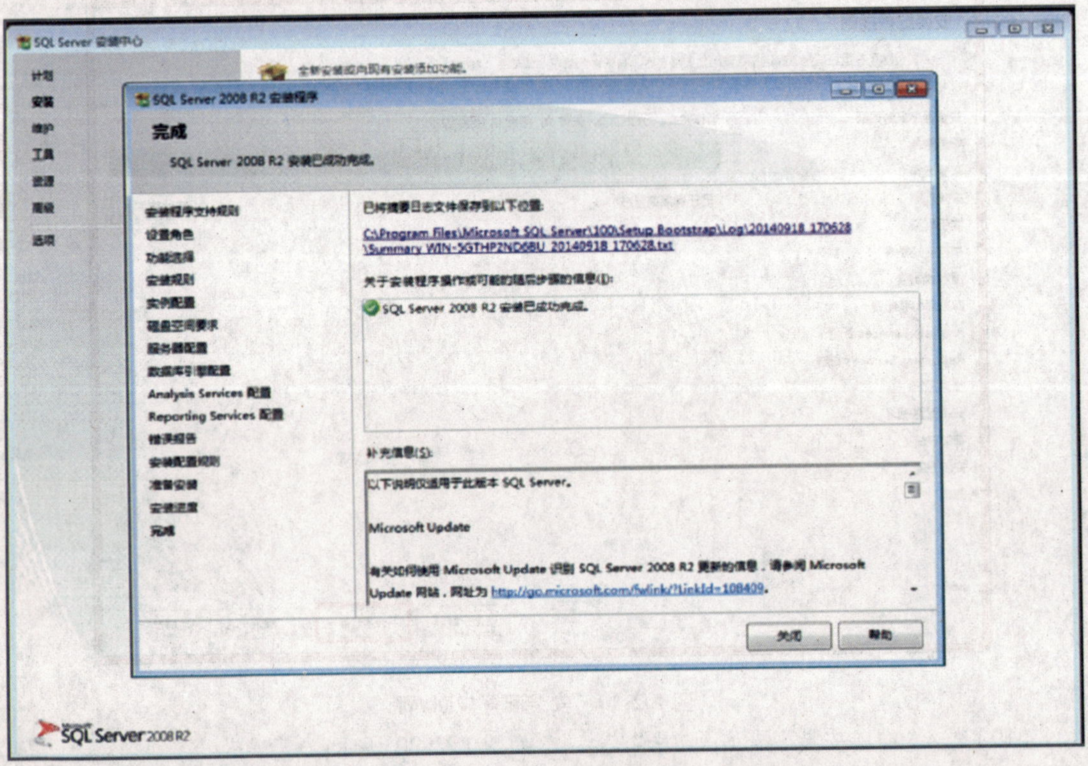

图 1.2.21　安装完成界面

任务 2：Win7 系统下安装用友 ERP – U8V10.1

下面以 Window7(旗舰版)操作系统为例，介绍用友 ERP – U8V10.1 的安装过程。

※任务描述

日照泽瑞服饰有限责任公司是一家以服装生产和销售为主的生产企业。公司自成立以来，不断改进产品质量，拓展营销渠道，资产规模逐步扩大。为适应公司战略发展需要，提高企业信息化管理水平，公司决定在 2015 年 12 月购买用友 ERP – U8V10.1 软件。请在财务部门的电脑上安装用友 ERP – U8V10.1 软件的全产品。

※操作指导

(1)打开计算机，然后在“用友新道教育 U8AllinOne 信息化实验室”文件夹下面，双击 Setup. exe 文件，运行 U8 V10.1 安装程序，如图 1.2.22 所示：

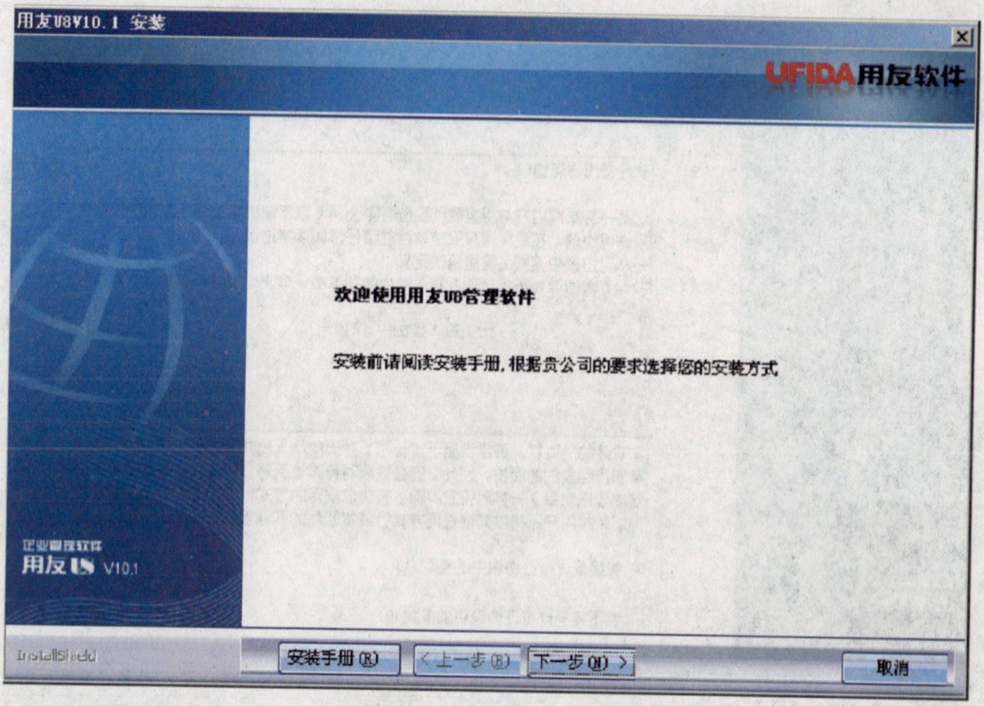
用友U8V10.1 安装
UFIDA用友软件
欢迎使用用友U8管理软件
安装前请阅读安装手册，根据贵公司的要求选择您的安装方式
企业管理软件
用友U8 V10.1
InstallShield
安装手册(R)
< 上一步(B)
下一步(N) >
取消

图 1.2.22　开始安装界面

(2)选择“下一步”命令，打开“许可证协议”界面，如图 1.2.23 所示：

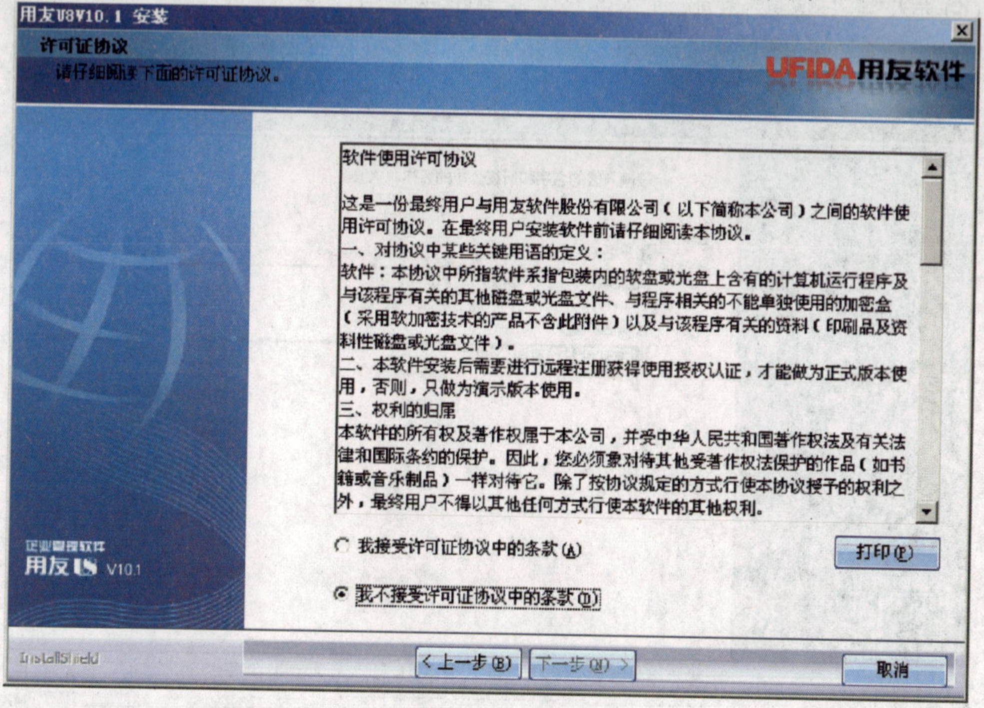
用友U8V10.1 安装
许可证协议
请仔细阅读下面的许可证协议。
UFIDA用友软件
软件使用许可协议
这是一份最终用户与用友软件股份有限公司（以下简称本公司）之间的软件使用许可协议。在最终用户安装软件前请仔细阅读本协议。
一、对协议中某些关键用语的定义：
软件：本协议中所指软件系指包装内的软盘或光盘上含有的计算机运行程序及与该程序有关的其他磁盘或光盘文件、与程序相关的不能单独使用的加密盒（采用软加密技术的产品不含此附件）以及与该程序有关的资料（印刷品及资料性磁盘或光盘文件）。
二、本软件安装后需要进行远程注册获得使用授权认证，才能做为正式版本使用，否则，只做为演示版本使用。
三、权利的归属
本软件的所有权及著作权属于本公司，并受中华人民共和国著作权法及有关法律和国际条约的保护。因此，您必须象对待其他受著作权法保护的作品（如书籍或音乐制品）一样对待它。除了按协议规定的方式行使本协议授予的权利之外，最终用户不得以其他任何方式行使本软件的其他权利。
我接受许可证协议中的条款(A)
我不接受许可证协议中的条款(D)
打印(P)
企业管理软件
用友U8 V10.1
InstallShield
< 上一步(B)
下一步(N) >
取消

图 1.2.23　许可正协议界面

(3)选中“我接受许可证协议中的条款”，单击“下一步”按钮，系统提示“检测是否存在历史版本的 U8 产品”，并开始清理历史版本残留内容。如图 1.2.24 所示：

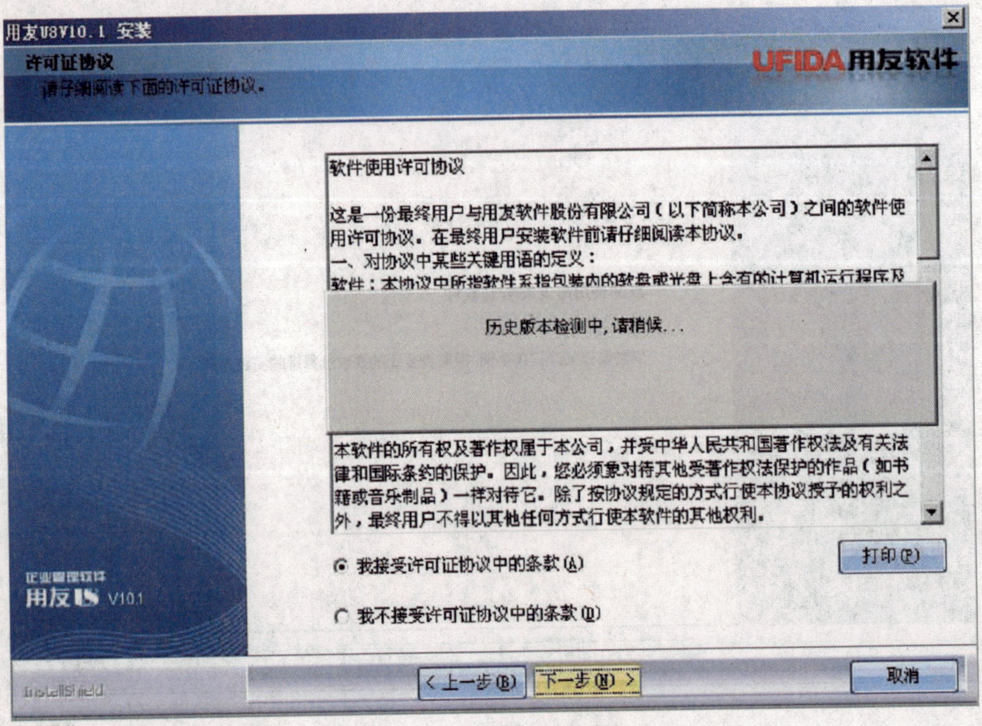
用友U8V10.1 安装
许可证协议
请仔细阅读下面的许可证协议。
UFIDA用友软件
软件使用许可协议
这是一份最终用户与用友软件股份有限公司（以下简称本公司）之间的软件使用许可协议。在最终用户安装软件前请仔细阅读本协议。
一、对协议中某些关键用语的定义：
历史版本检测中，请稍候...
本软件的所有权及著作权属于本公司，并受中华人民共和国著作权法及有关法律和国际条约的保护。因此，您必须像对待其他受著作权法保护的作品（如书籍或音乐制品）一样对待它。除了按协议规定的方式行使本协议授予的权利之外，最终用户不得以其他任何方式行使本软件的其他权利。
我接受许可证协议中的条款(A)
我不接受许可证协议中的条款(D)
打印(P)
企业管理软件
用友U8 V10.1
InstallShield
<上一步(B)
下一步(N)>
取消

图 1.2.24　清理历史版本界面

(4)进入“客户信息”界面，录入客户信息资料，如图 1.2.25 所示：

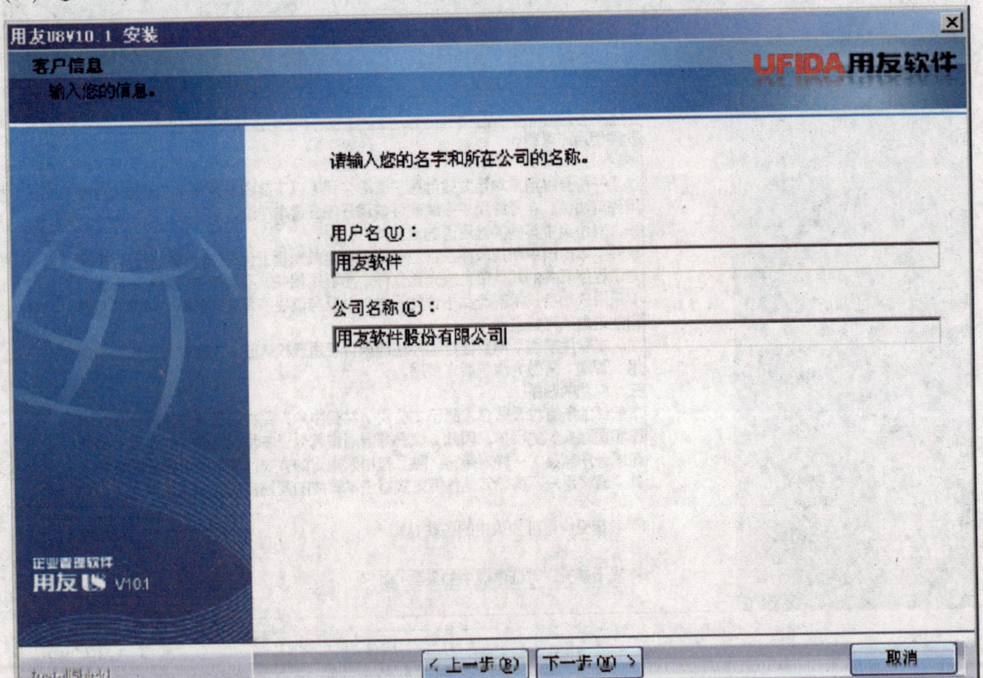
用友U8V10.1 安装
客户信息
输入您的信息。
UFIDA用友软件
请输入您的名字和所在公司的名称。
用户名(U)：
用友软件
公司名称(C)：
用友软件股份有限公司
企业管理软件
用友U8 V10.1
InstallShield
<上一步(B)
下一步(N)>
取消

图 1.2.25　客户信息界面

(5)单击“下一步”按钮，进入“选择目的地位置”界面。选择安装路径，默认系统盘的

“U8SOFT”，并控制不允许安装在根目录下，如图 1.2.26 所示：

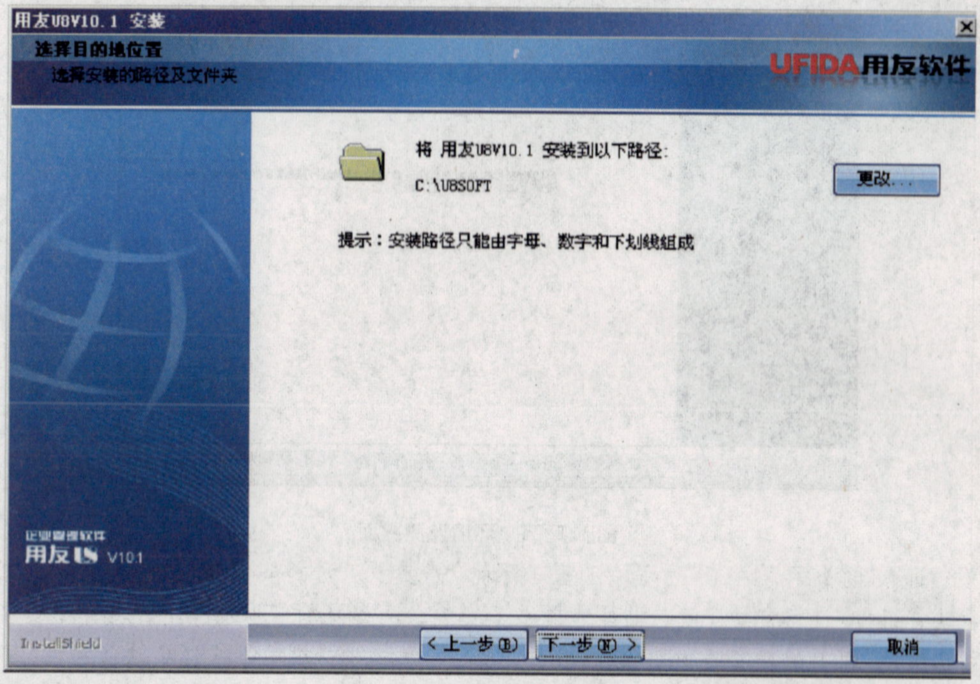

图 1.2.26　选择目的地位置界面

（6）单击“下一步”按钮，进入“安装类型”界面；选择安装类型分为“全产品”、“服务器”、“客户端”、“自定义”四种。默认安装类型分为“全产品”，默认安装语言为简体中文、繁体中文和英语，如图 1.2.27 所示：

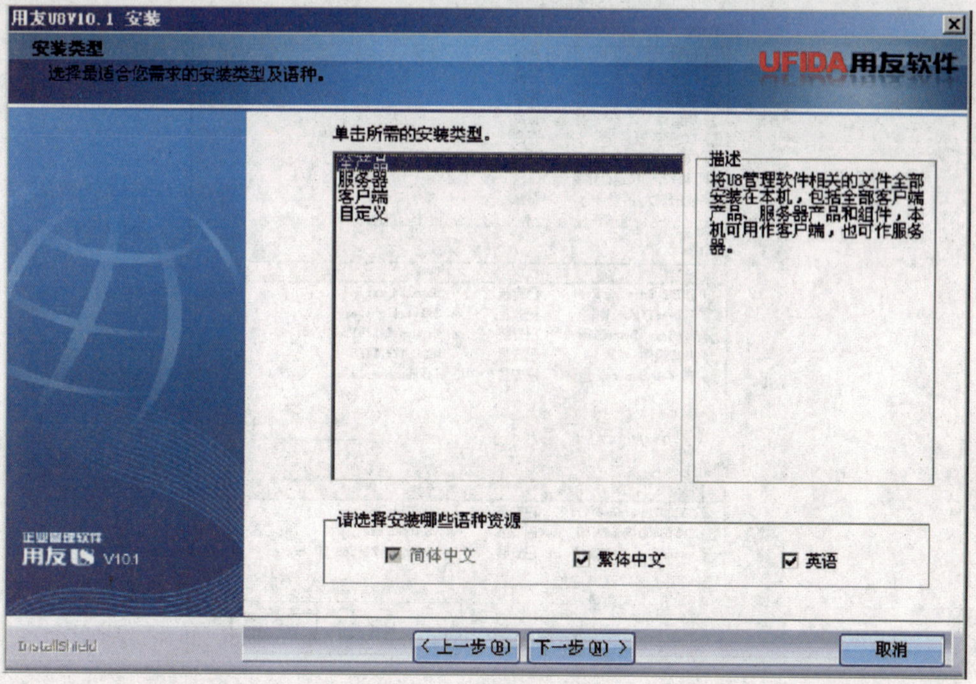

图 1.2.27　安装类型界面

(7)单击“下一步”按钮，进入“环境检测”界面，单击“检测”按钮，如图 1.2.28 所示：

图 1.2.28　环境监测界面

(8)进入“系统环境检查”界面。“基础环境”需要手工进行安装，“缺省组件”可以通过“安装缺省组件”进行自动安装，也可选择手工安装；“可选组件”可选择安装也可不安装，安装“可选组件”需要配套安装 Microsoft Office 2007 等产品；当“基础环境”和“缺省组件”都满足要求后，点击“确定”进入下一步。如图 1.2.29 所示：

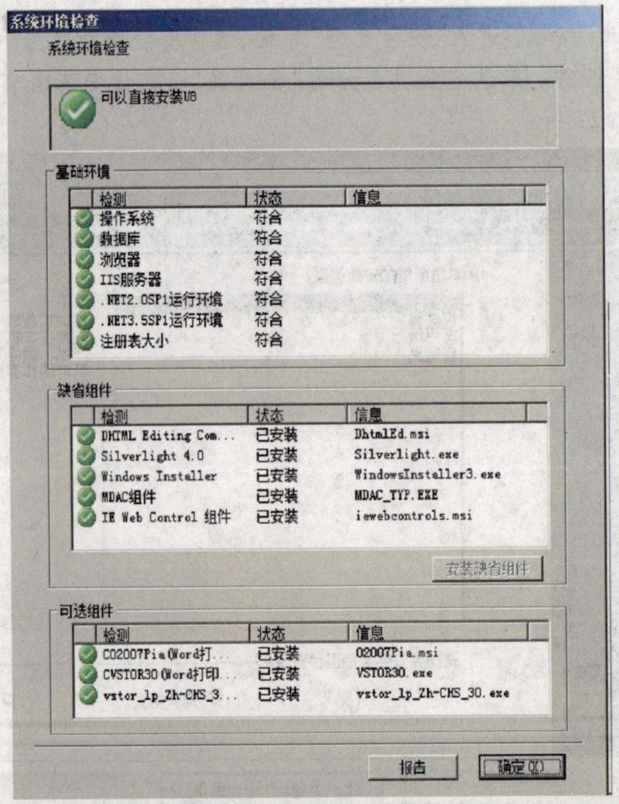

图 1.2.29　系统环境检查界面

(9)进入“可以安装该程序了”界面。可以选择是否记录安装每一个 MSI 包的详细日志，默认不勾选(勾选将延长一定的安装时间并占用部分磁盘空间，正常情况下不推荐使用)，单击“安装”按钮，如图 1.2.30 所示：

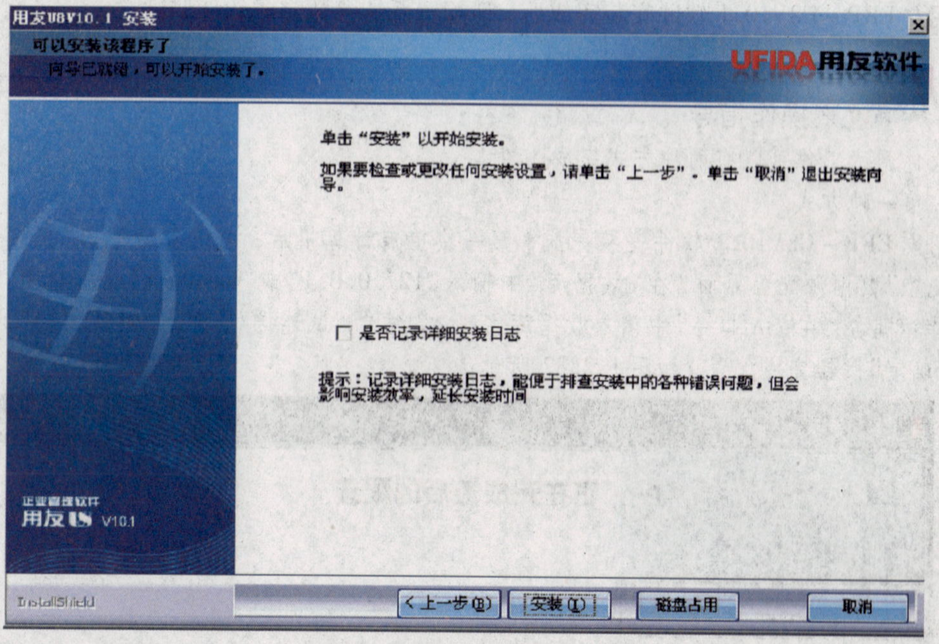

图 1.2.30　可以安装程序界面

(10)进入“安装状态”界面，显示安装进度，如图 1.2.31 所示，当安装向导完成后，提示重新启动计算机，选择“是，立即重新启动计算机”，单击“完成”按钮重新启动计算机。至此用友 ERP－U8V10.1 系统安装全部完成。

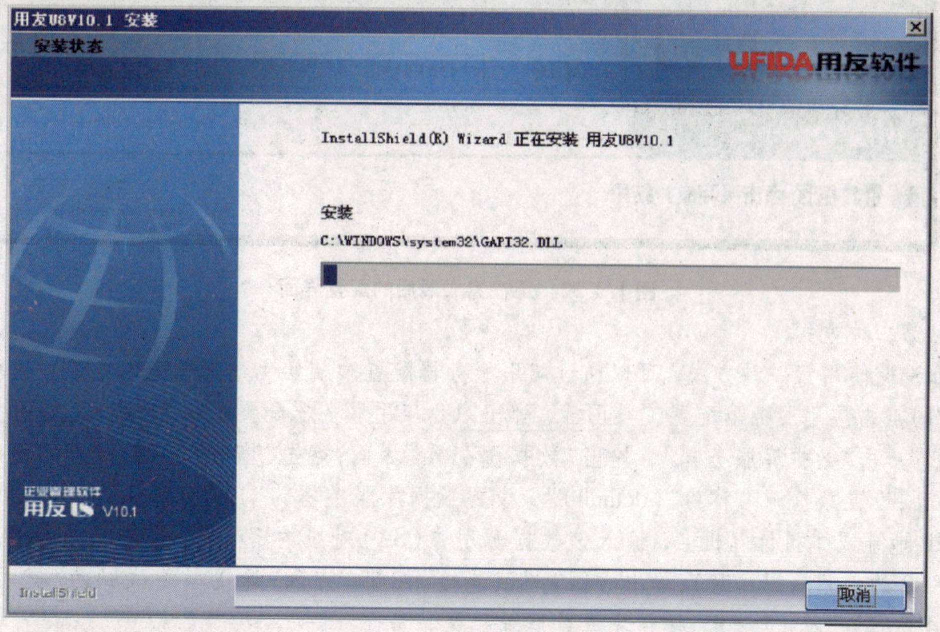

图 1.2.31　安装状态界面

任务 3：调试用友 ERP－U8V10.1

※任务描述

用友 ERP－U8V10.1 软件安装完成后，请配置系统参数完成软件调试。

※操作指导

软件调试工作可以有两种方式完成。

1. 第一种方式

用友 ERP－U8V10.1 软件安装完成，第一次重启计算机后，系统自动弹出“正在完成最后的配置”数据源配置界面，在“数据库”中输入“127.0.0.1”或“localhost”或本机 IP 地址或本机计算机名，在“SA 口令”中输入数据库密码，单击“测试连接”，弹出“测试成功”的提示，点击“确定”按钮完成配置，如图 1.2.32 所示：

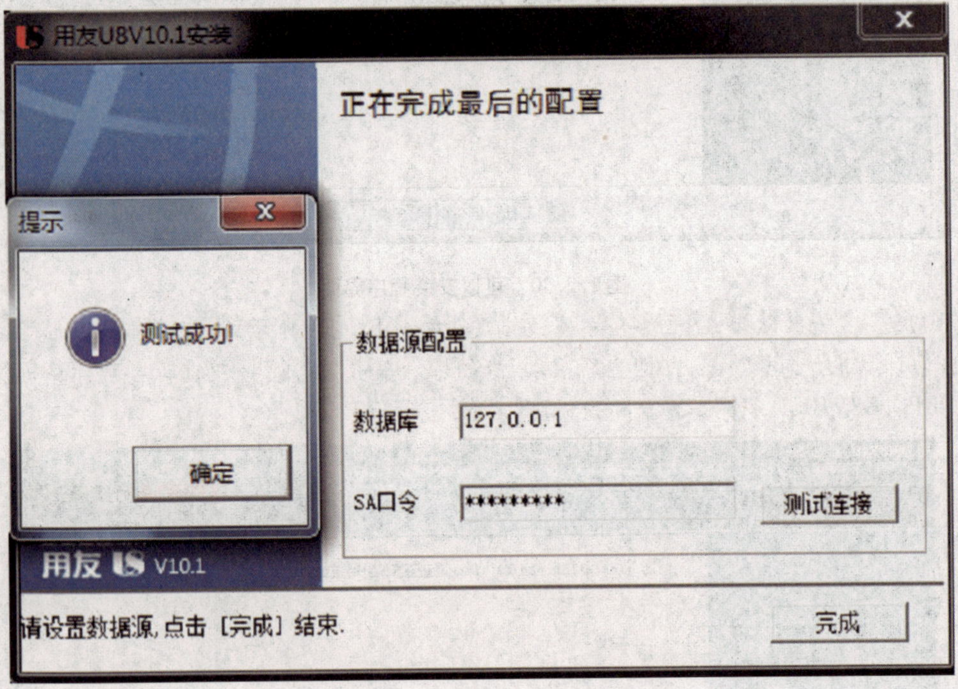

图 1.2.32　正在完成最后的配置界面

2. 第二种方式

如没有使用第一种方式，可以通过应用服务器配置和初始化数据库完成系统参数调试。

(1) 点击应用服务器配置工具图标，弹出“U8 应用服务器配置工具”对话框（如图 1.2.33 所示）。单击“数据库服务器”，弹出“数据源配置”界面；点击“增加”按钮，进入“新建数据源”界面；设置数据源名称为“(default)”，设置数据库服务器为“127.0.0.1”或“localhost”或本机 IP 地址或本机计算机名，输入该数据源用户（SA）对应的密码（该密码必须与 SQLServer2008R2 的用户密码一致）；单击右侧“测试连接”按钮，出现“连接串测试成功”提示（如图 1.2.34 所示），单击“确定”按钮完成数据源配置。

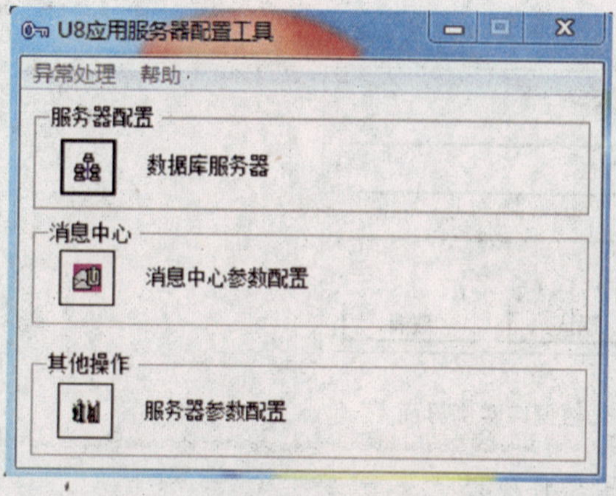

图 1.2.33　应用服务器配置工具界面

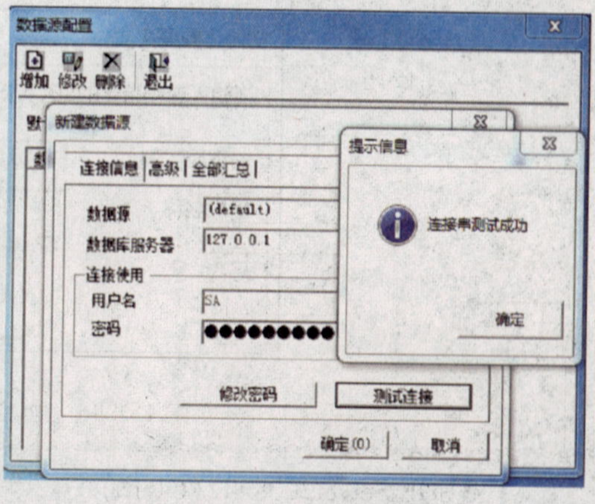

图 1.2.34　数据源配置界面

(2)在“U8 应用服务器配置工具”对话框单击“服务器参数配置”，进入“服务器参数配置”界面，设置加密服务器为“127.0.0.1”或本机计算机名或本机 IP 地址，设置负载均衡为“127.0.0.1:11250”或本机计算机名，如图 1.2.35 所示，单击“确定”按钮，完成服务器参数配置。

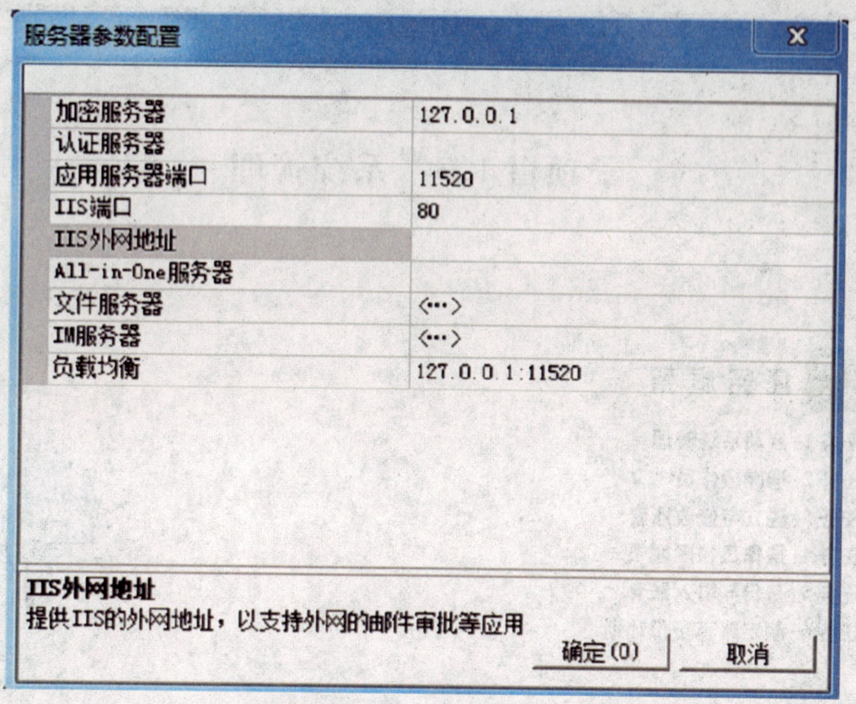

图 1.2.35　服务器参数配置界面

(3)双击“系统管理”图标打开系统管理界面，点击“文件”菜单，选择下拉菜单中的“初始化数据库”子菜单，进入“初始化数据库实例”界面；设置数据库实例为“127.0.0.1”或本机计算机名，输入用户(SA)对应的数据库密码，如图 1.2.36 所示，点击“确定”按钮；在后续出现的提示对话框中点击“是”按钮，直至弹出系统管理登录界面，表示系统参数配置完成。

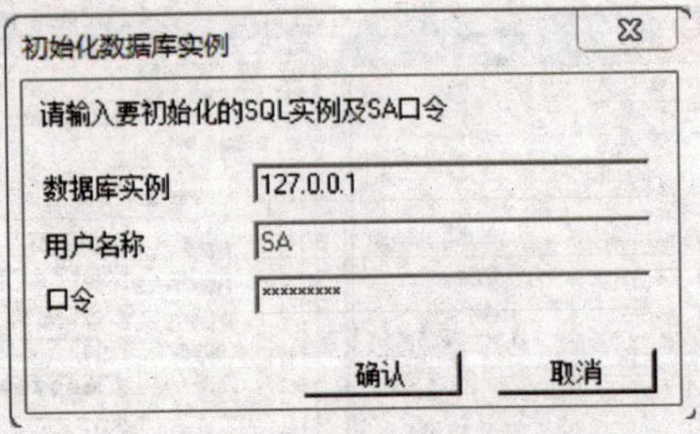

图 1.2.36　初始化数据库实例界面

> 小提示
>
> ◆SQL Server2008 R2(64 位)安装参考操作视频:
> http://v.youku.com/v_show/id_XMTMxMDUyOTYyMA==.html
>
> ◆用友 U8V10.1 系统安装参考操作视频:
> http://v.youku.com/v_show/id_XMTMxMDUzMDAyMA==.html
>
> ◆用友 U8V10.1 系统调试参考操作视频:
> http://v.youku.com/v_show/id_XMTMxMDUwNjM0MA==.html

子项目 1.3　系统管理

任务框架

任务 1:启动系统管理

任务 2:增减操作员

任务 3:建立与修改账套

任务 4:操作员权限赋予

任务 5:备份与引入账套

任务 6:制定账套备份计划

任务 1:启动系统管理

系统管理在用友 ERP－U8V10.1 中是一个独立的模块，对系统所属的各子模块进行统一的操作管理和数据维护，可以在系统管理中进行账套的建立、修改、引入、备份，年度账的管理，增加操作员并对操作员分配权限，建立统一的安全机制，如设置数据的备份计划，清除系统运行过程中的异常任务等。

※任务描述

请以系统管理员 admin 的身份登录到“系统管理”。

※操作指导

(1)执行“开始”-“所有程序”-“用友 U8V10.1”-“系统服务”-“系统管理”命令，或者双击桌面上的“系统管理”图标，打开“系统管理”窗口。

(2)执行“系统”-“注册”命令，打开“登录”对话框。

(3)在“登录到”文本框中输入服务器名称，在“操作员”文本框中输入“admin”，密码为空，在“账套”文本框中选择“default”，如图 1.3.1 所示：

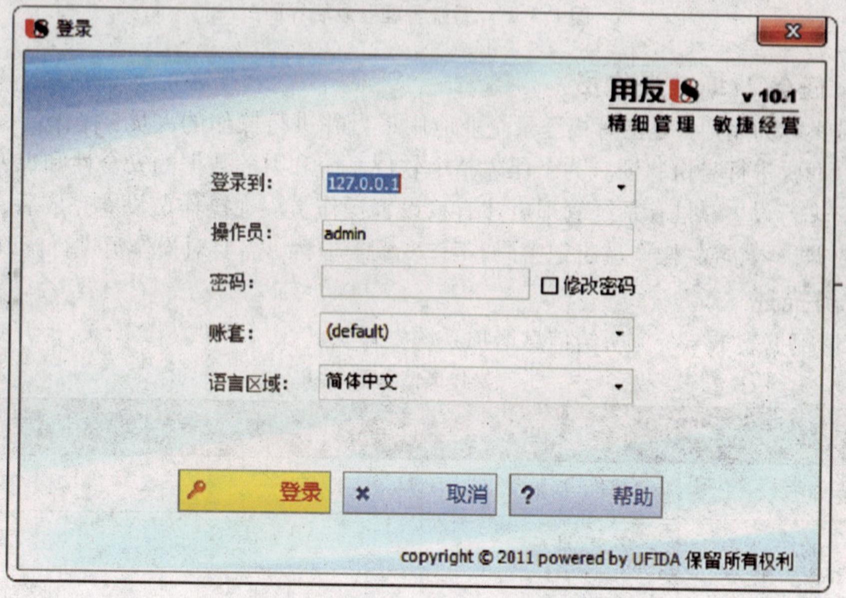

图 1.3.1　系统管理登录窗口

> 小提示
>
> ◆“登录到”必须登录自己的服务器。
>
> ◆admin 是默认的系统管理员，在登录时不分大小写。admin 的默认密码为空，为了保证系统安全，可以对 admin 设定密码，在登录界面，输入完用户名“admin”后，勾选“修改密码”，进行登录，则可以设定密码。
>
> ◆可以在“账套”文本框中双击选择“default”，也可以直接按回车键，待系统出现“default”后再登录。
>
> ◆只有系统管理员 admin 和账套主管才能进入“系统管理”，其他人员无权进入。

(4)单击“登录”按钮，打开“系统管理”窗口，在该窗口左下角显示当前的操作员为“admin”，如图 1.3.2 所示：

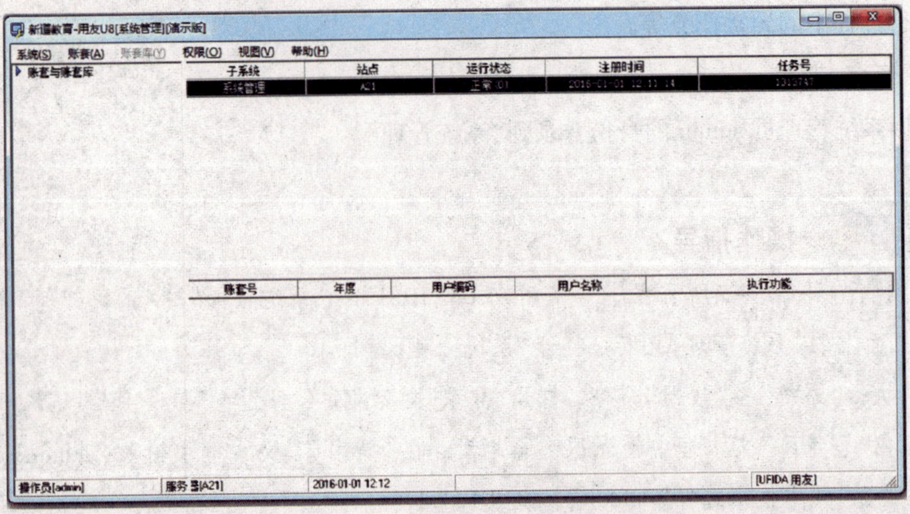

图 1.3.2　系统管理登录后界面

任务 2：增减操作员

操作员又称为用户，是指有权登录企业应用平台并进行操作的人员，操作员每次登录企业应用平台都要进行身份验证。为了保障整个软件系统和财务数据的安全性和保密性，需要对这些用户进行设置，只有系统管理员才有权设置操作员。在操作员设立完成后，后期可能因为前期数据录入错误、操作员忘记密码、工作变动等原因，需要对操作员进行修改或删除。

※任务描述

2－1：请根据表 1－3－1 所给信息增加系统操作员

表 1－3－1　　操作员信息表

编号	姓名	口令	所属部门
001	马娟	1	财务部
002	张珍	2	财务部
003	苏立伟	3	财务部
004	宋丽丽	6	财务部
005	王海	5	财务部

2－2：将操作员 004 宋丽丽的口令改为“4”。

2－3：因工作调动，删除尚未启用的操作员 005 王海。

※操作指导

2－1：增加操作员(用户)

(1)以系统管理员 admin 身份登录系统管理平台。

(2)执行“权限”－“用户”命令，打开“用户管理”窗口，单击“增加”按钮，弹出“操作员详细情况”窗口，输入编号“001”，姓名“马娟”，口令及确认口令均为“1”，所属部门“财务部”，如图 1.3.3 所示：

(3)单击“增加”按钮，按照业务资料要求增加其他操作员，设定完毕后，单击“取消”按钮退出，在“用户管理”窗口显示五个新增的操作员。

> 小提示
>
> ◆ 操作员又称用户，注意区分用户与角色，角色是指在企业管理中拥有某一类职能的组织，如往来会计、出纳等。一般而言，企业可以先设定角色，然后分配权限给角色，最后进行用户的设置，当设置用户并选择角色后，该角色的权限会自动传递到该用户。
>
> ◆只有 admin 才能增减操作员，其他人员无此权限。
>
> ◆操作员编码是唯一的，即使不同的账套，操作员的编码也不能重复。
>
> ◆一个角色可以分配给多个用户，一个用户也可以拥有多个不同的角色。

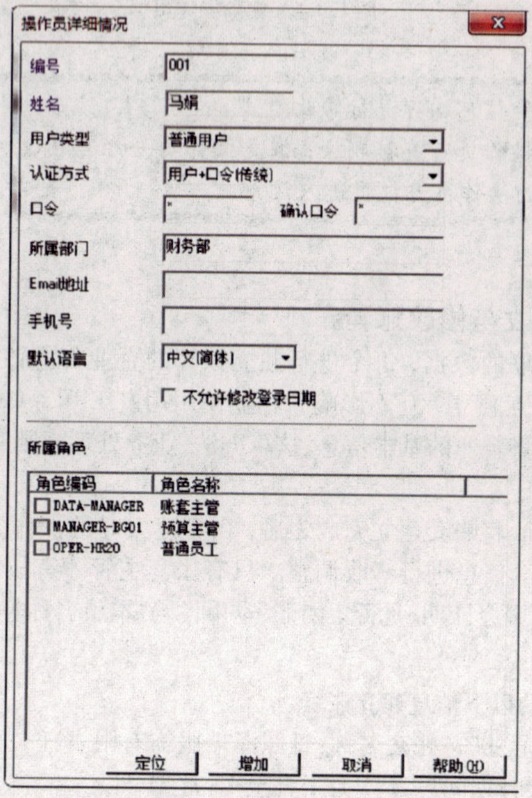

图 1.3.3　增加操作员(用户)

2-2 修改操作员

(1)以系统管理员 admin 身份登录系统管理平台。

(2)在“用友 U8 系统管理”界面，单击“权限”-“用户”，打开“用户管理”窗口，双击“004 宋丽丽”，弹出“操作员详细情况”。

(3)在“口令”和“确认口令”处输入“4”，单击“确定”按钮。

2-3 删除操作员

(1)在“用户管理”窗口，选中“005 王海”，单击“删除”按钮。

(2)系统提示“确认删除用户:(005)吗?”，单击“是”，如图 1.3.4 所示：

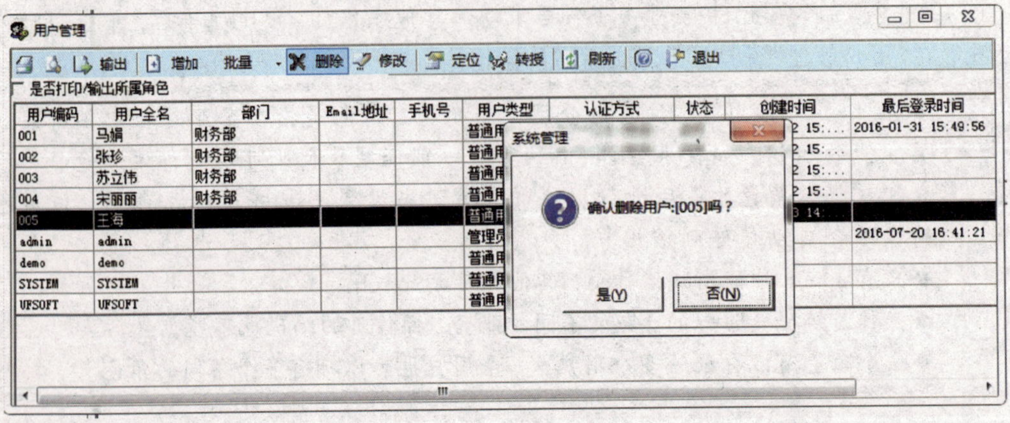

图 1.3.4　删除操作员

小提示

◆除编码以外的信息均可进行修改。

◆未经启用的操作员可直接删除，但是操作员一经启用，则无法删除，只能加以注销，被注销的操作员无权再进入该系统。

任务 3:建立与修改账套

账套是一组相互关联的数据，每个进行独立核算的企业都应该建立一套完整的账簿体系，各账套间的数据相互独立，互不影响。企业使用用友 ERP－U8V10.1 进行业务处理之前，首先需要在系统中将企业的基本信息、核算方法、业务处理规则等加以设置，这个过程称之为建立账套。

当系统管理员 admin 将账套建立完成之后，由于建立时的操作失误、企业信息变更或者其他原因，可能会对账套信息进行修改调整。只有账套主管才有权修改账套，其中账套号、账套语言、账套路径、启用会计期、是否集团账、本币代码、本币名称等信息无法进行修改。

※任务描述

3－1:请根据企业的以下信息建立账套。

1. 账套信息:账套号:007;账套名称:日照泽瑞服饰有限责任公司;账套路径:默认;启用会计期:2016 年 1 月;会计期间设置:1 月 1 日至 12 月 31 日。

2. 单位信息:单位名称:日照泽瑞服饰有限责任公司;机构代码:250506000041232;单位简称:泽瑞服饰;单位地址:山东省日照市威海路 116 号;联系电话、传真:0633－8172003;电子邮件:rzfs@163.com;税号:372500045578120。

3. 核算类型:本币代码:RMB;本币名称:人民币;企业类型:工业;行业性质:2007 年新会计制度科目;账套主管:马娟;需要按行业性质预置科目。

4. 基础信息:企业无外币核算，需要对存货、客户、供应商进行分类。

5. 编码方案:

(1)科目编码级次 4－2－2－2

(2)客户分类、供应商分类编码级次 2－2

(3)存货分类编码级次 2－2－3

(4)部门、结算方式、收发类别的编码级次 1－2

(5)其他编码保持不变

6. 数据精度:保持系统默认设置。

7. 系统启用:“总账”、“应收款管理”、“应付款管理”、“固定资产”,启用日期:2016 年 1 月 1 日。

3－2:账套建立完成后,请补充以下账套信息:法人代表为李天昊;邮政编码:276826;并更改基础信息“有外币核算”。

※操作指导

3－1:建立账套

(1)以系统管理员 admin 身份登录系统管理平台。

(2)在“用友 U8 系统管理”界面,单击“账套”－“建立”,弹出“创建账套”窗口,单击“新建空白账套”,单击“下一步”。

(3)打开“创建账套—账套信息”窗口,输入账套号:“007”,账套名称:“日照泽瑞服饰有限责任公司”,账套语言和账套路径默认,启用会计期“2016 年 1 月”,如图 1.3.5 所示:

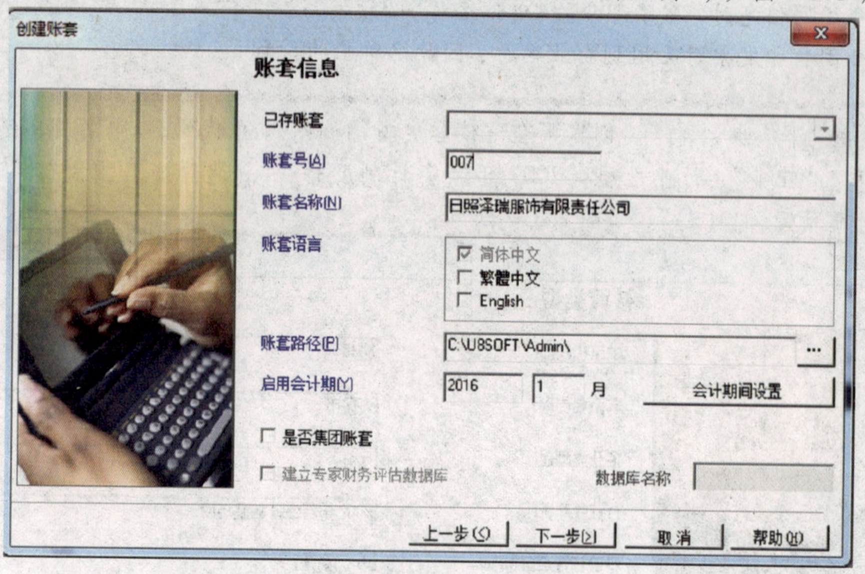

图 1.3.5　创建账套—账套信息

◆账套号是账套的唯一标志,账套号设置后不允许修改,新建的账套号与系统内已经存在的账套号不可重复。

◆在建立该账套时,不得启用“是否集团账套”。

(4)单击“下一步”,打开“创建账套—单位信息”窗口,输入“单位名称、机构代码、单位简称、单位地址、联系电话、电子邮件、税号”等信息,如图 1.3.6 所示:

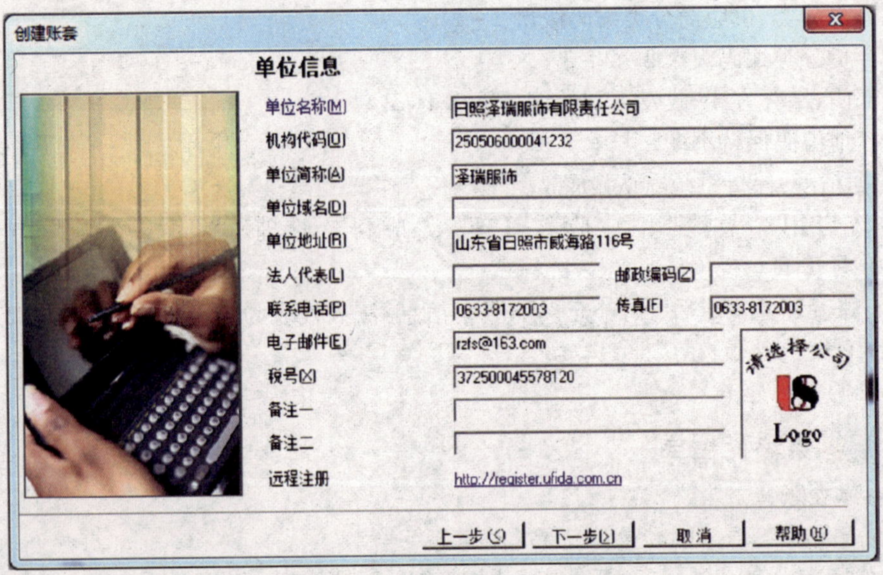

图 1.3.6　创建账套—单位信息

小提示

◆填写信息时，蓝字部分的“单位名称”必须填写。

◆因打印发票时会用到企业名称，因此名称应为全称。

(5)单击“下一步”，打开“创建账套—核算类型”窗口，本币代码、本币名称信息默认，选择企业类型为“工业”，行业性质：“2007 年新会计制度科目”，选择账套主管“马娟”，勾选“按行业性质预置科目(S)”，如图 1.3.7 所示：

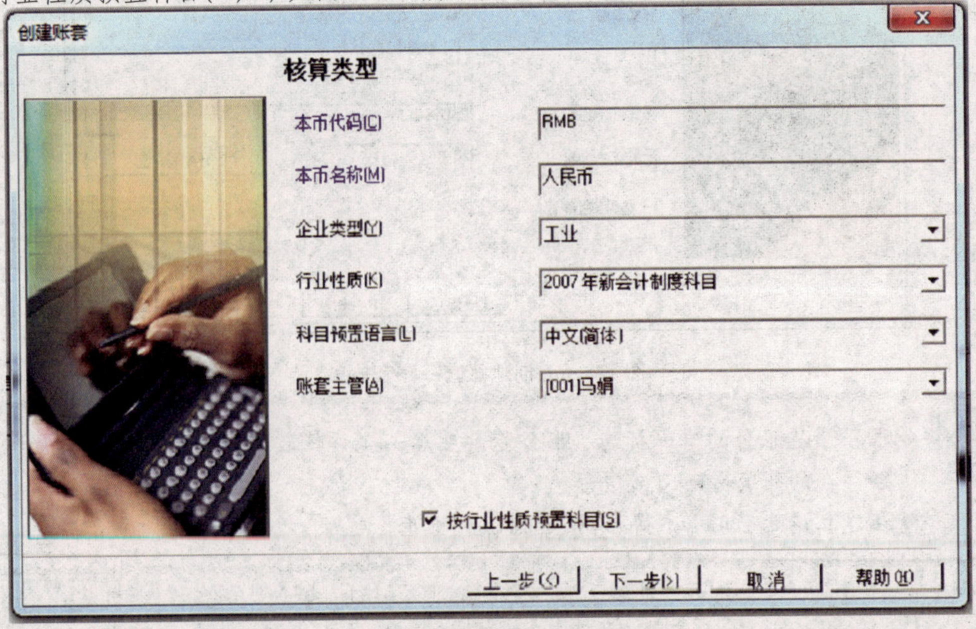

图 1.3.7　创建账套—核算类型

◆企业类型包括“工业”、“商业”和“医药流通”三种，在不启用供应链的前提下，工业和商业的区别不大。

◆ 行业性质决定账套的预置会计科目，因此在建立账套时应认真选择。

◆ 若勾选了“按行业性质预置科目”，账套建立完成后，会在系统中设置国家规定的一级会计科目。

(6) 单击“下一步”，打开“创建账套—基础信息”窗口，在“存货是否分类”、“客户是否分类”、“供应商是否分类”前划“√”，如图 1.3.8 所示：

◆当企业的存货、客户和供应商较为繁多时，可以对其进行分类。

◆如果在此进行了分类，则进行基础档案设置时，需要先分类才能建立相应的档案；若没有进行分类，可直接建立存货、客户、供应商的档案。

◆ 账套在建立过程中，发现错误，可随即更正，但是当账套建立完成后，发现错误，只能以账套主管的身份进行修改。

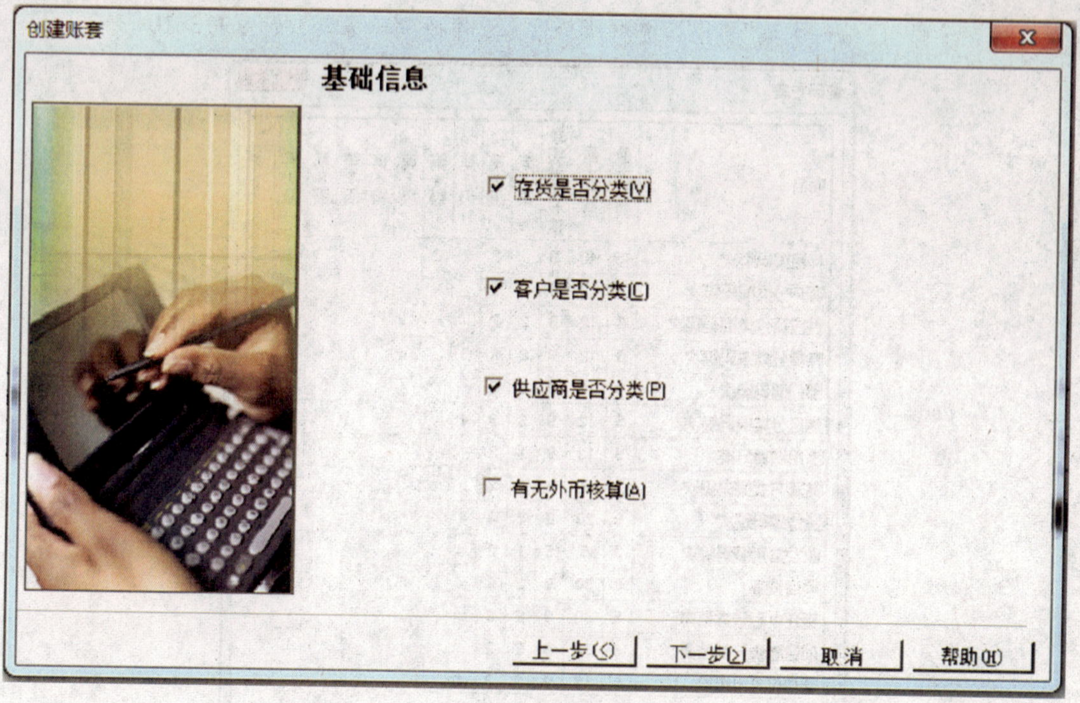

图 1.3.8　创建账套—基础信息

(7) 单击“完成”，系统提示“可以创建账套了吗?”，单击“是”，系统开始创建账套，如图 1.3.9 所示：

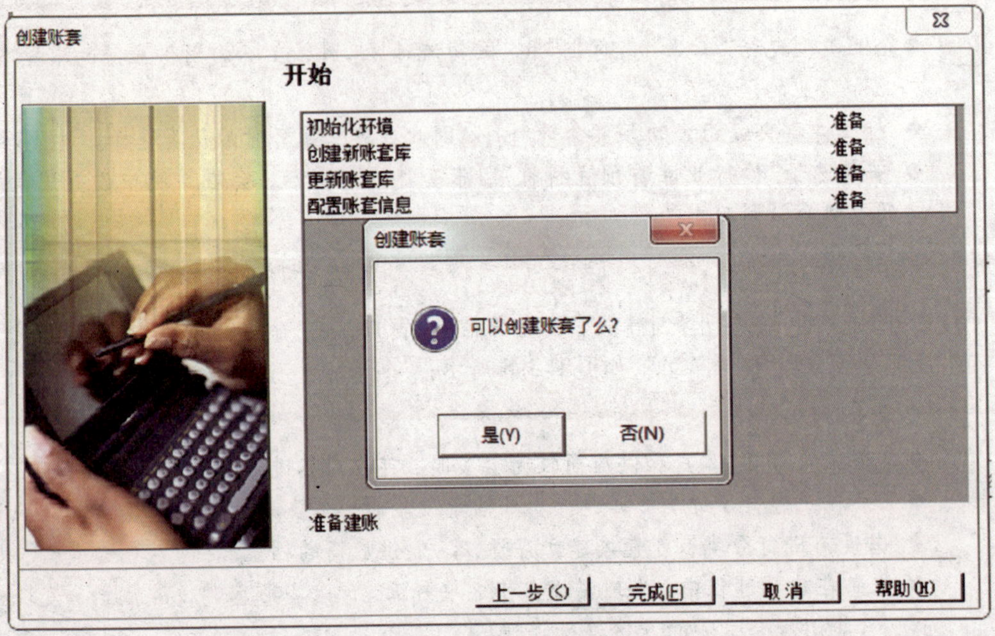

图 1.3.9 创建账套

(8) 系统弹出“编码方案”，根据资料所给信息，修改编码方案，如图 1.3.10 所示：

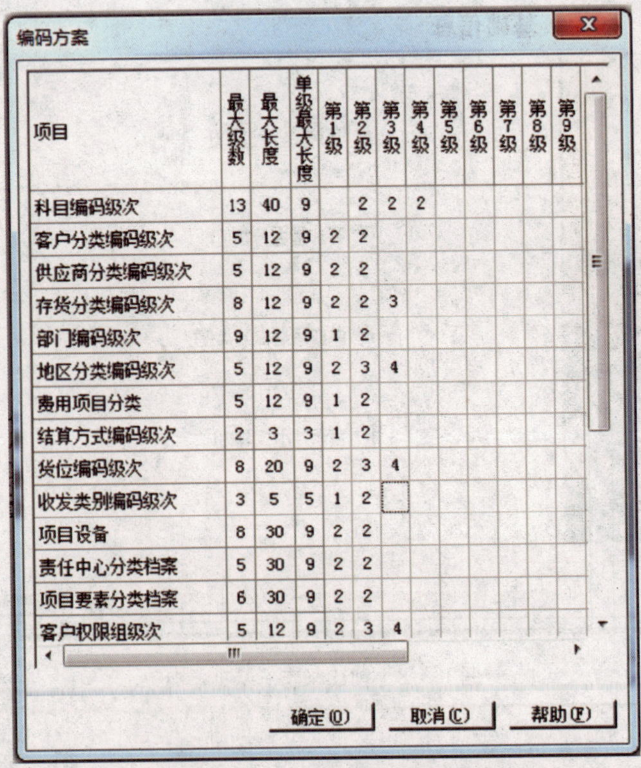

项目	最大级数	最大长度	单级最大长度	第1级	第2级	第3级	第4级	第5级	第6级	第7级	第8级	第9级
科目编码级次	13	40	9		2	2	2					
客户分类编码级次	5	12	9	2	2							
供应商分类编码级次	5	12	9	2	2							
存货分类编码级次	8	12	9	2	2	3						
部门编码级次	9	12	9	1	2							
地区分类编码级次	5	12	9	2	3	4						
费用项目分类	5	12	9	1	2							
结算方式编码级次	2	3	3	1	2							
货位编码级次	8	20	9	2	3	4						
收发类别编码级次	3	5	5	1	2							
项目设备	8	30	9	2	2							
责任中心分类档案	5	30	9	2	2							
项目要素分类档案	6	30	9	2	2							
客户权限组级次	5	12	9	2	3	4						

图 1.3.10 设置编码方案

小提示
◆编码方案会影响基础信息设置中相应内容的编码级次以及编码长度。
◆账套建立完成后，编码方案的修改可以通过修改账套的方式，也可以在企业应用平台的“基础设置”-“基本信息”-“编码方案”进行更改。

(9)编码方案设置完成后，单击“确定”按钮，然后关闭，系统弹出“数据精度”窗口，默认系统的设置，如图1.3.11所示，单击“取消”按钮。

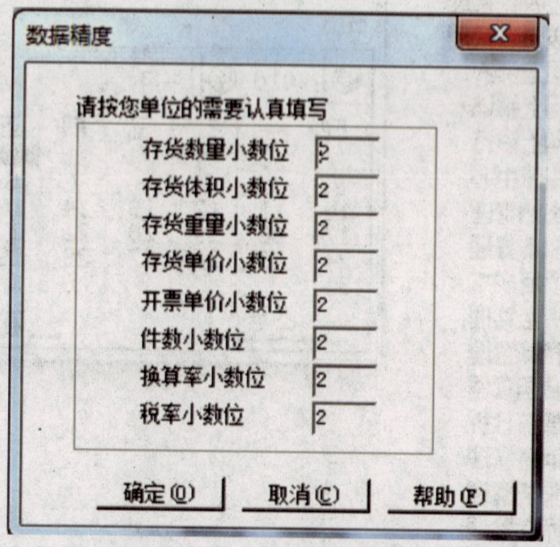

图1.3.11　设置数据精度

(10)系统提示“日照泽瑞服饰有限公司:(007)建账成功，您可以现在进行系统启用的设置，或以后从[企业应用平台-基础信息]进入[系统启用]功能，现在进行系统启用的设置?”选择“是”，如图1.3.12所示：

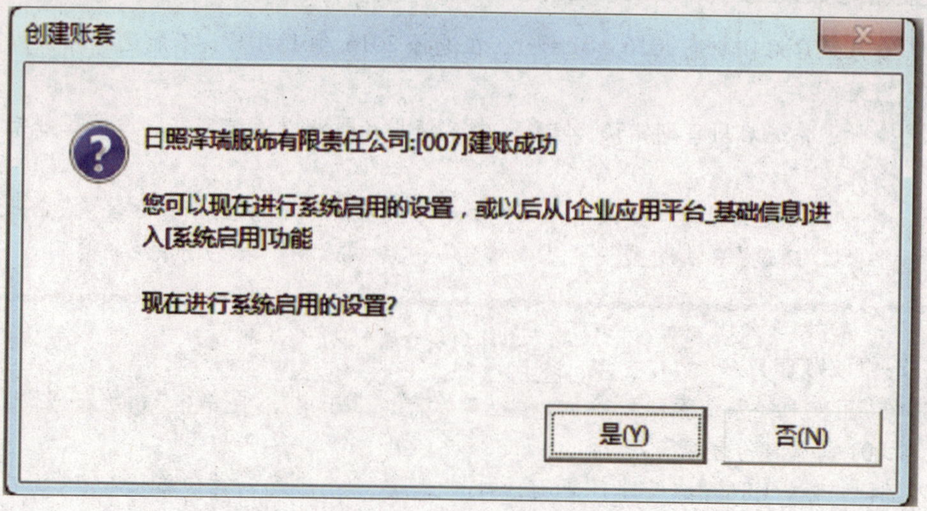

图1.3.12　系统启用提示

(11)根据任务所给信息，启用“总账、应收款管理、应付款管理、固定资产”四个系统，启用日期均为“2016-01-01”，如图1.3.13所示：

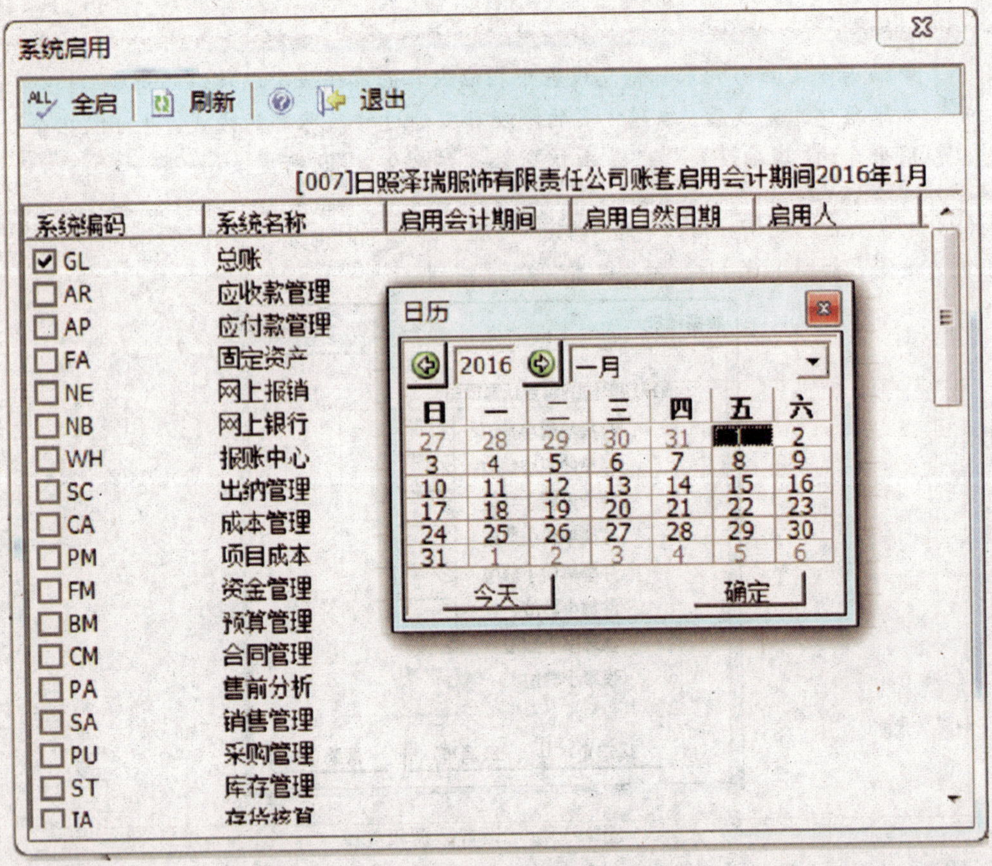

图 1.3.13　系统启用

◆系统启用日期是 2016－01－01，在选择 2016 年 1 月后，不能选择系统默认的当天。

◆如果系统启用日期错误，但系统尚未使用，则可以通过双击，注销已经启用的系统。

◆ 如果在建立账套时，没有启用系统，后期可以以账套主管身份登录“企业应用平台”，通过“基础设置”—“基本信息”—“系统启用” 来完成系统的启用。

3－2:修改账套

(1)在“用友 U8(系统管理)”界面，单击“系统”—“注销”，再单击“系统”—“注册”，以账套主管 001 马娟身份登录。

(2)进入“用友 U8(系统管理)”界面，单击“账套”—“修改”，在“单位信息”窗口补充完整法人代表和邮政编码信息，在“基础信息”窗口勾选“有无外币核算”，如图 1.3.14 所示：

(3)单击“完成”，系统提示“确认修改账套了吗?”，选择“是”，在“编码方案”和“数据精度”窗口单击“取消”，系统提示“修改账套成功”。

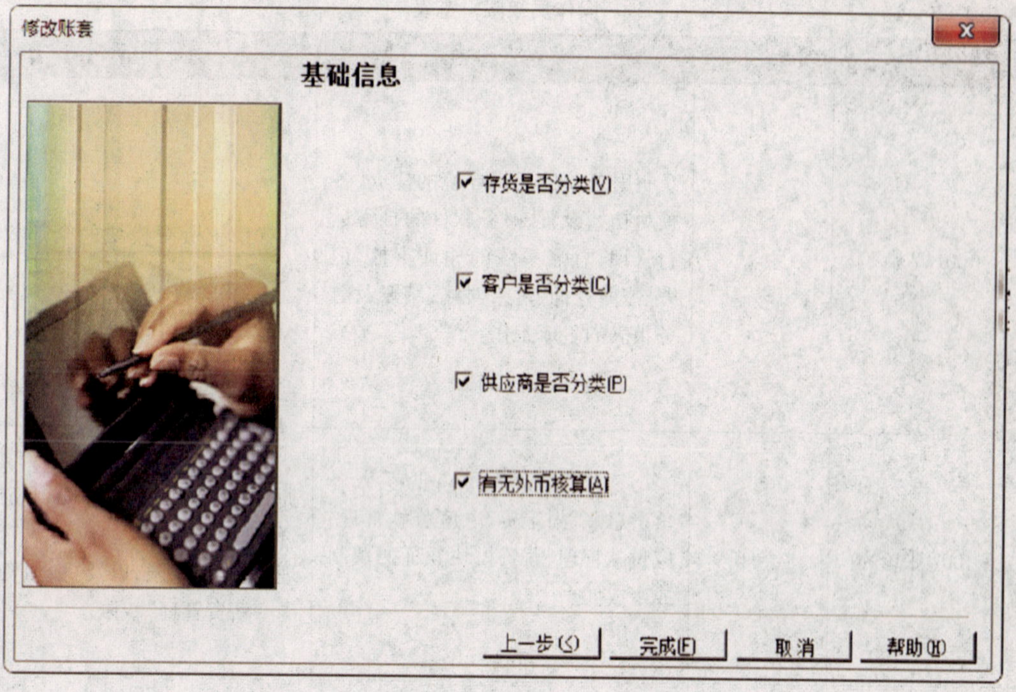

图 1.3.14　修改账套

小提示

◆只有账套主管才能修改账套，其他人均无权限。

◆只有黑色的信息可以修改，灰色的信息不能修改，因此在建立账套时，财务人员应认真谨慎。

◆因为"编码方案"和"数据精度"没有做任何更改，所以可通过"取消"按钮关闭相应的窗口。

◆企业类型中，"商业"可以修改为"工业"，但是"工业"无法修改为"商业"，因此建立账套时，应认真选择企业类型。

任务 4：操作员权限赋予

在实际工作中，为了保障企业经营数据的安全，满足企业内部控制的需求，需要进行合理的财务分工。因此在增加了操作员、建立账套之后，需要对操作员进行权限赋予，这是对系统内操作员进行授权分配的过程，指定操作员对账套数据的处理权限及操作范围。用友 ERP－U8V10.1 提供集中权限管理，除了提供用户对各模块操作的权限之外，还相应的提供了金额权限管理和对数据的字段级和记录级的控制，不同的组合方式为企业的控制提供了有效的方法。

※任务描述

根据表 1－3－2 所给信息，给本企业的操作员赋予权限。

表 1-3-2 操作员权限一览表

操作员	职位	工作内容	权限
001 马娟	主管	负责财务软件运行环境的建立、各模块初始设置、财务软件的日常运行管理、总账系统的凭证审核、记账、账簿查询、月末对账、结账及财务报表的生成工作。	具有系统所有模块的全部权限。
002 张珍	会计	负责总账、固定资产、应收款管理、应付款管理、薪资模块凭证的填制或生成。	拥有"财务会计-总账、固定资产、应收款管理、应付款管理"的全部权限，以及"人力资源-薪资管理"权限。
003 苏立伟	会计	负责应收款管理和应付款管理系统单据的填制工作。	拥有"基本信息-公共单据"权限及"财务会计-应收款管理、应付款管理"中除单据审核外的权限。
004 宋丽丽	出纳	负责现金、银行存款的管理工作。	拥有"总账-凭证-出纳签字"和"总账-出纳"的权限。

※操作指导

(1)在"用友 U8(系统管理)"界面，单击"系统"-"注销"，再单击"系统"-"注册"，以系统管理员 admin 身份登录。

(2)在"用友 U8(系统管理)"界面，单击"权限"-"权限"，进入"操作员权限"窗口。

(3)单击窗口右上角的下拉框，选中"(007)日照泽瑞服饰有限责任公司"账套，在左侧的操作员列表中，选中"001 马娟"，显示已经勾选了"账套主管"，即拥有了该账套的所有权限。如图 1.3.15 所示：

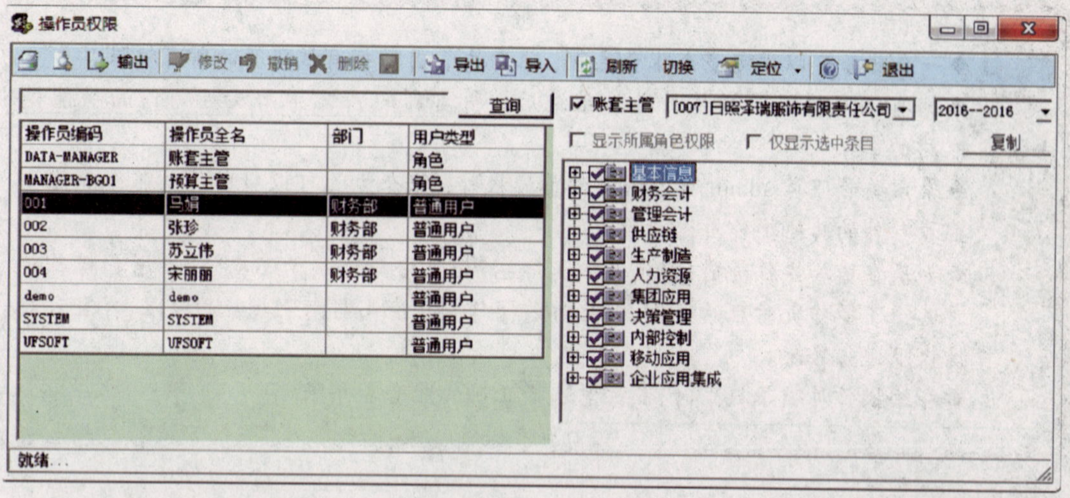

图 1.3.15　账套主管权限

(4)在左侧的操作员列表中，选中“002 张珍”，单击“修改”按钮，单击右侧权限列表中“财务会计”前面的“+”，展开“财务会计”下的所有权限，分别勾选“总账、应收款管理、应付款管理、固定资产”，再打开“人力资源”前面的“+”，展开“人力资源”下的所有权限，勾选“薪资管理”，如图 1.3.16 所示，单击“保存”按钮返回。

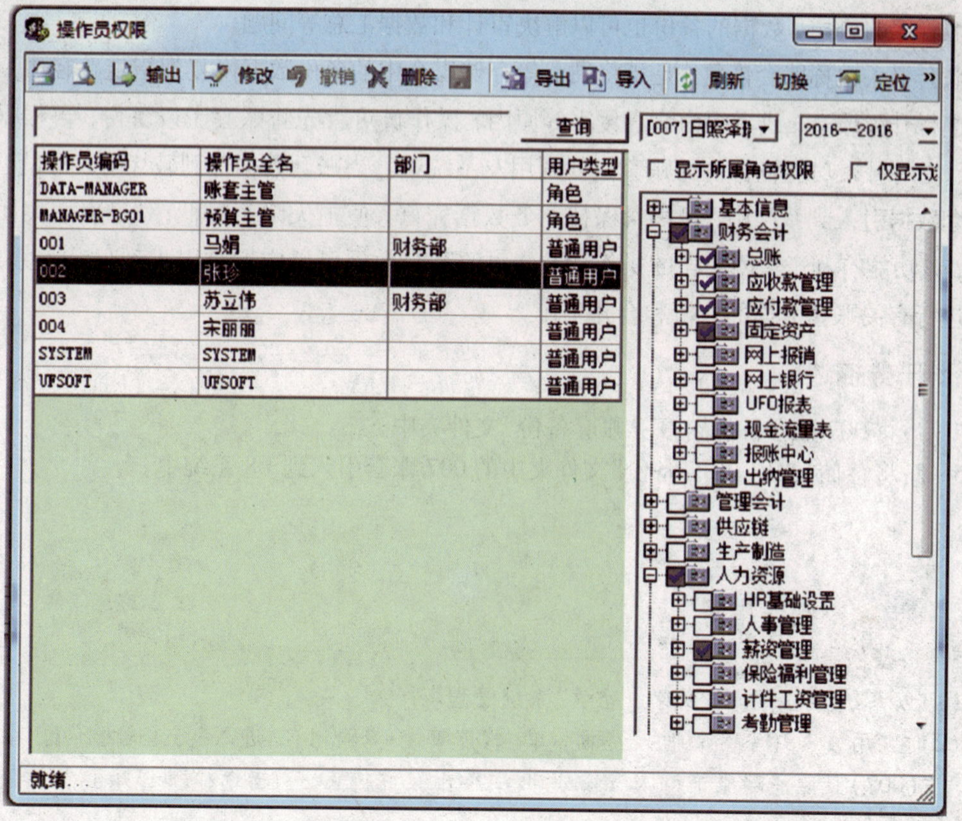

图 1.3.16　张珍权限赋予

(5)按照同样的操作原理，给其他操作员赋予权限，保存后退出。

小提示

◆一个账套可以设定多个账套主管，账套主管自动拥有该账套的所有权限。

◆拥有不同权限的操作员进入系统后，所看到的系统界面及可操作的功能是不同的。

◆除系统管理员 admin 可以给操作员授权外，账套主管可以对所管辖账套除账套主管以外的其他操作员进行授权。

◆如果在增加操作员前，首先增加了角色，并且给角色赋予了权限，在增加操作员时选择了操作员对应的角色，则此时该操作员拥有了与角色对应的权限，并且可对该权限进行修改。

◆在给操作员赋予权限时，应注意选择正确的账套和年限。

任务 5：备份与引入账套

账套的备份是指将所选账套的数据进行备份输出。定时地将企业数据备份出来存储到不同的介质上，对数据的安全性是非常重要的。由于计算机病毒、人为错误操作、自然灾害等不可预知原因所导致，需要对数据进行恢复，此时备份数据就可以将企业的损失降到最低。对于异地管理的公司，数据的备份也可以解决审计和数据汇总等问题。

账套引入也称账套恢复，是指将硬盘等存储媒介中的备份数据恢复到指定路径中。当对系统进行升级改造，或者因为病毒侵害等原因，操作员可首先将账套予以备份，再根据业务需要，使用引入功能将备份的账套恢复到用友系统中。当账套数据遭到破坏时，将最近备份的账套数据引入到系统中，可尽量保持业务数据完好，使损失降到最低；对于启用集团账的企业，该功能有利于集团公司的操作，子公司的账套数据可以定期被引入到母公司系统中，以便进行有关账套数据的分析和合并工作。

※任务描述

5－1：将 007 账套备份到“F:\账套备份”文件夹中。

5－2：将存储在“F:\账套备份”文件夹中的 007 账套引入到 U8 系统中。

※操作指导

5－1：备份账套

(1)以系统管理员 admin 身份登录“系统管理”平台。

(2)在“用友 U8(系统管理)”界面，单击“账套”－“输出”，进入“账套输出”窗口，选择账套号“(007)日照泽瑞服饰有限责任公司”，输出文件位置，双击选择“F:\账套备份”，如图 1.3.17 所示：

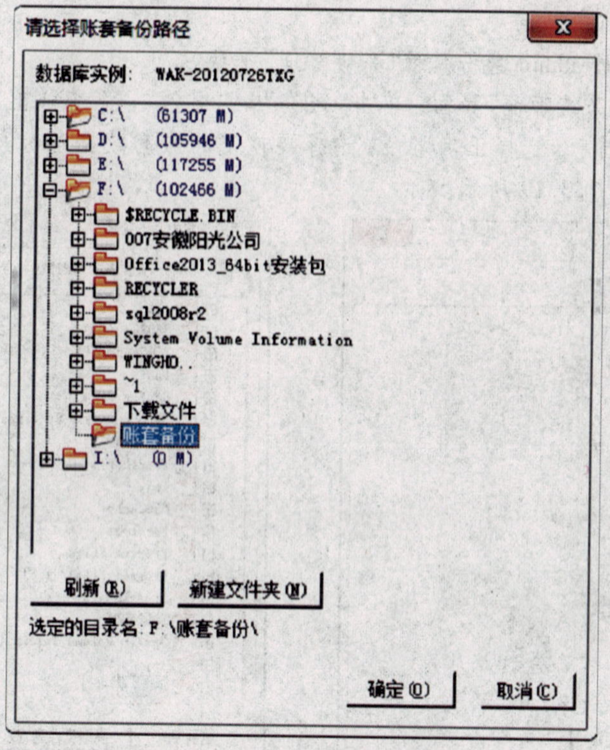

图 1.3.17　选择账套备份路径

(3)经过2~3分钟的等待，系统提示“输出成功”，单击“确定”按钮，如图1.3.18所示：

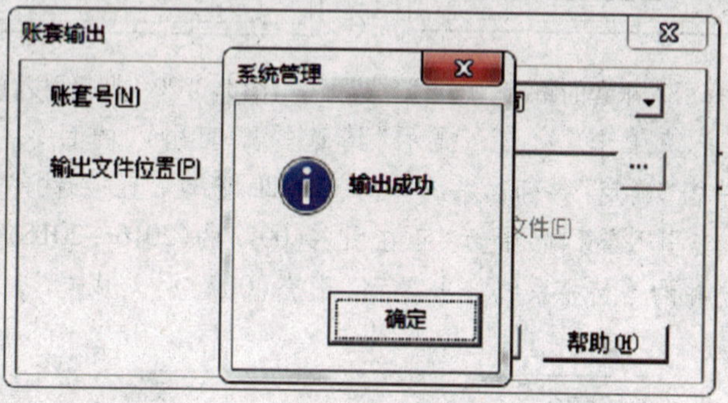

图 1.3.18　账套输出成功

小提示

◆在选择账套备份路径时，要对“账套备份”文件夹双击，保证其处于打开状态。

◆由于账套数据比较大，在进行账套备份时，需要2~3分钟的时间，需要耐心等待。

◆ 账套备份成功后，会导出UFDATA. BAK和UfErpAct. Lst两个文件，两者缺一不可。

◆ 账套在输出时，如果勾选了“删除当前输出账套”复选框，则账套在输出完毕后，系统内的该账套一并删除。

5-2:引入账套

(1)以系统管理员 admin 身份登录“系统管理”平台。

(2)在“用友 U8 系统管理”界面,单击“账套”-“引入”,系统弹出“请选择账套备份文件”窗口,根据任务信息,选择正确路径,选择要恢复的账套数据备份文件 UfErpAct. Lst,单击“确定”按钮,如图 1.3.19 所示:

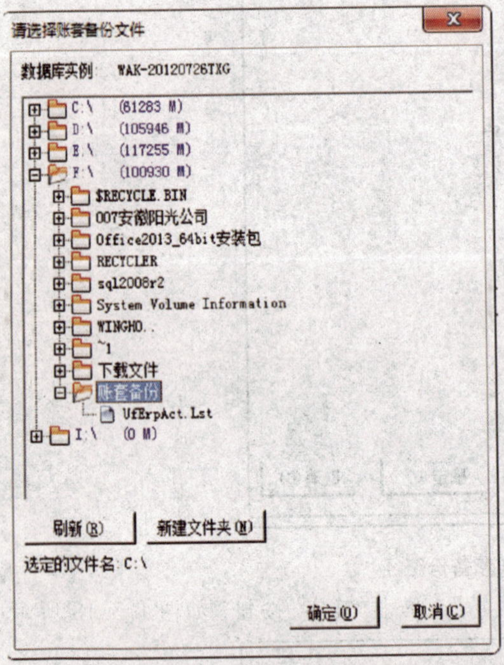

图 1.3.19　选择引入账套的路径

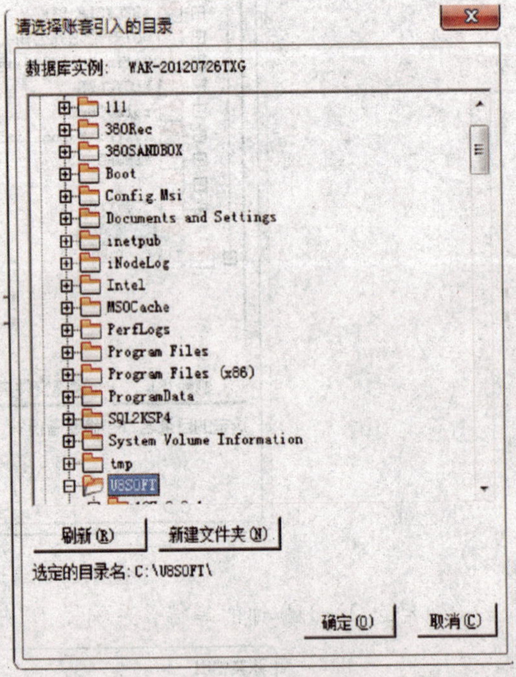

图 1.3.20　选择引入账套的路径

(3)系统弹出“系统管理”窗口,提示“请选择账套引入的目录 当前默认路径为 C: U8SOFT Admin\”,单击“确定”按钮,系统弹出 1.3.20 窗口,直接选择“确定”按钮。

(4)系统弹出“账套引入”窗口,提示“正在引入(007)的(2016-2016)账套库,请等待”。

(5)经过 2~3 分钟的等待,系统弹出提示“账套(007)引入成功”,单击确定按钮,如图 1.3.21 所示:

图 1.3.21　引入账套成功

任务 6:制定账套备份计划

用友 ERP-U8V10.1 提供了设置自动备份计划的功能,设置备份计划的作用是自动对设置好的账套进行定时输出(备份)。通过设置定时备份账套功能,实现了账套的无人干预自动输出，减轻了系统管理员的工作量，同时可以更好地对系统进行管理。

※任务描述

日照泽瑞服饰有限责任公司的账套备份计划如下所示，请建立企业的账套备份计划。

表 1－3－3　　泽瑞服饰账套备份计划

计划编号	001	计划名称	2016 泽瑞服饰账套备份
备份类型	账套备份	发生频率	每周
发生天数	7	开始时间	0:00:00
有效触发	2 小时	保留天数	60 天
备份路径	D:\u8\账套备份		

※操作指导

(1)以 admin 身份登录“系统管理”平台。

(2)在“用友 U8(系统管理)”界面，单击“系统”－“设置备份计划”，打开“备份计划设置”窗口。

(3)单击“增加”按钮，弹出“备份计划详细情况”窗口，按照所给任务信息，将“计划编号、计划名称”等信息填写完整，单击“增加”按钮，选择备份路径为 D: \u8\账套备份，选择账套“007 日照泽瑞服饰有限责任公司”，如图 1.3.22 所示：

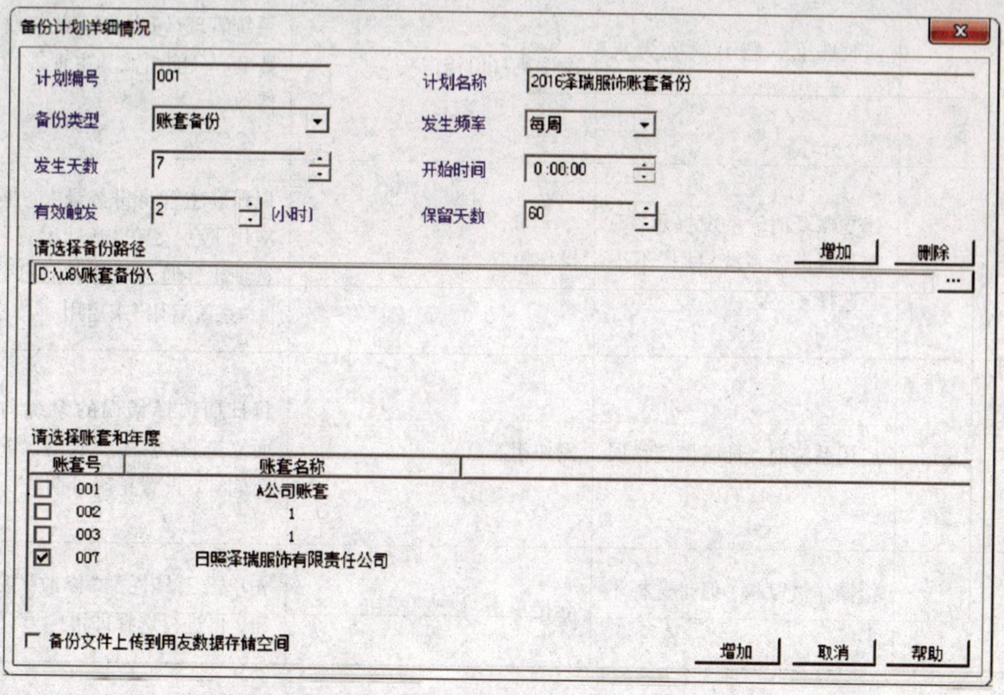

图 1.3.22　设置账套备份计划

(4)单击“增加”按钮，账套自动备份计划设定完成，关闭窗口退出。

常见错误分析

序号	问题描述	原因分析	解决方案
1	admin 登录时，系统提示“请先选择数据源”或者“数据源错误”	登录服务器错误或者应用服务器配置错误	检查应用服务器设置 在登录界面，“登录到”选择正确的服务器名称
2	无法删除操作员（用户）	已经定义了角色或者在系统有该操作员的日志	先删除操作员的角色，再删除操作员；以 SAdmin 身份登陆“系统管理”清除日志，再删除操作员
3	建立账套时，“编码方案”设置完毕后，等了很久系统没有反应	没有关闭“编码方案”窗口	“编码方案”设置好后，单击“确定”按钮，然后单击“取消”按钮或者关闭窗口，才能继续操作
4	修改账套，显示颜色为灰色，无法操作	操作员身份错误	系统管理员 admin 无法修改账套，只能由账套主管进行修改
5	建立账套时，系统提示“现在是否进行系统启用”不小心选择了“否”	操作粗心	以账套主管身份登录“企业应用平台”，在“基础设置”选项卡，通过“基本信息”-“系统启用”来启用
6	启用系统时，日期设定错误	操作粗心	将日期选择错误的系统前面复选框的“√”取消，重新勾选，设置正确日期
7	给操作员赋权，但是选择不上	忘记单击“修改”按钮	先单击工具栏的“修改”按钮，再进行选择即可

项目小结

财务软件准备		
子项目	任务列表	学习内容
认知会计信息化与财务软件	1. 会计信息化基础认知	会计信息化的产生与发展
		会计信息系统的构成
	2. 用友 ERP－U8V10.1 软件认知	用友 ERP－U8V10.1 软件的功能模块
		用友软件的演示期限规则
		用友软件常用快捷键
安装与调试用友软件	1. Win7 系统下安装 SQL2008R2	用友 ERP－U8V10.1 的安装环境
		SQL2008R2 的安装流程
	2. Win7 系统下安装用友 ERP－U8V10.1	U8V10.1 的安装流程和注意事项
	3. 调试用友 ERP－U8V10.1	U8V10.1 的调试方法
系统管理	1. 启动系统管理	"系统管理"的作用及功能
		Admin 的权限范围
	2. 增减操作员	操作员（用户）的含义及作用
		增加操作员的方法
		修改操作员的方法
		删除操作员的方法及适用条件
		注销操作员的方法及适用条件
	3. 建立与修改账套	账套的作用
		建立、修改账套的主体
		建立、修改账套的方法及注意问题
	4. 操作员权限赋予	给操作员授予权限的主体
		操作员权限授权方法
		操作员权限取消方法
	5. 备份与引入账套	账套备份的作用
		账套备份的方法
		引入账套的主体及方法
	6. 制定账套备份计划	账套备份计划的作用
		制定账套备份计划的方法

项目二　财务软件初始设置

职业能力目标

目标类型	目标要求	对应子项目
能力目标	能给企业部门、职员、往来单位及存货建立档案	子项目 2.1
	能根据业务需要增减会计科目并设置项目目录	子项目 2.1
	能完成不同类型会计科目期初余额的录入	子项目 2.2
	能进行工资项目、公式、代发银行及个税扣缴的设置	子项目 2.3
	能进行固定资产类别、折旧科目、原始卡片的设置	子项目 2.4
	能进行往来系统的初始设置并录入期初余额	子项目 2.5 ~ 2.6
知识目标	掌握企业各模块基础档案设置的顺序及方法	子项目 2.1
	掌握会计科目进行辅助核算的作用及方法	子项目 2.2
	理解薪资系统公式的意义及设置方法	子项目 2.3
	掌握固定资产初始设置的内容及方法	子项目 2.4
	掌握往来系统初始设置的内容及期初余额录入方法	子项目 2.5 – 2.6

典型工作任务

项目	子项目	典型工作任务
财务软件初始设置	设置基础档案	建立部门和人员档案
		建立客户、供应商及存货档案
		设置开户银行及结算方式
		进行财务信息设置
	总账系统初始设置	设置总账系统参数
		录入总账系统期初余额并进行试算平衡
	薪资系统初始设置	建立薪资子账套并指定薪资主管
		建立人员档案
		设置工资项目及计算公式
		设置银行代发文件格式和磁盘输出格式
	固定资产初始设置	建立固定资产子账套并进行初始设置
		设置部门对应折旧科目及固定资产增减方式对应入账科目
		录入原始卡片
	应收账款初始设置	进行应收款管理系统初始设置
		设置销售发票及应收单等的单据格式与编号
		录入应收款管理系统期初余额
	应付账款初始设置	进行应付款管理系统初始设置
		设置采购发票及应付单等的单据格式与编号
		录入应付款管理系统期初余额

项目背景资料

日照泽瑞服饰有限责任公司通过财务软件进行日常业务处理前，需要对所启用的各个模块进行参数设置，并根据企业的业务情况，设立职工、客户、存货等档案，相关信息如下：

（一）用友软件各模块参数

1. 总账系统参数

制单序时控制；进行支票控制；可以使用存货受控科目；现金流量科目必须录入现金流量项目；凭证编号由系统编号；出纳凭证需经出纳签字；不允许修改、作废他人填制的凭证；可查询他人凭证；明细账查询控制到科目；外币核算采用固定汇率。

2. 薪资系统

公司 2016 年 1 月 1 日启用薪资管理；工资类别为单个；核算币种为人民币；要求代扣个人所得税；不进行扣零处理。

3. 固定资产系统

折旧方法为平均年限法（一）；折旧汇总分配周期为 1 个月；当（月初已计提月份 = 可使用月份 -1）时，将剩余折旧全部提足；固定资产系统与账务系统进行对账，其中对账科目为：固定资产对账科目“1601 固定资产”，累计折旧对账科目“1602 累计折旧”；对账不平不允许固定资产月末结账。

4. 应收款管理系统参数

应收账款采用“应收余额百分比法”计提坏账；系统自动计算现金折扣；核销生成凭证；受控科目制单方式为“明细到单据”。

5. 应付款管理系统参数

公司对应付款系统单据审核日期的依据为业务日期；自动计算现金折扣；要求核销生成凭证。

（二）公司往来单位档案

企业目前有客户三家，分别是华丰百货、金河百货和兴盛百货，三家客户由销售部管理，其专管业务员均为王强。

企业的供应商也有三家，分别是欣飞棉纺、春兰纺织和雨禾公司，由采购部负责管理，其专管业务员为赵亮。

（三）员工的工资项目及计算公式

公司发放职工工资涉及到的工资项目包括基本工资、岗位工资、奖金、交补、请假扣款、养老保险、代扣税，根据业务需要给工资项目预先设置了以下计算公式：

工资项目	公式
交补	Iff（人员类别 =“销售人员”,200,Iff（人员类别 =“管理人员”,150,100））
岗位工资	Iff（人员类别 =“管理人员”,800,600）
请假扣款	请假天数 * 50
养老保险	（基本工资 + 岗位工资）* 0.08
计税工资	基本工资 + 奖金 + 岗位工资 + 交补 - 养老保险

（四）其他

企业采用收、付、转凭证，根据业务需要设置现金、现金支票、转账支票、电汇等九种结算方式，企业发生的经济业务包括人民币业务和美元业务，美元的期初汇率为 1:6.25 。

子项目 2.1　设置基础档案

任务框架

任务 1:启用系统
任务 2:建立机构人员档案
任务 3:建立客户、供应商档案
任务 4:设置收付结算信息
任务 5:建立企业存货档案
任务 6:设置企业财务信息

任务 1:启用系统

企业根据自身业务需要启用适用的系统(或模块),系统可以在建立账套的时候启用,也可以在账套建立完毕后,通过企业应用平台来启用。

※任务描述

请在“企业应用平台”中启用“薪资管理系统”。

※操作指导

(1)执行“开始”–“程序”–“用友 U8V10.1”–“企业应用平台”命令,或者双击桌面上的“企业应用平台”图标,打开“登录”窗口。

(2)选择登录到自己的服务器名称,录入操作员“001”,密码“1”,账套选择“007(default)日照泽瑞服饰有限责任公司”,操作日期“2016–01–01”,如图 2.1.1 所示,单击“登录”,进入企业应用平台。

(3)在“基础设置”选项卡中,执行“基本信息”–“系统启用”命令,打开“系统启用”窗口,在“薪资管理”前打√,“日历”对话框的时间调整为 2016 年 1 月 1 日,如图 2.1.2 所示:

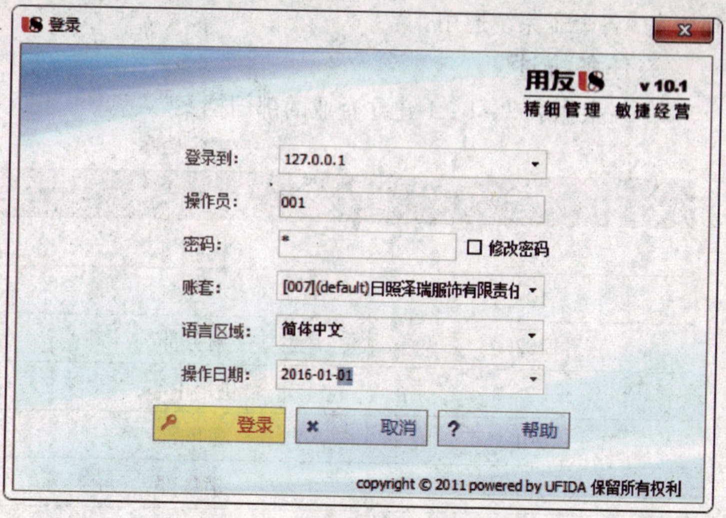

图 2.1.1　企业应用平台登录界面

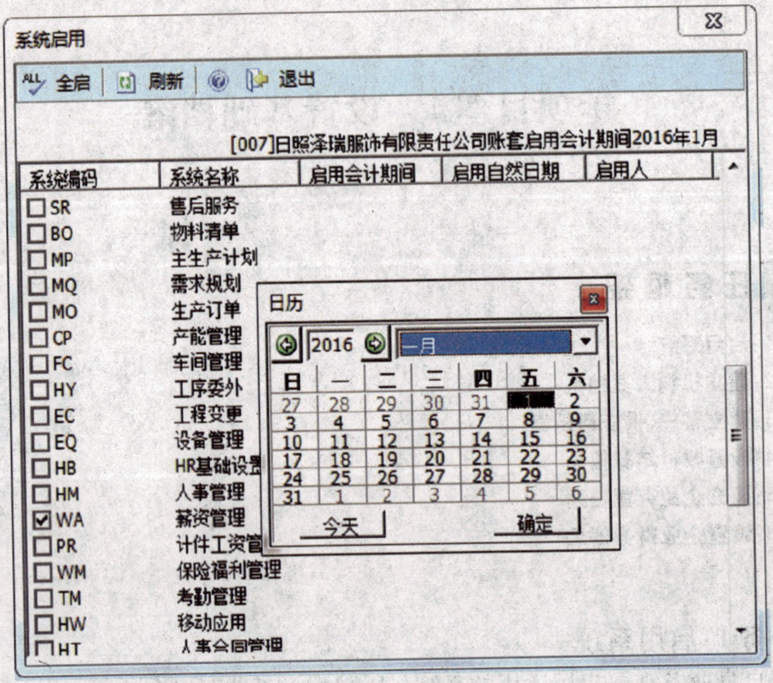

图 2.1.2　系统启用界面

(4)单击“确定”按钮，系统提示“确实要启用当前系统吗?”，单击“是”，完成“薪资管理”系统的启用。

任务 2:建立机构人员档案

基础档案是用友 ERP - U8V10.1 开展会计核算的基础数据，各子系统共享公共的基础档案信息，企业根据实际情况，结合基础信息数据的要求，做好基础档案的整理设计工作。由于基础数据之间存在着先后承接关系，因此基础档案的设置应遵循一定的顺序，设置好的基础档案，各个子系统通用。

※任务描述

2 - 1:根据表 2 - 1 - 1 建立企业的部门档案。

表 2 - 1 - 1　部门档案

部门编码	部门名称	部门属性
1	管理中心	管理部门
101	办公室	综合管理
102	财务部	财务管理
2	供销中心	供销管理
201	采购部	采购管理
202	销售部	市场营销
3	生产中心	产品制造
4	仓储中心	仓储物流

2－2:请根据表 2－1－2 和表 2－1－3 进行人员类别和人员档案的设置。

表 2－1－2　　人员类别

分类编码	类别名称
10101	管理人员
10102	采购人员
10103	销售人员
10104	生产人员
10105	仓储人员

表 2－1－3　　人员档案

人员编码	姓名	性别	行政部门	雇佣状态	人员类别	是否业务员	业务或费用部门
101	李天昊	男	办公室	在职	管理人员	是	办公室
102	高洁	女	办公室	在职	管理人员	是	办公室
201	马娟	女	财务部	在职	管理人员	是	财务部
202	张珍	女	财务部	在职	管理人员	是	财务部
203	宋丽丽	女	财务部	在职	管理人员	是	财务部
204	苏立伟	男	财务部	在职	管理人员	是	财务部
301	赵亮	男	采购部	在职	采购人员	是	采购部
401	王强	男	销售部	在职	销售人员	是	销售部
501	张林	男	生产中心	在职	管理人员	是	生产中心
502	刘艳	女	生产中心	在职	生产人员	是	生产中心
601	张红	女	仓储中心	在职	仓储人员	是	仓储中心

※操作指导

2－1:建立企业的部门档案

(1)在“基础设置”选项卡中，执行“基础档案”－“机构人员”－“部门档案”命令，进入“部门档案”窗口。

(2)单击“增加”按钮，录入部门编码“1”、部门名称“管理中心”，部门属性“管理部门”。

(3)单击“保存”,“管理中心”部门档案建立成功，单击“增加”按钮，继续输入其他的部门档案，如图 2.1.3 所示：

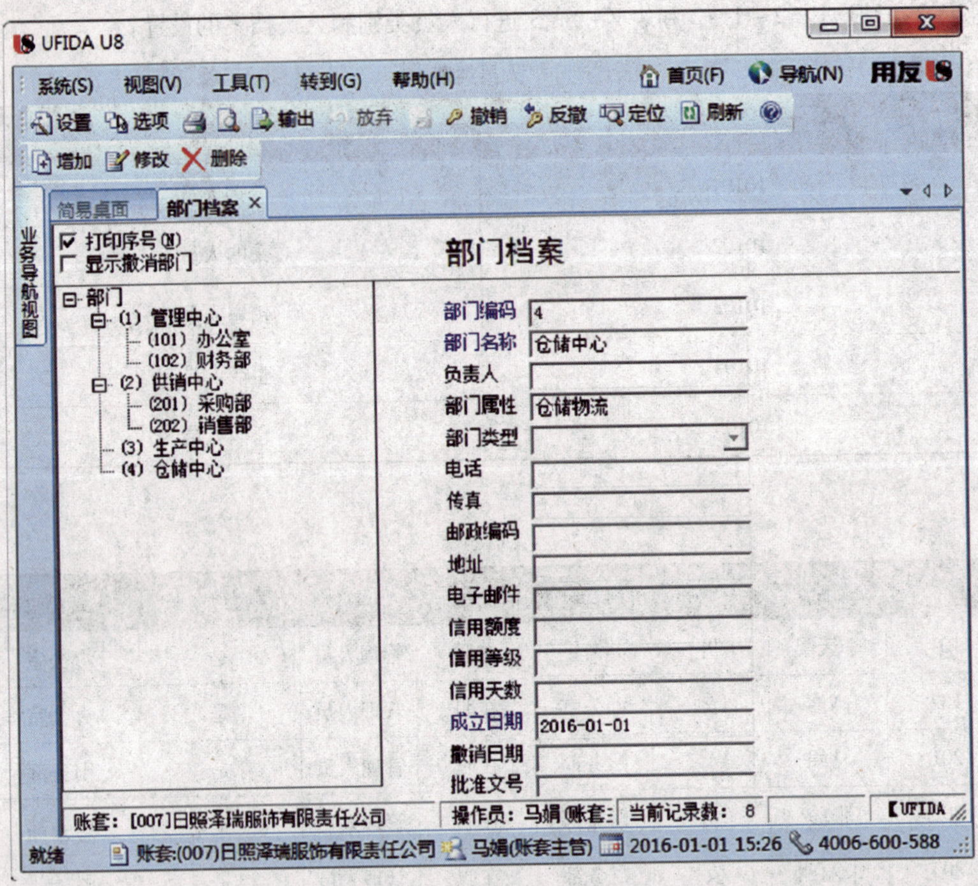

图 2.1.3　建立部门档案

小提示

◆部门编码必须和编码方案中的编码级次一致，否则无法保存。

◆部门档案在增加时，应先增加上级再增加下级，删除时应先删除下级再删除上级。

◆由于此时人员档案尚未设置，所以“负责人”暂时不能填写，如果需要设置，待人员档案设置完成后，再回到部门档案中通过“修改”命令补充完成。

◆在录入部门档案时，可用快捷键 F6 替代“保存”按钮，F5 替代“增加”按钮。

◆建立好的部门档案，如需修改，可通过“修改”按钮实现，但是部门编号无法修改。

◆如果某个部门因为单位机构调整而被削减，可以对其进行撤销，撤销部门时该部门不能有在职和未注销的职员，其方法是选中要撤销的部门，然后单击工具栏中的“撤销”按钮，即可撤销此部门。

2-2：建立人员档案

(1)在“基础设置”选项卡中，执行“基础档案”-“机构人员”-“人员类别”命令，进入“人员类别”窗口。

(2)选中“正式工”类别，单击“增加”按钮，系统弹出“增加档案项”窗口，档案编码输入“10101”，档案名称输入“管理人员”，如图 2.1.4 所示：

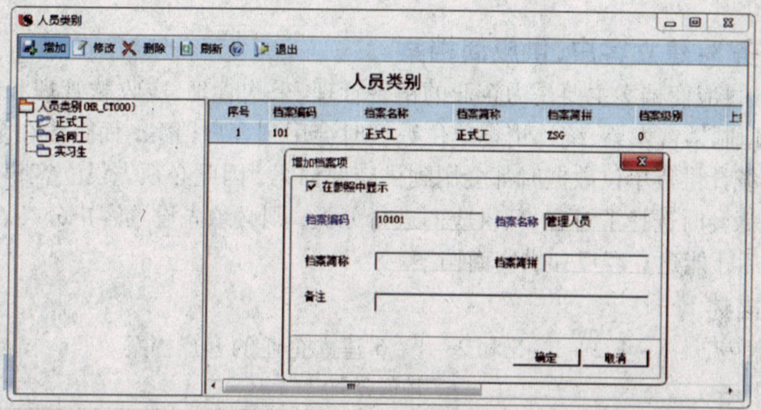

图 2.1.4　增加人员类别

(3) 单击“确定”按钮，按照要求继续增加其他人员类别，全部增加完毕后，单击“取消”按钮退出。

小提示

◆人员档案中的人员是指与企业业务活动有关的员工，如销售员、采购员、生产人员等。

◆设置人员档案前需要先设置人员所属的类别，系统预置了“正式工”、“合同工”和“实习生”，财务人员可以在此基础上扩充人员类别。建立好人员类别后，再建立企业的人员档案。

(4) 在“基础设置”选项卡中，执行“基础档案”-“机构人员”-“人员档案”命令，进入人员列表，单击“增加”按钮，进入人员档案窗口，输入人员编码“101”，人员姓名“李天昊”，性别“男”，行政部门“办公室”，雇用状态“在职人员”，人员类别“管理人员”，选中“是否业务员”复选框，如图 2.1.5 所示：

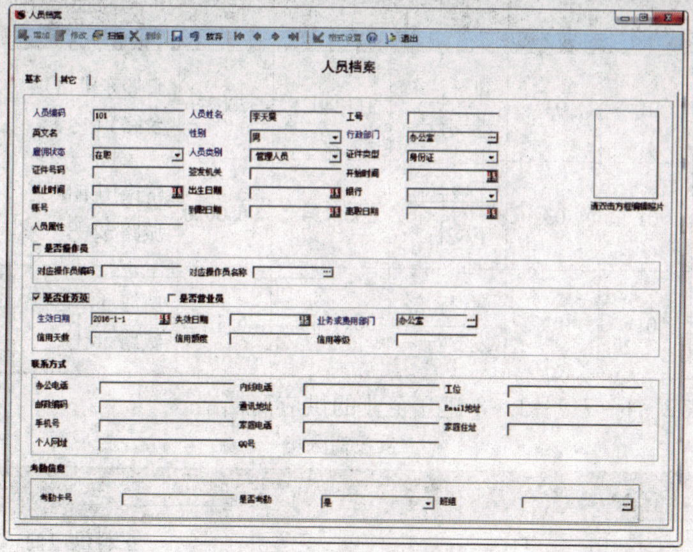

图 2.1.5　增加人员档案

(5) 单击“保存”按钮，继续为企业其他人员建立档案。

任务 3：建立客户、供应商档案

建立客户、供应商档案主要是为企业的销售管理、采购管理、应收款管理和应付款管理提供服务，企业填制销售发票、统计销售单位数据时会用到客户档案，而企业在录入采购发票、应付款结算和统计供货单位数据时都会用到供应商档案，因此必须先设立客户、供应商档案。如果企业建立账套时选择了对客户、供应商进行分类，则必须先设置客户分类、供应商分类和地区分类，然后才能建立客户和供应商档案。

※任务描述

3－1：根据表 2－1－4、2－1－5 和 2－1－6 建立企业的客户档案。

表 2－1－4　地区分类

分类编码	分类名称
01	华东地区
02	华南地区
03	东北地区
04	华北地区

表 2－1－5　客户分类

分类编码	分类名称
01	批发
02	零售
03	专柜

表 2－1－6　客户档案

编码	客户简称	所属地区	所属分类	开户行（默认）	银行账号	税号	地址	分管部门	专管业务员
001	华丰百货	01	03	建行东港支行	31124021	3700326	日照东港区烟台路 21 号	销售部	王强
002	金河百货	01	03	工行历下支行	20021558	9650020	济南历下区泉城路 32 号	销售部	王强
003	兴盛百货	01	03	建行经发支行	30418446	2651252	威海环翠区新威路 58 号	销售部	王强

3－2：根据表 2－1－7、2－1－8 建立企业的供应商档案。

表 2－1－7　供应商分类

分类编码	分类名称
01	主料供应商
02	辅料供应商

表 2-1-8 供应商档案

编码	供应商简称	所属地区	所属分类	开户行	银行账号	税号	地址	分管部门	专管业务员
001	欣飞棉纺	01	01	工行周村支行	32365870	3722558	淄博周村东门路 120 号	采购部	赵亮
002	春兰纺织	01	01	中行南通分行	40021558	3042696	南通青年西路 21 号	采购部	赵亮
003	雨禾公司	01	02	招行常熟支行	56925814	2326633	常熟市海虞北路 48 号	采购部	赵亮

※操作指导

3-1:建立客户档案

(1)在“基础设置”选项卡中，执行“基础档案”-“客商信息”-“地区分类”命令，进入“地区分类”窗口。

(2)单击“增加”按钮，按照任务要求，输入地区分类信息。

(3)在“基础设置”选项卡中，执行“基础档案”-“客商信息”-“客户分类”命令，进入“客户分类”窗口。

(4)单击“增加”按钮，按照任务要求，输入客户分类信息。

(5)在“基础设置”选项卡中，执行“基础档案”-“客商信息”-“客户档案”命令，进入“客户档案”窗口。

(6)单击“增加”按钮，打开“增加客户档案”窗口，窗口包括“基本|联系|信用|其他”四个选项卡，分别对客户的四类属性进行记录。在“基本”选项卡内，输入客户编码“001”，客户简称“华丰百货”，选择所属地区“01-华东地区”，所属分类“03-专柜”，输入税号，如图 2.1.6 所示：

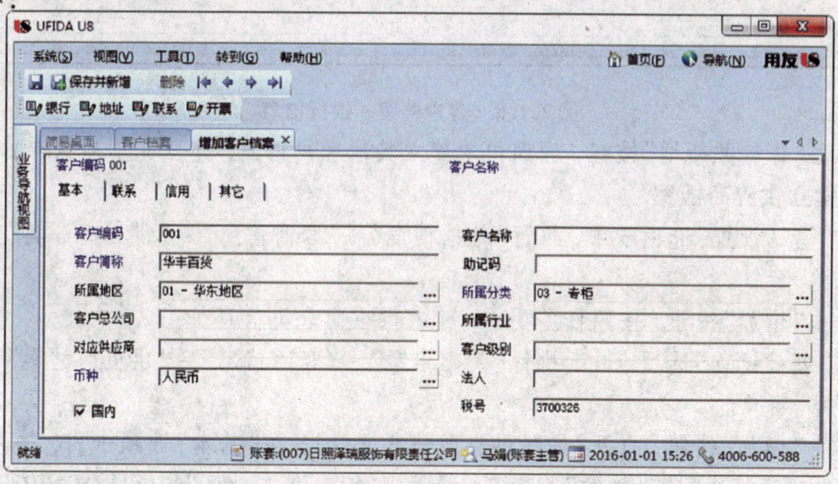

图 2.1.6 客户档案-基本选项卡

(7)单击“联系”选项卡，输入分管部门、专管业务员和地址信息，如图 2.1.7 所示：

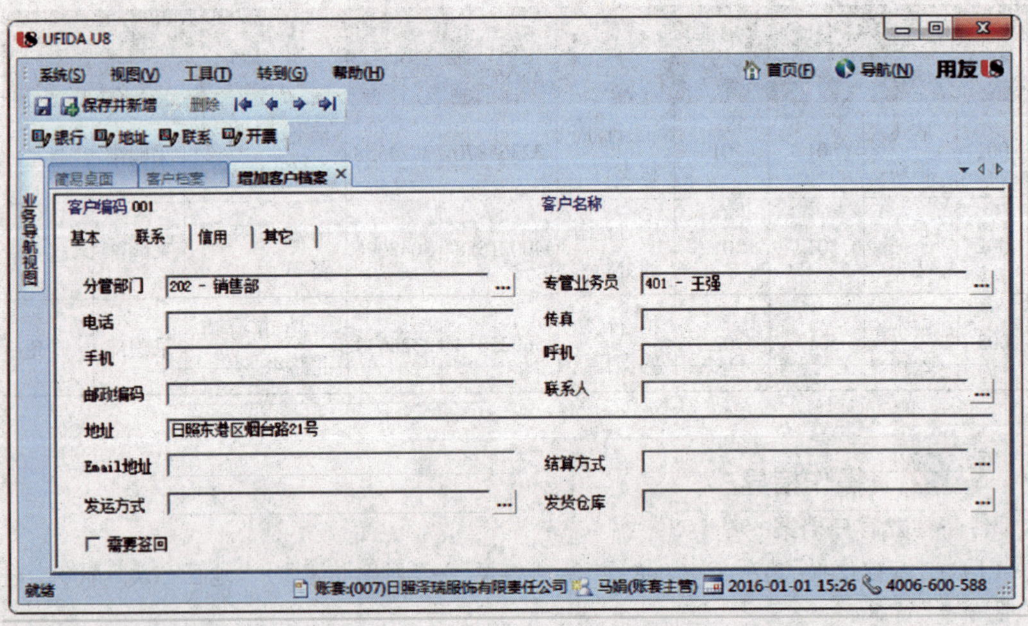

图 2.1.7　客户档案－联系选项卡

(8)单击上方的“银行”标签，系统弹出客户“银行档案”窗口，单击“增加”按钮，开户银行输入“建行东港支行”，账号“31124021”，默认值选择“是”，如图 2.1.8 所示，单击“保存”按钮后退出。

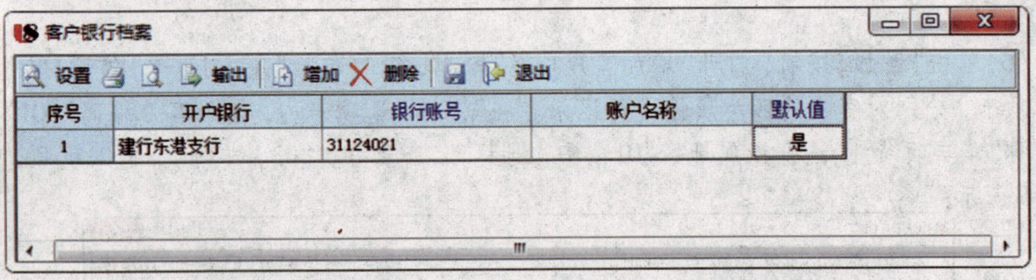

图 2.1.8　客户档案－银行信息

(9)单击“保存并新增”按钮，同理依次建立其他客户档案，建立完毕后保存，关闭退出。

3－2：建立供应商档案

(1)在“基础设置”选项卡中，执行“基础档案”－“客商信息”－“供应商分类”命令，进入“供应商分类”窗口。

(2)单击“增加”按钮，按照任务要求，输入供应商分类信息。

(3)在“基础设置”选项卡中，执行“基础档案”－“客商信息”－“供应商档案”命令，进入“供应商档案”窗口。

(4)单击“增加”按钮，打开“增加供应商档案窗口”，在“基本”选项卡内，输入供应商编码“001”，供应商简称“欣飞棉纺”，选择所属地区“01－华东地区”，所属分类“01－主料供应商”，输入税号、开户银行、银行账号信息，如图 2.1.9 所示：

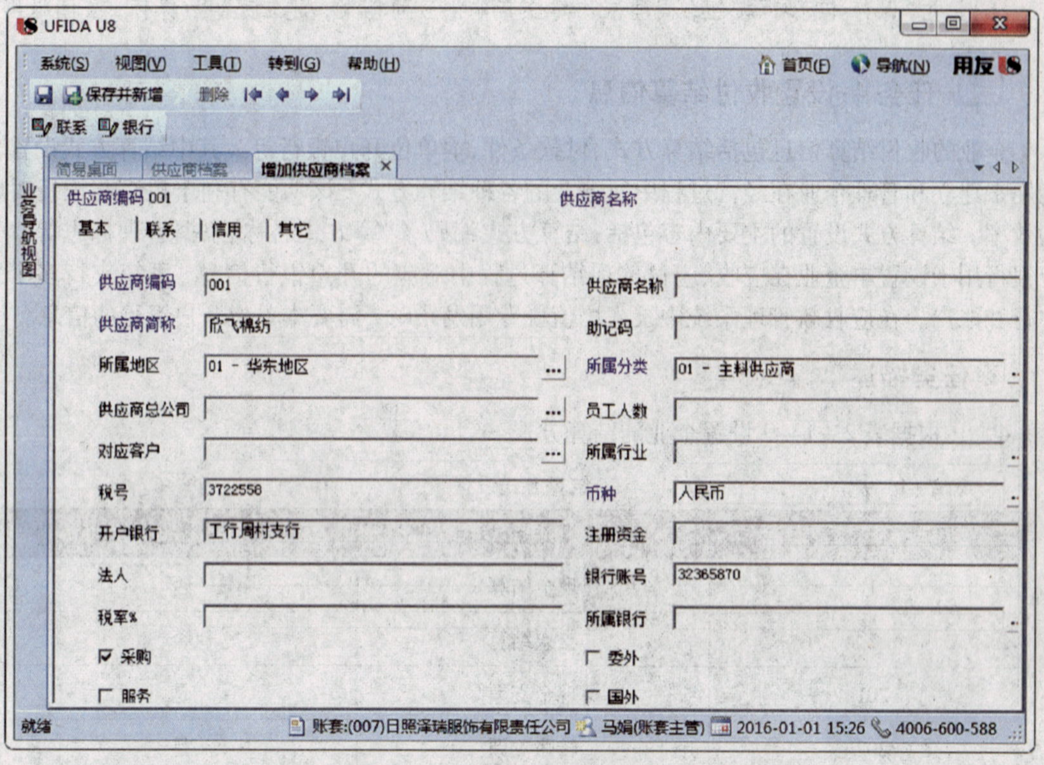

图 2.1.9　供应商档案 - 基本选项卡

(5)单击“联系”选项卡，输入分管部门、专管业务员和地址信息，如图 2.1.10 所示：

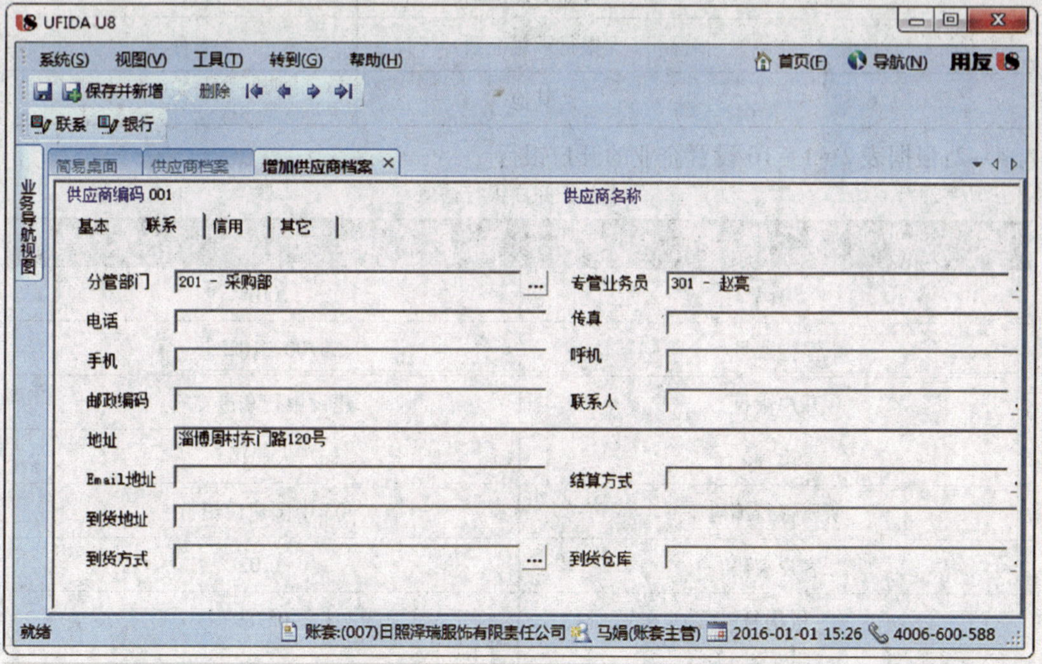

图 2.1.10　供应商档案 - 联系选项卡

(6)单击“保存并新增”按钮，同理依次建立其他供应商档案，建立完毕后保存，关闭退出。

任务 4：设置收付结算信息

企业的收付结算信息包括结算方式、付款条件、本单位开户银行等。其中结算方式设置功能用来建立和管理企业在经营过程中所涉及的各种结算方式，该功能有利于提高与银行对账的效率。结算方式设置的主要内容包括：结算方式编码、结算方式名称、票据管理标志等。开户银行用于设置本企业在应收、应付款项结算过程中对应的开户银行信息，系统支持多个开户行和账户。在应收款管理系统中录入增值税专用发票时，需要本单位开户银行的信息。

※任务描述

4－1：根据表 2－1－9 设置企业的结算方式

表 2－1－9　　结算方式设置

结算方式编号	结算方式名称	是否进行票据管理
1	现金结算	否
2	支票结算	否
201	现金支票	是
202	转账支票	是
3	电汇	否
4	商业承兑汇票	否
5	银行承兑汇票	否
6	其他	否

4－2：根据表 2－1－10 设置企业的开户银行

表 2－1－10　　本单位开户银行信息

项目	内容
编码	001
银行账号	370090102255
开户银行	建设银行东港支行
币种	人民币
所属银行编码	03 中国建设银行
客户编码	1102
机构号	05789
联行号	002

※操作指导

4－1：设置企业结算方式

(1)在“基础设置”选项卡中，执行“收付结算”－“结算方式”命令，进入“结算方式”窗口。

(2)单击“增加”按钮，输入结算方式编码“1”，结算方式名称“现金结算”，如图2.1.11所示，单击“保存”按钮保存设置。

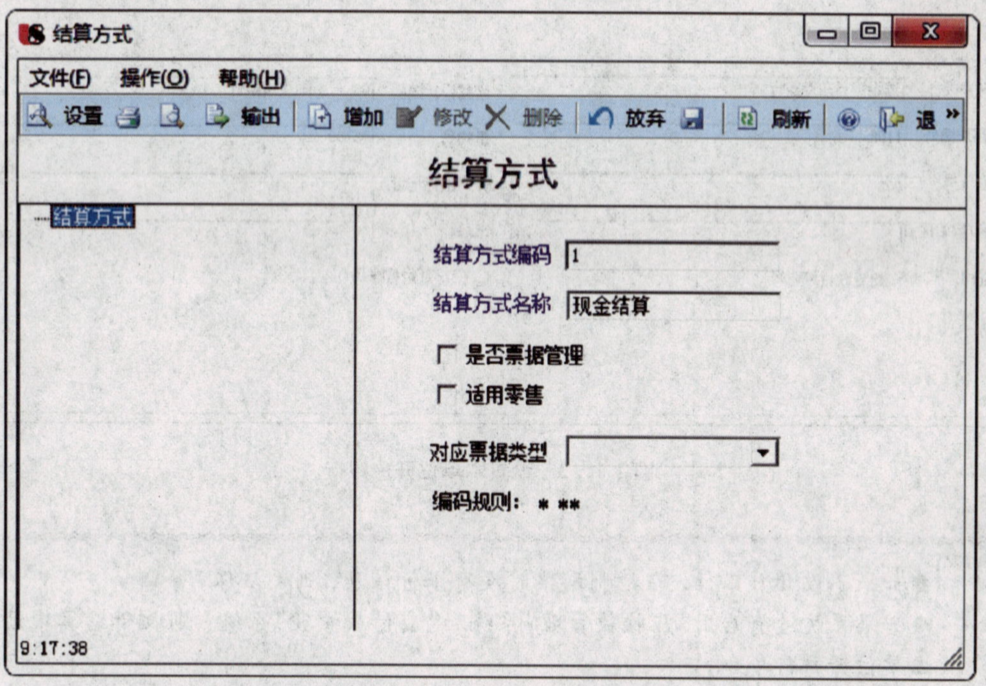

图2.1.11　结算方式设置

(3)按照同样方法增加企业的其他结算方式，按照任务要求确定是否勾选“是否票据管理”复选框，全部增加完毕后，保存退出。

小提示

◆结算方式编码必须唯一，在输入时应按照编码级次的先后顺序录入。

◆结算方式编码应符合编码规则，若建账时，编码规则建立错误，可通过修改账套的方式修改，或者在企业应用平台，通过“基本信息”－“编码方案”进行修改。

◆结算方式一旦引用，便不能修改和删除。

◆票据管理标志是为了出纳与银行结算票据管理而设置，类似于手工账的支票登记簿。

4－2：设置企业开户银行

(1)在“基础设置”选项卡中，执行“收付结算”－“本单位开户银行”命令，进入“本单位开户银行”窗口。

(2)单击“增加”按钮，弹出“增加本单位开户银行”窗口，根据任务要求输入编码、银行账号等内容，如图2.1.12所示，单击“保存”按钮退出。

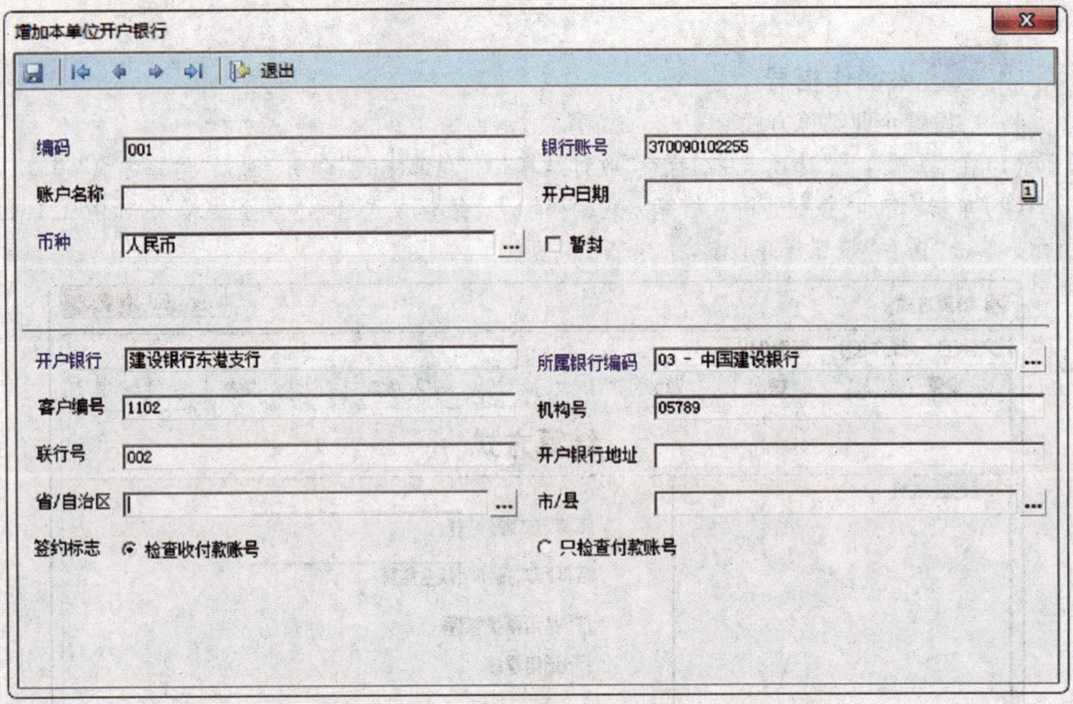

图 2.1.12　设置本单位开户银行

> 小提示
> ◆如果不设开户银行，在填制发票时没有银行信息，则无法保存。
> ◆如果系统没有启用“应收款管理”系统和“应付款管理”系统，则收付结算中没有本单位开户行命令。

任务 5:建立企业存货档案

存货档案主要用于设置企业在生产经营中使用到的各种存货信息，以便对这些存货进行资料管理、实物管理和业务数据的统计、分析。设置存货档案前，应先设置单位，而单位的设置又包括计量单位分组和单位设置两部分。计量单位组包括无换算、浮动换算和固定换算三种类别，每个计量单位组中有一个主计量单位、多个辅助计量单位，可以设置主辅计量单位之间的换算率，还可以设置采购、销售、库存和成本系统所默认的计量单位。

※任务描述

请根据以下信息建立企业的存货档案：

表 2－1－11　　　　计量单位组

计量单位分组编码	计量单位组名称	计量单位组类别
01	无换算关系	无换算率

表 2－1－12　　计量单位

计量单位编码	计量单位名称	所属计量单位组名称
01	件	无换算关系
02	匹	无换算关系
03	盒	无换算关系
04	轴	无换算关系
05	千米	无换算关系

表 2－1－13　　存货分类

存货类别编码	存货类别名称	存货类别编码	存货类别名称
01	主要材料	03	库存商品
02	辅助材料	04	应税劳务

表 2－1－14　　存货档案

存货编码	存货名称	存货分类	计量单位组	计量单位	税率	存货属性
101	羊毛面料	01	01	02	17%	内销、外销、外购、生产耗用
102	真丝面料	01	01	02	17%	内销、外销、外购、生产耗用
103	锦纶	01	01	02	17%	内销、外销、外购、生产耗用
201	扣子	02	01	03	17%	外购、生产耗用
202	缝纫线	02	01	04	17%	外购、生产耗用
301	女式西装	03	01	01	17%	内销、外销、自制
302	女式风衣	03	01	01	17%	内销、外销、自制
401	运输费	04	01	05	11%	内销、外销、外购、应税劳务

※操作指导

5－1 设置计量单位

(1)在“基础设置”选项卡中，执行“基础档案”－“存货”－“计量单位”命令，打开“计量单位－计量单位组”窗口。

(2)单击工具栏的“分组”按钮，弹出“计量单位组”窗口，单击“增加”按钮，输入计量单位编码“01”，计量单位组名称“无换算关系”，选择计量单位组类别“无换算率”，如图 2.1.13 所示，单击“保存”按钮退出。

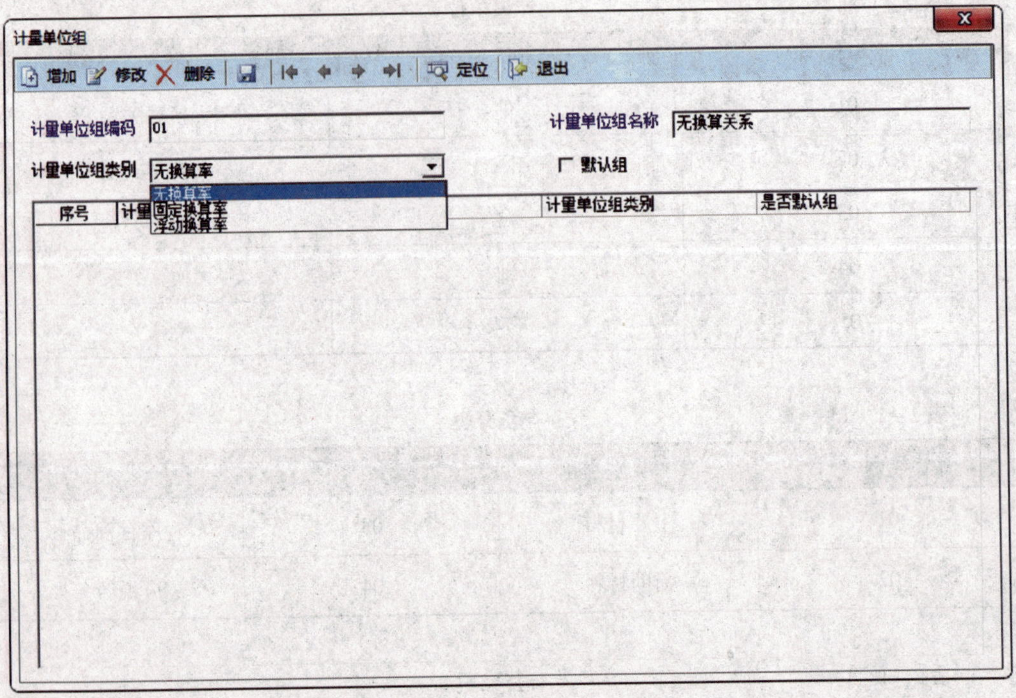

图 2.1.13　设置计量单位组

(3) 单击工具栏的“单位”按钮，弹出“计量单位”窗口，单击“增加”按钮，输入“计量单位编码、计量单位名称”，单击“保存”按钮，如图 2.1.14 所示，按同样方法增加其他的计量单位，建立完成后退出。

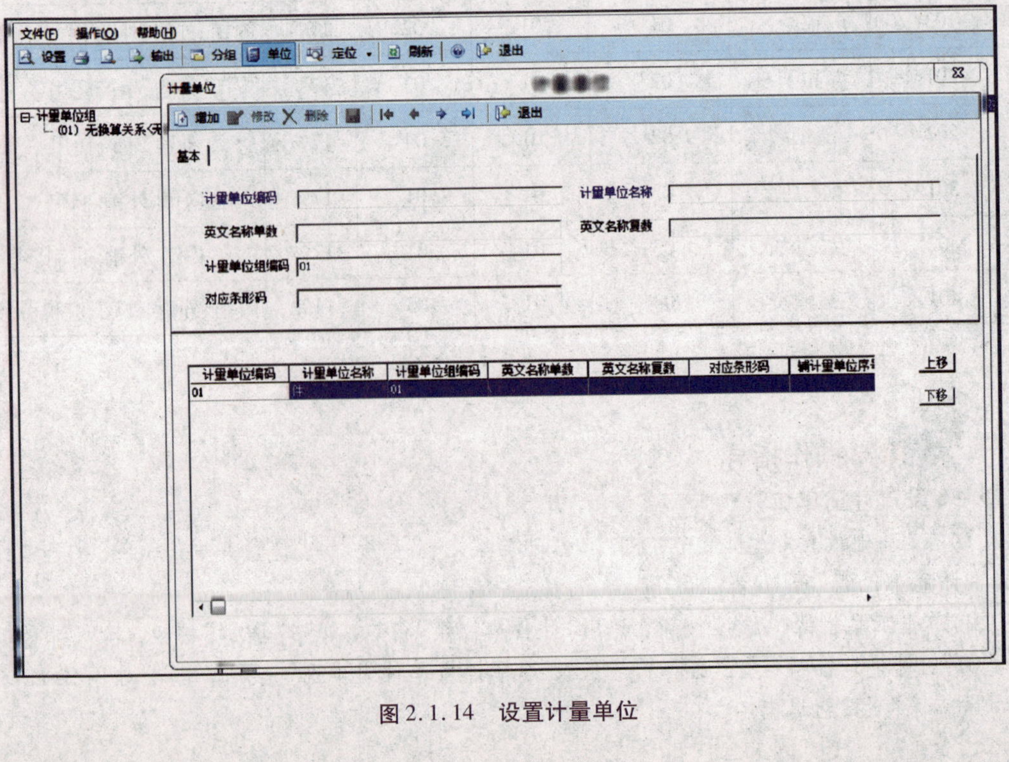

图 2.1.14　设置计量单位

5 -2 设置本单位存货档案

(1)在“基础设置”选项卡中，执行“存货” -“存货分类”命令，打开“存货分类”窗口。

(2)单击“增加”按钮，按任务要求对存货进行分类，保存后退出。

(3)执行“存货” -“存货档案”命令，打开“存货档案”窗口，单击“增加”按钮，弹出“增加存货档案”窗口，根据任务要求，输入“存货编码、存货分类、计量单位组、主计量单位”等信息，存货属性勾选“内销、外销、外购、生产耗用”，如图 2.1.15 所示：

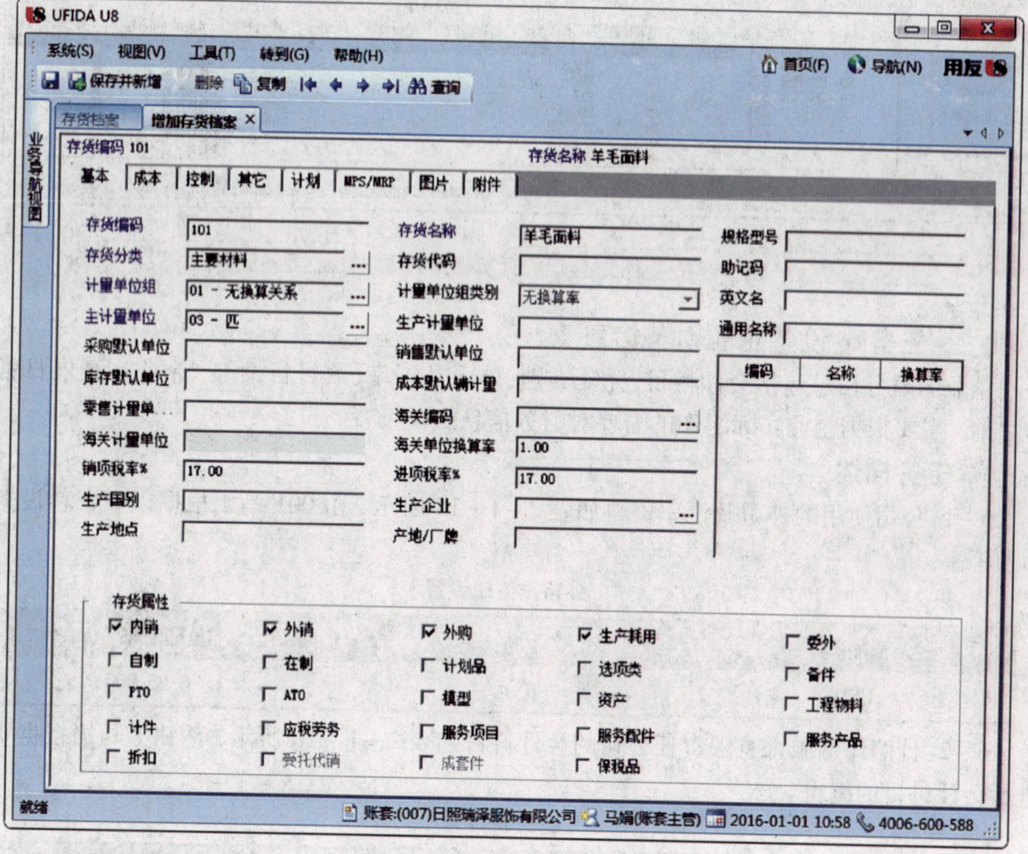

图 2.1.15　设置计量单位

小提示

◆如果企业没有启用应收、应付系统，无需填制发票，则企业不用设置存货档案。

◆每种存货有自己的属性，如果属性选择错误，则后期进行发票开具时可能无法参照，例如没有选择存货的“外购”属性，在应付系统录入采购发票时，则无法参照该存货，因此在选择存货属性时应认真谨慎。

◆注意“运输费”的进项税率和销项税率均为 11%。

◆建立账套时，只有选择了“商业”核算类型，并且在采购管理和库存管理选项中设置了“有受托代销业务”，在存货属性的“受托代销”，才能被勾选，否则就是灰色的。

(4)填制完毕后单击工具栏的“保存并新增”按钮，继续增加其他存货，存货全部增加完毕后退出，如图 2.1.16 所示：

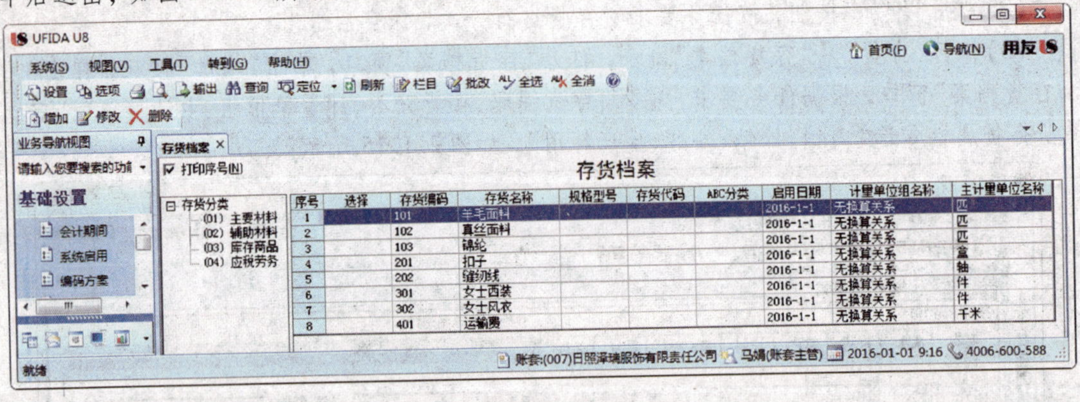

图 2.1.16　存货档案列表

任务 6：设置企业财务信息

企业的财务信息包括会计科目、凭证类别、外币及汇率、项目目录等，企业在开展日常工作之前，需要根据企业实际工作的需要对财务信息加以设置。

※任务描述

6 - 1：公司使用的外币及汇率资料如表 2 - 1 - 15 所示，由 001 马娟根据以下资料设置外币及汇率。

表 2 - 1 - 15　　外币及汇率设置

币符	币名	固定汇率
USD	美元	1： 6.25 000

6 - 2：日照泽瑞服饰有限责任公司的会计科目如表 2 - 1 - 16 所示，请 001 马娟根据资料进行会计科目的编辑。

表 2 - 1 - 16　　会计科目表

科目编码	科目名称	计量单位（外币币种）	辅助账类型
1001	库存现金		日记账
100201	建行存款		银行账 日记账
100202	中行存款	美元	银行账 日记账
1121	应收票据		客户往来(受控应收系统)
1122	应收账款		客户往来(受控应收系统)
1123	预付账款		供应商往来(受控应付系统)
122101	应收个人款		个人往来
140301	主要材料		
14030101	羊毛面料	匹	数量核算

续表

14030102	真丝面料	匹	数量核算
14030103	涤纶	匹	数量核算
1410302	辅助材料		
14030201	扣子	盒	数量核算
14030202	缝纫线	轴	数量核算
1405	库存商品	件	项目核算、数量核算
2201	应付票据		供应商往来(受控应付系统)
2202	应付账款		供应商往来(受控应付系统)
2203	预收账款		客户往来(受控应收系统)
221101	应付工资		
221102	职工教育经费		
222101	应交增值税		
22210101	进项税额		
22210102	销项税额		
22210103	转出未交增值税		
222102	未交增值税		
222103	应交个人所得税		
222104	应交所得税		
222105	城市维护建设税		
222106	应交教育费附加		
410401	未分配利润		
500101	直接材料		项目核算
500102	直接人工		项目核算
500103	制造费用		项目核算
6001	主营业务收入	件	项目核算、数量核算
6401	主营业务成本	件	项目核算、数量核算
6601	销售费用		
660101	办公费		部门核算
660102	差旅费		部门核算
660103	折旧费		部门核算
660104	工资		部门核算
660105	业务招待费		部门核算

续表

660106	其他		部门核算
6602	管理费用		
660201	办公费		部门核算
660202	差旅费		部门核算
660203	折旧		部门核算
660204	工资		部门核算
660205	业务招待费		部门核算
660206	其他		部门核算

将 1001 指定给现金科目，将 1002 指定给银行科目；将 1001、100201、100202 指定给现金流量科目。

6-3：企业的会计凭证分为收、付、转三类，如表 2-1-17 所示，请 001 马娟进行凭证类别设置。

表 2-1-17　　凭证类别

凭证类别	限制类型	限制科目
收款凭证	借方必有	1001,100201,100202
付款凭证	贷方必有	1001,100201,100202
转账凭证	凭证必无	1001,100201,100202

6-4：日照泽瑞服饰有限责任公司项目档案如表 2-1-18 所示，由 001 马娟根据资料增加项目档案。

表 2-1-18　　项目档案表

项目设置步骤	设置内容	
项目大类	生产成本	产品
核算科目	直接材料(500101) 直接人工(500102) 制造费用(500103)	库存商品(1405) 主营业务收入(6001) 主营业务成本(6401)
项目分类	1. 高档时装 2. 普通时装	1. 高档时装 2. 普通时装
项目名称	101 女式西装 所属项目分类 1 102 女式风衣 所属项目分类 1	101 女式西装 所属项目分类 1 102 女式风衣 所属项目分类 1

※操作指导

6-1：设置外币汇率

(1) 以 001 账套主管马娟身份登录企业应用平台，登录时间为 2016-01-01。

(2) 在“基础设置”选项卡中，执行“基础档案”-“财务”-“外币设置”命令。

(3)打开“外币设置”窗口，输入币符“USD”、币名“美元”，单击“确认”按钮后左侧列表出现美元户，同时显示汇率表格，如图 2.1.17 所示：

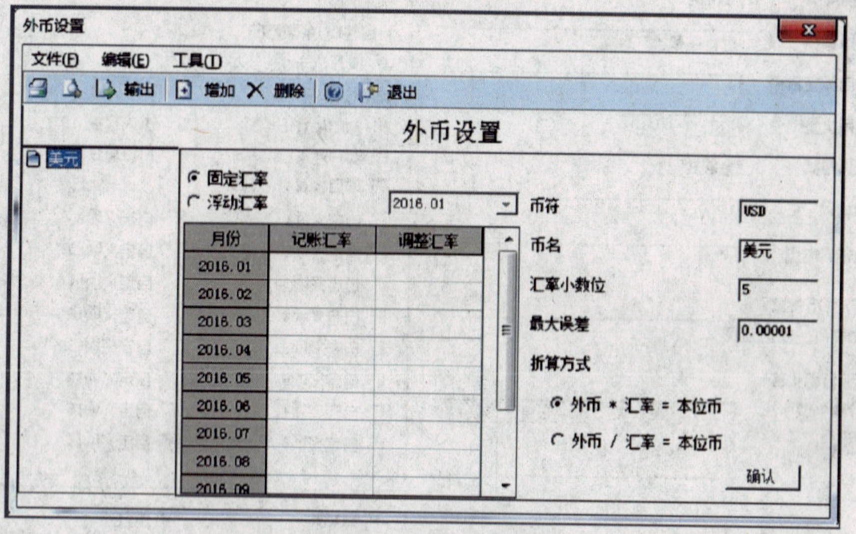

图 2.1.17　外币增加

(4)在“2016 年 1 月记账汇率”处输入“6.25”后点回车键，如图 2.1.18 所示，设置好后单击“退出”按钮。

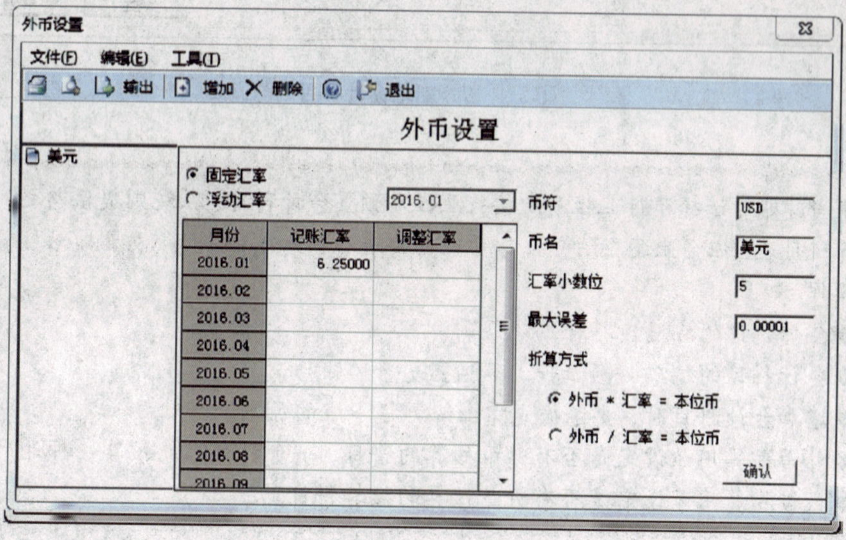

图 2.1.18　汇率录入

6-2 设置会计科目

(1)以 001 账套主管马娟身份登录企业应用平台，登录时间为 2016-01-01。

(2)在“基础设置”选项卡中，执行“基础档案”-“财务”-“会计科目”命令，打开“会计科目”窗口。

(3)单击“增加”按钮，打开“新增会计科目”窗口，输入科目编码“100201”、科目名称“建行存款”，并选中日记账、银行账，如图 2.1.19 所示，单击“确定”按钮保存。按表 2-1-16 提供的资料增加其他明细会计科目。

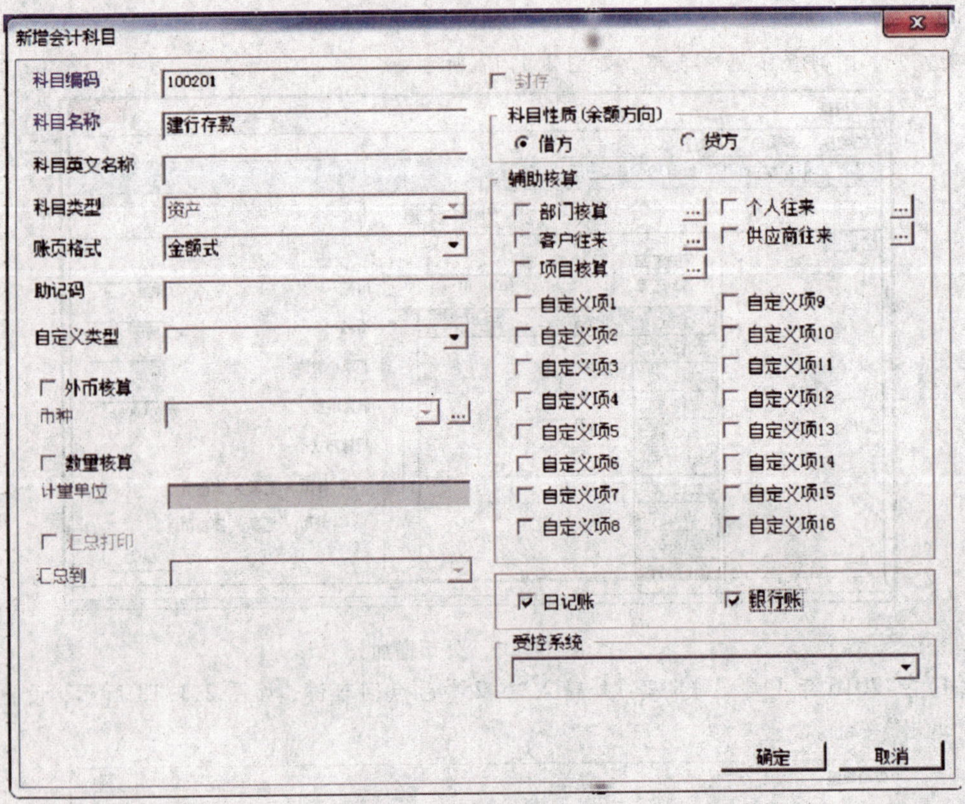

图 2.1.19　新增会计科目

> 小提示
>
> ◆当建账时选择了行业性质及按行业性质预置会计科目，系统则提供与之对应的会计科目表，但企业还应结合自身管理需要进行增加明细科目、设置辅助核算类型等操作。
>
> ◆会计科目的编码应符合编码规则。
>
> ◆会计科目的编码必须唯一，不能重复。
>
> ◆增加会计科目时，要遵循先建上级再建下级的原则。
>
> ◆外币核算用于设定是否有外币核算的科目，一个科目只能核算一种外币。
>
> ◆数量核算用于设定是否有数量核算的核算科目。

(4)在“会计科目”窗口选择“1121 应收票据”科目，单击工具栏上的“修改”按钮，或双击该科目，打开“会计科目－修改”对话框，在该对话框中，单击“修改”按钮，进入修改状态，选择“客户往来”辅助核算选项，如图 2.1.20 所示，然后单击“确定”按钮保存。同理进行其他会计科目修改。

> 小提示
>
> ◆没有会计科目设置权限的用户只能浏览科目，而不能进行修改。
>
> ◆如果会计科目已录入余额，则应先清除余额再进行修改。

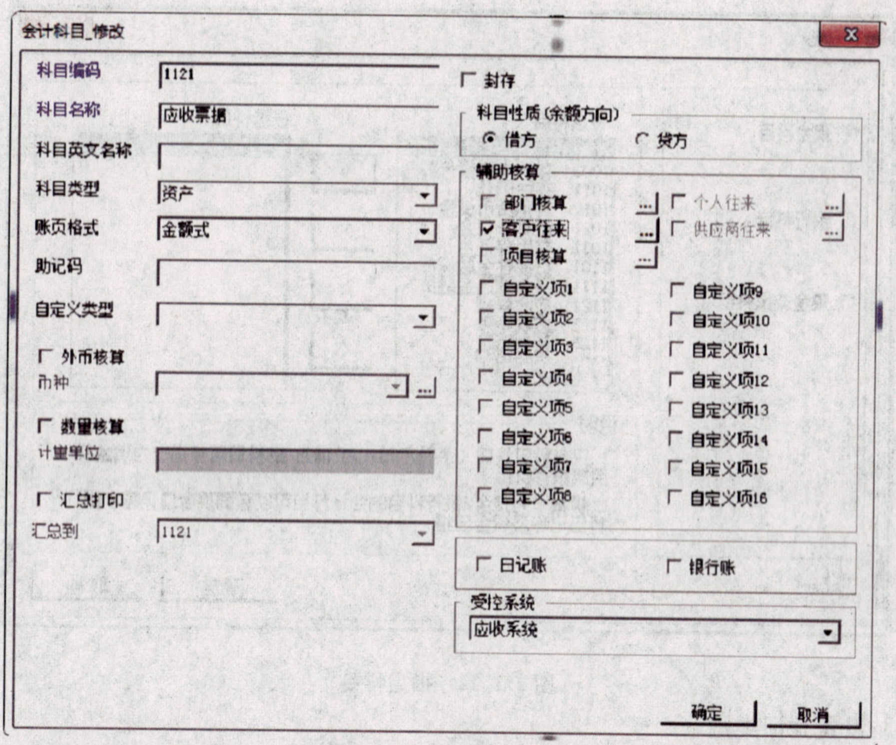

图 2.1.20　修改会计科目

(5)不同科目下拥有相同的明细科目可以使用成批复制的方法。在“会计科目”窗口中，执行“编辑”-“成批复制”命令，打开“成批复制”对话框。在“成批复制”对话框中输入源科目编码“6601”和目标科目编码“6602”，并选择“辅助核算”选项，然后单击“确认”按钮保存，如图 2.1.21 所示：

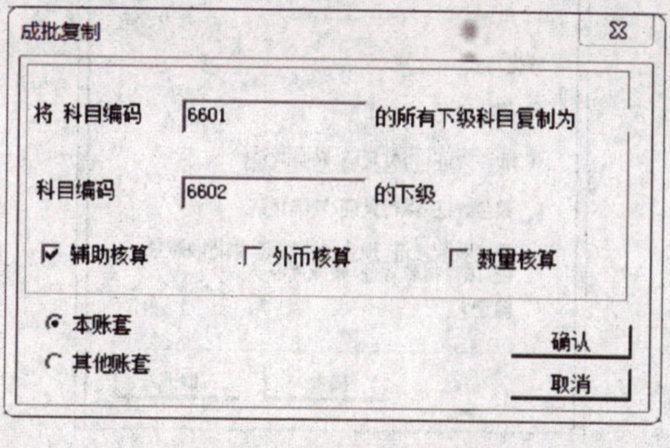

图 2.1.21　成批复制科目

(6)在“会计科目”窗口中，执行“编辑”-“指定科目”命令，打开“指定科目”对话框，单击“现金科目”单选按钮，在待选科目框中选择“1001 库存现金”科目，单击“>”按钮或双击该科目，将“1001 库存现金”科目添加到已选科目框中，并单击“确定”按钮进行保存，如图 2.1.22 所示。

同理，将“1002 银行存款”科目设为“银行科目”。将“1001 库存现金，100201 建行存款，

100202 中行存款”科目指定为“现金流量科目”。

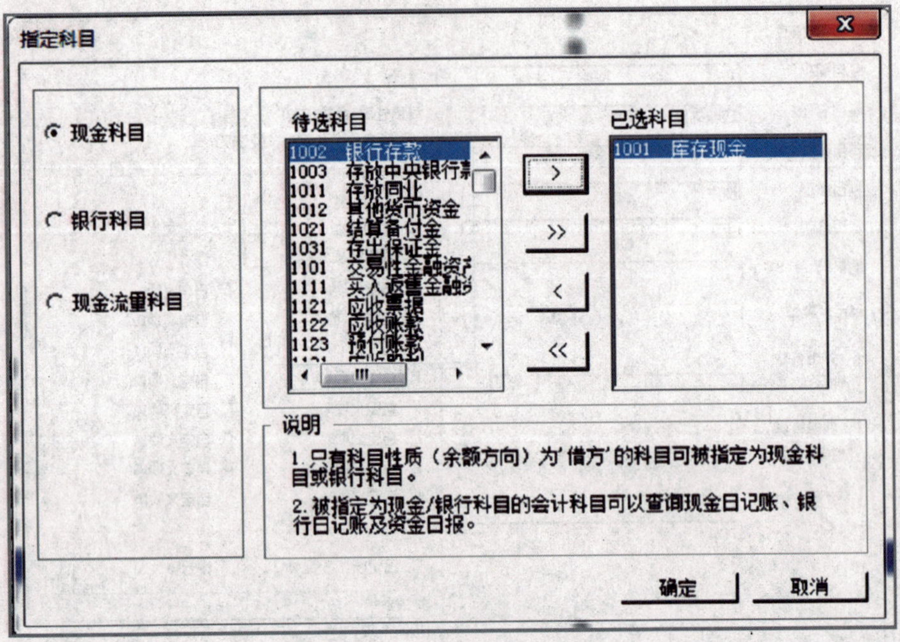

图 2.1.22 指定科目

6－3：设置凭证类别

(1) 以 001 账套主管马娟身份登录企业应用平台，登录时间为 2016－01－01。

(2) 在“基础设置”选项卡中，执行“基础档案”－“财务”－“凭证类别”命令，打开“凭证类别预置”窗口，选中“收款凭证 付款凭证 转账凭证”单选按钮，并单击“确定”按钮进入“凭证类别”对话框，如图 2.1.23 所示：

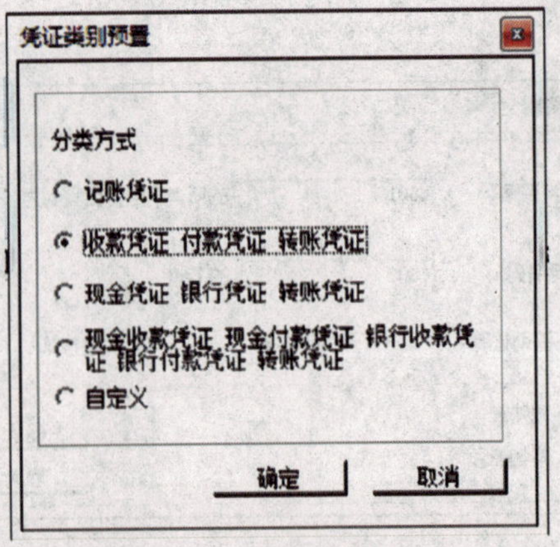

图 2.1.23 凭证类别预置

(3) 在“凭证类别”窗口，单击“修改”按钮，依次将“收”、“付”、“转”三个凭证类别选择限制类型为“借方必有”、“贷方必有”、“凭证必无”，并在限制科目栏都输入“1001”、“100201”、“100202”三个科目，输入完成后将鼠标移至其他位置，如图 2.1.24 所示：

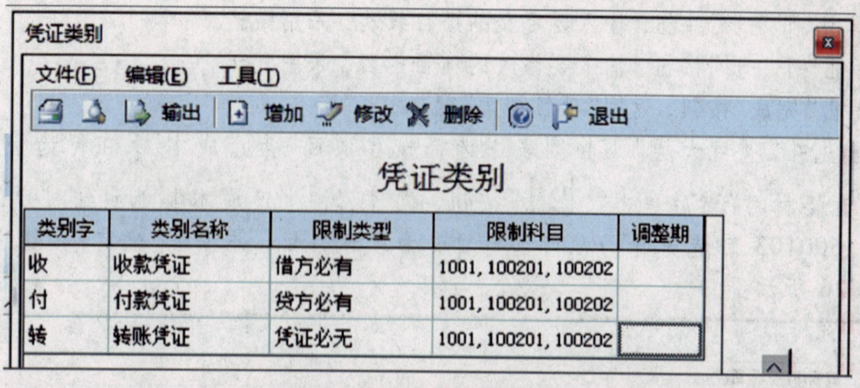

图 2.1.24　设置限制类型及限制科目

小提示

◆已使用的凭证类别不能删除，也不能修改类别字。

◆若选有科目限制（即[限制类型]不是[无限制]），则至少要输入一个限制科目。若限制类型选[无限制]，则不能输入限制科目。

◆若限制科目为非末级科目，则在制单时，其所有下级科目都将受到同样的限制。

6－4：**设置项目目录**

（1）以 001 账套主管马娟身份登录企业应用平台，登录时间为 2016－01－01。

（2）在“基础设置”选项卡中，执行“基础档案”－“财务”－“项目目录”命令，打开“项目档案”窗口。

（3）单击“增加”按钮，打开“项目大类定义_增加”对话框，输入项目大类名称“生产成本”，选择新增项目大类的属性为“普通项目”，如图 2.1.25 所示：

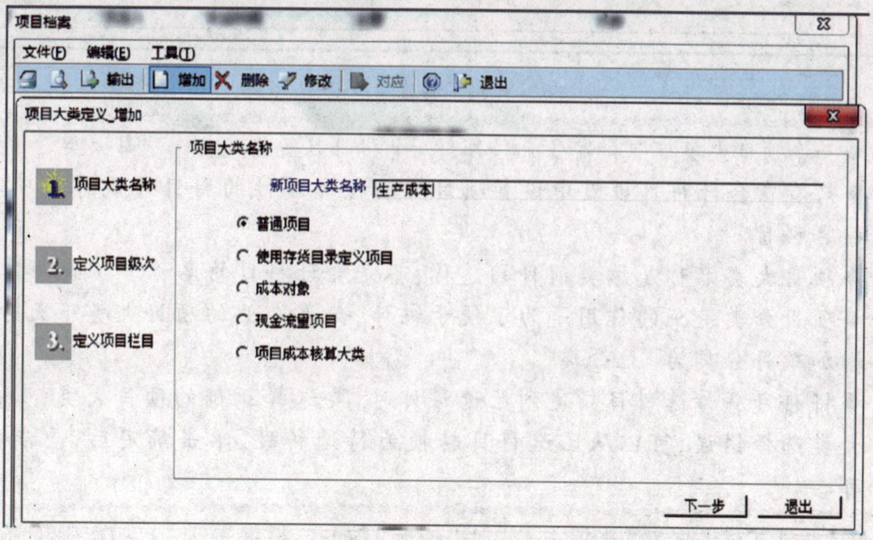

图 2.1.25　项目大类名称设置

(4)单击“下一步”按钮，输入要定义的项目级次，采用默认。

(5)单击“下一步”按钮，输入要修改的项目栏目，采用默认。

(6)单击“完成”按钮，返回“项目档案”窗口。

(7)首先在“项目大类”下拉列表中选择核算项目“生产成本”，在待选科目中选中“500101 直接材料”然后单击“[>]”按钮，同理，将生产成本其他明细科目(“500102 直接人工、500103 制造费用”)从待选科目变为已选科目，并单击“确定”按钮进行保存，如图 2.1.26 所示：

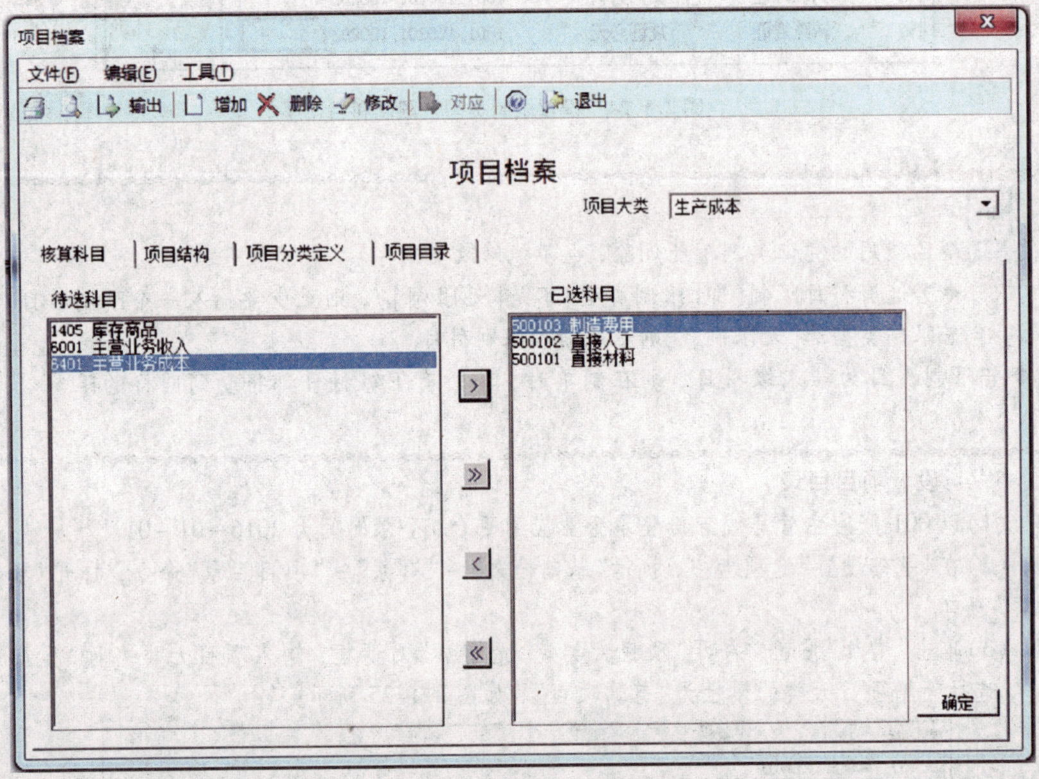

图 2.1.26　核算科目设置

> 小提示
>
> ◆一个项目大类可以指定多个科目，一个科目只能指定一个项目大类。
>
> ◆只有在会计科目设置中设置项目辅助核算属性的科目才能作为项目大类核算科目。
>
> ◆项目大类名称是该类项目的总称，不是会计科目的名称。
>
> ◆项目分类定义的作用是为了便于统计，如果企业的项目大类下无分类，应增加项目分类为“无分类”。
>
> ◆将科目从待选科目指定到已选科目时，要选择正确的项目大类，如果项目大类选择错误，可以从已选科目转换为待选科目，单击确定后，重新操作即可。

(8)单击“项目分类定义”选项卡，单击“增加”按钮，根据表 2－1－18 所给资料输入分类编码和分类名称，单击“确定”进行保存，如图 2.1.27 所示：

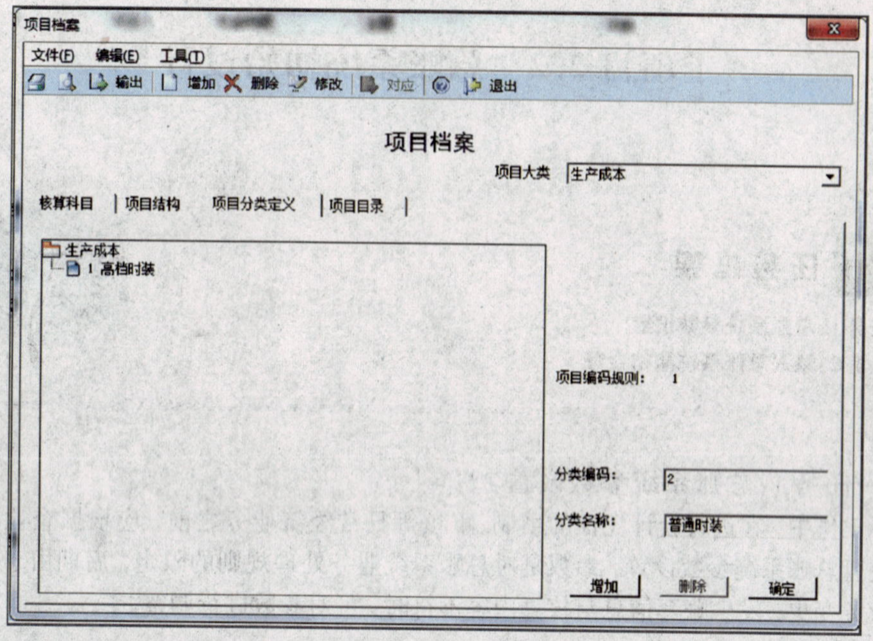

图 2.1.27　项目分类定义

(9)单击“项目目录”选项卡，单击右下角“维护”按钮，进入“项目目录维护”窗口。单击“增加”按钮，输入项目编号、项目名称，选择所属分类码“1”，完成后直接退出即可，如图 2.1.28 所示，同理增加“产品”项目档案。

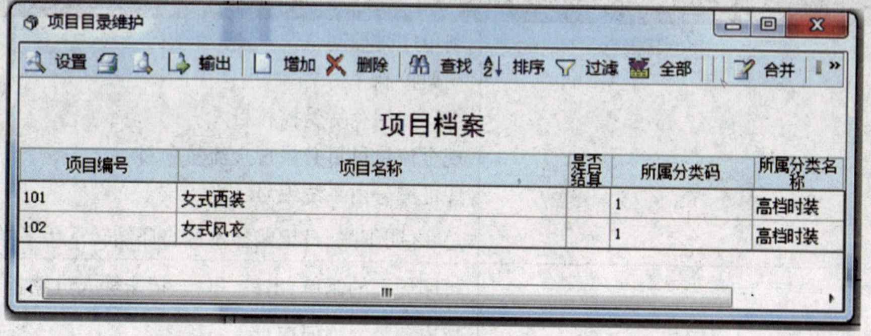

图 2.1.28　项目目录维护

小提示

◆项目编号由用户自由输入，根据项目结构中设置的输入类型和长度录入合法的项目编号。由于项目编号是以后录入和核算项目数据信息的依据，所以项目编号必须唯一，不能重复。

◆可以根据项目结构中设置的输入类型和长度录入项目名称，项目名称可以重复。

◆若项目已经结算，可双击“是否结算”栏，设置已结算标志。

◆选择项目所属分类码，即该项目属于哪一个项目大类。不同的项目可使用相同的所属分类码。

子项目 2.2　总账系统初始设置

任务框架

任务 1:总账系统参数设置

任务 2:录入总账系统期初余额

任务 1:总账系统参数设置

实际工作中,在进行会计凭证的填制、审核等日常经济业务之前,应根据企业业务处理的需要进行总账系统参数设置,参数是对总账系统业务处理规则的限定,后期由于具体情况需要或业务变更,发生账套信息与核算内容不符时,可对参数进行调整。

※任务描述

日照泽瑞服饰有限责任公司账套的控制参数设置资料如表 2-2-1 所示,请进行总账系统的参数设置。

表 2-2-1　　总账参数设置

选项卡	参数设置
凭证	制单序时控制 支票控制 可以使用存货受控科目 现金流量科目必录现金流量项目 凭证编号由系统编号
账簿	总账、明细账、日记账显示并打印结转下年字样
凭证打印	打印凭证的制单、出纳、审核、记账等人员姓名
预算控制	超出预算允许保存
权限	出纳凭证需经出纳签字 不允许修改、作废他人填制的凭证 可查询他人凭证 明细账查询控制到科目
会计日历	会计日历为 1 月 1 日 ~12 月 31 日 数量小数位和单价小数位设为 2 位
其他	部门、个人、项目按编码方式排序 外币核算采用固定汇率 其他采用系统默认的参数

※操作指导

(1)以 001 账套主管马娟身份登录企业应用平台，登录时间为 2016－01－01。

(2)在“业务工作”选项卡中，执行“财务会计”－“总账”－“设置”－“选项”命令。

(3)打开“选项”窗口，单击“编辑”按钮，根据表 2－2－1 资料，在对应的“选项卡”界面选择对应控制参数，如图 2.2.1～2.2.6 所示：

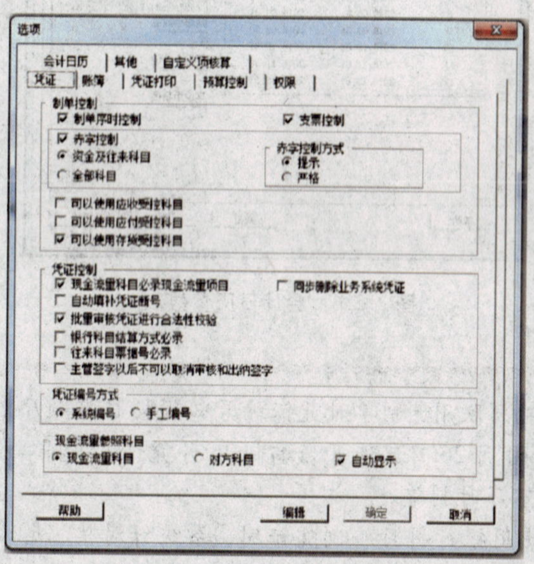

图 2.2.1 凭证参数

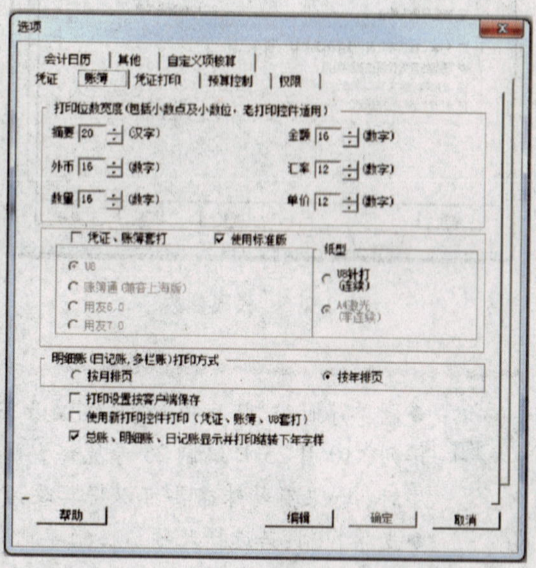

图 2.2.2 账簿参数

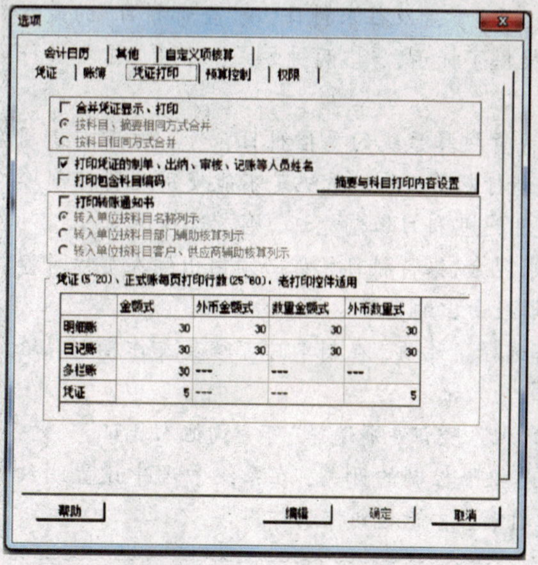

图 2.2.3 凭证打印参数

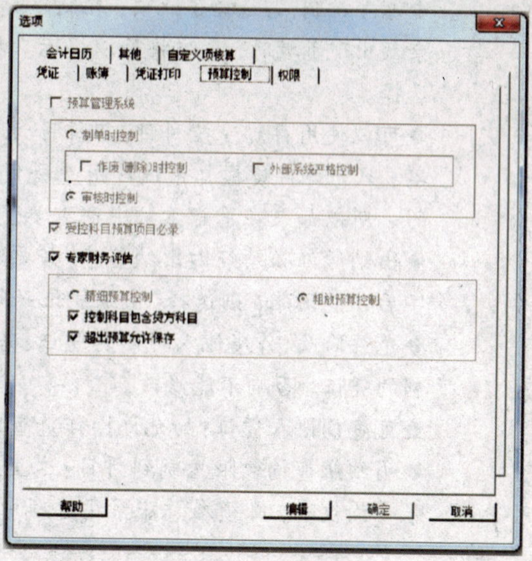

图 2.2.4 预算控制参数

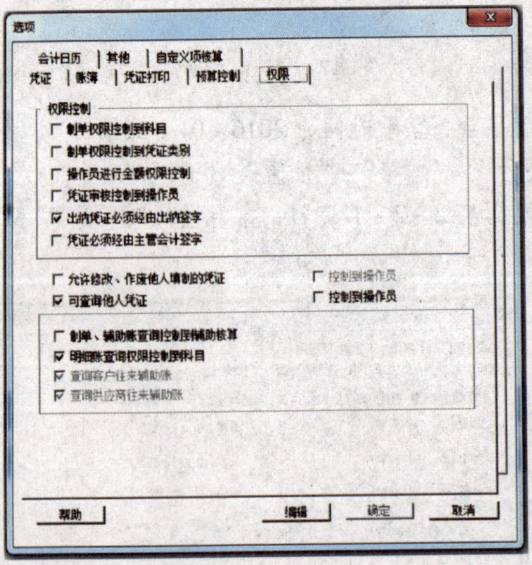

图 2.2.5　权限参数

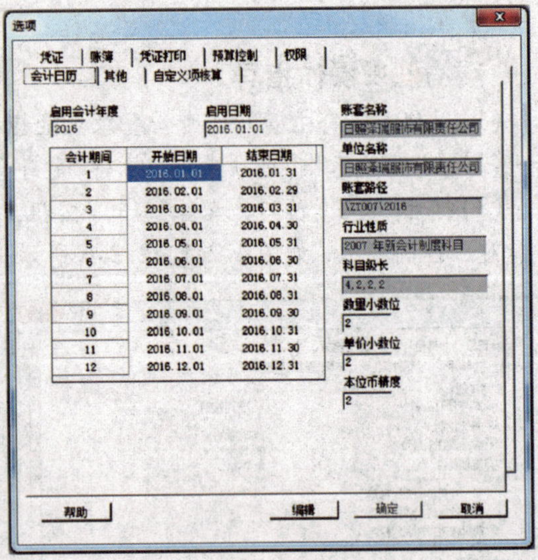

图 2.2.6　会计日历参数

◆制单序时控制：此项和“系统编号”选项联用，制单时凭证编号必须按日期顺序排列，10 月 25 日编制 25 号凭证，则 10 月 26 日只能开始编制 26 号凭证，即制单序时，如果有特殊需要可以将其改为不序时制单。

◆支票控制：若选择此项，在制单时使用银行科目编制凭证时，系统针对票据管理的结算方式进行登记，如果录入支票号在支票登记簿中已存，系统提供登记支票报销的功能；否则，系统提供登记支票登记簿的功能。

◆赤字控制：若选择了此项，在制单时，当“资金及往来科目”或“全部科目”的最新余额出现负数时，系统将予以提示。提供了提示、严格两种方式，可根据需要进行选择。

◆可以使用存货受控科目：若科目为存货核算系统的受控科目，为了防止重复制单，只允许存货核算系统使用此科目进行制单，总账系统是不能使用此科目制单的。所以如果在总账系统中也需要使用这些科目填制凭证，则应选择此项。

◆出纳凭证必须经由出纳签字：若要求现金、银行科目凭证必须由出纳人员核对签字后才能记账，则选择“出纳凭证必须经由出纳签字”。

◆允许修改、作废他人填制的凭证：若选择了此项，在制单时可修改或作废别人填制的凭证，否则不能修改。

◆可查询他人凭证：如允许操作员查询他人凭证，则选择“可查询他人凭证”。

◆明细账查询权限控制到科目：这里是权限控制的开关，在系统管理中设置明细账查询权限，必须在总账系统选项中打开，才能起到控制作用。

任务 2：录入总账系统期初余额

在应用总账系统前，需要将一些期初数据录入系统。如果总账系统的启用日期为 2015 年 12 月 1 日，需要将 2015 年年初的所有会计科目的期初余额以及 2015 年 1 ~ 11 月所有会计科目的累计借方发生额和累计贷方发生额录入总账系统。如果总账系统的启用日期为2016年1月1日，则只需将2016年所有会计科目的期初余额录入总账系统。“期初余额”功能主要包括输入科目期初余额及试算平衡。

期初余额录入界面有三种颜色显示的会计科目，分别为白色、浅灰色和浅黄色，分别代表着三种不同的录入方式。白色显示的会计科目可直接输入金额；浅灰色显示的会计科目，其金额不可直接输入，由所属的下级科目金额汇总而来；浅黄色显示的会计科目为具有辅助核算的会计科目，其金额也不能直接输入，而需要进入相应的辅助核算输入界面才能录入金额。

※任务描述

日照泽瑞服饰有限责任公司期初余额如表2－2－2～2－2－5所示，请001马娟根据资料录入期初余额。

表2－2－2　　总账期初余额

科目编码	科目名称	借贷方向	币别/计量单位	期初余额
1001	库存现金	借		3450.00
1002	银行存款	借		456400.00
100201	建行存款	借		393900.00
100202	中行存款	借		62500.00
			美元	10000.00
1121	应收票据	借		
1122	应收账款	借		120000.00
1123	预付账款	借		4000.00
1221	其他应收款	借		2400.00
122101	应收个人款	借		2400.00
1231	坏账准备	贷		4800.00
1403	原材料	借		626000.00
140301	主要材料			590000.00
14030101	羊毛面料	借		320000.00
			匹	200
14030102	真丝面料	借		220000.00
			匹	100
14030103	涤纶	借		50000.00
			匹	100
140302	辅助材料			36000.00
14030201	扣子	借		30000.00
			盒	200

续表

14030202	缝纫线	借		6000.00
			轴	300
1405	库存商品	借	件	250000.00
1601	固定资产	借		688000.00
1602	累计折旧	贷		118517.77
1701	无形资产	借		
2001	短期借款	贷		60000.00
2201	应付票据	贷		
2202	应付账款	贷		51480.00
2203	预收账款	贷		5000.00
2211	应付职工薪酬	贷		1600.00
221101	工资	贷		
221102	职工教育经费	贷		1600.00
2221	应交税费	贷		68120.00
222101	应交增值税	贷		
22210101	进项税额	贷		
22210102	销项税额	贷		
22210103	转出未交增值税	贷		
222102	未交增值税	贷		8000.00
222103	应交个人所得税	贷		1020.00
222104	应交所得税	贷		58300.00
222105	城市维护建设税	贷		560.00
222106	应交教育费附加	贷		240.00
2501	长期借款	贷		150000.00
4001	实收资本	贷		1000000.00
4002	资本公积	贷		30000.00
4101	盈余公积			80000.00
4103	本年利润	贷		
4104	利润分配	贷		
410415	未分配利润	贷		625732.23
5001	生产成本	借		45000.00
500101	直接材料	借		12000.00
500102	直接人工	借		25000.00
500103	制造费用	借		8000.00

表 2－2－3　　　　112101 其他应收款－应收个人款

日期	部门	个人	摘要	方向	期初余额
2015－11－12	办公室	高洁	预借差旅费	借	2400.00

表 2－2－4　　　　1405 库存商品

科目名称	女式西装（数量）	女式风衣（数量）	合计
库存商品(1405)	70000 (100)	180000 (200)	250000
合计	70000	180000	250000

表 2－2－5　　　　5001 生产成本

科目名称	女式西装	女式风衣	合计
直接材料(500101)	6500	5500	12000
直接人工(500102)	15000	10000	25000
制造费用(500103)	5000	3000	8000
合计	26500	18500	45000

※操作指导

2－1：直接输入余额

（1）以 001 账套主管马娟身份登录企业应用平台，登录时间为 2016－01－01。

（2）在“业务工作”选项卡中，执行“财务会计”－“总账”－“设置”－“期初余额”命令，打开“期初余额录入”窗口。

（3）底色显示为白色的会计科目可以直接输入金额，如“1001 库存现金”对应的期初余额栏输入期初余额“3450.00”。

2－2：有明细科目余额录入方式

（1）在“100201 建行存款”对应的期初余额栏输入余额“393900.00”，在“100202 中行存款”对应的期初余额栏输入余额“62500.00”，美元栏输入“10000”，银行存款栏自动加和，如图 2.2.7 所示，同理录入表 2－2－2 中其他会计科目的余额。

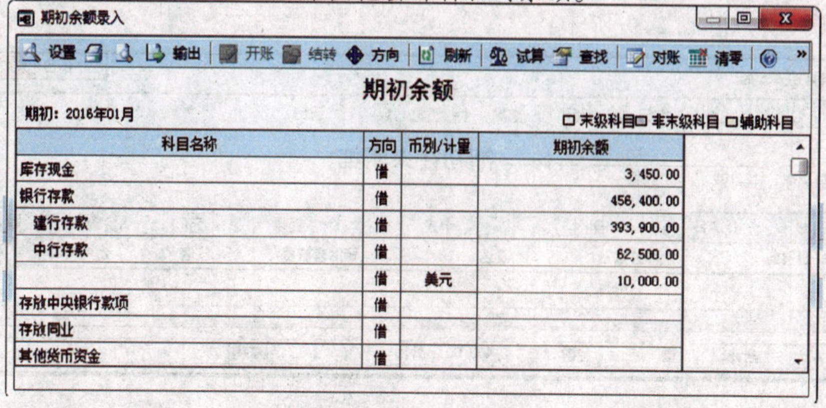

图 2.2.7　期初余额录入

2－3：客户往来、供应商往来科目余额录入

（1）参照子项目2.5的任务4录入应收账款期初余额及子项目2.6的任务4录入应付账款期初余额，填制应收单和采购发票，完成“应收账款”、“预收账款”和“预付账款”在应收、应付系统中的期初余额录入工作。

（2）在“业务工作”选项卡中，执行“财务会计”－“总账”－“设置”－“期初余额”命令，打开“期初余额录入”窗口。双击“应收账款”期初余额栏，进入“辅助期初余额”界面，单击“往来明细”进入“期初往来明细”界面，单击“引入”按钮，将“应收账款”的余额从应收款管理系统引入到总账系统，最后单击“退出”按钮，完成对该科目余额的录入，如图2.2.8所示：

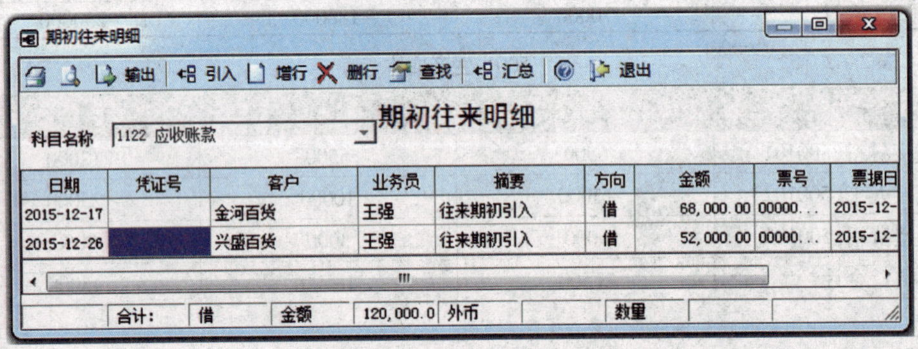

图2.2.8　应收款往来明细引入

（3）完成其他往来科目期初余额的引入。

小提示

◆如果启用了应收款系统和应付款系统，应收账款和应付账款的期初余额应分别在应收款系统和应付款系统录入，然后在总账的期初余额窗口中的应收账款、应付账款的“期初往来明细”对话框中通过“引入”完成。

2－4：个人往来科目余额录入

（1）在“期初余额录入”窗口，双击“其他应收款－应收个人款”对应的期初余额栏，进入“辅助期初余额”界面，再单击“往来明细”进入“期初往来明细”界面，单击“增行”按钮，输入日期“2015－11－12”，部门“办公室”，个人“高洁”，摘要“预借差旅费”，金额“2400.00”，最后单击“汇总”按钮进行期初余额汇总，单击“退出”按钮，完成该科目余额的录入，如图2.2.9所示：

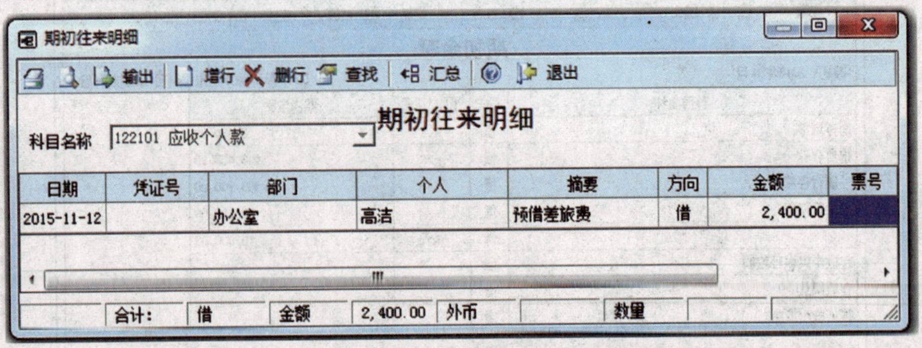

图2.2.9　往来明细录入

2－5:项目核算科目余额录入

(1)在“期初余额录入”窗口，双击“直接材料”对应的期初余额栏，进入“辅助期初余额”界面，单击上方的“增行”按钮，在增加的一行中输入项目“女式西装”，金额“6500.00”;再增加一行输入项目“女式风衣”，金额“5500.00”，如图2.2.10所示。同理，输入“直接人工”、“制造费用”以及库存商品的期初余额。

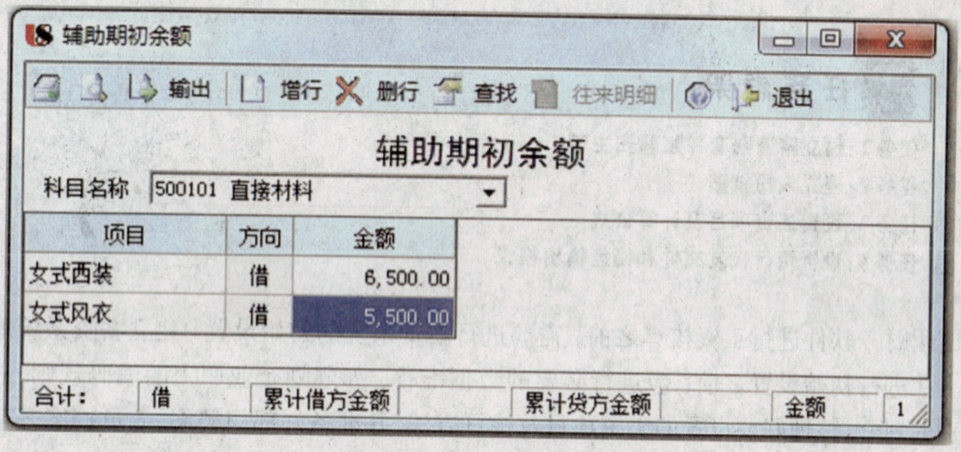

图2.2.10　项目辅助期初余额

(2)在期初余额录入界面，单击上方的“试算”按钮，弹出期初余额试算平衡表窗口。当显示“试算结果平衡”时，表明期初数据录入基本正确，如图2.2.11所示:

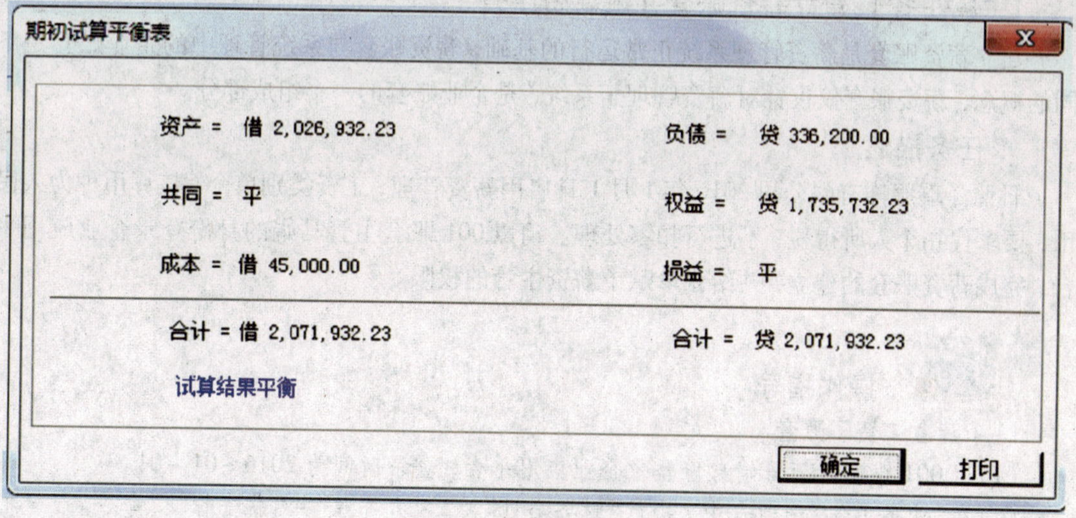

图2.2.11　试算平衡表

小提示

◆若期初余额试算不平衡，则不能记账，但是可以填制凭证。

◆若已经使用本系统记过账，则不能再录入、修改期初余额，也不能执行“结转上年余额”的功能。

子项目 2.3　薪资系统初始设置

任务框架

任务 1：建立薪资账套并赋薪资主管

任务 2：建立人员档案

任务 3：设置工资项目及计算公式

任务 4：设置银行代发文件和磁盘输出格式

使用财务软件进行工资核算之前，需要进行薪资系统的初始设置，建立薪资系统的应用环境。在进行初始设置之前，应进行必要的数据准备，如规划企业职工的编码规则、进行人员类别的划分、整理好要设置的工资项目及核算方法，并准备好部门档案、人员档案等基本信息。通过薪资初始设置，可以根据企业需要建立工资账套数据，设置薪资系统运行所需要的各项基础信息，为日常处理建立应用环境。

任务 1：建立薪资账套并赋薪资主管

建立薪资账套是薪资管理系统正常运行的基础，薪资账套与系统管理中的企业账套是不同的概念，薪资账套仅仅针对薪资管理子系统，是企业账套的一个组成部分。

※任务描述

日照泽瑞服饰有限公司 2016 年 1 月 1 日启用薪资管理，工资类别单个，核算币种为人民币，要求代扣个人所得税，不进行扣零处理。请以 001 账套主管马娟的身份登录企业应用平台，完成薪资账套的建立，并给张珍赋予薪资主管的权限。

※操作指导

1－1 建立工资子账套

(1) 以 001 账套主管马娟身份登录企业应用平台，登录时间为 2016－01－01。

(2) 在“业务工作”选项卡中，执行“财务会计”－“人力资源”－“薪资管理”命令。

(3) 打开“建立工资套”窗口，在“参数设置”中，默认本账套所处理工资类别个数“单个”，选择币别“人民币 RMB”，如图 2.3.1 所示：

(4) 单击“下一步”按钮，在建账第二步“扣税设置”中，选中“是否从工资中代扣个人所得税”复选框，如图 2.3.2 所示：

(5) 单击“下一步”按钮，在建账第三步“扣零设置”中，不做选择，如图 2.3.3 所示：

(6) 单击“下一步”按钮，进入建账第四步“人员编码”，系统要求和基础档案中的人员编码一致，单击“完成”按钮退出。

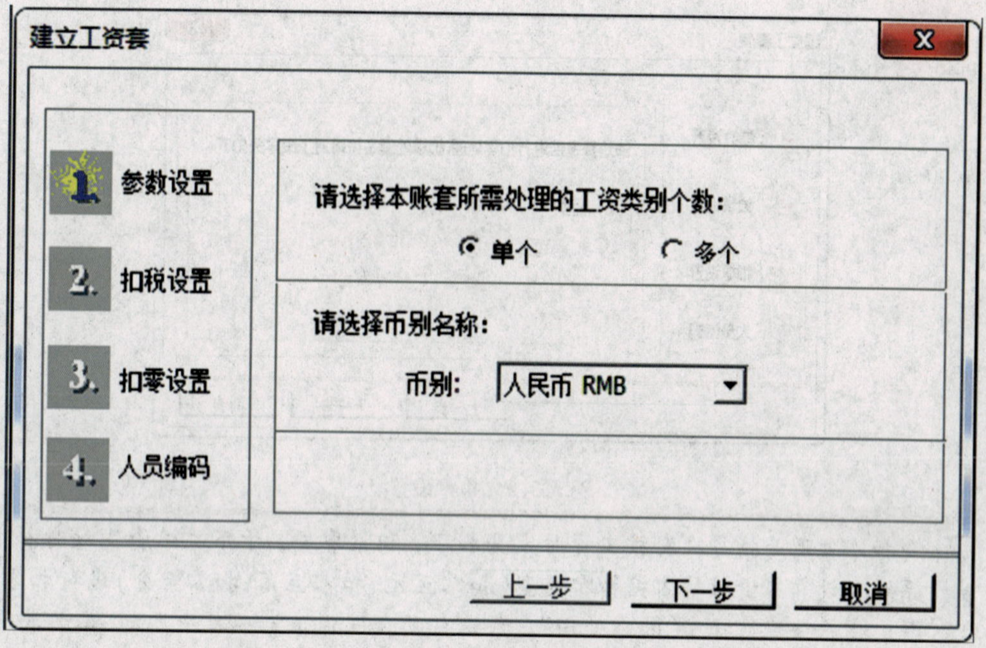

图 2.3.1　参数设置

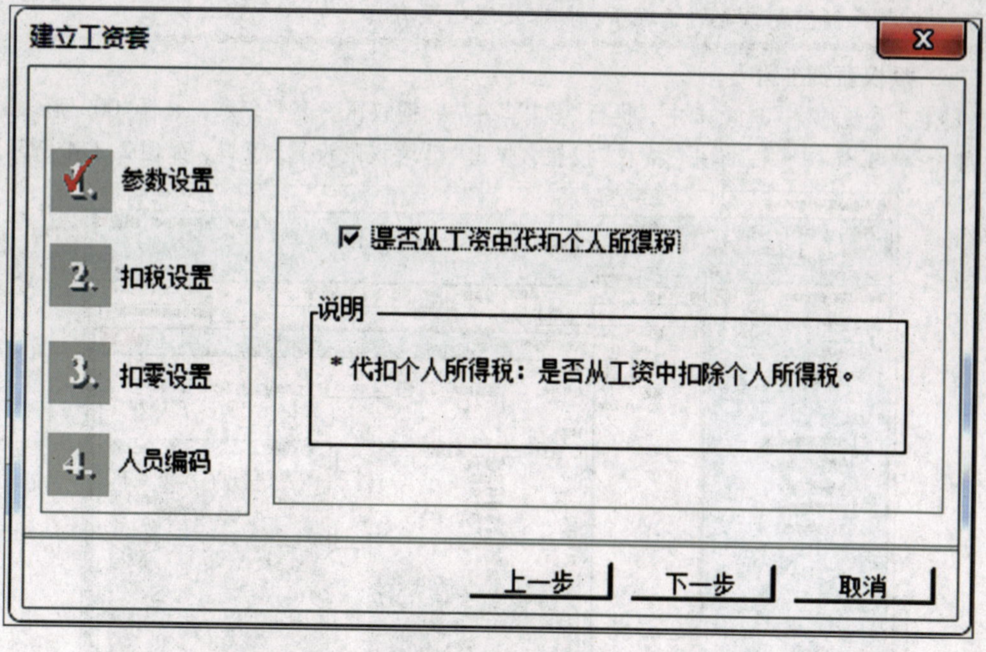

图 2.3.2　扣税设置

小提示

◆工资类别可以是“单个”，也可以是“多个”。若选择多个工资类别，可设置“正式人员”和“临时人员”工资类别。不同的工资类别工资项目可以不一样。

◆选择代扣个人所得税后，系统将自动生成工资项目“代扣税”，并自动进行代扣税金的计算。

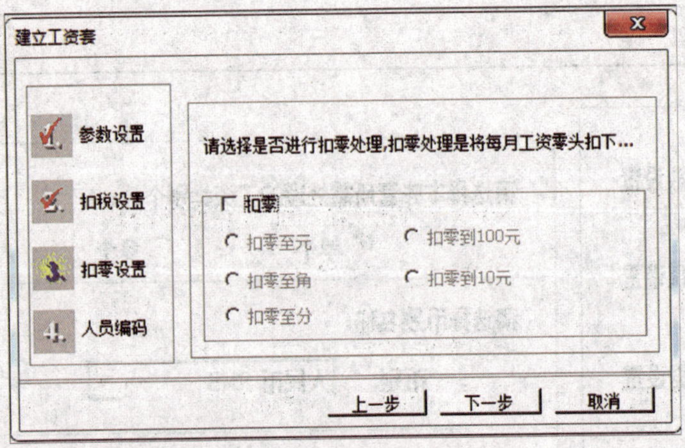

图 2.3.3　扣零设置

◆扣零处理是指每次发放工资时零头扣下，积累取整，于下次工资发放时补上，系统在计算工资时将依据扣零类型(扣零至元、扣零至角、扣零至分)进行扣零计算。用户一旦选择了“扣零处理”，系统自动在固定工资项目中增加“本月扣零”和“上月扣零”两个项目，扣零的计算公式将由系统自动定义，无需设置。

◆在银行代发工资的情况下，扣零处理已没有意义。

1 -2:赋权薪资主管

(1)在“系统服务”选项卡中，执行“权限” - “数据权限分配”命令，选择“002 张珍”，业务对象选择“工资权限”，单击“授权”按钮，弹出“记录权限设置”窗口，如图 2.3.4 所示：

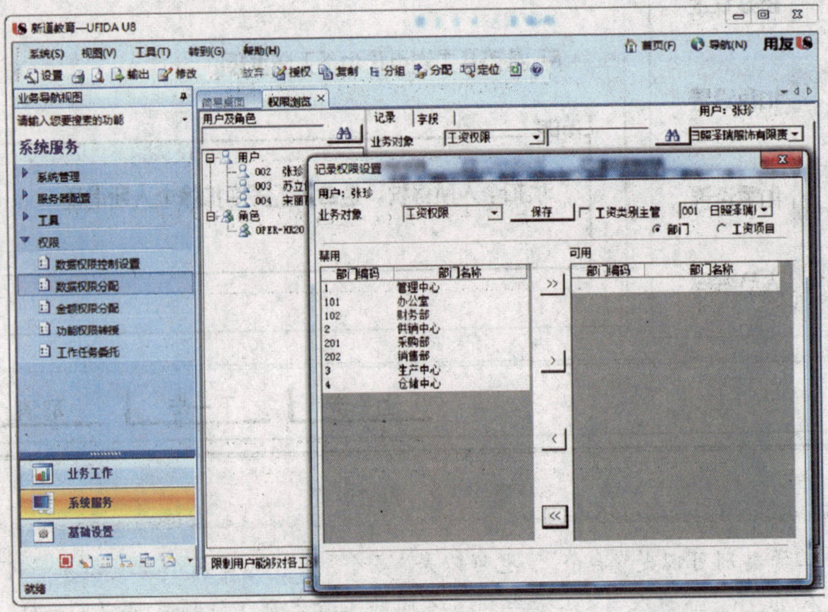

图 2.3.4　设置薪资主管

(2)勾选“工资类别主管”前的复选框，单击“保存”按钮，系统弹出“保存成功，重新登录门户，此配置才能生效”,击“确定”，关闭退出。如图 2.3.5 所示：

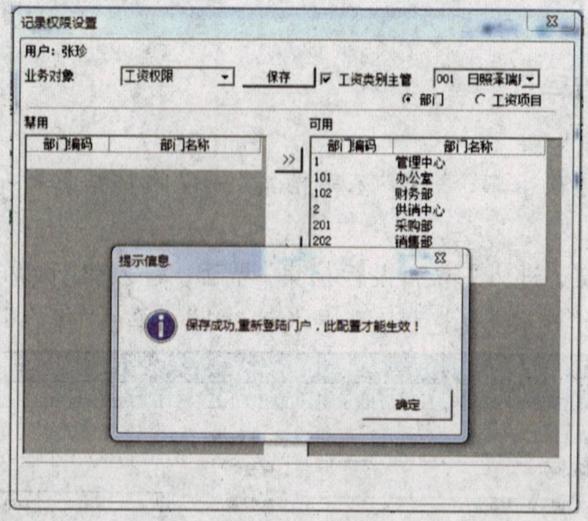

图 2.3.5　授权工资类别主管

任务 2：建立人员档案

人员档案用于登记工资发放人员的姓名、职工编号、所在部门、人员类别等信息，人员档案中包含了发放工资的银行信息，因此在增加人员档案前，需要先建立发放职工工资的银行档案。

※任务描述

2-1：日照泽瑞服饰有限责任公司职工工资均通过建设银行东港支行发放，请以 001 身份根据以下所给信息建立银行档案：银行编码 0301；银行名称：建设银行东港支行；账号长度 11。

2-2：日照泽瑞服饰有限责任公司人员档案如表 2-3-1 所示，请以薪资主管身份完成人员档案的建立。

表 2-3-1　　人员档案表

人员编号	人员姓名	性别	部门名称	人员类别	账号	中方人员	是否计税
101	李天昊	男	办公室	管理人员	20160090001	是	是
102	高洁	女	办公室	管理人员	20160090002	是	是
201	马娟	女	财务部	管理人员	20160090003	是	是
202	张珍	女	财务部	管理人员	20160090004	是	是
203	宋丽丽	女	财务部	管理人员	20160090005	是	是
204	苏立伟	男	财务部	管理人员	20160090006	是	是
301	赵亮	男	采购部	采购人员	20160090007	是	是
401	王强	男	销售部	销售人员	20160090008	是	是
501	张林	男	生产中心	管理人员	20160090009	是	是
502	刘艳	女	生产中心	生产人员	20160090010	是	是
601	张红	女	仓储中心	仓储人员	20160090011	是	是

注：职工工资均通过建设银行东港支行发放

※操作指导

2-1:建立银行档案

(1)在“基础设置”选项卡中，执行“基础档案”-“收付结算”-“银行档案”命令，进入“银行档案”界面。

(2)单击“增加”按钮，进入“增加银行档案”界面，输入银行编码“0301”，银行名称“建设银行东港支行”，勾选“定长”复选框，账号长度“11”，单击“保存”按钮，如图 2.3.6 所示：

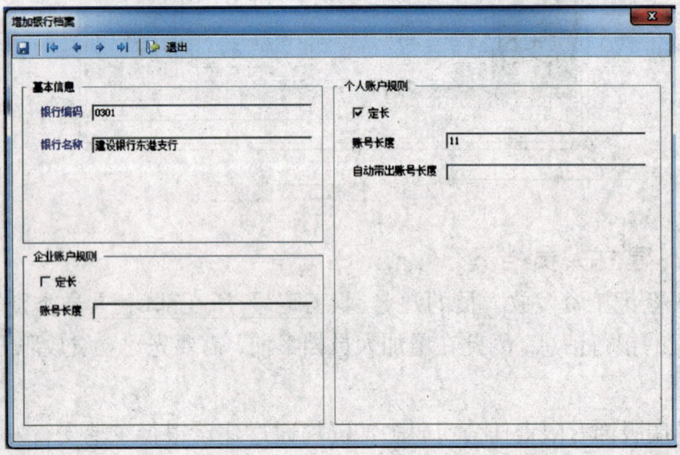

图 2.3.6　银行档案

2-2 建立人员档案

(1) 以 002 薪资主管张珍身份登录企业应用平台，登录时间为 2016-01-01。

(2)在“业务工作”选项卡中，执行“人力资源”-“薪资管理”-“设置”-“人员档案”命令，进入“人员档案”界面。

(3)单击工具栏“批增”按钮，打开“人员批量增加”窗口，选中所有部门，单击“查询”按钮，人员批量增加成功，如图 2.3.7 所示，单击“确定”按钮，返回“人员档案”窗口。

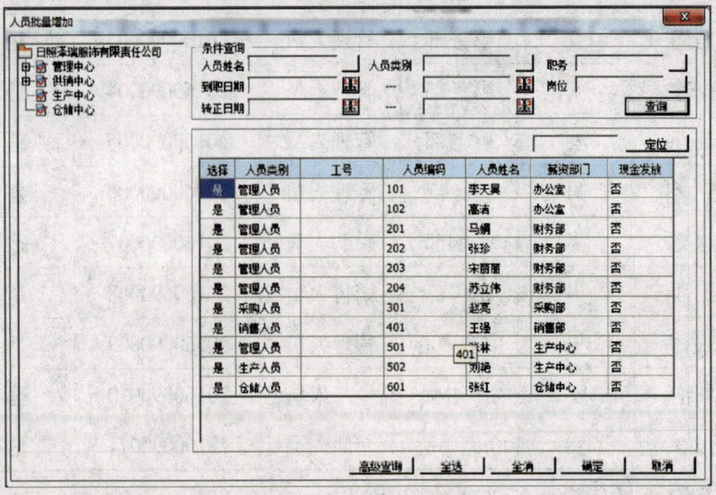

图 2.3.7　人员档案

(4)双击“101”，弹出“人员档案明细”窗口，选择银行名称“建设银行东港支行”，输入账号信息“20160090001”，如图2.3.8所示：

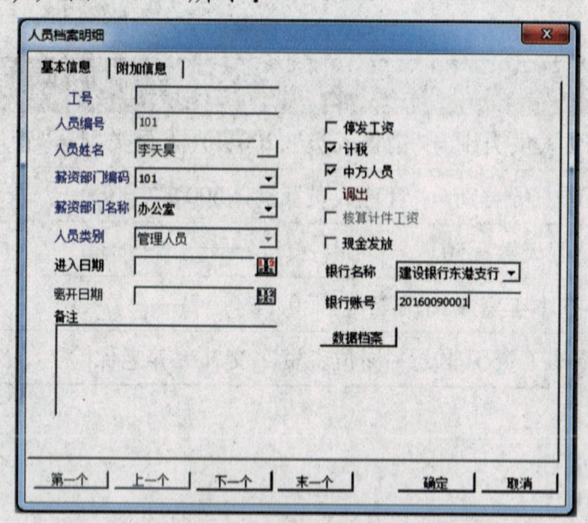

图2.3.8　人员档案

(5)单击“确认”按钮，弹出“写入该人员档案信息吗?”，单击“确定”，继续修改其他人员账号信息。

任务3:设置工资项目及计算公式

工资项目设置即定义工资项目的名称、类型、宽度，企业可根据需要自行设置工资项目，如:基本工资、岗位工资、副食补贴、扣款合计等。当企业建立了多个工资类别时，不同类别的项目不同，计算公式也不同，需要对某个指定的工作类别所需的工资项目进行设置，并定义该工资类别下的工资项目计算公式。

※任务描述

3-1:日照泽瑞服饰有限责任公司工资项目如表2-3-2所示，请以薪资账套主管身份进行工资项目的设置。

表2-3-2　　　　工资项目表

项目名称	类型	长度	小数位数	增减项
基本工资	数字	8	2	增项
岗位工资	数字	8	2	增项
奖金	数字	8	2	增项
交补	数字	8	2	增项
应发合计	数字	10	2	增项
请假扣款	数字	8	2	减项
养老保险	数字	8	2	减项
代扣税	数字	10	2	减项
扣款合计	数字	10	2	减项
实发合计	数字	10	2	增项
请假天数	数字	8	2	其它
计税工资	数字	8	2	其它

3－2：日照泽瑞服饰有限责任公司工资项目计算公式如表 2－3－3 所示，请以薪资账套主管身份，根据所给信息设置工资项目的计算公式。

表 2－3－3　　公式设置表

工资项目	公式
交补	Iff(人员类别＝“销售人员”,200,Iff(人员类别＝“管理人员”,150,100))
岗位工资	Iff(人员类别＝“管理人员”,800,600)
请假扣款	请假天数＊50
养老保险	(基本工资＋岗位工资)＊0.08
计税工资	基本工资＋奖金＋岗位工资＋交补－养老保险

※操作指导

3－1：设置工资项目

(1) 以 002 薪资主管张珍身份登录企业应用平台，登录时间为 2016－01－01。

(2) 在“业务工作”选项卡中，执行“人力资源”－“薪资管理”－“设置”－“工资项目设置”命令，打开“工资项目设置”窗口，如图 2.3.9 所示：

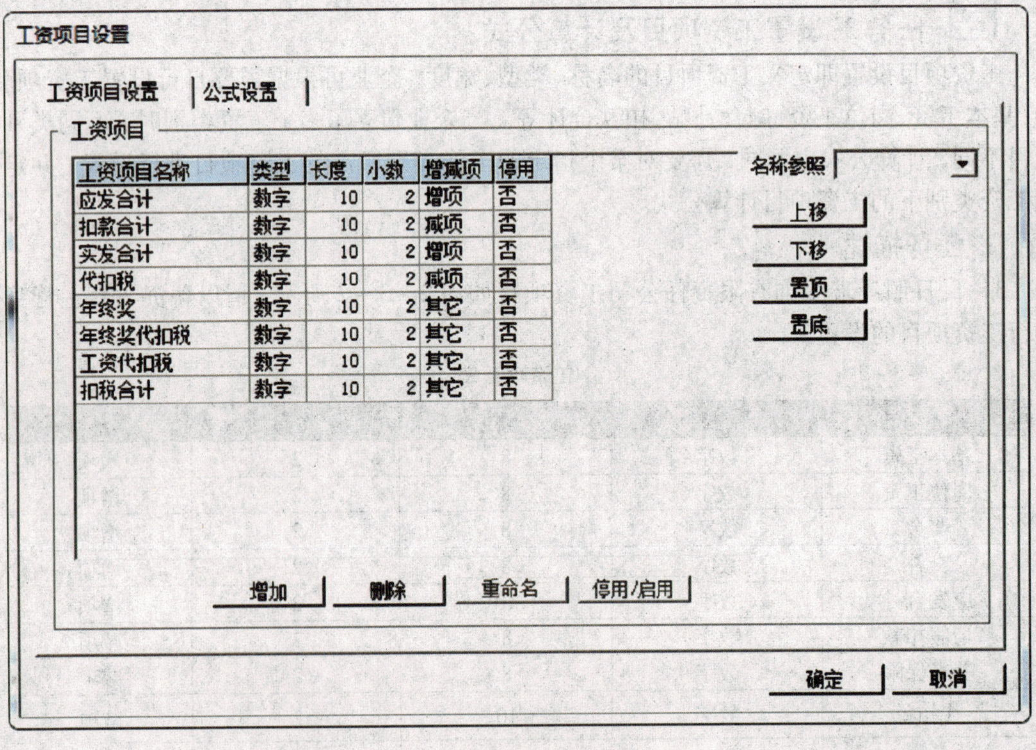

工资项目名称	类型	长度	小数	增减项	停用
应发合计	数字	10	2	增项	否
扣款合计	数字	10	2	减项	否
实发合计	数字	10	2	增项	否
代扣税	数字	10	2	减项	否
年终奖	数字	10	2	其它	否
年终奖代扣税	数字	10	2	其它	否
工资代扣税	数字	10	2	其它	否
扣税合计	数字	10	2	其它	否

图 2.3.9　工资项目设置

(3) 点击“应发合计”项目，单击“增加”按钮，工资项目列表中增加一空行，单击“名称参照”下拉列表框，选择“基本工资”，“长度”采用系统默认值“8”，单击“上移”按钮，调整“基本工资”到第一行，如图 2.3.10 所示：

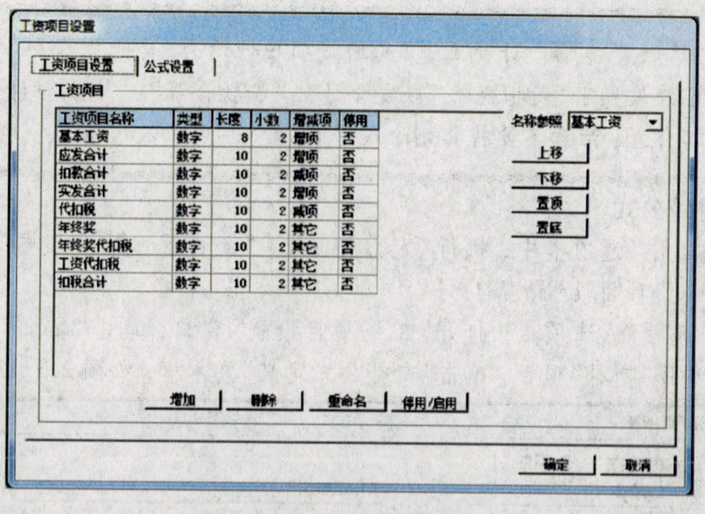

图 2.3.10　基本工资项目设置

小提示

◆系统提供若干常用工资项目供参考，可参照录入，对于参照中未提供的工资项目，可以双击“工资项目名称”一栏直接输入，或先从“名称参照”中选择一个项目，然后单击“重命名”按钮，修改为需要的项目。

◆设置工资项目一定要注意其“增减性”属性。若为“增项”则系统自动将其列为“应发合计”项目的组成部分；若为“减项”，则系统自动将其列为“扣款合计”项目的组成部分；若为“其他”则既不构成应发合计项目，也不构成扣款合计项目，仅为其中某个工资项目的计算使用。

◆设置工资项目后，按照项目之间的逻辑顺序可以按“上移”、“下移”调整先后顺序。

(4)按照表 2－3－2 的要求，完成其他工资项目的录入，单击“确定”按钮，关闭“工资项目设置”窗口，如图 2.3.11 所示：

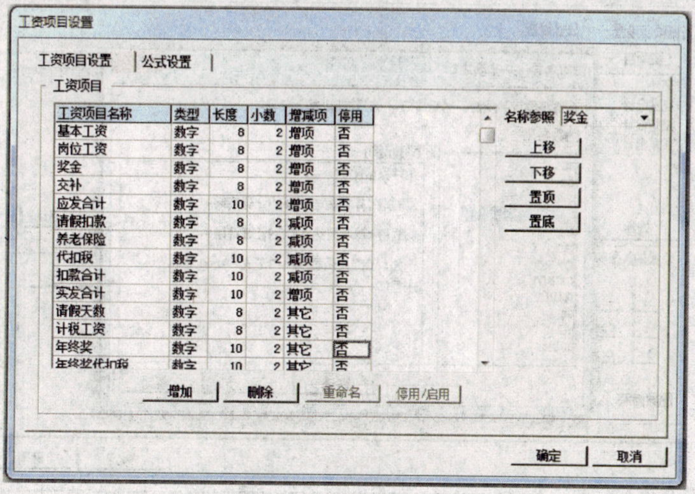

图 2.3.11　工资项目设置

小提示

◆注意“请假天数”和“计税工资”的增减项属性均为“其他”。

◆系统已经设置了“代扣税”、“应发合计”、“扣款合计”、“实发合计”等工资项目，并定了其公式，注意不要将其删除或修改。

3－2:**设置计算公式**

(1)在“业务工作”选项卡中，执行“人力资源”－“薪资管理”－“设置”－“工资项目设置”命令，打开“工资项目设置”窗口。

(2)选择“公式设置”选项卡，打开“工资项目设置”窗口，单击“增加”按钮，增加一空行，下拉列表框选择“交补”项目，单击“交补公式定义”文本框，如图 2.3.12 所示：

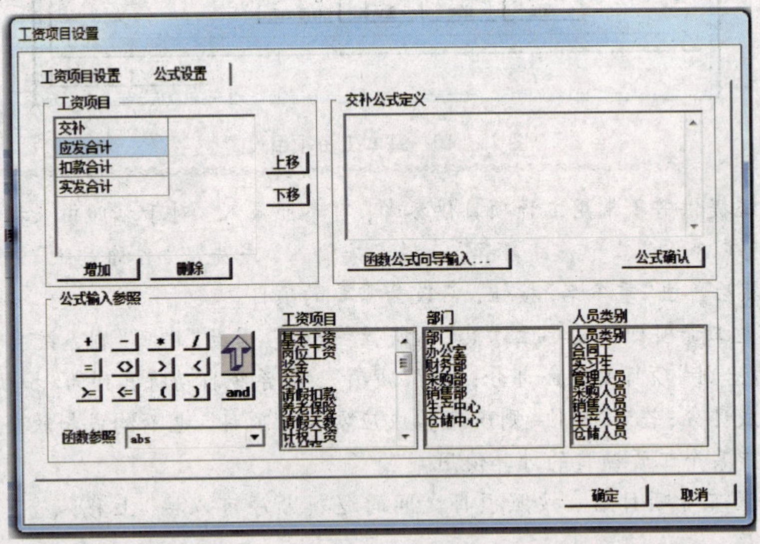

图 2.3.12　工资公式设置

(3)单击“函数公式向导输入”,打开函数向导，选择 iff 函数，如图 2.3.13 所示：

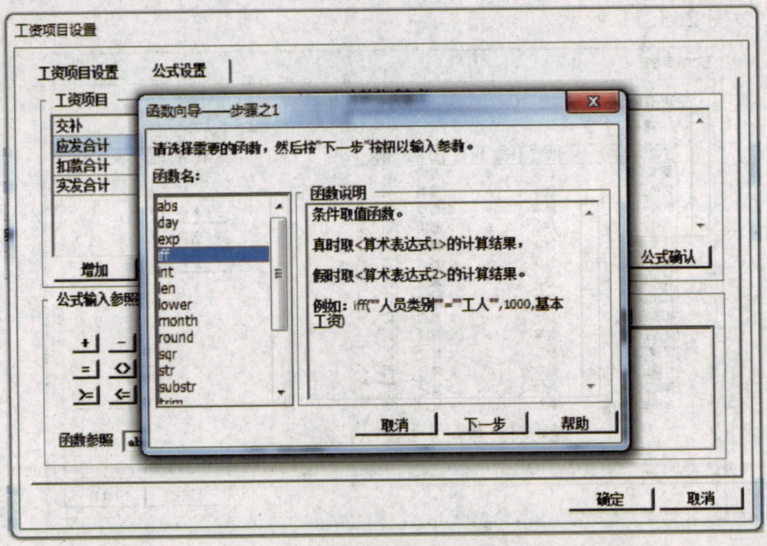

图 2.3.13　函数向导－步骤之 1

(4)单击“下一步”按钮，打开设置函数窗口，单击“逻辑表达式”参照按钮，从参照下拉列表中选择“人员类别”=“销售人员”，在算数表达式1中输入“200”，如图2.3.14所示：

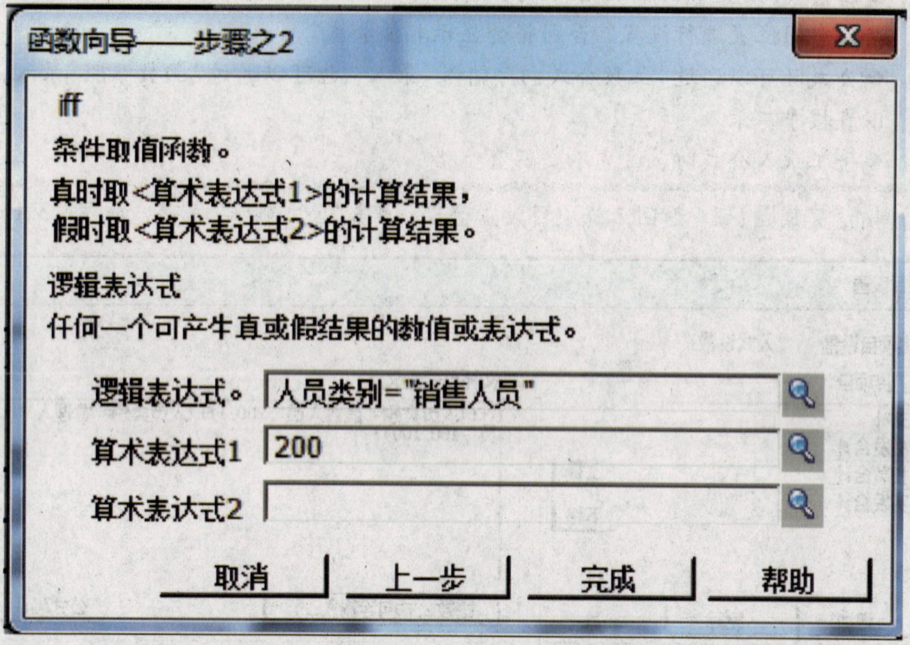

图2.3.14　函数向导－步骤之2

(5)单击“完成”按钮，将鼠标放在完成后的最后一个逗号和括号中间，继续插入iff函数，选择“人员类别”=“管理人员”，算术表达式1录入“150”，算术表达式2录入“100”，如图2.3.15所示：

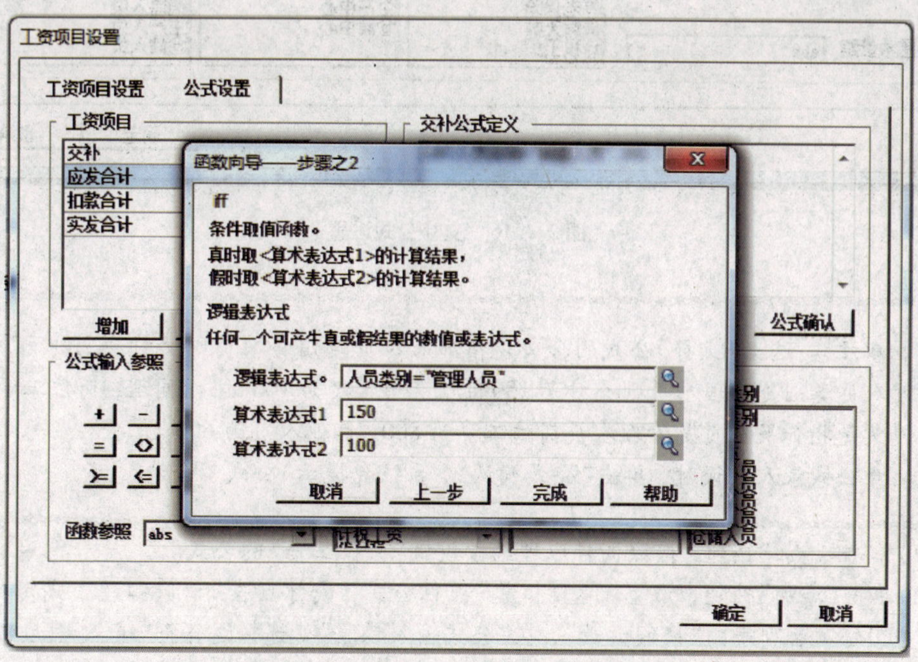

图2.3.15　公式设置－插入iff函数

◆注意：在设置第二个 iff 函数时，鼠标放在第一次完成的 iff 函数中最后的逗号和括号中间位置进行设置，否则将会显示非法公式。

◆公式既可以通过“函数公式向导输入”录入，也可以通过“函数参照”录入，还可以直接手工录入。

◆手工录入公式时，注意不要留有空格。

(6)单击“完成”按钮，返回工资项目设置窗口，单击“公式确认”保存，如图 2.3.16 所示：

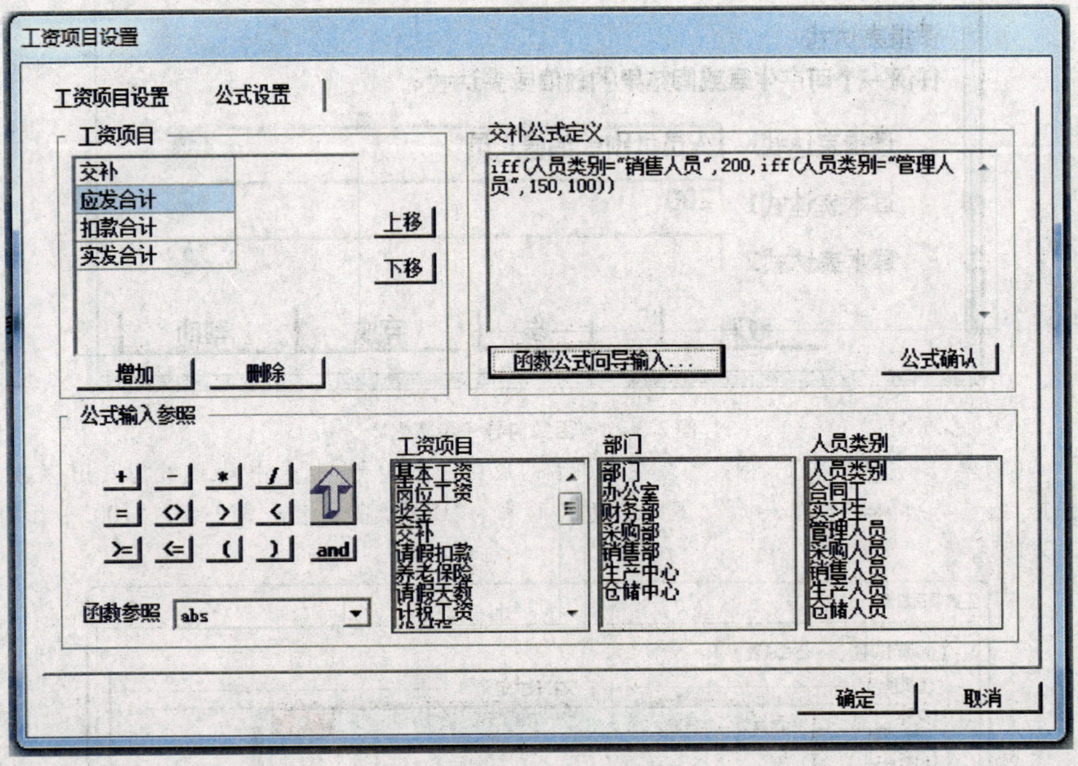

图 2.3.16 交补公式设置

◆注意：这里“交补”公式的含义是指如果人员是销售人员则交补为 200 元，如果人员类别是管理人员则交补是 150 元，其余人员为 100 元 。同理，岗位工资的含义是指如果人员是管理人员岗位工资为 800，其他人员为 600。

◆公式录入有误时，单击“公式确认”，系统会提示“公式不合法”。

(7)单击“增加”按钮，按照同样原理继续设置“岗位工资”的公式。

(8)单击“增加”按钮，设置“请假扣款”项目公式，鼠标点击“请假扣款公式定义”文本框，单击工资项目列表的“请假天数”，在“公式输入参照”处选择运算符“ * ”，然后输入数字 50，单击“公式确认”，如图 2.3.17 所示：

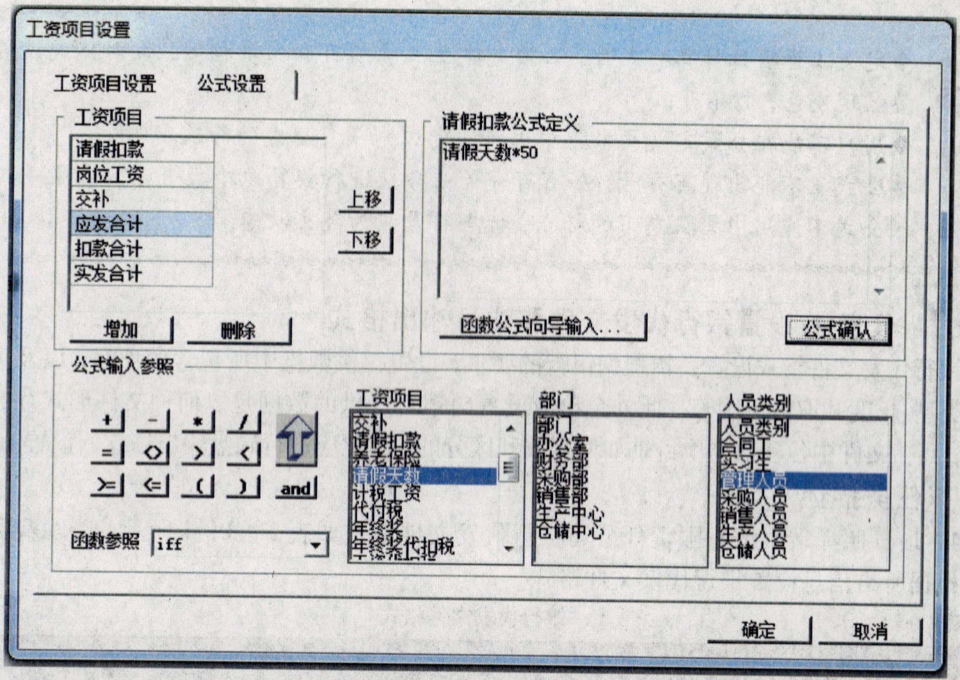

图 2.3.17　请假扣款公式设置

(9)同理设置其他工资项目的公式，设置完毕后，单击“确定”按钮退出。

(10)执行“薪资管理”-“设置”-“选项”命令，在“选项”窗口，选择“扣税设置”选项卡，单击“编辑”按钮，将“实发合计”改为“计税工资”，如图2.3.18所示：

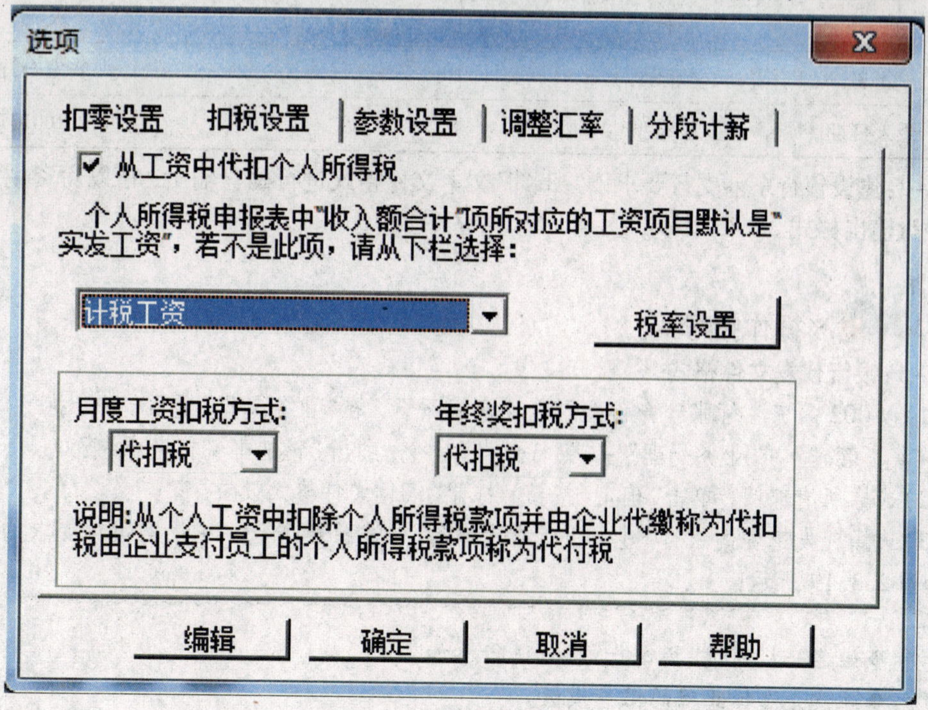

图 2.3.18　个税计算基础设置

> 小提示
> ◆定义工资项目计算公式时，必须先建立工资项目和人员档案，否则公式设置页签呈现灰色，打不开。
> ◆用户不能在公式定义文本框中进行固定工资项目公式的修改和删除。
> ◆公式里不能出现百分号，如有百分号业务应进行换算以小数表示。如果手工录入公式不能用中文状态下的标点，标点符号应为英文状态。

任务4:设置银行代发文件和磁盘输出格式

银行代发文件格式设置是指根据银行的要求，设置提供数据中所包含的项目，以及项目的数据类型、长度和取值范围等。此外企业应设置向银行提供的数据是以何种文件形式存放在磁盘中，且在文件中各项数据项目是如何存放和区分的，因此应进行磁盘输出格式的设置。

※任务描述

4－1:日照泽瑞服饰有限责任公司银行代发文件格式如表2－3－4所示，请以薪资主管身份根据所给信息设置银行代发文件格式。

表2－3－4　　银行代发文件格式

栏目名称	数据类型	总长度	小数长度	数据来源
单位编号	字符型	10		系统默认
人员编号	字符型	10		人员编码
姓 名	字符型	16		人员姓名
账 号	字符型	11		账 号
金 额	数字型	10	2	实发合计
录入日期	字符型	8		20160131

4－2:建设银行东港支行要求以“.TXT”文本文件格式进行磁盘输出，请以薪资主管身份设置磁盘输出格式。

※操作指导

4－1:银行代发文件格式

(1)以002薪资主管张珍身份登录企业应用平台，在“业务工作”选项卡中，执行“人力资源”－“薪资管理”－“业务处理”－“银行代发”命令，打开“请选择部门范围”窗口。

(2)选择所有部门，单击“确定”按钮，打开“银行文件格式设置”窗口。

(3)选择代发工资的银行“建设银行东港支行”，按照表2－3－4设置银行要求的数据内容，如图2.3.19所示：

> 小提示
> ◆姓名一栏通过“插入行”操作进行添加。
> ◆注意先选择正确的银行模板。

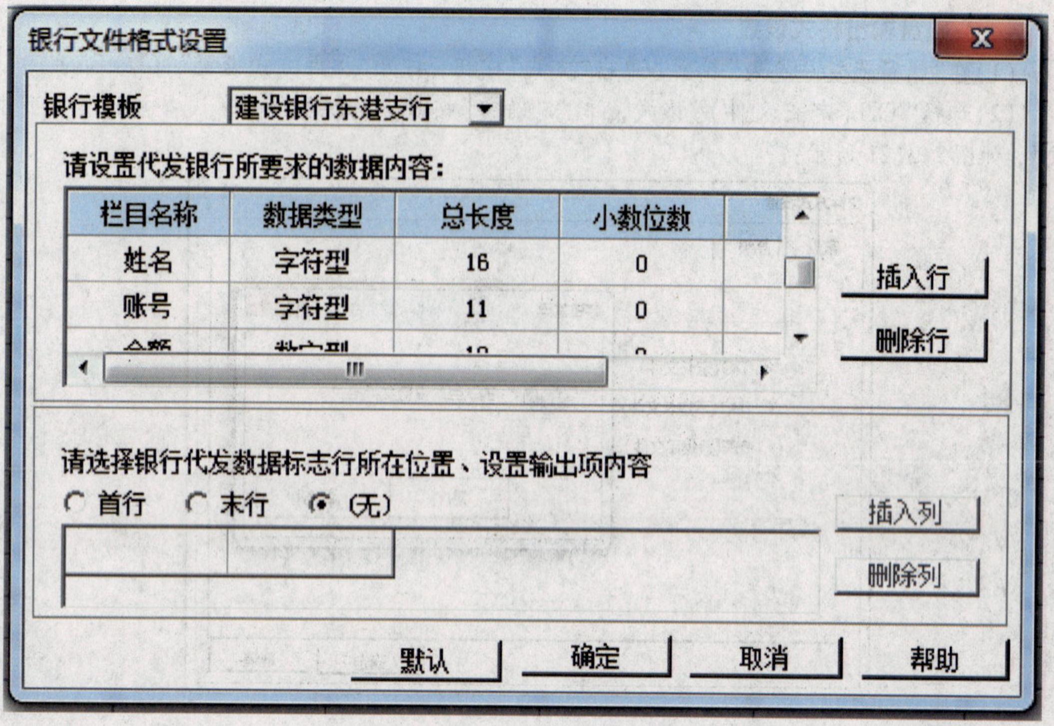

图 2.3.19　银行文件格式设置

(4)单击“确定”按钮，系统提示“确认设置的银行文件格式?”，单击“是”，系统出现“银行代发一览表”，如图 2.3.20 所示，关闭退出。

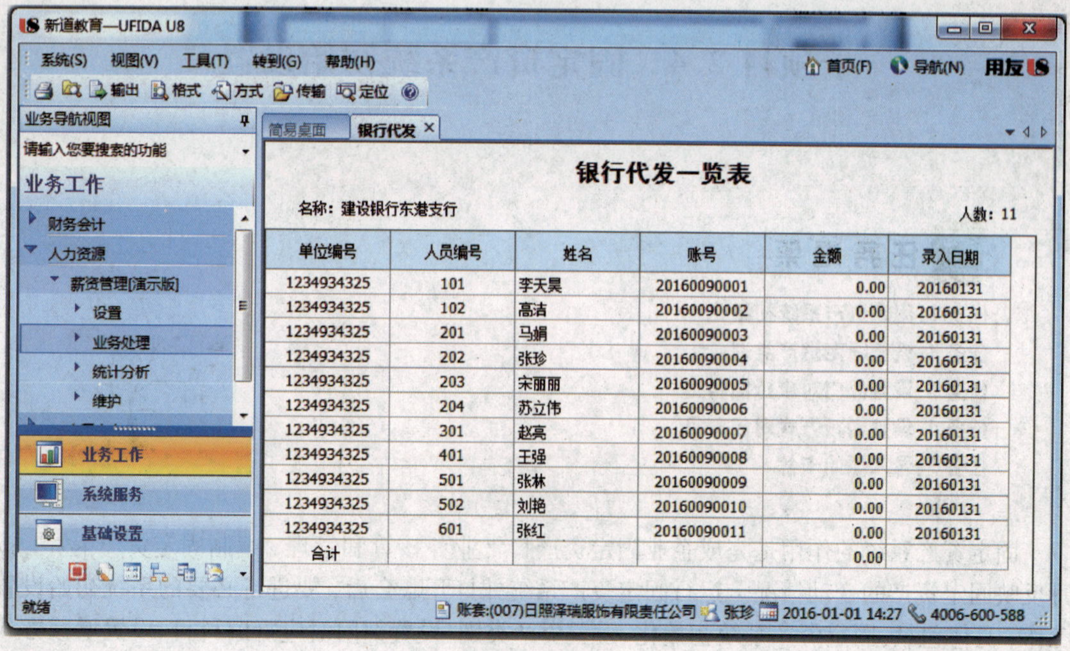

图 2.3.20　银行代发一览表

4-2:磁盘输出格式设置

(1)在"银行代发一览表"界面，单击"方式"按钮，打开"文件方式设置"窗口。

(2)选择"TXT(定长文件)"格式，单击"确定"按钮，系统提示"确认当前设置文件格式"，如图2.3.21所示：

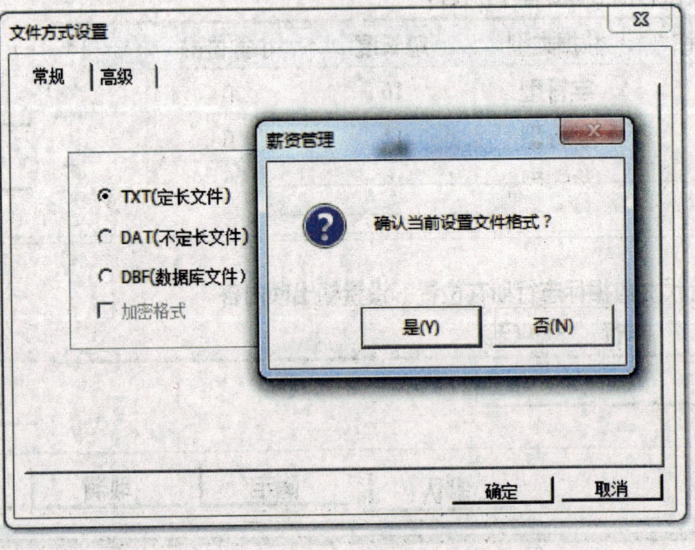

图2.3.21 文件方式设置

(3)单击"是"按钮退出。

子项目2.4 固定资产系统初始设置

任务框架

任务1:固定资产系统初始化

任务2:设置固定资产类别

任务3:设置部门对应折旧科目

任务4:设置增减方式对应科目

任务5:录入原始卡片

固定资产系统的作用是完成企业固定资产日常业务核算和管理，编制固定资产卡片，按月反映固定资产的变动情况。运行固定资产系统并打开账套后，要进行必要的系统初始设置工作，具体包括:固定资产系统初始化、设置资产类别、设置部门对应折旧科目、设置增减方式对应入账科目、录入原始卡片等，以上工作是系统运行的基础。

任务1:固定资产系统初始化

系统初始化是使用固定资产系统管理资产的首要操作，是根据企业的具体情况，建立一个适合企业需要的固定资产子账套的过程。初始化需要设置的内容主要包括:约定及说明、启用月份、折旧信息、编码方式、账务接口和补充参数六部分。

※任务描述

请以001身份建立固定资产管理系统子账套，并按表2-4-1进行系统初始化。

表2-4-1　固定资产子账套

控制参数	参数设置
约定与说明	我同意
启用月份	2016-01
折旧信息	本账套计提折旧 折旧方法:平均年限法(一) 折旧汇总分配周期:1个月 当(月初已计提月份=可使用月份-1)时，将剩余折旧全部提足
编码方式	资产类别编码方式:2112 固定资产编码方式 按“类别编码+部门编码+序号”自动编码 卡片序号长度为3
财务接口	与账务系统进行对账　对账科目: 固定资产对账科目:1601 固定资产 累计折旧对账科目:1602 累计折旧 对账不平允许固定资产月末结账
补充参数	业务发生后立即制单 月末结账前一定要完成制单登账业务 固定资产缺省入账科目:1601 累计折旧缺省入账科目:1602 减值准备缺省入账科目:1603 增值税进项额缺省入账科目:22210101 固定资产清理缺省入账科目:1606

※操作指导

1-1:建立固定资产账套，设置基本参数

(1)以001账套主管马娟身份登录企业应用平台，登录时间为2016-01-01。

(2)在“业务工作”选项卡中，执行“财务会计”-“固定资产”命令，弹出对话框“这是第一次打开此账套，还未进行过初始化，是否进行初始化?”，单击“是”按钮，进入“固定资产初始化”窗口，如图2.4.1所示:

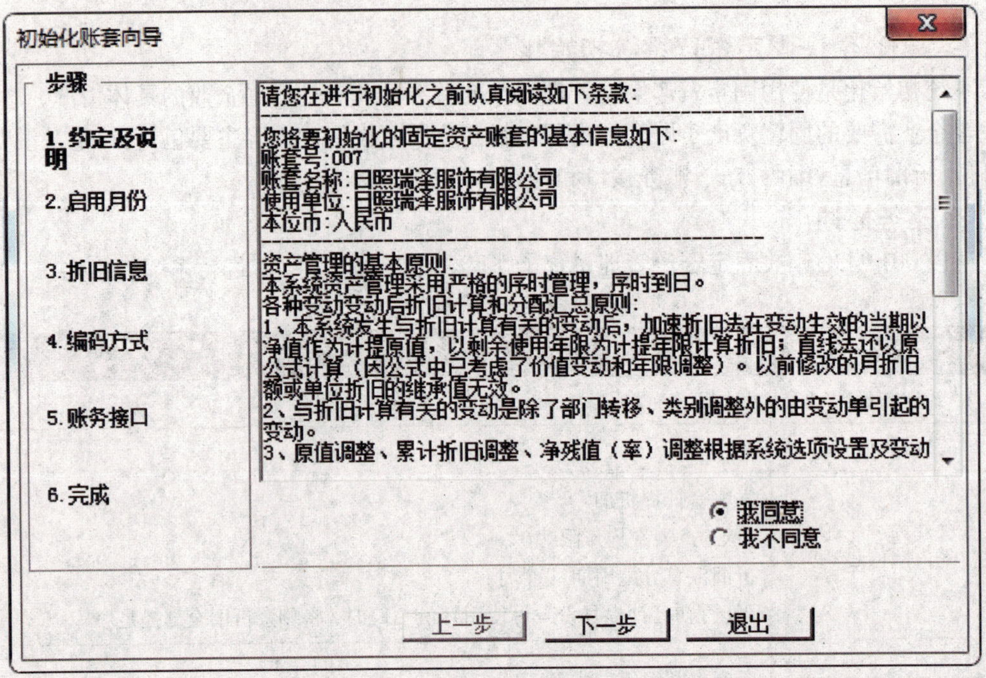
初始化账套向导
步骤
1. 约定及说明
2. 启用月份
3. 折旧信息
4. 编码方式
5. 账务接口
6. 完成
请您在进行初始化之前认真阅读如下条款:
您将要初始化的固定资产账套的基本信息如下:
账套号:007
账套名称:日照瑞泽服饰有限公司
使用单位:日照瑞泽服饰有限公司
本位币:人民币
资产管理的基本原则:
本系统资产管理采用严格的序时管理，序时到日。
各种变动变动后折旧计算和分配汇总原则:
1、本系统发生与折旧计算有关的变动后，加速折旧法在变动生效的当期以净值作为计提原值，以剩余使用年限为计提年限计算折旧；直线法还以原公式计算（因公式中已考虑了价值变动和年限调整）。以前修改的月折旧额或单位折旧的继承值无效。
2、与折旧计算有关的变动是除了部门转移、类别调整外的由变动单引起的变动。
3、原值调整、累计折旧调整、净残值（率）调整根据系统选项设置及变动
我同意
我不同意
上一步
下一步
退出

图 2.4.1　固定资产初始化账套向导

(3)选中“我同意”按钮，单击“下一步”按钮，进入固定资产初始化的第二步－“启用月份”，单击“下一步”按钮，进入“折旧信息”窗口，按所给资料设置折旧参数，如图 2.4.2 所示：

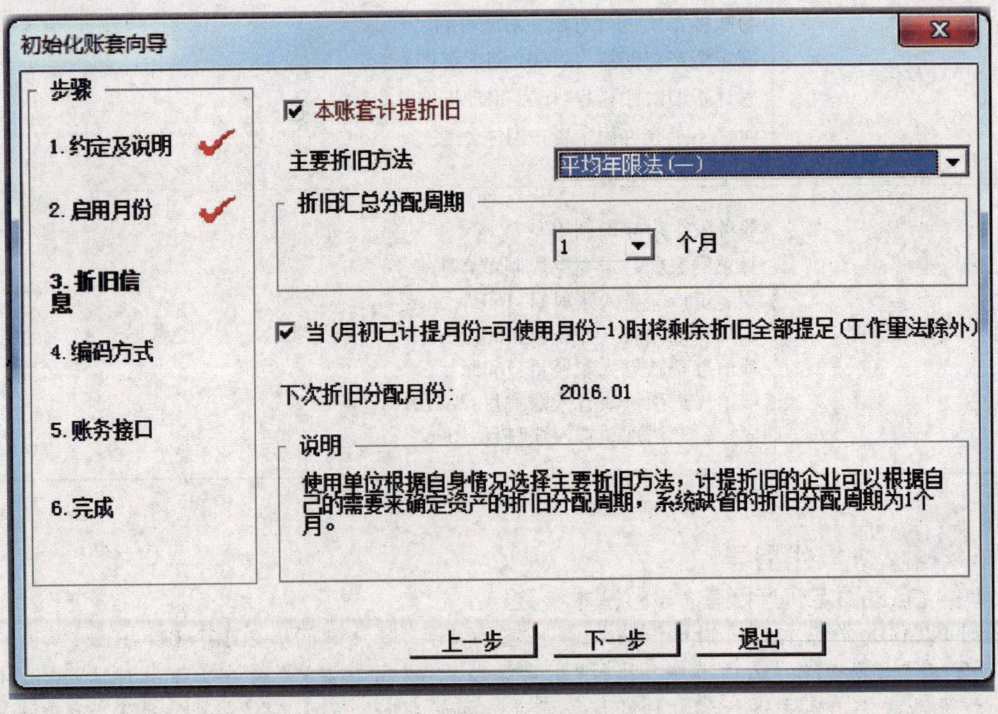
初始化账套向导
步骤
1. 约定及说明
2. 启用月份
3. 折旧信息
4. 编码方式
5. 账务接口
6. 完成
本账套计提折旧
主要折旧方法
平均年限法(一)
折旧汇总分配周期
1
个月
当(月初已计提月份=可使用月份-1)时将剩余折旧全部提足(工作量法除外)
下次折旧分配月份:
2016.01
说明
使用单位根据自身情况选择主要折旧方法，计提折旧的企业可以根据自己的需要来确定资产的折旧分配周期，系统缺省的折旧分配周期为1个月。
上一步
下一步
退出

图 2.4.2　固定资产折旧信息

(4)单击“下一步”按钮，进入“编码方式”窗口，选中“自动编码”，并在下拉框中选择“类别编号＋部门编号＋序号”，更改序号长度为“3”，如图2.4.3所示：

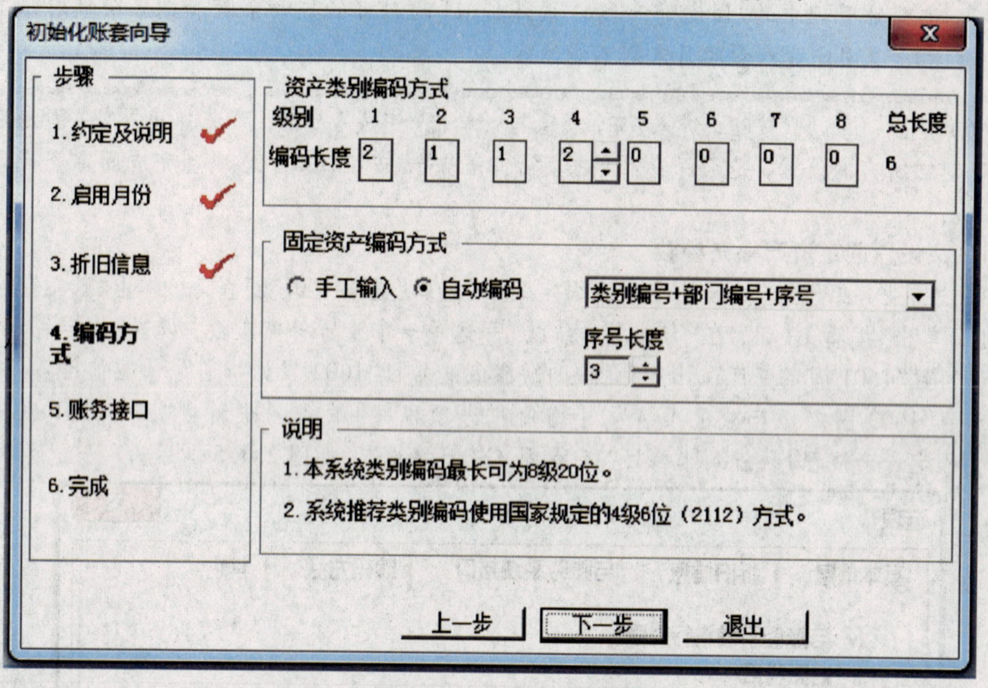

图2.4.3　固定资产编码方式

(5)单击“下一步”按钮，打开“账务接口”窗口，根据资料设定，如图2.4.4所示：

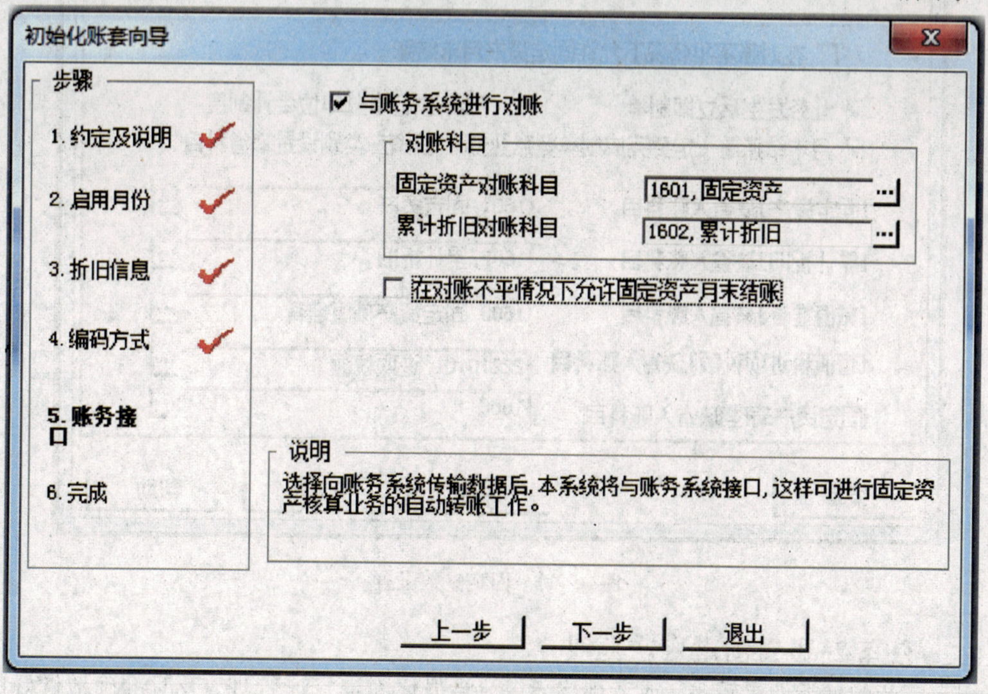

图2.4.4　固定资产账务接口

小提示 ◆对账不平不允许结账是指固定资产管理中的“固定资产”和“累计折旧”两科目与总账管理中的“固定资产”和“累计折旧”两科目的期初余额和期末余额对账不相等，固定资产管理月末则不能结账。

(6)单击“下一步”按钮，进入“完成”窗口，单击“完成”按钮，系统弹出“完成固定资产子账套建立所有的设置，是否保存?”的提示，单击“是”按钮，提示已成功完成固定资产账套的建立。

1-2:设置固定资产补充参数

(1)在“业务工作”选项卡中，执行“固定资产”-“设置”-“选项”命令，弹出“选项”窗口。

(2)单击“编辑”按钮，在“与账务系统接口”选项卡中设置补充参数，设置[固定资产]缺省入账科目“1601 固定资产”，[累计折旧]缺省入账科目“1602 累计折旧”，[减值准备]缺省入账科目“1603 固定资产减值准备”，[增值税进项税额]缺省入账科目“22210101 进项税额”，[固定资产清理]缺省入账科目“1606 固定资产清理”，如图 2.4.5 所示：

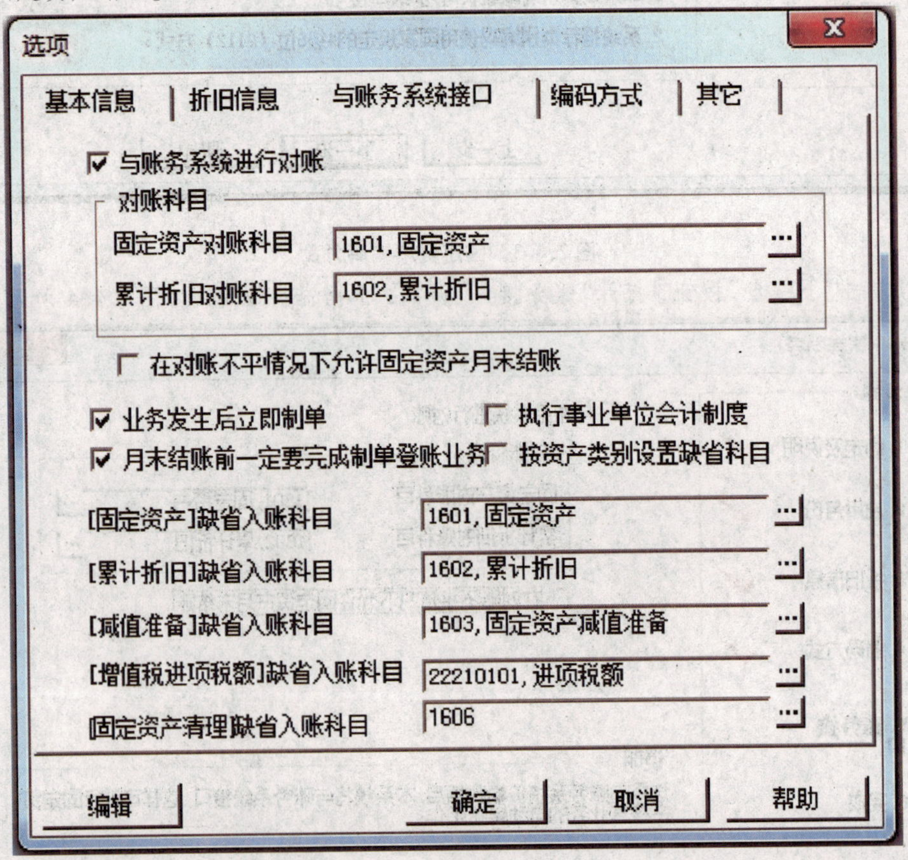

图 2.4.5 固定参数设置

任务 2:设置固定资产类别

固定资产的种类如果较多，或者规格不一，要强化固定资产管理，及时准确地做好固定资产核算，就必须科学的对固定资产进行分类，为核算和统计管理提供依据。

※任务描述

请以001主管身份，根据表2-4-2设置企业固定资产的类别。

表2-4-2　　资产类别

编码	类别名称	净残值率	计提属性	卡片样式
01	交通运输设备	5%	正常计提	含税卡片样式
011	经营用设备	5%	正常计提	含税卡片样式
012	非经营用设备	5%	正常计提	含税卡片样式
02	电子设备	5%	正常计提	含税卡片样式
021	经营用设备	5%	正常计提	含税卡片样式
022	非经营用设备	5%	正常计提	含税卡片样式
03	生产设备	5%	正常计提	含税卡片样式
04	其他设备	5%	正常计提	含税卡片样式

※操作指导

(1)以001马娟身份登录企业应用平台，在“业务工作”选项卡中，执行“固定资产”-“设置”-“资产类别”命令，单击“增加”按钮，进入“固定资产分类编码表”窗口，输入类别名称“交通运输设备”，残值率“5%”，选择计量属性“正常计提”，折旧方法“平均年限法(一)”，卡片样式“含税卡片样式”，如图2.4.6所示：

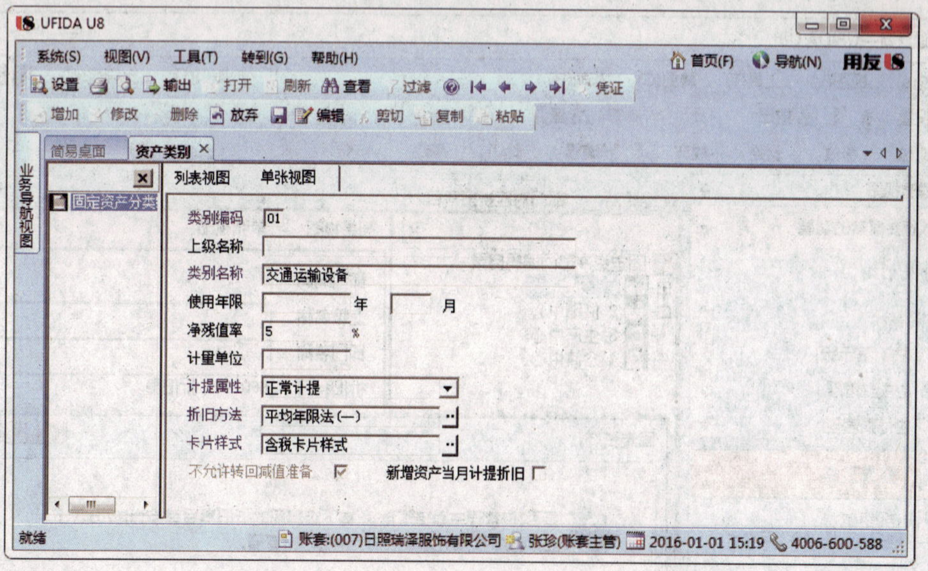

图2.4.6　资产类别增加

(2)单击“保存”按钮,左侧导航视图出现“01 交通运输设备”，先点击“01 交通运输设备”,系统提示“是否保存数据?”单击“否”,然后在工具栏单击“增加”按钮，增加“011 经营用设备”。

(3)同理，完成其他资产类别的设置，保存后退出。

任务 3:设置部门对应折旧科目

对应折旧科目是对折旧费用的入账科目加以设置，资产因使用发生磨损，应根据受益性原则归入相应的成本费用中，通过部门对应折旧科目的设置，可以预先确定每一个部门的折旧科目，以简化后期折旧凭证生成的工作量。

※任务描述

日照泽瑞服饰有限公司部门对应折旧科目如表 2-4-3 所示，请以 001 身份根据资料完成相关设置。

表 2-4-3　　部门对应折旧科目

部 门	对 应 折 旧 科 目
办公室、财务部、采购部、仓储中心	管理费用/折旧费(660203)
销售部	销售费用/折旧费(660103)
生产中心	制造费用(5101)

※操作指导

(1)以 001 马娟身份登录企业应用平台，在“业务工作”选项卡中，执行“固定资产”-“设置”-“部门对应折旧科目”命令，选中左侧的“1 管理中心”，单击“修改”按钮，在折旧科目处输入“660203”，系统弹出对话框“是否将(管理中心)部门的所有下级部门的折旧科目替换为(折旧费)？如果选择是，请在成功保存后点(刷新)查看”，如图 2.4.7 所示：

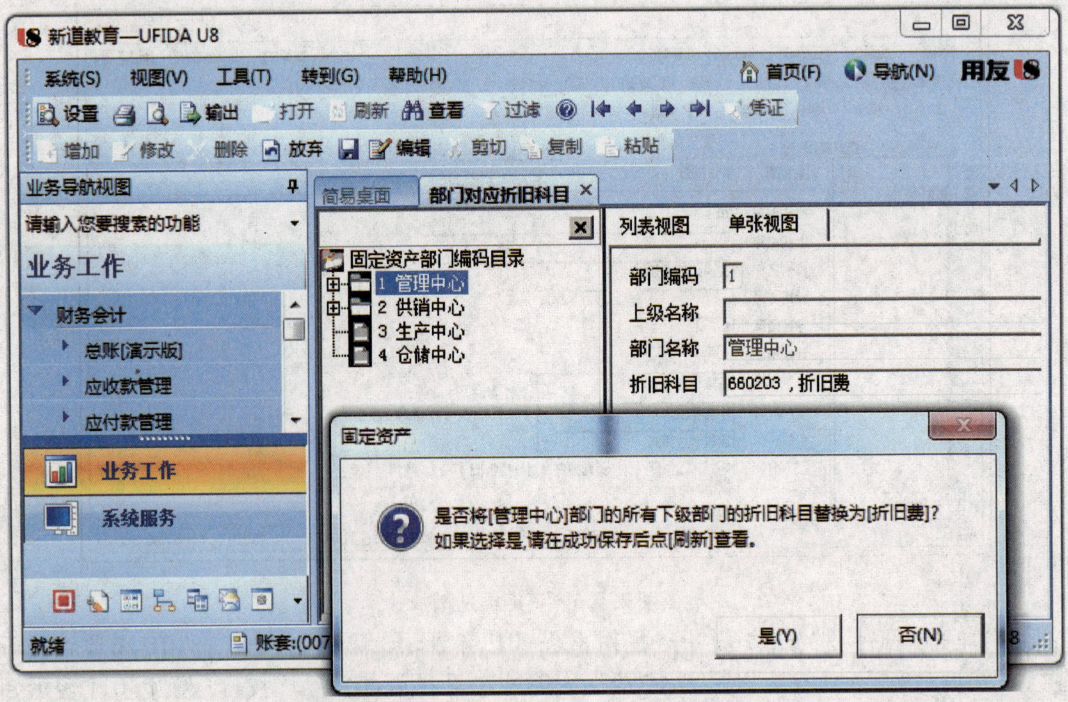

图 2.4.7　部门对应折旧科目设置

(2)单击“是”按钮，替换后，可以看到管理中心下的办公室、财务部对应折旧科目均修改为“管理费用/折旧费”。

(3)同理，完成其他部门折旧科目的设置，设置完毕后关闭退出。

任务4:设置增减方式对应科目

资产增加或减少方式用以确定资产计价和处理的原则，此外，明确资产的增加或减少方式可做到对固定资产增减的汇总管理心中有数。为了在增减固定资产发生时，固定资产管理根据不同的增减方式自动生成凭证，可以按照不同的增减方式设置对应的入账科目。

※任务描述

日照泽瑞服饰有限公司固定资产增减方式对应入账科目如表2-4-4所示，请根据资料以001身份完成相应设置。

表2-4-4　增减方式对应科目

增减方式目录	对应入账科目
增加方式	
直接购入	建行存款(100201)
在建工程转入	在建工程(1604)
投资者投入	实收资本(4001)
捐赠	营业外收入(6301)
盘盈	以前年度损益调整(6901)
减少方式	
毁损/报废	固定资产清理(1606)
出售	固定资产清理(1606)
捐赠转出	固定资产清理(1606)
盘亏	待处理财产损益(1901)

※操作指导

(1)在“业务工作”选项卡中，执行“固定资产”-“设置”-“增减方式”命令，打开增减方式窗口。

(2)在左侧列表窗口中，单击“直接购入”增减方式，单击“修改”按钮，输入对应入账科目“100201”，如图2.4.8所示：

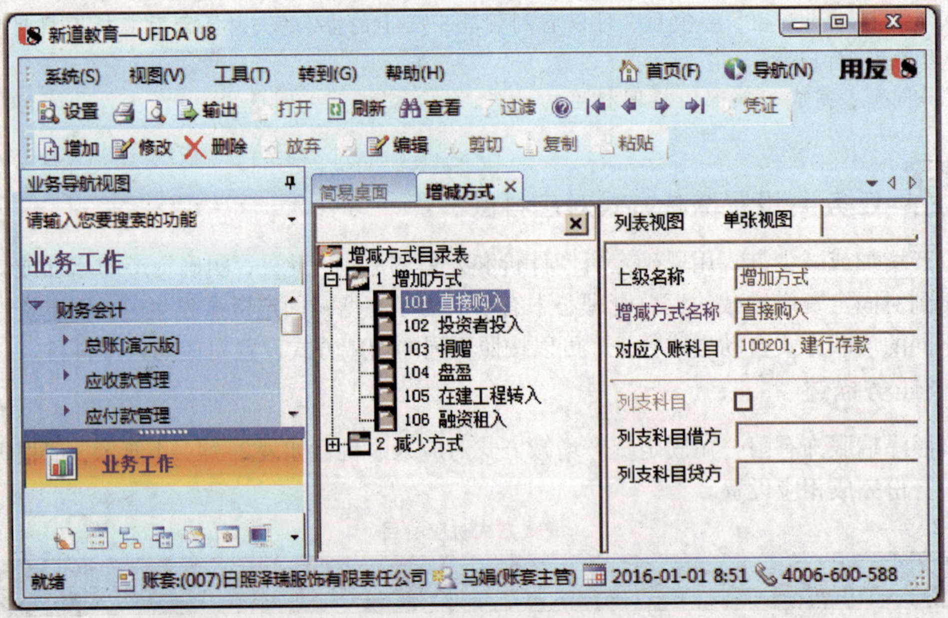

图 2.4.8　增减方式对应入账科目

小提示

◆在增减方式中设置对应入账科目是为了生成凭证时自动默认。

◆生成凭证时，如果入账科目发生了变化，可以当时修改。

(3) 单击“保存”按钮，同理设置其他增减方式对应的入账科目，完成后如图 2.4.9 所示：

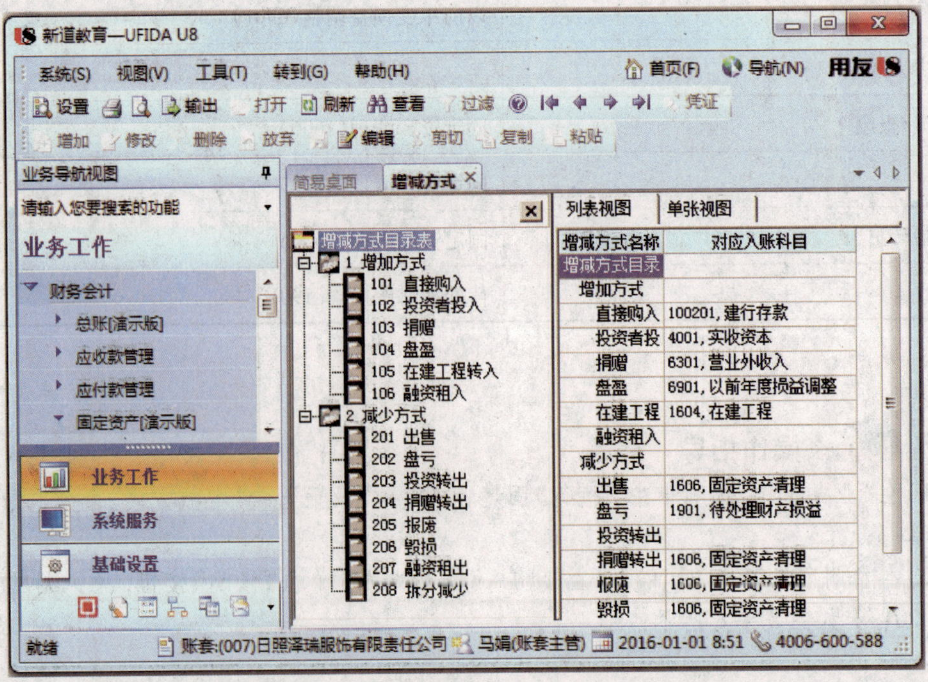

图 2.4.9　增减方式对应入账科目

任务5:录入原始卡片

固定资产卡片是固定资产核算和管理的基础依据，原始卡片是指固定资产管理系统开启使用日期前，企业已有的所记录的固定资产情况的卡片，即已使用过并计提折旧的固定资产卡片。

※任务描述

日照泽瑞服饰有限公司原始卡片如表2-4-5所示，请根据资料以001身份完成原始卡片的录入。

表2-4-5 固定资产卡片

固定资产名称	类别编号	所在部门	增加方式	使用年限	开始使用日期	原值	累计折旧	对应折旧科目名称
迈腾轿车	011	办公室	直接购入	10	2013.12.21	320000	60800	管理费用/折旧费
顺达小货车	011	采购部	直接购入	10	2014.12.01	70000	6650	管理费用/折旧费
苹果笔记本	021	财务部	直接购入	5	2014.10.01	8000	1773.33	管理费用/折旧费
复印机	021	财务部	直接购入	4	2014.04.01	25000	9895.83	管理费用/折旧费
联想微机	021	销售部	直接购入	5	2014.01.01	5000	1820.83	销售费用/折旧费
办公家具	04	办公室	直接购入	5	2014.10.01	60000	13300	管理费用/折旧费
生产线	03	生产中心	直接购入	15	2014.01.01	200000	24277.78	制造费用
合计						688000	118517.77	

注:净残值率均为5%，使用状况均为“在用”，折旧方法均采用平均年限法(一)。

※操作指导

(1)在“业务工作”选项卡中，执行“固定资产”-“卡片”-“录入原始卡片”命令，打开“固定资产类别档案”窗口。

(2)选择资产类别“经营用设备”，单击“确认”按钮，进入“固定资产卡片录入”窗口。

(3)输入资产名称“迈腾轿车”;选择使用部门“办公室”，选择增加方式“直接购入”，使用状况“在用”，输入开始使用日期“2013-12-21”，原值“320000”，累计折旧“60800”，可使用年限“120”，其他信息自动算出，如图2.4.10所示:

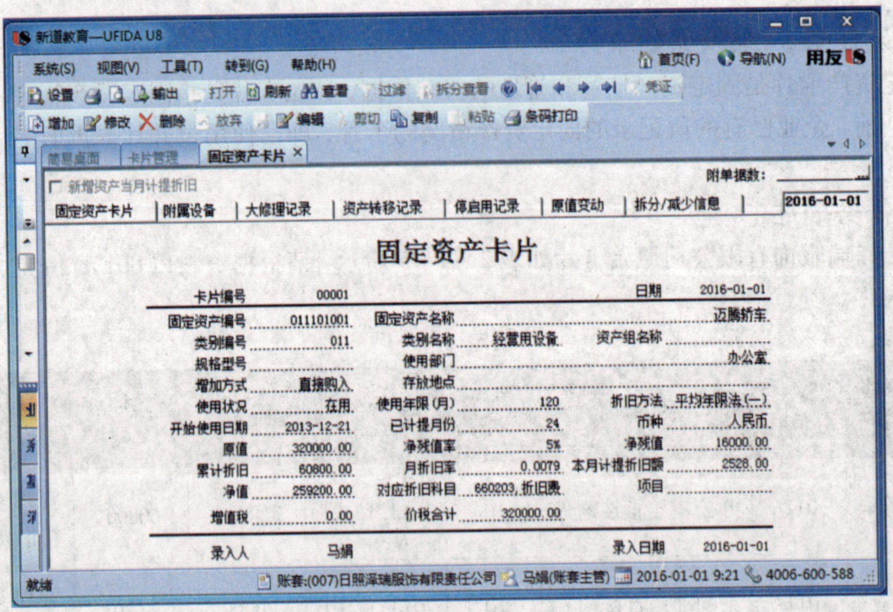

图 2.4.10 固定资产卡片录入

小提示

◆原始卡片的项目应录入齐全，否则无法保存。

◆使用年限应换算为月份，如 10 年应换算为 120 个月。

◆如果原始卡片录入错误，尚未保存可直接修改，如果已经保存了，可以通过“卡片管理”进行修改。

(4)单击“保存”按钮，弹出“数据成功保存”信息提示框，单击“确定”按钮，同理根据所给资料完成其他固定资产卡片的录入。

(5)全部原始卡片录入完成后，在“业务工作”选项卡中，执行“固定资产”-“处理”-“对账”，系统将固定资产管理录入的期初明细资料数据汇总并与总账管理期初余额核对，显示与账务对账结果，如图 2.4.11 所示：

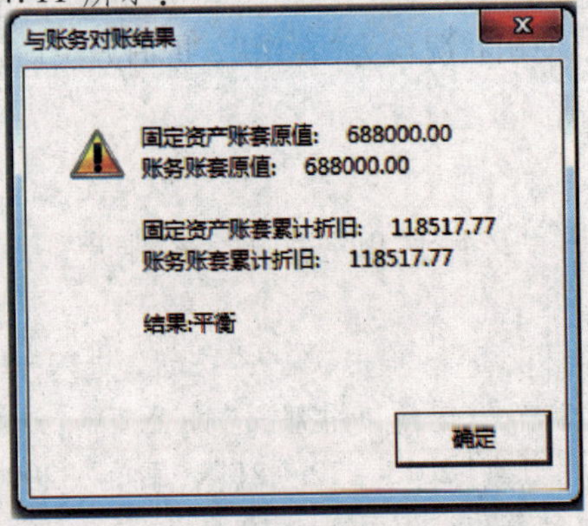

图 2.4.11 固定资产期初对账结果

子项目 2.5　应收款管理系统初始设置

任务框架

任务 1:设置应收款管理系统参数
任务 2:应收款管理系统初始设置
任务 3:设置单据格式与单据编号
任务 4:录入应收款管理系统期初余额

应收款管理系统主要用于核算和管理客户往来款项，通过销售发票、其他应收单、收款单等单据的录入，对企业的往来款项进行综合管理，提供客户的往来款余额资料。应收款管理系统包括参数设置、日常处理、单据与账表查询等功能。

任务 1:设置应收款管理系统参数

在使用应收系统进行日常业务处理前，需要根据企业管理的需要，通过"选项"对企业的相关参数进行设置。应收款管理系统的参数包括:常规、凭证、权限与预警及核销设置四部分，系统一经使用，有的参数将无法更改，因此财务人员应根据企业核算的需要，进行谨慎的选择。

※任务描述

日照泽瑞服饰有限责任公司对应收账款采用"应收余额百分比法"计提坏账，系统自动计算现金折扣，核销生成凭证，受控科目制单方式"明细到单据"，其他参数为系统默认，请以 001 账套主管马娟身份进行应收款管理系统参数设置。

※操作指导

(1)以 001 账套主管马娟身份登录企业应用平台，登录时间为 2016 - 01 - 01。

(2)在"业务工作"选项卡中，执行"财务会计" - "应收款管理" - "设置" - "选项"命令。

(3)打开"账套参数设置"窗口，单击"编辑"按钮，在"常规"界面将坏账处理方式改为"应收余额百分比法"，选中"自动计算现金折扣"，在"凭证"界面选中"核销生成凭证"，受控科目制单方式选择"明细到单据"，单击"确定"按钮，如图 2.5.1 所示:

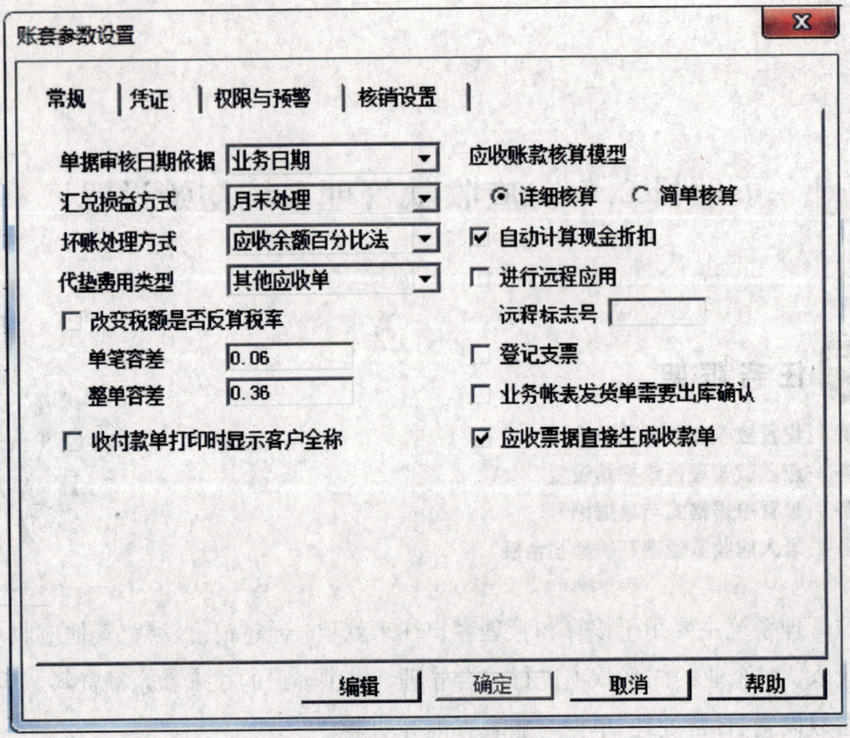

图 2.5.1　参数设置

任务 2:应收款管理系统初始设置

应收款管理系统初始设置的作用是建立应收款管理的基础数据，确定使用哪些单据处理应收业务，确定需要进行账龄管理的账龄区间。有了这功能，用户可以选择使用自己定义的单据类型、使应收业务管理更符合用户的需要。具体包括科目设置、坏账准备设置、账期内账龄区间设置、逾期账龄期间设置、报警级别设置、单据类型设置六个项目。

※任务描述

2 –1:应收款系统初始科目设置

日照泽瑞服饰有限责任公司应收款系统初始科目设置如表 2 –5 –1 所示，请以 001 身份完成应收款管理系统的相关初始设置。

表 2 –5 –1　　科目设置

科目类别	设置方式
基本科目设置	应收科目 1122 预收科目 2203 商业承兑科目 1121 银行承兑科目 1121 销售收入科目 6001 销售退回科目 6001 税金科目 22210102

续表

控制科目设置	所有客户的控制科目 应收科目 1122 预收科目 2203
结算方式科目设置	现金结算 人民币 1001 现金支票 人民币 100201 转账支票 人民币 100201 电汇 人民币 100201 商业承兑汇票 人民币 100201 银行承兑汇票 人民币 100201 其他 人民币 100201

2－2：坏账准备期初设置

日照泽瑞服饰有限责任公司对坏账核算采用应收余额百分比法，坏账准备的计提比例为4%，坏账准备期初余额为4800.00元，坏账准备的科目为：1231“坏账准备”，其对方科目为：6701“资产减值损失”，请以001账套主管马娟身份完成坏账准备的初始设置。

※操作指导

2－1：应收款系统初始科目设置

（1）以001账套主管马娟身份登录企业应用平台，登录时间为2016－01－01。

（2）在“业务工作”选项卡中，执行“财务会计”－“应收款管理”－“设置”－“初始设置”命令，选中“设置科目”下的“基本科目设置”，单击“增加”按钮，根据企业所给资料信息，逐行增加应收科目、预收科目、商业承兑科目、银行承兑科目和收入科目等基本会计科目，如图2.5.2所示：

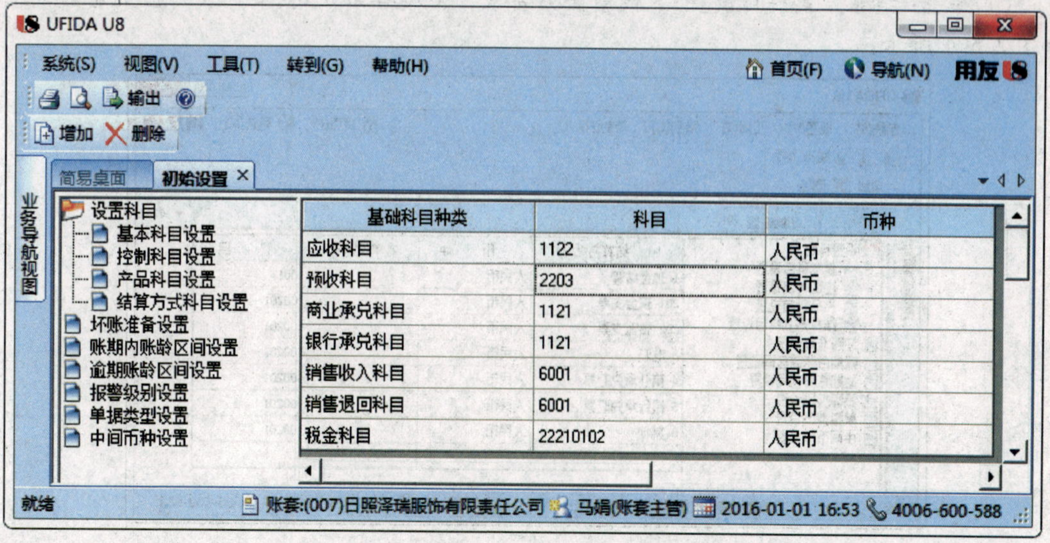

图2.5.2　基本科目设置

◆如果设置了基本科目，则在生成凭证时，系统会根据所进行的设置自动生成凭证，且凭证保存前，可对相应的会计科目进行修改，如不进行该设置，则需要在凭证生成环节手工录入相关科目。

◆在进行科目设置之前，需要进行会计科目属性的修改，将应收账款 1122、预收账款 2203、应收票据 1121 科目属性改为“客户往来”核算，使之受控于应收系统。

(3) 单击“控制科目设置”，对企业的三个客户，分别在“应收科目”和“预收科目”处录入 1122 和 2203，如图 2.5.3 所示：

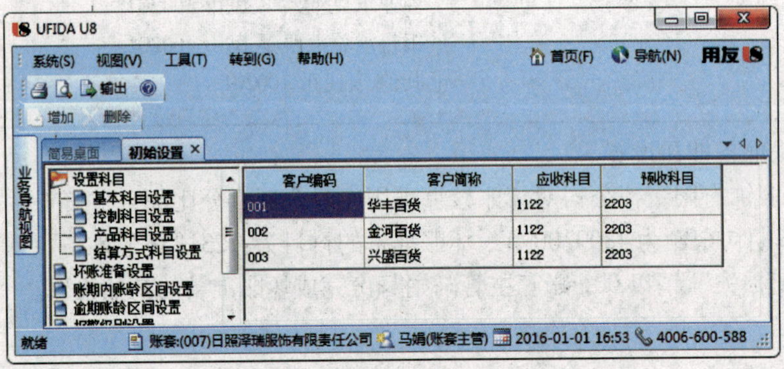

图 2.5.3　控制科目设置

在核算客户的赊销欠款时，针对不同的客户(如地区分类或者客户分类存在差异)，可分别设置不同于基本科目设置中的应收账款科目和预收账款科目。操作时，可先在账套参数中选择设置的依据，然后在此处进行设置，系统将依据制单规则在生成凭证时自动带入。

(4) 单击“结算方式科目设置”，根据任务要求，录入结算方式、币种及对应的会计科目，如图 2.5.4 所示：

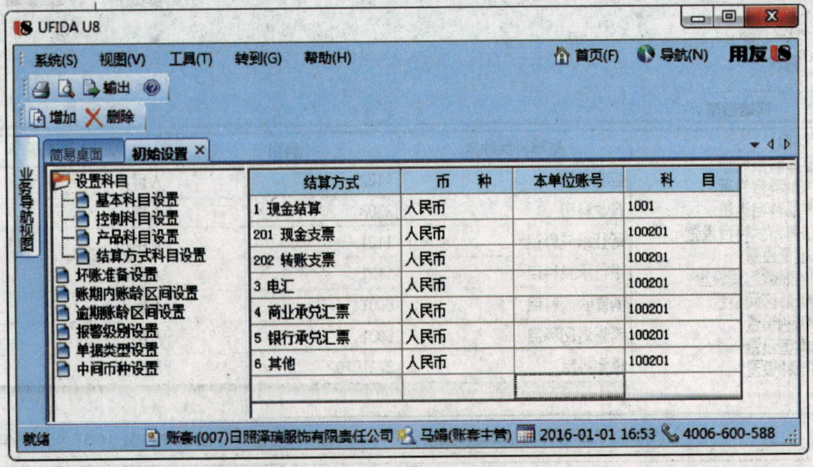

图 2.5.4　结算方式科目设置

2－2:**坏账准备期初设置**

(1)执行“坏账准备设置”命令，根据企业所给的坏账相关信息资料，录入坏账的计提比例、期初余额、坏账准备科目及对方科目，如图2.5.5所示：

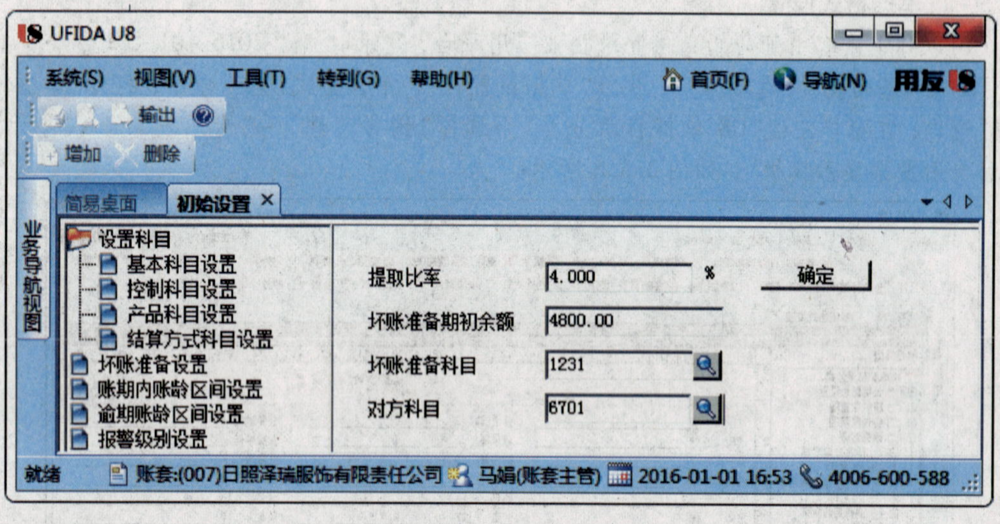

图2.5.5　坏账准备设置

(2)单击“确定”按钮，系统提示“储存完毕”，单击“确定”按钮。

小提示

◆在进行坏账准备设置前，应先在应收款管理“选项”中，将坏账处理方式改为“应收余额百分比法”，方可进行坏账准备的设置。

◆系统无法对总账与应收款管理中坏账准备的期初余额进行自动对账，因此需要人工核对。

◆即使“坏账准备”期初没有余额，也需要在“坏账准备期初余额”处录入“0”，否则无法单击“确认”按钮。

◆坏账准备的设置做好后，若本月未发生坏账业务，则此处可进行修改，若已经计提了坏账或者发生了其他坏账相关业务，则此处无法修改。

任务3:设置单据格式与单据编号

企业应用平台提供了单据设置功能，该功能包括“单据格式设置”、“单据编号设置”和“单据打印控制”三部分，可以实现对各系统的主要单据的屏幕显示界面以及打印格式、编号的设置，实际工作中，企业可根据实际业务的需要，对各类专用发票、普通发票、应收单、结算单来进行设置。

※任务描述

日照泽瑞服饰有限责任公司因未进行销售类型的基础设置，删除销售专用发票和销售普通发票中的“销售类型”和“规格型号”，同时将两种销售发票的编号均改为“手工改动，重号时自动重取”的方式，其他单据的编号采用系统默认，请以001账套主管马娟身份进行单据格式和单据编号的设置。

※操作指导

3－1:单据格式设置

(1)以 001 账套主管马娟身份登录企业应用平台，登录时间为 2016－01－01。

(2)在“基础设置”选项卡中，执行“单据设置”－“单据格式设置”命令，打开“单据格式设置”窗口，在窗口左边“U8 单据目录分类”下选择“销售管理”－“专用发票”－“显示”－“销售专用发票显示模板”，如图 2.5.6 所示：

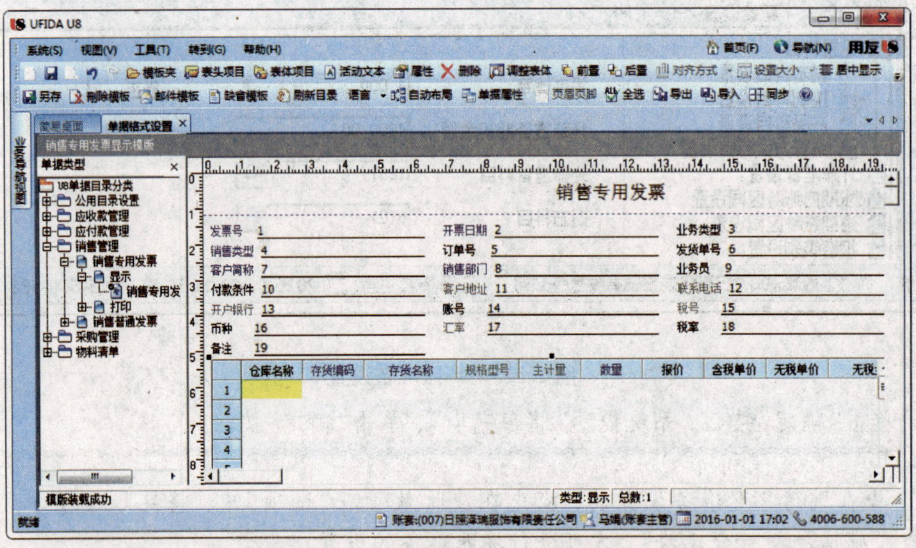

图 2.5.6　销售专用发票单据格式

(3)单击上方工具栏中的“表头项目”，弹出“表头”窗口，在“项目名称”下取消“销售类型”的勾选，单击“确定”，如图 2.5.7 所示：

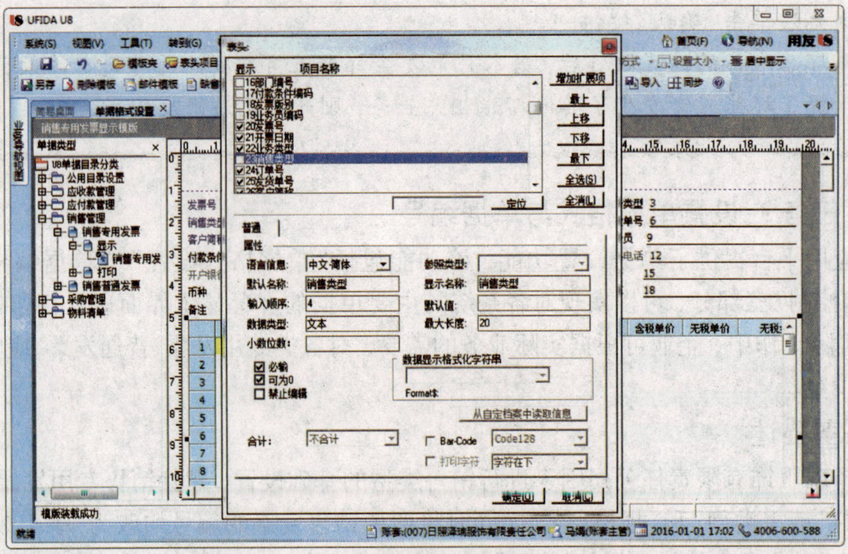

图 2.5.7　专用发票表头项目的选择与取消

(4)单击上方工具栏中的“表体项目”，弹出“表体”窗口，在“项目名称”下取消“规格型号”的勾选，单击“保存”按钮进行保存。

(5)同理取消销售普通发票表头项目“销售类型”和表体项目“规格型号”。

小提示

◆ 若打开“单据格式设置”后，窗口左边不显示“U8 单据目录分类”，可单击工具栏的“模板夹”，使之呈现。

◆ 应收款管理系统一般与销售管理集成使用，单独使用时，基础设置中若无销售类型的设置，则可通过单据格式的修改来删除“销售类型”项目。

◆ 对于销售专用发票中表头项目“销售类型”除了通过以上方法加以删除外，还可将必填项目改为选择性填写项目，具体操作如下：执行“销售管理”-“专用发票”-“显示”-“销售专用发票显示模板”，单击上方工具栏中的“表头项目”，在“项目名称”中选择“销售类型”，在“普通”下面将“必输”项前面的“√”去掉。

3-2:单据编号设置

(1)在“基础设置”选项卡中，执行“单据设置”-“单据编号设置”命令，进入“单据编号设置”窗口。

(2)单击左侧的“销售管理”-“销售专用发票”，单击“修改”图标( )，选中“手工改动，重号时自动重取”，单击“保存”图标，如图2.5.8所示：

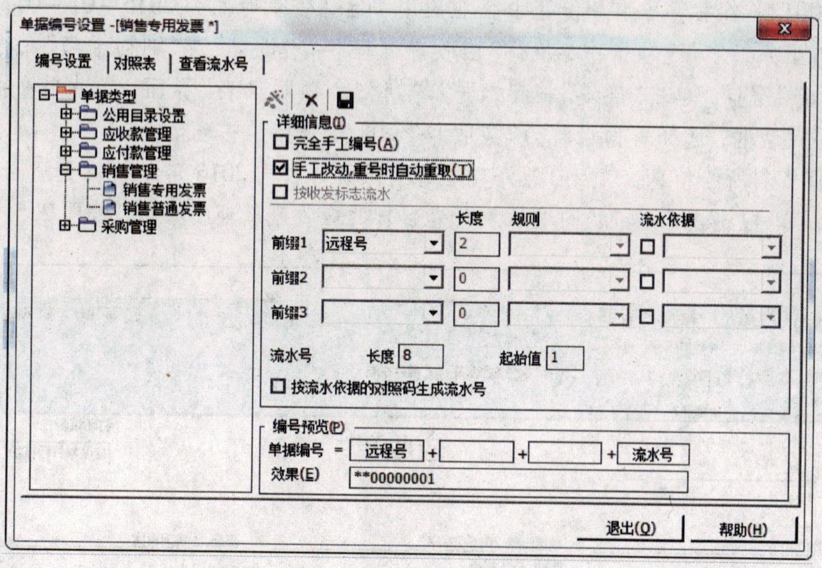

图2.5.8　单据编号设置

(3)同理完成销售普通发票编号的设置，单击“退出”按钮退出。

任务4:录入应收款系统期初余额

为了保证数据的连续性和完整性，企业首次启用应收款系统时，对于在系统启用前已经存在的应收账款、预收账款及应收票据，应作为企业的期初数据录入到本系统中，而当企业启用了该系统后进入到次年时，系统会自动将上年度未完成的单据转为本年度的期初数据，并可在该年度的第一个会计期间内，对期初余额进行调整。

※任务描述

日照泽瑞服饰有限责任公司 2016 年 1 月 1 日应收账款期初余额为 120000.00 元，如表 2-5-2 所示，预收账款期初余额为 5000.00 元，如表 2-5-3 所示，请以 001 账套主管马娟身份以应收单形式录入应收账款的期初余额及预收账款期初余额。

表 2-5-2　　应收账款期初余额 120 000.00

日期	客户	方向	金额	业务员
2015-12-17	金河百货	借	68000.00	王强
2015-12-26	兴盛百货	借	52000.00	王强

表 2-5-3　　预收账款期初余额 5000.00

日期	客户	结算方式	结算科目	方向	金额	业务员
2015-11-14	华丰百货	转账支票	建行存款	贷	5000.00	王强

※操作指导

4-1：应收账款期初余额录入

(1) 以 001 账套主管马娟身份登录企业应用平台，登录时间为 2016-01-01。

(2) 在“业务工作”选项卡中，执行“应收款管理”-“设置”-“期初余额”命令，弹出“期初余额-查询”窗口，单击“确定”按钮，进入“期初余额明细表”界面，单击“增加”按钮，在“单据类别”对话框，选择单据名称为“应收单”，单击“确定”按钮。

(3) 根据资料所给信息，录入日照泽瑞服饰有限责任公司 2016 年年初对金河百货的应收账款相关信息，单击“保存”按钮。同理录入兴盛百货的应收账款期初余额，如图 2.5.9 所示：

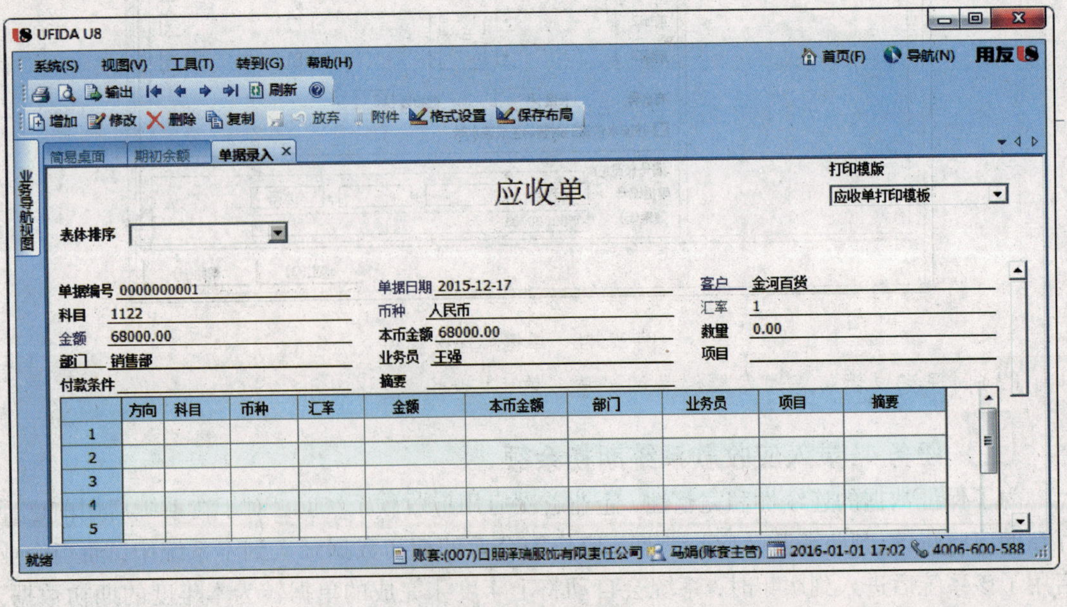

图 2.5.9　应收单

> 小提示
>
> ◆ 在录入应收单时，只需录入表头内容，表体为空，其中“单据日期”、“客户”等蓝字部分信息必须录入，黑字部分的信息可根据情况选择录入。
>
> ◆ 表头会计科目必须正确录入，否则在总账系统期初余额录入时将无法实现数据的引入功能，应收款管理系统也无法和总账系统进行对账。
>
> ◆ 该单据录入的是期初余额，因此对于第一次使用的账套，单据日期必须小于该账套的启用日期，而对于以后年度使用时，单据日期应小于该年度的会计期初。
>
> ◆ 单据类别在录入的时候，可以根据所给信息录入销售发票、应收单、预收款和应收票据，其中应收单和销售发票要注意方向的选择，而系统默认预收款和应收票据的方向均为正向，无需考虑方向的选择问题。

4－2：预收账款期初余额录入

（1）继续在“期初余额明细表”界面，单击“增加”按钮，在“单据类别”对话框，选择单据名称为“预收款”，单击“确定”，根据资料所给信息，完成日照泽瑞服饰有限责任公司 2016 年年初对华丰百货预收账款 5000.00 元的收款单的录入，单击“保存”按钮，如图 2.5.10 所示：

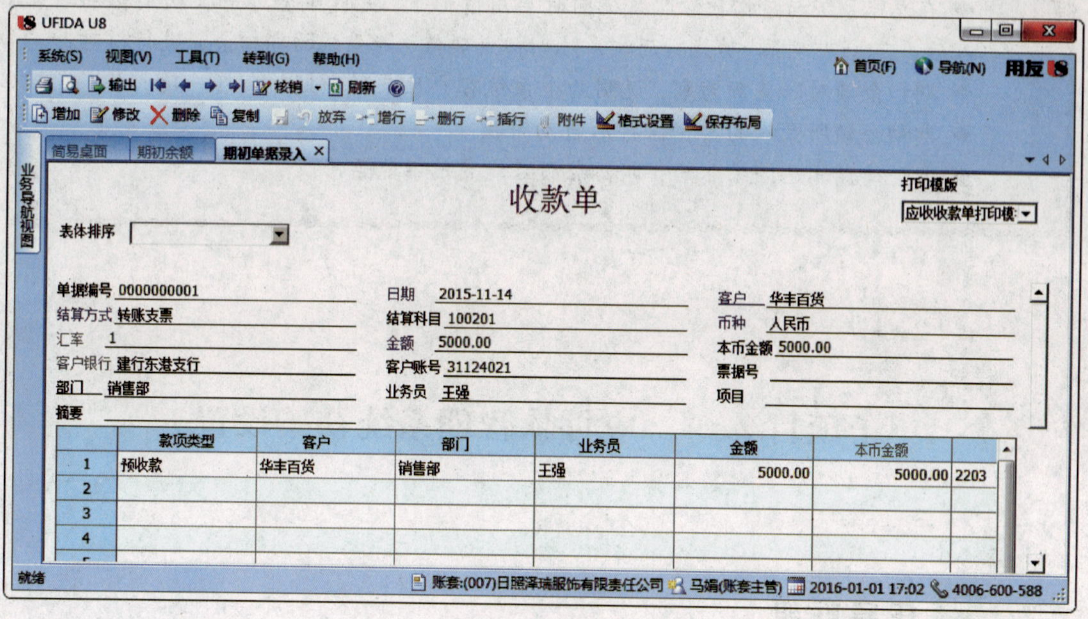

图 2.5.10　收款单

> 小提示
>
> ◆ 录入收款单时，表头的“结算科目”是指企业收到不同结算方式款项时所对应的会计科目，如收到转账支票，则结算科目为“100201”。
>
> ◆ 收款单的表头与表体信息均需要录入，表头录入完毕后，鼠标单击表体的第一行，则表头所填信息会自动填充到表体的第一行。
>
> ◆ 表体信息中的科目必须正确填写，收款单所对应的会计科目为“预收账款”。
>
> ◆ 在填好表头信息后，如果鼠标单击多行，可将多余行删除，否则无法保存。

(2)退回至“期初余额明细表”界面，单击“刷新”按钮，显示企业应收款管理系统中所有期初数据，单击“对账”按钮，实现总账系统与应收系统的期初余额对账，如图 2.5.11 所示：

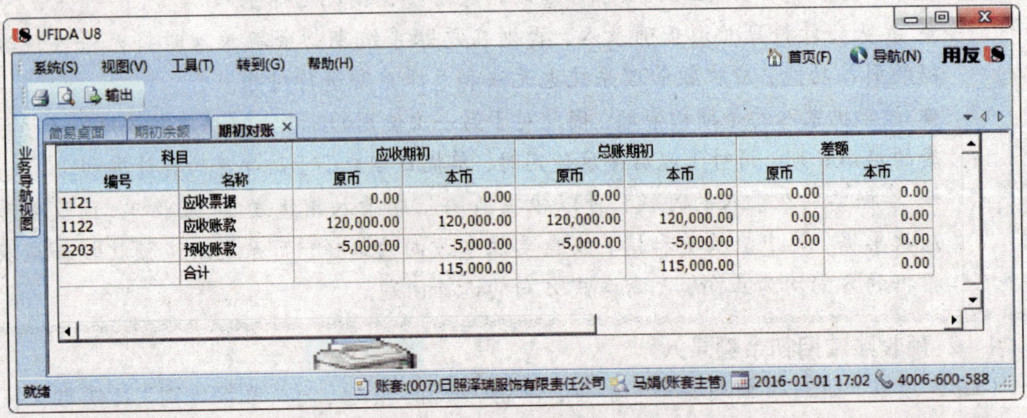

科目		应收期初		总账期初		差额	
编号	名称	原币	本币	原币	本币	原币	本币
1121	应收票据	0.00	0.00	0.00	0.00	0.00	0.00
1122	应收账款	120,000.00	120,000.00	120,000.00	120,000.00	0.00	0.00
2203	预收账款	-5,000.00	-5,000.00	-5,000.00	-5,000.00	0.00	0.00
	合计		115,000.00		115,000.00		0.00

图 2.5.11　总账系统与应收款系统期初对账

小提示

◆ 在总账系统与应收款管理系统同时启用情形下，完成了全部应收款期初余额录入后，应通过“对账”功能将应收系统期初余额与总账系统的期初余额进行核对。

◆ 期初余额对账差额为零，说明两个系统客户往来科目期初余额一致。

◆ 期初余额所录入的票据保存后自动审核。

◆ 当会计期间已经结账后，期初余额只能查询不能再修改。

子项目 2.6　应付款管理系统初始设置

任务框架

任务 1：设置应付款管理系统参数

任务 2：应付款管理系统初始设置

任务 3：设置单据格式与单据编号

任务 4：录入应付款管理系统期初余额

应付款管理系统主要用于核算和管理供应商往来款项，通过采购发票、其他应付单、付款单等单据的录入，对企业的往来款项进行综合管理，提供供应商的往来款余额资料。应付款管理系统包括参数设置、日常处理、单据与账表查询等功能，与应收款管理系统功能模块非常相似。

任务1:设置应付款管理系统参数

在运行应付款管理系统前，需要根据企业管理的需要，通过对该系统相关参数的设置，以保证应付款管理系统后期能够根据企业所设定的选项进行相应的处理。应付款管理系统的参数包括:常规、凭证、权限与预警、核销设置及收付款控制五部分，系统一经使用，有的参数将无法更改。

※任务描述

日照泽瑞服饰有限责任公司对应付款系统单据审核日期的依据:业务日期;受控科目制单方式:明细到单据;自动计算现金折扣;要求核销生成凭证;其他参数为系统默认。请以001账套主管马娟身份完成日照泽瑞服饰有限责任公司的应付款管理系统的参数设置。

※操作指导

(1)以001账套主管马娟身份登录企业应用平台，登录时间为2016-01-01。

(2)在"业务工作"选项卡中，执行"财务会计"-"应付款管理"-"设置"-"选项"命令。

(3)打开"账套参数设置"窗口，单击"编辑"按钮，在"常规"界面选中"自动计算现金折扣";在"凭证"界面，选中"核销生成凭证"，受控科目制单方式选择"明细到单据"，如图2.6.1所示:

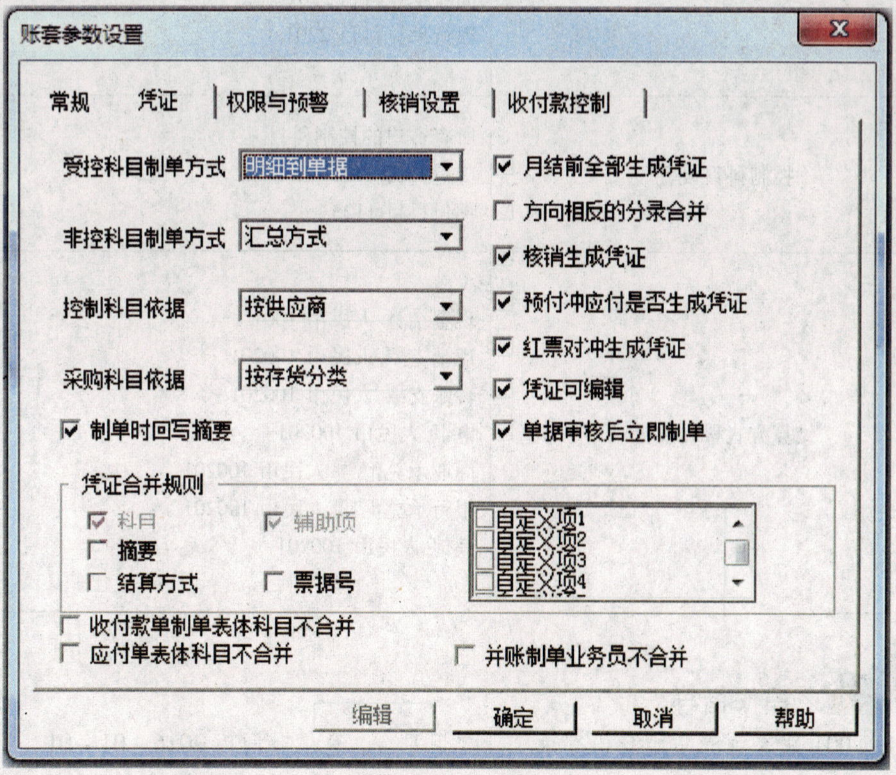

图2.6.1　账套参数设置

(4)单击"确定"按钮退出。

任务 2:应付款管理系统初始设置

应付款管理系统初始设置的作用是建立应付款管理的基础数据，预先定义在采购付款过程中所使用到的相关会计科目，确定企业在处理采购付款等相关业务时使用哪些单据，以及需要进行账龄管理的账龄区间。设定这些功能后，企业财务人员可以使用自己所定义的单据类型、使应付业务管理更符合企业实际经营的需要，具体包括设置科目、账期内账龄区间设置、逾期账龄期间设置、报警级别设置、单据类型设置和中间币种设置六个项目。

※任务描述

日照泽瑞服饰有限责任公司应付款系统初始科目设置如表 2－6－1 所示，请根据所给信息以 001 身份完成相应的初始科目设置。

表 2－6－1　　应付款系统初始科目设置

科目类别	设置方式
基本科目设置	应付科目 2202 预付科目 1123 采购科目 1401 税金科目 22210101 商业承兑科目 2201 银行承兑科目 2201
控制科目设置	所有客户的控制科目 应付科目 2202 预付科目 1123
结算方式科目设置	现金结算 人民币 1001 现金支票 人民币 100201 转账支票 人民币 100201 电汇 人民币 100201 商业承兑汇票 人民币 100201 银行承兑汇票 人民币 100201 其他 人民币 100201

※操作指导

(1)以 001 账套主管马娟身份登录企业应用平台，登录时间为 2016－01－01。

(2)在“业务工作”选项卡中，执行“应付款管理”－“设置”－“初始设置”命令，打开“初始设置”窗口，选中“基本科目设置”，单击“增加”按钮，根据企业所给资料信息，逐行增加应付科目、预付科目、采购科目、税金科目、商业承兑及银行承兑科目，如图 2.6.2 所示：

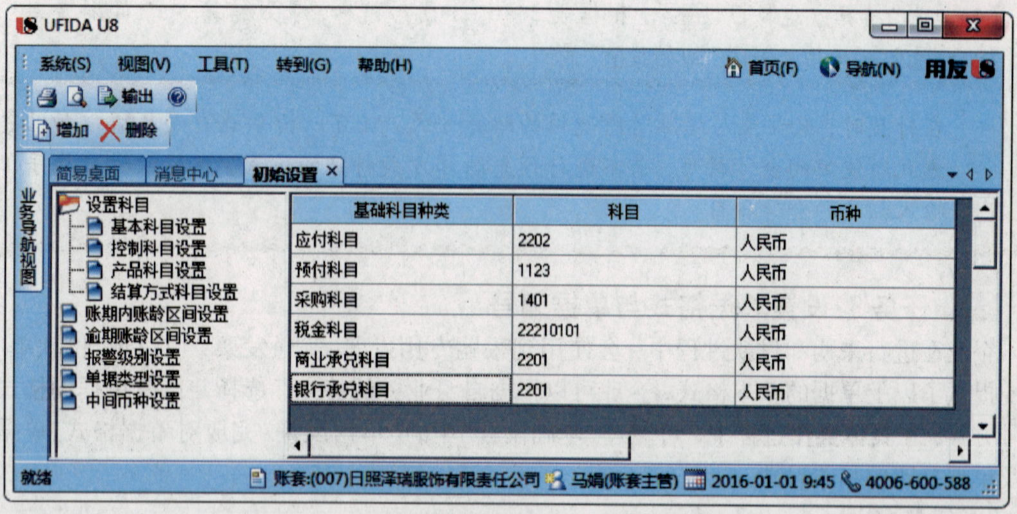

图 2.6.2　基本科目设置

小提示

◆如果设置了基本科目，则在生成凭证时，系统会根据所设置自动生成凭证，且凭证保存前，可对相应的会计科目进行修改，如不进行该设置，则需要在凭证生成环节手工录入相关科目。

◆一般应付款管理系统与采购系统集成使用，存货的入库可通过存货核算系统生成凭证，但是若企业没有启用采购系统，只启用了应付系统，则企业可根据采购存货时存货是否直接入库，在生成凭证时，更改预设的采购科目编码。

◆在进行科目设置之前，需要进行会计科目属性的修改，将应付账款 2202、预付账款 1123、应付票据 2201 科目属性修改为“供应商往来”核算，使之受控于应付系统，否则无法保存。

(3) 单击“控制科目设置”，对企业供应商，分别在应付科目和预付科目处录入“2202”和“1123”，如图 2.6.3 所示：

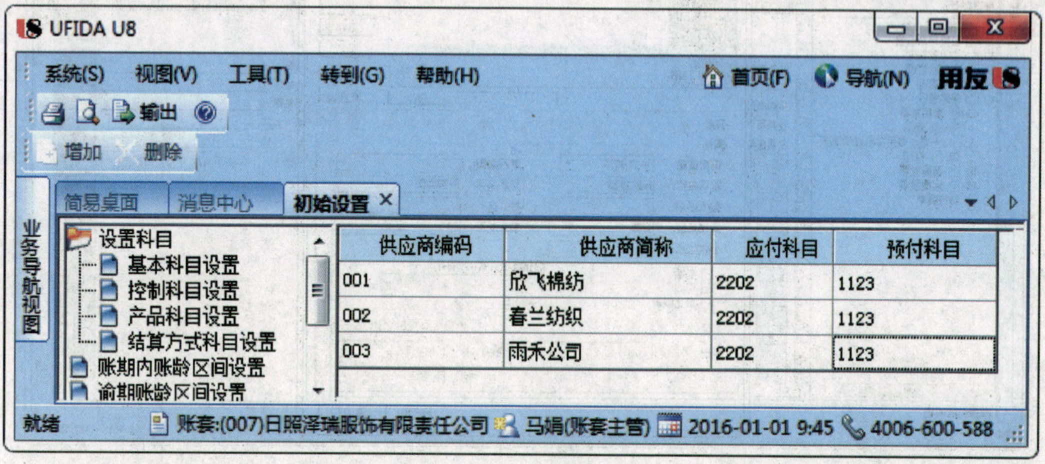

图 2.6.3　控制科目设置

(4) 单击“结算方式科目设置”，根据表 2－6－1 所给信息，录入结算方式、币种及对应的会计科目，录入完毕后，关闭“初始设置”窗口。

> 小提示：在付款时，只要录入结算时所使用的结算方式，就可以由系统自动生成该种结算方式所使用的会计科目，若不进行预先结算方式科目的设置，在付款时只能手工输入相应的会计科目。

任务 3：设置单据格式与单据编号

企业在进行采购和付款过程中，会使用到采购专用发票、普通发票，应付单、付款单等，系统提供了以上单据的基本格式，企业可以根据自身业务的特点，选择并修改单据的格式及编号方式，在具体操作过程中，可通过“基础设置”中的“单据设置”完成对单据格式、单据编号及单据打印的相关设置。

※任务描述

取消日照泽瑞服饰有限责任公司的“采购专用发票”、“采购普通发票”、“采购运费发票”表头项目的“采购类型”，编号均改为“手工改动，重号时自动重取”的方式，其他单据的编号采用系统默认。请以 001 账套主管马娟身份进行单据格式和单据编号的设置。

※操作指导

(1) 以 001 账套主管马娟身份登录企业应用平台，登录时间为 2016－01－01。

(2) 在“基础设置”选项卡中，执行“单据设置”－“单据格式设置”命令，打开单据格式设置窗口，在窗口左边“U8 单据目录分类”下选择“采购管理”－“专用发票”－“显示”－“采购专用发票显示模板”。

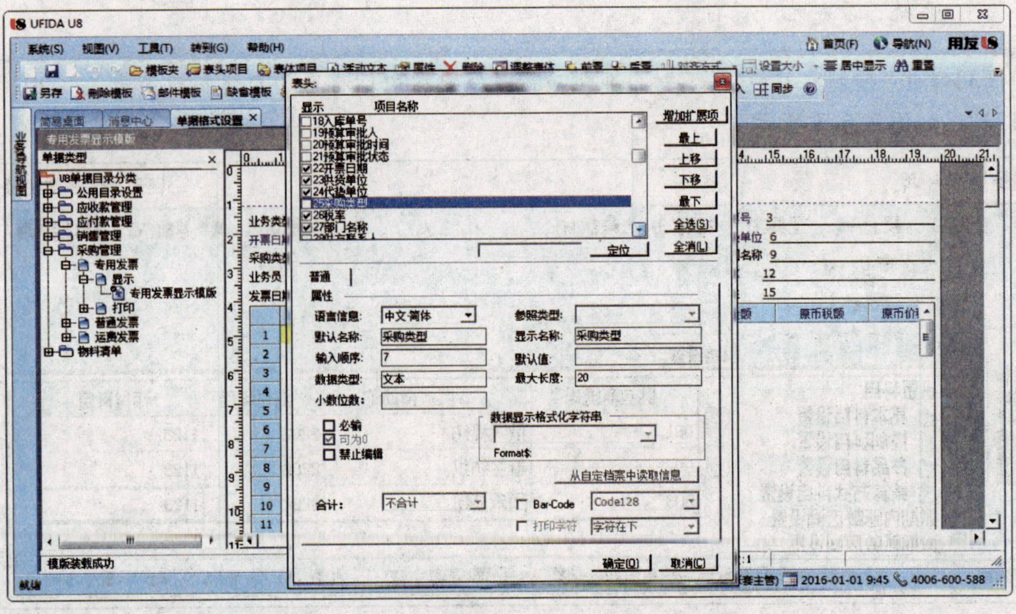

图 2.6.4　采购专用发票表头项目的选择与取消

(3)单击上方工具栏中的“表头项目”，弹出“表头”窗口，在“项目名称”下取消“采购类型”的“√”，如图2.6.4所示：

(4)单击“确定”按钮退出，单击“保存”按钮。同理取消采购普通发票表头项目“采购类型”，保存后退出。

(5)在“基础设置”选项卡中，执行“单据设置”－“单据编号设置”命令，进入“单据编号设置”窗口，单击左侧的“采购管理”－“采购专用发票”，单击“修改”图标，选中“手工改动，重号时自动重取”，单击“保存”图标。同理根据任务要求对普通发票和运费发票的编号进行修改，修改完成后，单击“退出”按钮。

任务4：录入应付款管理系统期初余额

为了保证数据的连续性和完整性，企业首次启用应付款系统时，对于在系统启用前已经存在的应付账款、预付账款及应付票据，应作为企业的期初数据录入到本系统中。

※任务描述

日照泽瑞服饰有限责任公司2016年1月1日应付账款余额为51 480.00元，如表2－6－2所示，预付账款期初余额为4 000.00元，如表2－6－3所示，请以001账套主管马娟身份以专用发票的形式录入应付账款的期初余额及预付账款期初余额。

表2－6－2　　应付账款期初余额51480.00

日期	供应商	存货	数量	原币单价	税率	价税合计
2015－12－10	春兰纺织	真丝面料	20	2200.00	17%	51480.00

表2－6－3　　预付账款期初余额4000.00

日期	客户	结算方式	结算科目	方向	金额	业务员
2015－10－24	雨禾公司	转账支票	建行存款	借	4000.00	赵亮

※操作指导

4－1 应付账款期初余额录入

(1)以001账套主管马娟身份登录企业应用平台，在“业务工作”选项卡中，执行“应付款管理”－“设置”－“期初余额”命令，弹出“期初余额－查询”窗口，单击“确定”按钮，进入“期初余额明细表”界面。

(2)单击“增加”按钮，在“单据类别”对话框，选择单据名称为“采购发票”，单据类型为“采购专用发票”，单击“确定”按钮。

(3)在“采购专用发票”窗口，单击“增加”按钮，根据资料所给信息，录入日照泽瑞服饰有限责任公司2016年年初对春兰纺织的应付账款相关信息，单击“保存”按钮，如图2.6.5所示，录入完毕后关闭退出，返回“期初余额明细表”界面。

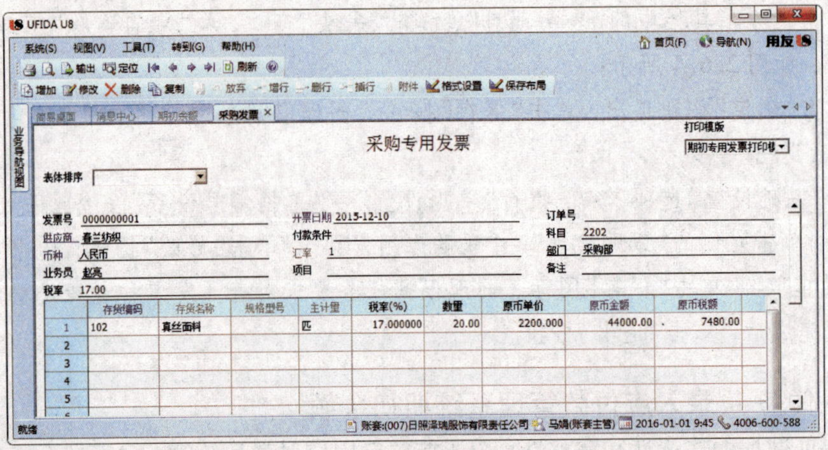

图 2.6.5　采购专用发票的期初余额

小提示

◆ 在录入采购专用发票及采购普通发票的时候，既需录入表头内容，也需要录入表体项目，其中蓝字部分的信息为必录信息，而黑字部分的信息可根据情况选择录入。

◆ 表头的“科目”必须正确录入，否则在总账系统期初余额录入时将无法实现数据的引入功能，应付款管理系统也无法和总账系统进行对账。

◆ 在录入期初采购发票时，注意发票方向的选择，如果选择“正向”，则表明是一张蓝字发票，如果选择“负向”，则表明是一张红字发票。

4－2 预付账款期初余额录入

(1)在“期初余额明细表”界面，单击“增加”按钮，在“单据类别”对话框，选择单据名称为“预付款”，单击“确定”按钮。

(2)进入“付款单”窗口，单击“增加”按钮，根据资料所给信息，完成日照泽瑞服饰有限责任公司 2016 年年初对雨禾公司 4000.00 元预付款单的录入，单击“保存”按钮，如图 2.6.6 所示，录入完毕后退出。

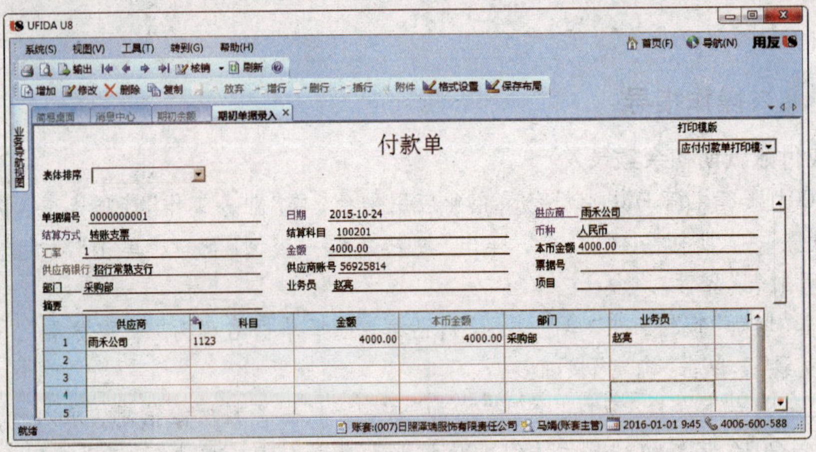

图 2.6.6　付款单

小提示

◆ 录入付款单时，表头的“结算科目”是指企业以不同结算方式付款时所对应的会计科目，如付款时支付的是转账支票，则“结算科目”为100201。

◆ 付款单的表头与表体信息均需要录入，表头录入完毕后，鼠标单击表体的第一行，则表头所填信息会自动填充到表体的第一行。

◆ 表体信息中的科目必须正确填写，付款单所对应的会计科目为“预付账款”，只有将该会计科目填写后，方可在总账系统期初余额录入时，引入该数据，否则无法引入。

（3）回到“期初余额明细表”界面，单击“刷新”按钮，则显示企业应付款管理系统中的所有期初数据，单击“对账”按钮，进行总账系统与应付系统的期初余额对账，如图2.6.7所示：

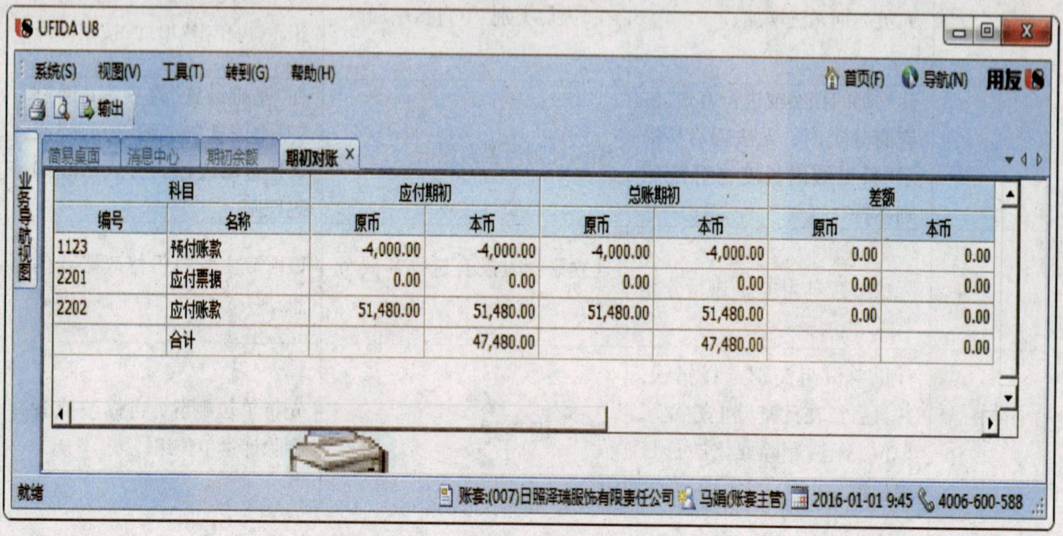

科目		应付期初		总账期初		差额	
编号	名称	原币	本币	原币	本币	原币	本币
1123	预付账款	-4,000.00	-4,000.00	-4,000.00	-4,000.00	0.00	0.00
2201	应付票据	0.00	0.00	0.00	0.00	0.00	0.00
2202	应付账款	51,480.00	51,480.00	51,480.00	51,480.00	0.00	0.00
	合计		47,480.00		47,480.00		0.00

图2.6.7　收款单

小提示

◆ 期初余额对账时差额为零，说明总账系统与应付款管理系统的供应商往来科目的期初余额完全一致。

◆ 期初余额所录入的应付票据保存后自动审核。

◆ 当会计期间已经结账后，期初余额只能查询不能再修改。

常见错误分析

序号	问题描述	原因分析	解决方案
1	登录企业应用平台时，系统提示“系统管理员不能进行业务处理”	登录者身份错误	企业应用平台只能由操作员登录，系统管理员 admin 不得登录
2	企业应用平台中“基础档案”项目不全	没有启用总账系统	以账套主管身份登录企业应用平台，在“基础设置”选项卡中，通过“基本信息”-“系统启用”启用总账系统
3	人员类别无法增加	在“人员类别”下直接增加	选中“人员类别”下的“正式工”，再单击“增加”按钮即可
4	建立部门档案或进行客户、供应商分类时，无法保存，提示“科目编码长度与分配原则不符”	编码规则设置有误	在“基础设置”选项卡，通过“基本信息”-“编码方案”或者通过修改账套方式修改编码原则
5	无法给客户、供应商进行分类	建立账套时没有选择需要分类	以账套主管身份修改账套信息
6	计量单位组类别选择错误，并且已经在此基础上建立了单位，无法删除或修改计量单位组	删除顺序有误	先将单位删除，再修改或者删除计量单位组
7	无法进行外币设置	建立账套时，没有选择“有外币核算”	以账套主管身份修改账套信息，选择“有外币核算”
8	进行外币设置时，“记账汇率”栏无法录入汇率	没有单击“确认”按钮	填好币符、币名后，需要按“确认”按钮
9	修改会计科目属性时，系统提示“科目编码不唯一”	该科目已经存在，不能再增加，错把“增加”使用为“修改”	选中待修改科目，单击“修改”按钮，或者双击进入修改
10	无法增加明细科目	科目编码错误	检查科目编码原则，通过修改账套功能修改科目编码原则

续表

11	设置凭证类别时，错选成了“记账凭证”	操作粗心	删除“记账凭证”类别，重新进入“财务”-“凭证类别”进行设置
12	设置凭证类别时，限制科目手工录入，无法保存	标点符号在中文状态下输入	编码间的标点符号改在英文状态下输入
13	建立项目档案时，发现待选科目为空或者不全	没有修改生产成本、库存商品等科目属性为项目核算	回到“财务”-“会计科目”，检查生产成本、主营业务收入、主营业务成本及库存商品的科目属性是否为“项目核算”
14	建立项目档案，进行项目分类时，分类无法保存	录入分类名称后单击“增加”按钮	录入分类名称后，应单击“确定”按钮
15	总账参数设置时，无法选择相应的复选框	没有点击“编辑”按钮	单击“编辑”按钮，再根据任务需要进行勾选或者取消
16	将6601下的所有明细科目复制到6602科目下时，发现所有明细科目没有进行部门核算	在执行“成批复制”功能时，未勾选“辅助核算”复选框	可以修改6602下所有明细科目的属性，改为部门核算；或者删除6602下的明细科目，重新执行“成批复制”功能，复制时勾选“辅助核算”复选框
17	录入期初余额的时候，“应收账款”、“预收账款”等科目颜色为白色	没有修改科目属性	在“基础设置”选项卡中，通过“基础档案”-“财务”-“会计科目”，修改科目属性为客户往来或者供应商往来
18	在总账系统中为应收账款等客户往来、供应商往来等会计科目录入期初余额时，引入数据，系统提示“没有可引入的数据”	应收款系统、应付款系统期初单据上没有注明科目	回到应收款管理系统或者应付款管理系统，检查应收单、销售发票等单据的表头，以及预收款单据的表体上是否注明了“科目”
19	客户往来或供应商往来科目的期初金额与所给资料不相符，删除所有辅助核算项目后，仍有期初余额	科目未修改属性时已经录入了期初余额，然后再修改属性，所以余额为两次合计	首先删除所有辅助核算项，取消科目的辅助核算属性，回到期初余额删除期初余额，再修改为正确的科目属性，最后再按照辅助核算科目录入方式录入期初余额

续表

20	002 张珍无法对薪资管理进行操作	没有给 002 张珍赋予数据权限	以账套主管身份登录企业应用平台，在“系统服务”选项卡，执行“权限”－“数据权限分配”，为 002 赋予薪资账套主管权限
21	增加工资项目时，无法增加“代扣税”	工资项目已经存在	系统已经提供了“代扣税”、“应发合计”等工资项目，无需再增加，直接用即可
22	工资项目设置好后，但是“公式设置”选项卡无法打开	没有增加人员档案	在“业务工作选项卡”中，执行“人力资源”－“设置”－“人员档案”命令，增加人员档案
23	设置薪资系统公式时，公式无法保存，提示“公式不合法”	公式录入出现错误	首先检查函数中间是否有空格，其次检查公式录入过程中，是否在英文状态下输入公式
24	固定资产原始卡片保存不上	原始卡片项目录入不完整	检查使用状态、使用年限等项目是否填写完整
25	原始卡片录入完毕后，发现录入错误	操作粗心	执行“卡片”－“卡片管理”命令，找到错误的卡片，通过“修改”功能进行修改
26	固定资产系统与总账系统对账结果不平衡	原始卡片中的信息录入有误	检查原始卡片的开始使用日期，使用年限等相关信息填写是否存在错误，将固定资产原始卡片调整正确
27	应收款系统初始设置时，增加会计科目时，系统提示：“本科目应为应收受控科目”	应收账款、预收账款、应收票据的会计科目没有受控于应收系统	执行“基础设置”－“基础档案”－“财务”－“会计科目”，修改应收账款、预收账款、应收票据的会计科目属性为“客户往来”辅助核算，同时受控于应收系统
28	应收账款初始设置时，没有出现“坏账准备设置”	没有更改“选项”中坏账准备的处理方式	在“选项”中将坏账的处理方式从“直接法”改为“应收款余额百分比法”
29	在以发票形式录入应付账款期初余额时，系统提示“存货录入不正确或已停用，请检查!”	存货属性错误，如用于外购的存货属性没有选择“外购”属性	执行“基础设置”－“基础档案”－“存货”－“存货档案”，检查存货属性，选择存货的“外购”属性

项目小结

财务软件初始设置		
子项目	任务列表	学习内容
设置基础档案	1. 启用系统	系统启用的方法及注意事项
	2. 建立机构人员档案	建立部门档案的流程及方法
		人员类别的建立方法
		人员档案的建立方法及注意事项
	3. 建立客户、供应商档案	客户分类、地区分类、供应商分类
		客户档案的建立
		供应商档案的建立
	4. 设置收付结算信息	企业常用结算方式的种类
		开户银行设置的方法
	5. 设置企业存货档案	计量单位分组的方法
		计量单位的建立流程
		存货分类及存货档案的建立方法
	6. 设置企业财务信息	外币及汇率的设置流程
		明细科目的增加
		会计科目属性的修改
		凭证类别的设置方法
		项目目录的作用及设置流程
总账系统初始设置	1. 总账参数设置	总账参数的含义
	2. 期初余额录入	期初余额的种类
		不同类型期初余额录入的方法
薪资系统初始设置	1. 建立薪资账套并赋薪资主管	单类别工资账套的建立
		薪资主管的授权
	2. 设置人员档案	以批增方式增加人员档案
	3. 设置工资项目及计算公式	常用公式的含义及公式录入
	4. 设置银行代发文件和磁盘输出格式	银行代文件发格式的修改
		磁盘输出格式的设置方法

续表

固定资产系统初始设置	1. 固定资产系统初始化	固定资产参数的含义
		固定资产初始账套的建立与修改
	2. 设置固定资产类别	固定资产分类及其修改的方法
	3. 设置部门对应折旧科目	部门对应折旧的设置与修改方法
	4. 设置增减方式对应科目	增减固定资产对应的会计科目
	5. 录入原始卡片	原始卡片的要素
		原始卡片的录入与修改方法
应收款管理系统初始设置	1. 设置应收款管理系统参数	应收款管理系统参数含义及作用
	2. 应收款管理系统初始设置	应收款管理系统初始设置的内容
		应收款管理系统初始设置的方法
	3. 设置单据格式与单据编号	销售发票、收款单等单据格式设置
		单据编号设置
	4. 录入应收款管理系统的期初余额	应收账款期初余额的录入
		预收账款期初余额的录入
应付款管理系统初始设置	1. 设置应付款管理系统参数	应付款管理系统参数含义及作用
	2. 应付款管理系统初始设置	应付款管理系统初始设置的内容
		应付款管理系统初始设置的方法
	3. 设置单据格式与单据编号	采购发票、付款单等单据格式设置
		单据编号设置
	4. 录入应付款管理系统的期初余额	应付账款期初余额的录入方法
		预付账款期初余额的录入方法

项目三　日常经济业务核算

职业能力目标

目标类型	目标要求	对应子项目
能力目标	能根据业务完成凭证的填制、审核、查询、记账等工作	子项目3.1
	能通过软件发放工资、代扣个税，进行工资的分摊	子项目3.2
	能处理固定资产的增减、评估，计提折旧	子项目3.3
	能处理销售业务、收款业务、退货业务、应收款转账及坏账的计提、收回等业务	子项目3.4
	能处理存货的采购、付款、应付款的转账等业务	子项目3.5
	能查询日记账、资金日报表，进行银行对账工作	子项目3.6
知识目标	知道经济业务处理的基本原理；了解凭证管理、出纳管理及账簿管理的基本内容与方法	子项目3.1
	掌握薪资系统中工资变动、银行代发、个税扣缴、工资分摊等常规经济业务的操作流程	子项目3.2
	掌握固定资产增减变化、折旧计提、盘点评估等业务的处理流程	子项目3.3
	掌握赊销、收款核销、应收账款转账业务及坏账业务处理的原则与方法	子项目3.4
	掌握采购、付款核销、应付账款转账业务的方法	子项目3.5
	熟悉银行对账的原理与流程	子项目3.6

典型工作任务

项目	子项目	典型工作任务
日常业务处理	总账凭证管理	总账系统填制凭证
		对凭证进行审核、出纳签字和记账
		对错误凭证进行修改、删除
	薪金日常业务	进行工资数据的变动
		计算申报个人所得税
		通过银行代发工资
		进行工资费用的分摊
	固定资产日常业务	处理固定资产的增减变动
		计提折旧
		进行资产评估和盘点
	销售收款业务	销售货物
		销售退回
		应收账款的转账业务
		处理坏账的发生、收回与计提
	采购付款业务	采购材料物资
		采购退货
		处理应付账款的转账业务
	出纳业务	对支票登记簿进行管理
		进行银行对账

项目背景资料

(一)本月总账系统发生以下经济业务

1. 1 月 1 日，财务部现金支付本企业宽带费用 500 元。

2. 1 月 3 日，财务部从建行提取现金 9000 元，作为备用金，现金支票号 XJ0001。

3. 1 月 5 日，公司各部门购买办公用品，发生金额分别为:办公室 230 元，财务部 190 元，采购部 280，销售部 350 元，以现金支付。

4. 1 月 7 日，收到光辉集团投资资金 10 000 美元，汇率 1: 6.25，转账支票号 ZZ0001。

5. 1 月 10 日，缴纳上月税金 68120 元，其中，增值税 8000 元;个人所得税 1020 元;企业所得税 58300 元;城市维护建设税 560 元;教育费附加 240 元。

6. 1 月 11 日，办公室高洁支付业务招待费 1500 元，转账支票号 ZP0003。

7. 1 月 12 日，销售部王强出差预借款项 2000 元，财务部现金付讫。

8. 1 月 16 日，销售部王强出差归来，报销差旅费 1800 元，退回现金 200 元。

9. 1 月 18 日，生产中心领用羊毛面料 20 匹，单价 1600 元，用于生产女式风衣。

10. 1 月 20 日，从证券交易所购入利华公司发行的股票准备短期持有，以银行存款支付投资款 58000 元(转账支票号:ZP0004)，其中含有 380 元的交易费用。

（二）本月薪资系统工资如下

姓名	基本工资	奖金
李天昊	8000	500
高　洁	3500	300
马　娟	5000	400
张　珍	3500	300
宋丽丽	3000	300
苏立伟	3500	300
赵　亮	2000	580
黎　明	2000	720
王　强	3500	270
郑　文	2800	270
张　林	3000	280
刘　艳	2000	240
黄　雨	2000	240
张　红	2000	240

（三）本月固定资产相关经济业务如下

1. 1月4日财务部购买扫描仪一台，取得增值税专用发票，不含税单价为2000元，税率17%，增值税340元，预计净残值率5%，预计使用年限5年，通过转账支票支付货款。

2. 1月31日，以10000元的转账支票（ZP0005）为顺达小货车添置新配件。

3. 公司月底对生产线进行资产评估，评估结果为原值170000，累计折旧30000元。

4. 销售部本月毁损联想微机一台。

5. 公司于月底对财务部资产进行盘点，发现只有一台编号为022102001的复印机和一台编号为021102002的扫描仪。

（四）本月销售收款业务

1. 销售部2016年1月2日向华丰百货销售女式西装10套，无税单价1000.00元/套，企业开具了增值税专用发票，发票号zf0001，货已发出，款项未收。

2. 销售部2016年1月5日向金河百货销售女式风衣20件，含税单价1400.00元/件，企业开具了增值税普通发票，发票号pf0001，货已发出，款项未收。

3. 1月7日，公司收到金河百货电汇货款，金额50000.00元，票号dh0001，对方用以偿还上年的购货款。

4. 1月8日，公司收到兴盛百货签发并承兑的商业承兑汇票，面值52000.00元，出票日期：2016-01-08，到期日：2016-01-28，票据号sy0001。

5. 1月10日，因产品质量问题，华丰百货退回了本月2号从日照泽瑞服饰公司购买的女士西装2套，泽瑞服饰开具了红字专用发票，发票号zf0002，无税单价1000.00元/套。

6. 1月14日，日照泽瑞服饰有限公司用华丰百货年初的5000.00元预收账款冲减本月2

日对其赊销产生的应收款。

7. 1 月 16 日，经三方协议，将日照泽瑞服饰对金河百货年初的 18000.00 元应收账款转给兴盛百货。

8. 1 月 18 日，将本月对金河百货代垫的运费 1200.00 元作为坏账加以确认，1 月 29 日，收到了金河百货以电汇方式支付的代垫运费 1200.00 元，电汇凭证号码：dh0002。

(五)本月采购付款业务

1. 1 月 4 日从雨禾公司购入缝纫线 50 轴，原币单价 20 元/轴，税率 17%，另外销售方代垫运费，企业取得雨禾公司开具的增值税专用发票（发票号 cs0001）和运费发票（发票号 yf0001），运费发票注明价款 132 元，税率 11%，增值税 14.52 元，企业的该批货物尚未验收入库，货款和运费尚未支付。

2. 1 月 8 日，公司与春兰纺织签订购货合同，根据合同约定，企业于当日通过建行以电汇方式（号码：hk0001）向春兰纺织支付购货定金 10000.00 元。

3. 公司于 1 月 10 日以电汇方式支付欣飞棉纺部分货款，金额 12000.00 元，票号 hk0002。

4. 1 月 15 日，公司用本月支付给春兰纺织的 10000.00 元订金冲抵其期初的应付货款。

5. 1 月 18 日，经三方协议，将泽瑞服饰对欣飞棉纺的应付账款 5550 元转给滨州蓝桥。

6. 1 月 20 日，本月 4 日从雨禾公司购入的缝纫线到货，因产品质量问题，公司将其中的 6 轴予以退货，取得了对方开具的红字专用发票，注明数量 6 轴，原币单价 20 元/轴，税率 17%，发票号 cs0007。

7. 1 月 21 日，公司向春兰纺织公司签发并承兑面值为 41480.00 元的无息商业承兑汇票一张，票号：23456，到期日为 2016 年 2 月 21 日。

(六)企业本月从银行获取的对账单如下：

1 月份建设银行对账单

日 期	结算方式	票号	借方金额	贷方金额
2016.01.03	201	XJ0001		9000
2016.01.04	202	ZP0001		2340
2016.01.05	202	ZP0002		1200
2016.01.07	3	dh0001	50000	
2016.01.08	3	hk0001		10000
2016.01.10	3	hk0002		12000
2016.01.10	6			68120
2016.01.11	202	ZP0003		1500
2016.01.20	202	ZP0004		58000
2016.01.28	4	sy0001	52000	
2016.01.29	3	dh0002	1200	

子项目 3.1　总账凭证管理

任务框架

任务 1:填制凭证
任务 2:复核凭证
任务 3:记账
任务 4:修改凭证
任务 5:作废及删除凭证
任务 6:查询凭证

初始化设置完成后，就可以进行日常业务处理了。凭证管理是日常账务处理中最频繁的工作，也是信息化账务处理系统中最基本的工作。凭证管理的内容主要包括:填制凭证、复核凭证、记账、修改凭证、作废及删除凭证、查询凭证等内容。

任务 1:填制凭证

填制凭证是总账系统处理的起点，也是系统查询数据最主要的来源，日常业务处理首先从填制凭证开始。

※任务描述

请以 002 张珍身份填制凭证，日照泽瑞服饰有限责任公司 1 月份发生的经济业务如下:

(1)1 日，财务部现金支付本部门宽带费用 500 元。(请新增“660208 宽带费”科目，属性:部门核算)

摘要:支付宽带费(现金流量:07 支付的与其他经营活动有关的现金)

借:管理费用/宽带费　　　　500
　　贷:库存现金　　　　　　　　500

(2)3 日，出纳宋丽丽签发现金支票，从建行提取现金 9000 元，作为备用金，现金支票号 XJ0001。请将此业务凭证生成常用凭证。

摘要:提取备用金

借:库存现金　　　　9000
　　贷:银行存款/建行存款　　　　9000

(3)5 日，公司各个部门购买办公用品，发生的金额分别为:办公室 230 元，财务部 190 元，采购部 280，销售部 350 元，以现金支付。

摘要:购办公用品(现金流量:07 支付的与其他经营活动有关的现金)

借:管理费用/办公费　　　　230
　　管理费用/办公费　　　　190
　　管理费用/办公费　　　　280
　　销售费用/办公费　　　　350

贷:库存现金 1050

(4)7 日，收到光辉集团投资资金 10000 美元，汇率 1: 6.25，转账支票号 ZZ0001。

摘要:收到投资(现金流量:17 吸收投资所收到的现金)

借:银行存款/中行存款 62500

贷:实收资本 62500

(5)10 日，以建行存款缴纳上月税金 68120 元，其中增值税 8000 元，个人所得税 1020 元;所得税 58300 元;城市维护建设税 560 元;教育费附加 240 元，结算方式:其他。

摘要:支付税费(现金流量:06 支付各项税费)

借:应交税费/未交增值税 8000

应交税费/应交个人所得税 1020

应交税费/应交所得税 58300

应交税费/城市维护建设税 560

应交税费/应交教育费附加 240

贷:银行存款/建行存款 68120

(6)11 日，办公室高洁签发建行转账支票支付业务招待费 1500 元，支票号 ZP0003。

摘要:支付招待费(现金流量:07 支付的与其他经营活动有关的现金)

借:管理费用/业务招待费 1500

贷:银行存款/建行存款 1500

(7)12 日，销售部王强出差预借款项 2000 元，财务部现金付讫。

摘要:预借差旅费(现金流量:07 支付的与其他经营活动有关的现金)

借:其他应收款/应收个人款 2000

贷:库存现金 2000

(8)16 日，销售部王强出差归来，报销差旅费 1800 元，退回现金 200 元。

摘要:报销差旅费(现金流量:03 收到的其他与经营活动相关的现金)

借:销售费用/差旅费 1800

库存现金 200

贷:其他应收款/应收个人款 2000

(9)18 日，生产中心领用羊毛面料 20 匹，单价 1600 元，用于生产女式风衣。

摘要:领用材料

借:生产成本/直接材料 32000

贷:原材料/主要材料/羊毛面料 32000

(10)20 日，从证券交易所购入利华公司发行的股票准备短期持有，以银行存款支付投资款 58000 元(转账支票号:ZP0004)，其中含有 380 元相关交易费用。(新增会计科目“110101——成本”)

摘要:购入金融资产(现金流量:14 投资支付的现金)

借:交易性金融资产——成本 57620

投资收益 380

贷:银行存款/建行存款 58000

※操作指导

1-1:填制普通凭证(业务1)

(1)以001马娟身份登录企业应用平台，进入“基础设置”-“基础档案”-“财务”-“会计科目”,增加科目“660208宽带费”，选择属性“部门核算”。

(2)执行“重注册”命令，以002张珍身份登录企业应用平台，登录时间为2016-01-31。

(3)在“业务工作”选项卡中，执行“财务会计”-“凭证”-“填制凭证”命令，显示凭证界面，单击“增加”按钮或按F5键，增加一张空白凭证。

(4)选择凭证类型“付款凭证”，输入日期“2016.01.01”，摘要“支付宽带费”，输入科目名称“660208”，选择部门“财务部”，输入借方金额“500”，按回车键，摘要自动带到下一行，输入科目名称“1001”，输入贷方金额“500”。

(5)单击“流量”按钮，选择现金流量项目“07支付的与其他经营活动有关的现金”，单击“确定”按钮。

(6)单击“保存”按钮，弹出“凭证已成功保存!”提示框，如图3.1.1所示，点击“确定”按钮，凭证保存成功。

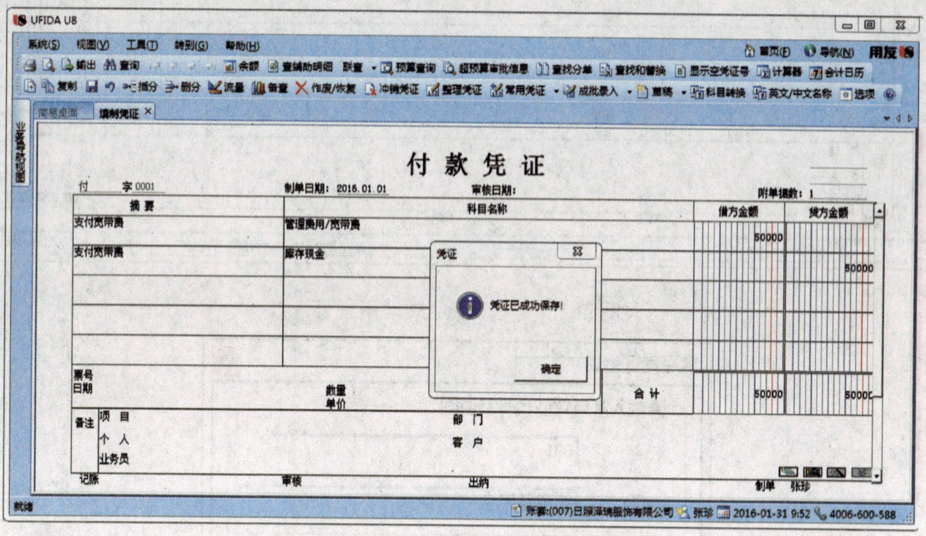

图3.1.1　填制普通凭证

> 小提示
>
> ◆凭证编号:如果在“选项”中选择“系统编号”，则由系统按时间顺序自动编号，否则，需要手工编号。在系统编号时:凭证一旦保存，其凭证类别、凭证编号将不能再修改。
>
> ◆系统自动取当前业务日期为记账凭证填制的日期，可进行修改。
>
> ◆科目名称处必须输入末级科目或按(F2)键参照录入。
>
> ◆分录的借方或贷方为本币发生额，金额不能为零，但可以录入红字，红字金额以负数形式输入。
>
> ◆在金额处按“=”，系统将根据借贷方差额自动计算此笔分录的金额。
>
> ◆当凭证全部录入完毕后，按“保存”按钮或(F6)键保存该张凭证。
>
> ◆附件张数可以不填写。

1-2:生成常用凭证(业务2)

(1)单击工具栏的“增加”按钮，系统自动增加一张空白凭证，按照所给任务要求，将业务2凭证信息输入完整，填写票号等辅助核算信息，并进行票号登记。(具体操作可参照业务6的操作指导)

(2)单击“保存”按钮后，在工具栏中选择“常用凭证”右侧的倒三角符号，单击“生成常用凭证”。

(3)系统弹出“常用凭证生成”窗口，输入代号“001”，说明“提取备用金”，单击“确认”按钮，如图3.1.2，3.1.3所示：

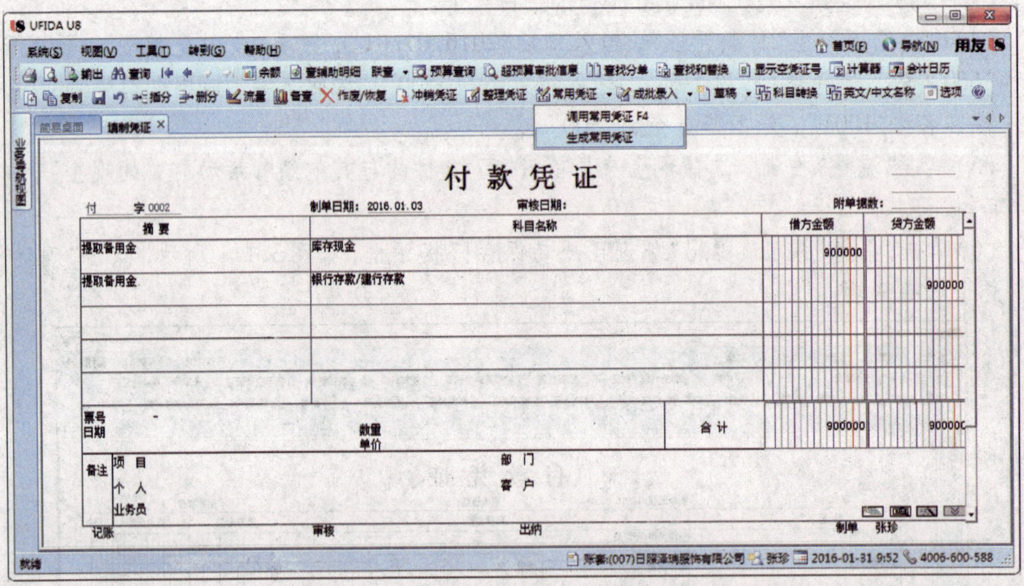

图3.1.2 选择“生成常用凭证”

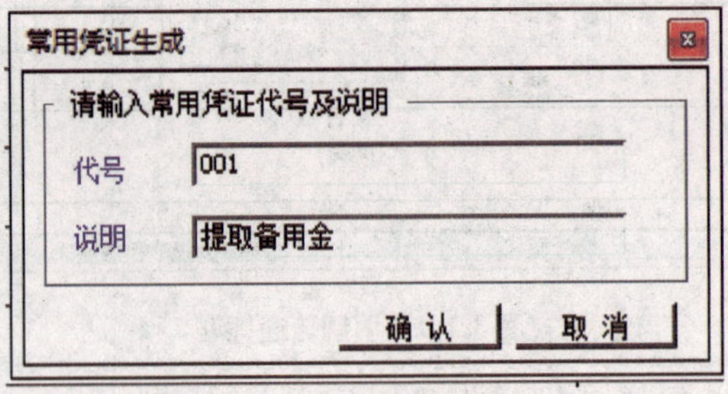

图3.1.3 生成常用凭证

> 小提示
> ◆编号和凭证类别必须输入，编号不能重复。
> ◆只有具有常用凭证控制权限的操作员才能操作。
> ◆调用常用凭证：在制单时单击【常用凭证】下的【调用常用凭证】，根据提示输入常用凭证的编号，即可调出常用凭证。若调出的常用凭证与所处理的业务有出入或缺少部分信息，可直接将其修改成所需凭证。

1－3:填制辅助核算凭证

1－3－1:部门核算凭证(业务3)

(1)单击工具栏的“增加”按钮，系统自动增加一张空白凭证，选择凭证类别为“付款凭证”，将制单日期修改为“2016.01.05”。

(2)输入摘要“购买办公用品”，借方科目“660201”，按回车键，系统自动弹出“辅助项”窗口，输入部门“办公室”，单击“确定”按钮，如图3.1.4所示：

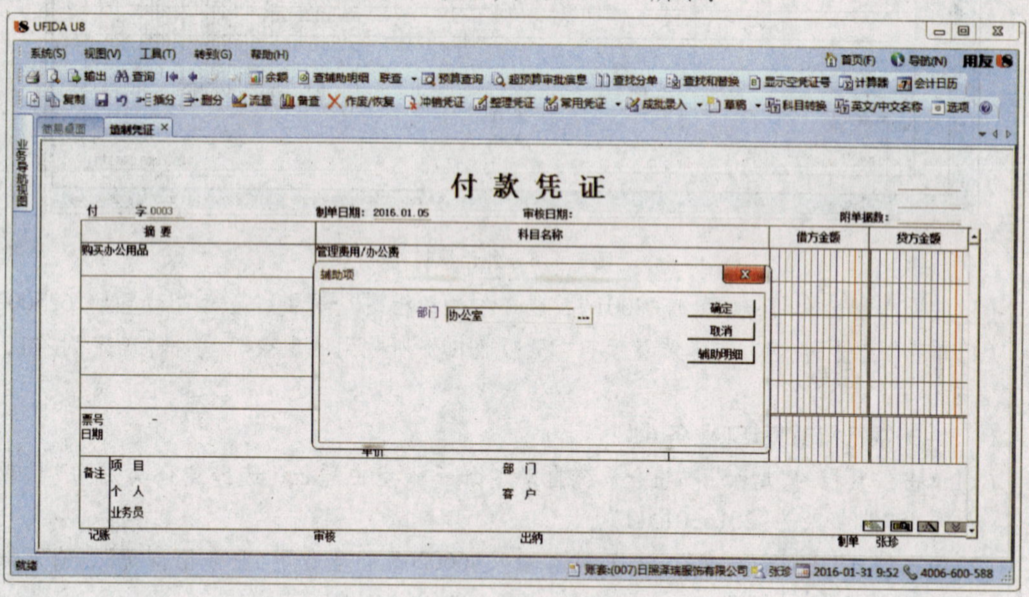

图3.1.4　填制部门核算凭证

(3)输入借方金额“230”;同理输入其他辅助核算部门及金额，其中销售部使用“660101 销售费用/办公费”，其他部门都使用“660201 管理费用/办公费”。

(4)所有部门输入完整后，输入贷方科目“1001”，将鼠标移动到贷方金额，按“＝”键，自动生成贷方金额，最后单击“保存”按钮保存该凭证。

小提示

◆如果科目设置了辅助核算属性，则在这里还要输入辅助信息，如部门、个人、项目、客户、供应商、数量等，录入的辅助信息将在凭证下方的备注中显示。

◆没有保存凭证之前，若某一行的信息输入有误，可以单击“删分”按钮删除该行信息。

1－3－2 外币核算凭证(业务4)

(1)单击工具栏的“增加”按钮，系统自动增加一张空白凭证，选择凭证类别为“收款凭证”，将制单日期修改为“2016.01.07”。

(2)输入摘要“收到投资”，借方科目100202，弹出“辅助项”窗口，输入结算方式为“转账支票”，票号为ZZ0001，发生日期为2016.01.07，借方“外币”栏里输入“10000”，按回车键，借方金额自动出现62500，如图3.1.5所示：

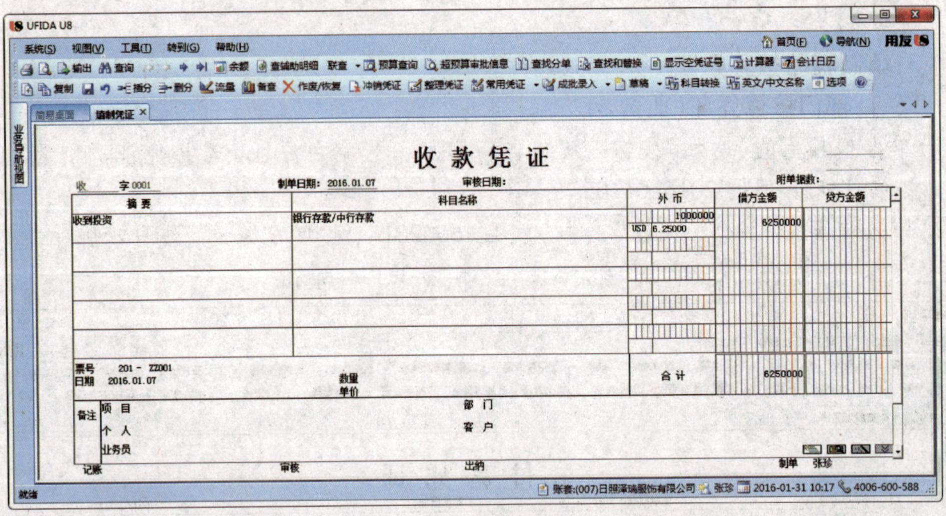

图 3.1.5　外币核算

(3) 按回车键，输入贷方科目“4001”，在贷方金额栏按“=”键，金额自动显示“62500”。

(4) 单击“流量”按钮，选择流量项目“17 吸收投资所收到的现金”，单击“确定”按钮，并保存凭证。

1-3-3 银行核算凭证(业务 6)

(1) 单击工具栏的“增加”按钮，系统自动增加一张空白凭证，选择凭证类别为“付款凭证”，将制单日期修改为“2016.01.11”。

(2) 输入摘要“支付招待费”，借方科目输入“660205 管理费用/业务招待费”，输入部门“办公室”，输入金额“1500”。

(3) 按回车键，输入贷方科目“100201 银行存款/建行存款”，按回车键，弹出“辅助项”窗口，选择结算方式为“转账支票”，输入票号“ZP0003”，发生日期为“2016-01-11”，如图 3.1.6 所示：

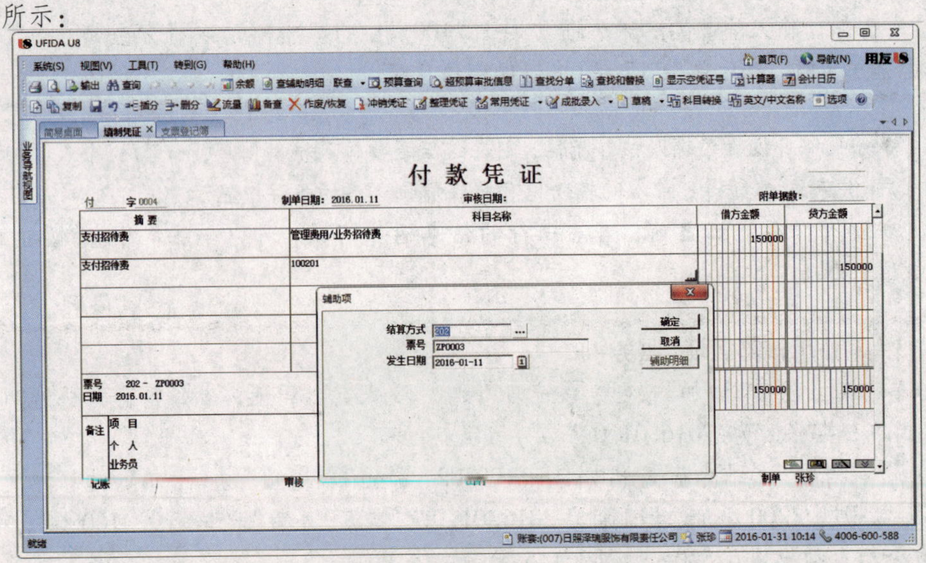

图 3.1.6　银行科目

(4)单击“确定”按钮，在贷方金额栏内按“=”键，自动生成金额1500。

(5)单击“保存”按钮，系统会弹出“此支票尚未登记，是否登记?”的提示，单击“是”，在“票号登记”窗口输入相应的内容，如图3.1.7所示。

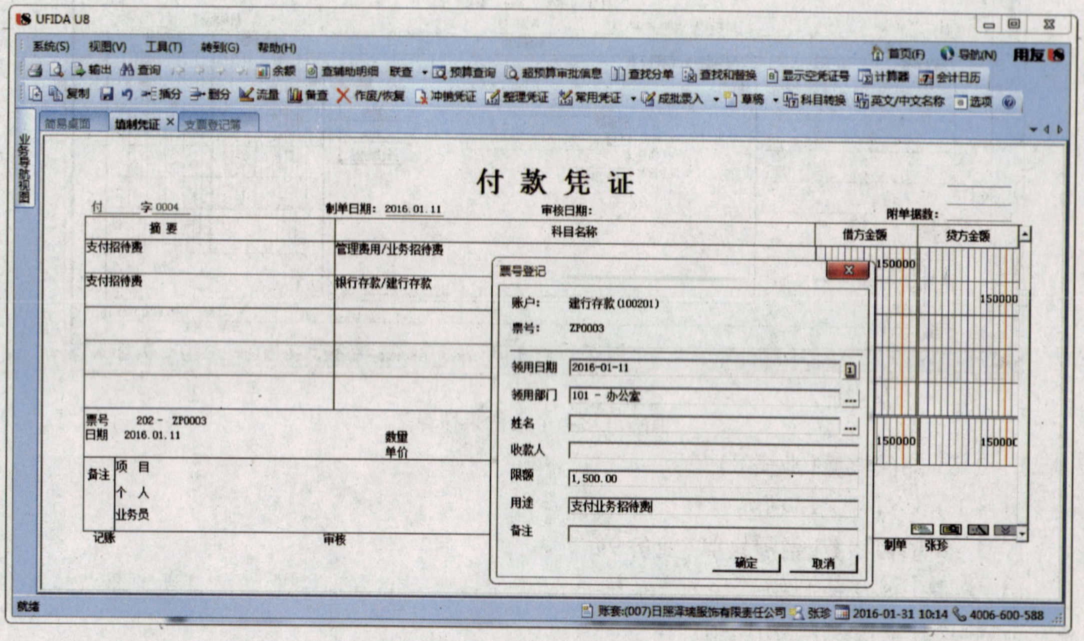

图3.1.7　票号登记

(6)按回车键，弹出“现金流量录入修改”窗口，输入相应的现金流量项目，单击“确定”。单击“保存”按钮保存凭证。

◆如果希望在制单时进行支票登记，则应在总账系统“选项”中设置“支票控制”选项，那么在制单时，所输的结算方式可以使用支票登记簿，在输入支票号后，系统会自动勾销支票登记簿中未报销的支票，并将报销日期填上制单日期。若支票登记簿中未登记该支票，系统将显示支票录入窗，可将该支票内容登记到支票登记簿中，同时填上报销日期。

1-3-4 个人往来核算凭证(业务7)

(1)单击工具栏的“增加”按钮，系统自动增加一张空白凭证，选择凭证类别为“付款凭证”，将制单日期修改为“2016.01.12”。

(2)输入摘要“预借差旅费”，输入借方科目“122101 其他应收款/应收个人款”，按回车键，弹出“辅助项”窗口，选择部门“销售部”，个人“王强”，如图3.1.8所示。

(3)单击“确定”按钮，输入借方金额“2000”。按回车键，输入贷方科目“1001 库存现金”，贷方金额“2000”。单击“流量”按钮，输入相应的流量项目，单击“保存”按钮保存凭证。

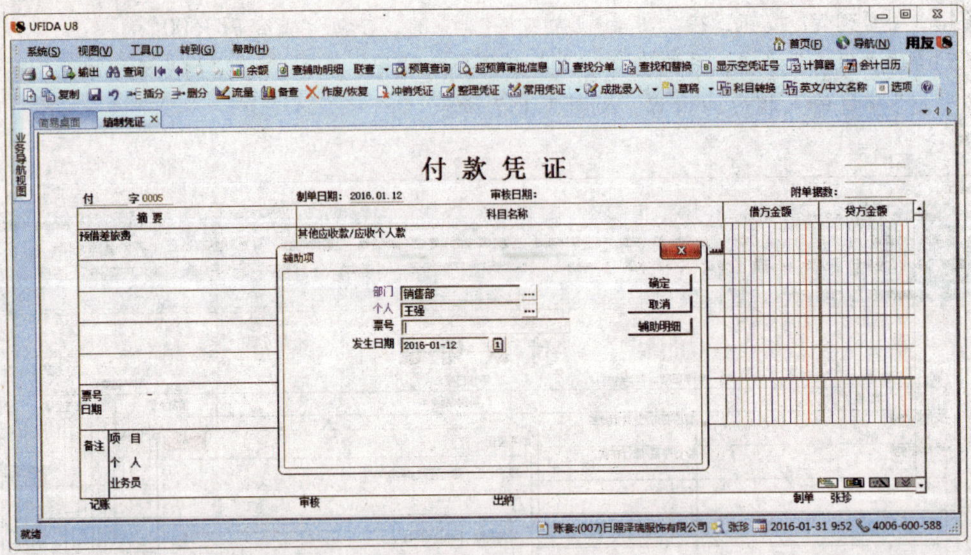

图 3.1.8 个人往来核算

1－3－5 部门核算（业务 8）

参照 1－3－1 业务 3 进行操作

1－3－6 项目核算、数量核算（业务 9）

(1) 单击工具栏的“增加”按钮，系统自动增加一张空白凭证，选择凭证类别为“转账凭证”，将制单日期修改为“2016.01.18”。

(2) 输入摘要“领用材料”，输入借方科目“500101 生产成本/直接材料”，按回车键，弹出“辅助项”窗口，输入项目名称“女式风衣”，如图 3.1.9 所示。

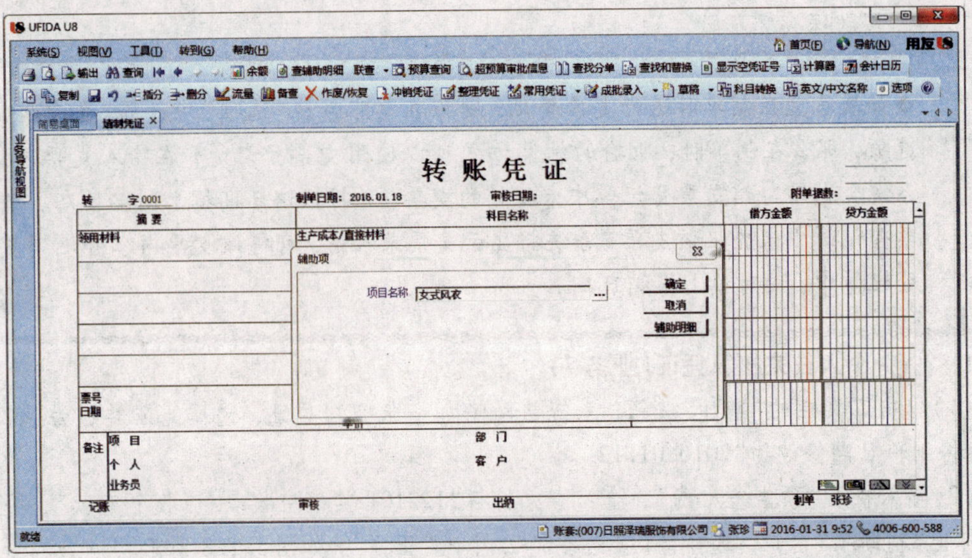

图 3.1.9 项目核算

(3) 单击“确定”按钮，在借方金额栏内输入“2000”。

(4) 单击回车键，输入贷方科目“14030101”，弹出数量核算“辅助项”窗口，输入数量

“20”，单价“1600”，单击“确定”按钮，借方列示金额“32000”，单击空格键，金额移至贷方，按“保存”按钮保存凭证。

> 小提示
> ◆项目核算的科目必须先在项目定义中设置相应的项目大类，才能在制单中使用。
> ◆系统根据数量与单价的乘积自动计算出金额，且金额方向在借方，如果方向不对，可以通过空格键移动金额方向。

1－4 其他业务

1－4－1 插入前期发生业务(业务5)

(1)以001账套主管马娟身份登录企业应用平台。

(2)在“业务工作”选项卡中，执行“财务会计”－“总账”－“设置”－“选项”命令，打开“选项”对话框，单击“编辑”按钮，取消“制单序时控制”前面的勾选，点击“确定”键退出。

(3)以002张珍身份登录企业应用平台，登录日期“2016－01－31”，在“业务工作”选项卡中，执行“财务会计”－“总账”－“凭证”－“填制凭证”命令。根据业务5资料，填写凭证并保存。

1－4－2:收入类科目发生在借方(业务10)

(1)以001账套主管马娟身份登录企业应用平台，进入“基础设置”－“基础档案”－“财务”－“会计科目”，增加会计科目“110101－成本”。

(2)重新注册，以002张珍身份登录企业应用平台，在“业务工作”选项卡中，执行“财务会计”－“总账”－“凭证”－“填制凭证”命令，单击工具栏的“增加”按钮，系统自动增加一张空白凭证，选择凭证类别为“付款凭证”，将制单日期修改为“2016.01.20”。

(3)输入摘要“购入交易性金融资产”，输入借方科目“110101 交易性金融资产/成本”，输入借方金额“57620”。

(4)按回车键，输入科目“6111 投资收益”，在贷方输入“－380”。

(5)按回车键，输入贷方科目“100201 银行存款/建行存款”，其他参照银行科目的录入，在贷方金额栏内按“＝”键自动显示“58000”，单击“保存”按钮保存凭证，如图3.1.10所示：

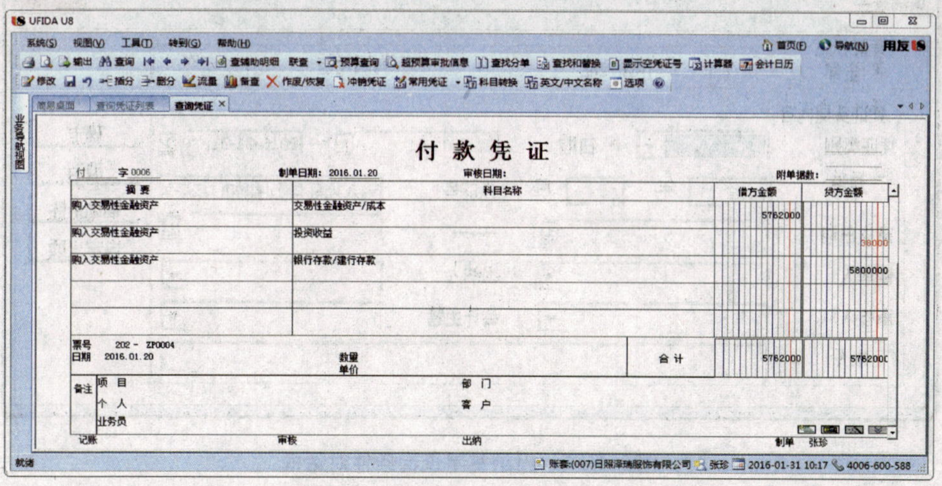

图3.1.10　损益类科目发生在反向

小提示

◆投资收益金额必须以红字在贷方显示，否则利润表中没有该项的数据。

◆薪资、固定资产、采购、销售等经济业务的核算在相应的系统中完成，最后传递到总账系统。

任务 2：复核凭证

凭证填制完毕后，所有的凭证需要经过审核方能记账，如果总账系统选项选择了“出纳凭证必须由出纳签字”，收付款凭证还必须经过出纳签字。由于收付款凭证涉及到企业现金的收入与支出，应加强对出纳凭证的管理。出纳人员通过出纳签字功能对制单员填制的带有现金、银行科目的凭证进行检查核对，检查金额是否正确，对于错误或有异议的凭证，应交与制单人员修改后再核对。

审核凭证是审核人员按照财会制度，对制单人员填制的记账凭证进行检查核对，主要审核记账凭证是否与原始凭证相符，会计分录是否正确等。审查认为错误或有异议的凭证，应打上出错标记，同时可写入出错原因并交与制单人员修改后，再审核。只有具有审核凭证权限的人才能使用本功能。

※任务描述

1. 2016 年 1 月 31 日，出纳 004 宋丽丽对 1 月份发生的收款凭证、付款凭证进行出纳签字；

2. 2016 年 1 月 31 日，账套主管 001 马娟对 1 月份发生的所有凭证进行审核。

※操作指导

任务 2－1：出纳签字

(1)以 004 宋丽丽身份登录企业应用平台，登录日期“2016－01－31”。

(2)在“业务工作”选项卡中，执行“财务会计”－“总账”－“凭证”－“出纳签字”命令，打开“出纳签字”查询条件对话框，如图 3.1.11 所示：

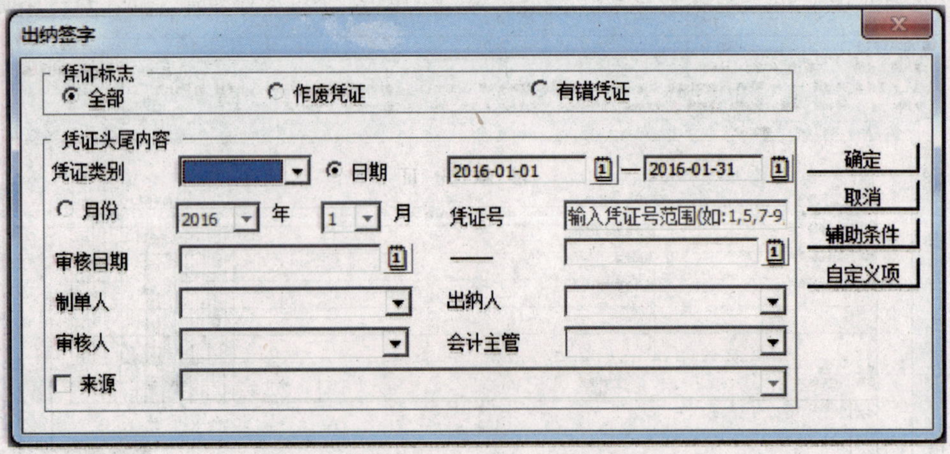

图 3.1.11　出纳签字查询条件对话框

(3)查询条件默认，单击“确定”按钮，进入“出纳签字列表”如图 3.1.12 所示：

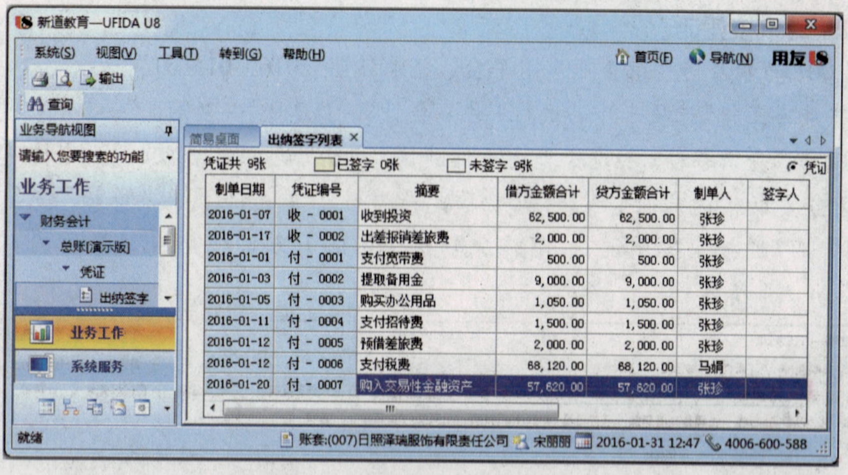

图 3.1.12 出纳签字列表

(4)双击要签字的凭证，则屏幕显示此张凭证，单击工具栏的“签字”按钮，凭证下方出纳处自动显示当前操作员姓名“宋丽丽”，表明出纳签字成功。

(5)单击工具栏的“ ➡ ”进入下一张凭证，选中工具栏“批处理”右侧倒三角标志“成批出纳签字”，系统提示“本次签字成功凭证(8)张”，如图 3.1.13 所示：

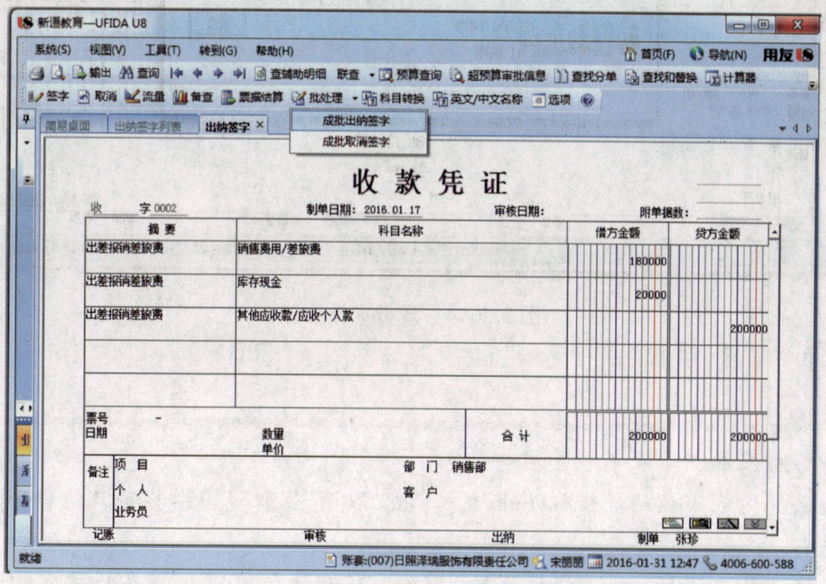

图 3.1.13 成批出纳签字

(6)关闭“出纳签字”窗口和“出纳签字列表”窗口。

小提示

◆已签字的凭证，不能被修改、删除，只能取消签字才能进行。

◆取消签字只能由出纳自己进行。

◆企业可根据实际需要决定是否要对凭证进行出纳签字管理，若不需要此功能，可在“选项”中取消“出纳凭证必须经出纳签字”的设置。

任务 2－2：审核凭证

（1）以 001 马娟身份登录企业应用平台，登录日期“2016－01－31”。

（2）在“业务工作”选项卡中，执行“财务会计”－“总账”－“凭证”－“审核凭证”命令，打开“凭证审核”查询条件对话框，查询条件默认，单击“确定”，进入“凭证审核列表”。

（3）双击要审核的凭证，则屏幕显示此张凭证，单击工具栏“审核”按钮或者选择“批处理”中的“成批审核凭证”，审核成功后，凭证下方审核处自动显示当前操作员姓名，如图 3.1.14 所示：

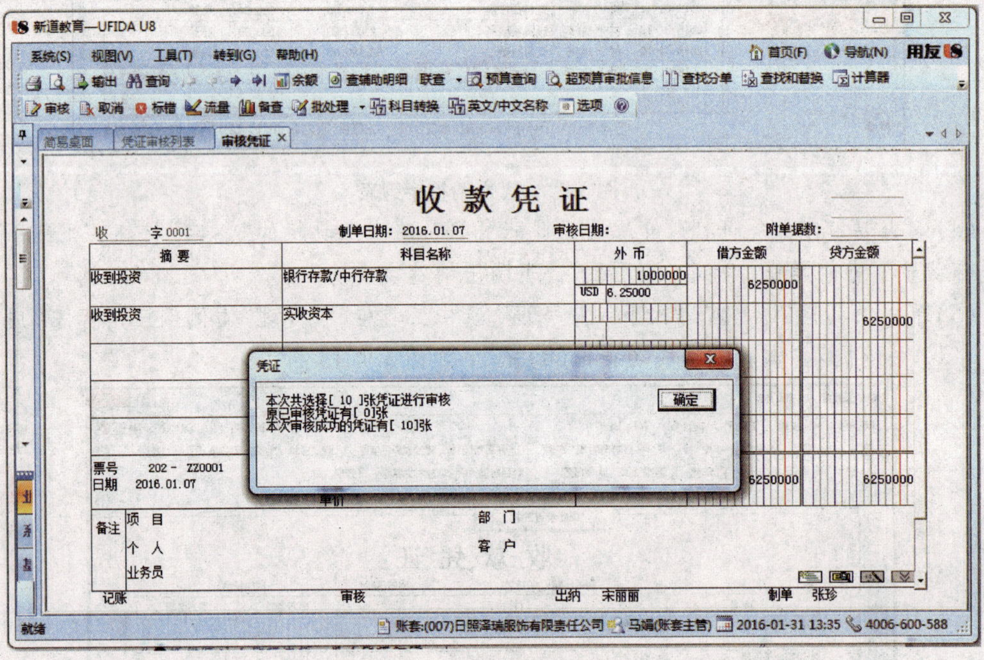

图 3.1.14 成批审核凭证

（4）审核完毕后，关闭“审核凭证”和“凭证审核列表”窗口。

小提示

◆审核人和制单人不能是同一个人。

◆若想对已审核的凭证取消审核，单击“取消”，取消审核签字只能由审核人自己进行。

◆凭证一经审核，就不能被修改、删除，只有被取消审核签字后才可以进行修改或删除。

◆如果设置了数据权限，审核人除了要具有审核权外，还需要有相应的数据权限。

◆作废凭证不能被审核，也不能被标错。

◆已标错的凭证可以直接修改、作废，但不能被审核，若想审核，需先取消标错后才能审核。已审核的凭证不能标错。

任务3:记账

凭证经审核签字后，即可用来登记总账和明细账、日记账、部门账、往来账、项目账以及备查账等账簿。

※任务描述

2016年1月31日，操作员001马娟对日照泽瑞服饰有限责任公司1月份凭证进行记账处理。

※操作指导

(1)以001马娟身份登录企业应用平台，登录日期“2016－01－31”。

(2)在“业务工作”选项卡中，执行“业务工作”－“财务会计”－“总账”－“凭证”－“记账”命令。

(3)单击“全选”按钮，选择所有要记账的凭证，如图3.1.15所示：

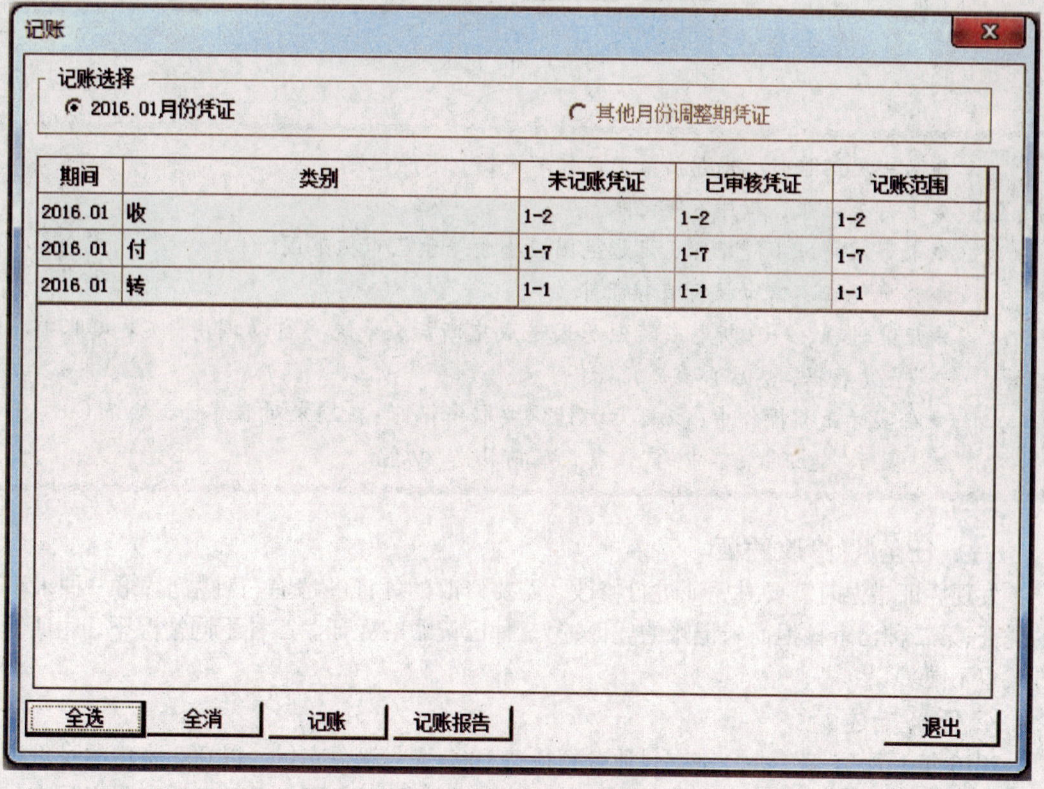

图3.1.15　选择记账范围

(4)单击“记账”按钮，显示“期初试算平衡表”对话框，显示“试算结果平衡”，单击“确定”按钮，系统开始登录有关的总账和明细账、辅助账，登记完后，弹出“记账完毕”对话框，如图3.1.16所示：

(5)单击“确定”按钮，记账完毕，单击“退出”。

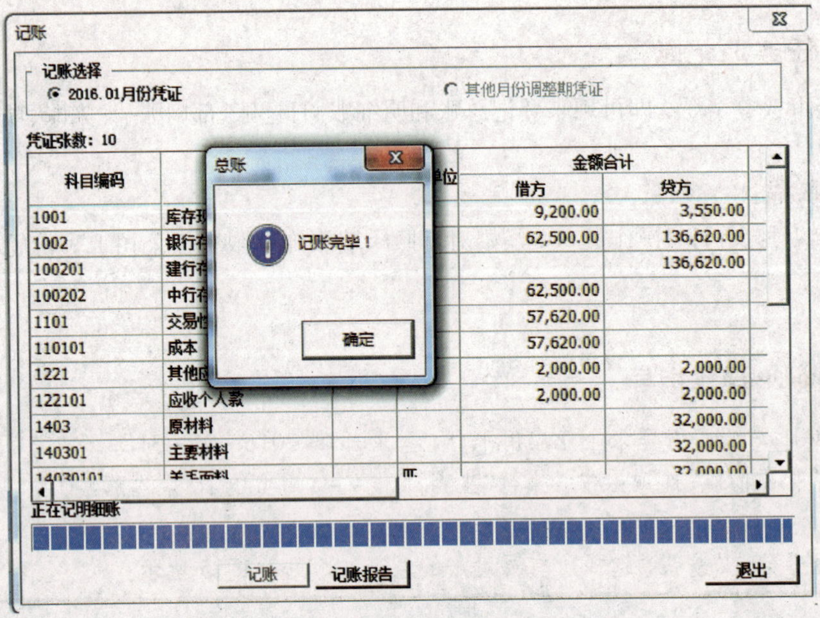

图 3.1.16　记账

小提示

◆第一次记账时，若期初余额试算不平衡，不能记账。

◆上月未记账，本月不能记账。

◆未审核凭证不能记账，记账范围应小于等于已审核范围。

◆作废凭证不需审核可直接记账。

◆记账过程，一旦断电或其他原因造成中断后，系统将自动调用“恢复记账前状态”恢复数据，然后再重新记账。

◆在实际业务操作中，记账后可能需要取消记账：在期末对账界面，按下 Ctrl + H 键，显示“凭证”菜单中的“恢复记账前状态”功能。

任务 4：修改凭证

发现凭证错误时需要对凭证进行修改，需要修改的凭证一般有三种情形：第一种未审核的凭证；第二种已审核但尚未记账的凭证；第三种已记账的凭证。三种不同情况下，凭证修改方式也不同。

※任务描述

2016 年 1 月 31 日，办公室支付业务招待费 1000 元，现金支付。以 002 张珍的身份进行填制凭证，由 004 宋丽丽进行出纳签字，001 马娟进行凭证审核。后经审核发现实际支付招待费 1100 元，由操作员 002 张珍对该业务凭证进行修改。

※操作指导

(1) 填制凭证、出纳签字、审核凭证的操作步骤请参照任务 1。

(2) 以 001 马娟的身份进入企业应用平台，对“付字 0008”凭证“取消凭证审核”。

(3)以 004 宋丽丽的身份进入企业应用平台，对“付字 0008”凭证“取消出纳签字”。

(4)以 002 张珍的身份，在“填制凭证”窗口，找到凭证“付字 0008”，单击工具栏中的“修改”按钮，将借贷方金额修改为“1100”，同时修改现金流量金额。

(5)单击“保存”按钮，保存修改后的凭证。

小提示

◆未复核的错误凭证可通过填制凭证功能直接进行修改。

◆已复核的凭证，应该首先通过凭证审核功能取消审核，通过出纳签字功能取消出纳签字，再在填制凭证窗口进行修改。

◆已记账的凭证，则应先取消记账、再取消审核、最后取消出纳签字，再在填制凭证窗口进行修改。

任务 5:作废及整理凭证

※任务描述

以 002 张珍身份作废“付字 0008”凭证并对所有凭证进行重新编号。

※操作指导

(1)以 002 张珍身份进入企业应用平台，进入“填制凭证”界面后，通过翻页或单击“查询”按钮输入条件方式，查找到需要作废的凭证。

(2)用鼠标单击“作废/恢复”按钮，凭证左上角显示“作废”字样，表示已将该凭证作废，如图 3.1.17 所示：

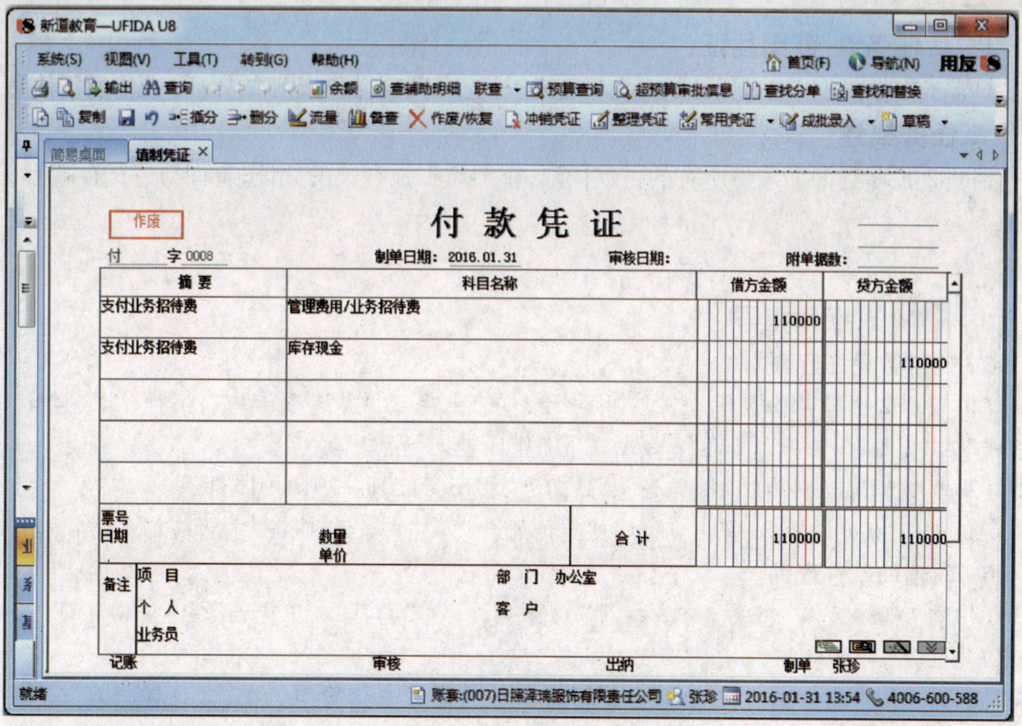

图 3.1.17　作废凭证

(3)单击工具栏“整理凭证”，选择要整理的月份，单击“确定”按钮后，显示选择凭证号重排方式，系统提供凭证号重排、凭证日期重排与审核日期重排三个选项。选择“按凭证号重排”方式，如图 3.1.18 所示：

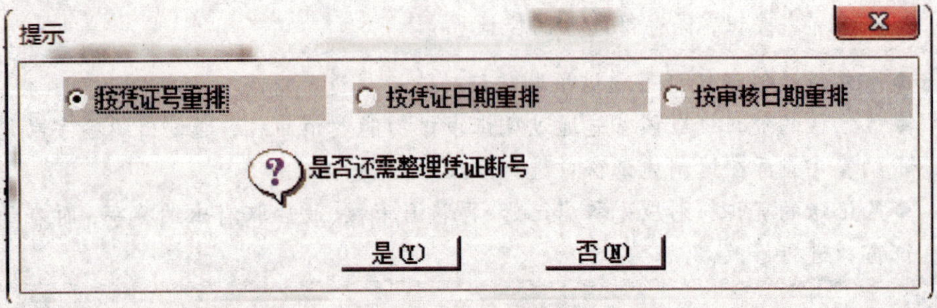

图 3.1.18　整理凭证

(4)单击“是”按钮，系统将这些凭证从数据库中删除掉，并对剩下凭证重新排号。

小提示

◆凭证作废后，需要进行凭证号重排整理，需要被整理后面的凭证均处于没有审核记账状态，否则不能进行整理。

◆已经作废的凭证以全额零来参与记账，但是不能被审核。

◆已记账的凭证，则应先取消记账、再取消审核、最后取消出纳签字，才能对凭证执行作废和整理。

任务 6:查询凭证

日常工作中，可以通过凭证的查询功能来查询已记账或者未记账的凭证，获取所需信息。

※任务描述

请 002 张珍查询 1 月份所有的付款凭证;查询与王强有关的凭证;查询与建行存款有关的凭证。

※操作指导

6-1:付款凭证查询

(1)以 002 张珍身份登录企业应用平台，在“业务工作”选项卡中，执行“财务会计”-“总账”-“凭证”-“查询凭证”命令，弹出“凭证查询”窗口。

(2)选择凭证类别为“付款凭证”，日期为“2016.01.01-2016.01.31”。

(3)单击“确定”按钮，弹出查询到的凭证列表，单击“确定”按钮，打开查询到的首张凭证。

6-2:辅助条件查询

(1)在“业务工作”选项卡中，执行“财务会计”-“总账”-“凭证”-“查询凭证”命令，弹出“凭证查询”窗口。

(2)单击“辅助条件”按钮，弹出带辅助条件的凭证查询窗口，在“凭证体内容”里将“个人”选择为“王强”，如图 3.1.19 所示：

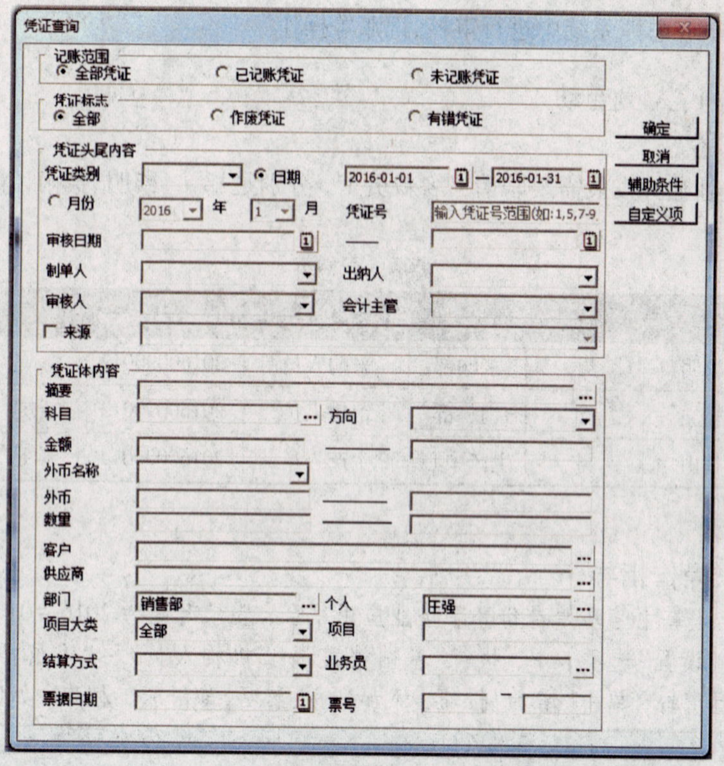

图 3.1.19　查询与个人有关的凭证

(3)单击"确定"按钮即可查询到对应的凭证。

(4)同理查询与建行存款有关的凭证，打开"凭证查询"对话框后，在"科目"输入"100201"，单击"确定"按钮即可查询到对应的凭证。

子项目 3.2　薪资日常业务

任务框架

任务 1:人员变动

任务 2:工资变动

任务 3:个人所得税计算与申报

任务 4:银行代发工资

任务 5:工资、职工教育经费分摊

任务 6:复核薪资系统凭证并记账

薪资管理系统日常业务处理适用于企事业单位进行工资变动、工资分钱清单、扣缴所得税、银行代发和工资费用分摊处理等业务。该系统与总账系统集成使用，生成的凭证自动传

递到总账系统中，在总账系统中进行审核、记账等操作。

任务 1：人员变动

※任务描述

本月由于企业业务发展需要聘请三名新员工，分别是郑文、黎明、黄雨，新添人员档案如表 3－2－1 所示：

表 3－2－1　　新添人员档案

人员编号	人员姓名	性别	部门名称	人员类别	账号	中方人员	是否计税
302	黎明	男	采购部	采购人员	20160090012	是	是
402	郑文	女	销售部	销售人员	20160090013	是	是
503	黄雨	男	生产中心	生产人员	20160090014	是	是

※操作指导

（1）以 001 账套主管马娟身份登录企业应用平台，登录时间为 2016－01－31。

（2）在“基础设置”选项卡中，执行“基础档案”－“机构人员”－“人员档案”命令，打开“人员档案”设置窗口，单击“增加”按钮，添加郑文、黎明、黄雨职工档案，如图 3.2.1 所示：

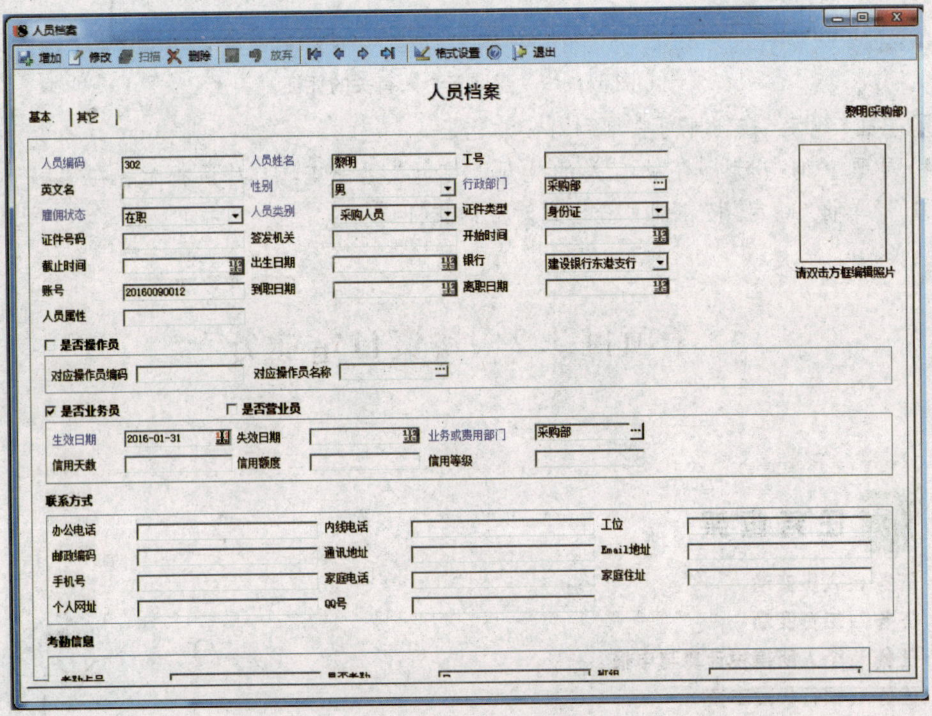

图 3.2.1　新增人员档案

（3）以 002 薪资主管张珍进入平台，在“业务工作”选项卡中执行“人力资源”－“设置”－“人员档案”命令，单击工具栏“批增”按钮，打开“人员批量增加”窗口，选中所有部门，单击“查询”，单击“确定”按钮，批量增加人员，如图 3.2.2 所示：

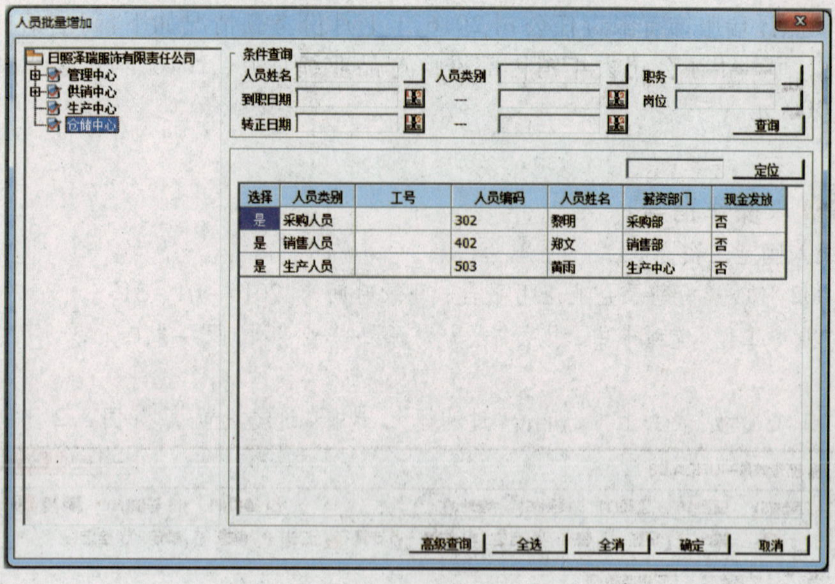

图 3.2.2　批增新职员档案

任务 2：工资变动

工资变动包括工资基本数据和工资变动数据两部分内容。第一次使用工资管理系统必须将所有人员的基本工资数据录入系统，以后每月发生的工资数据变动也应进行相应调整，在工资变动处理前需要设置好工资项目及计算公式。

※任务描述

2－1：日照泽瑞服饰有限责任公司 2016 年 1 月份工资情况如表 3－2－2 所示，请以 002 身份录入基本工资数据。

表 3－2－2　　　　工资表

姓 名	基 本 工 资	奖 金
李天昊	8000	500
高洁	3500	300
马娟	5000	400
张珍	3500	300
宋丽丽	3000	300
苏立伟	3500	300
赵亮	2000	580
黎明	2000	720
王强	3500	270
郑文	2800	270
张林	3000	280
刘艳	2000	240
黄雨	2000	240
张红	2000	240

2－2：日照泽瑞服饰有限责任公司 2016 年 1 月份考勤情况如下：高洁请假 1 天，郑文请假 2 天。另外由于公司去年销售部推广产品业绩良好，2016 年 1 月份销售部每人增加奖金 1000 元。

※操作指导

2－1：录入固定工资

(1)以 002 张珍身份登录企业应用平台，登录时间为“2016－01－31”。

(2)在“业务工作”选项卡中，执行“人力资源”－“业务处理”－“工资变动”，打开“工资变动”窗口。

(3)在“工资变动”表头上方，单击“过滤器”，选择“过滤设置”，如图 3.2.3 所示：

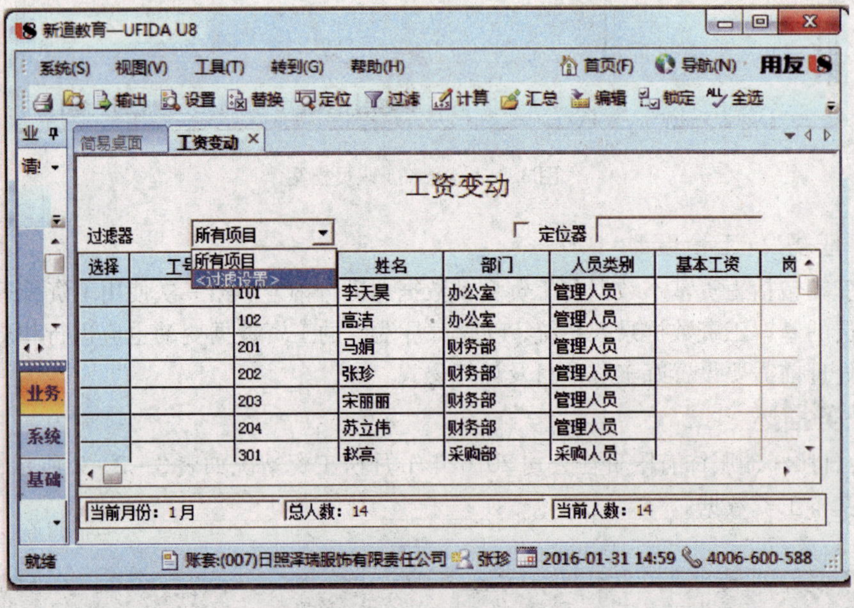

图 3.2.3 使用“过滤器”

(4)打开“项目过滤”窗口，选择“基本工资”和“奖金”，单击“  ”按钮，将其选入“已选项目”，如图 3.2.4 所示：

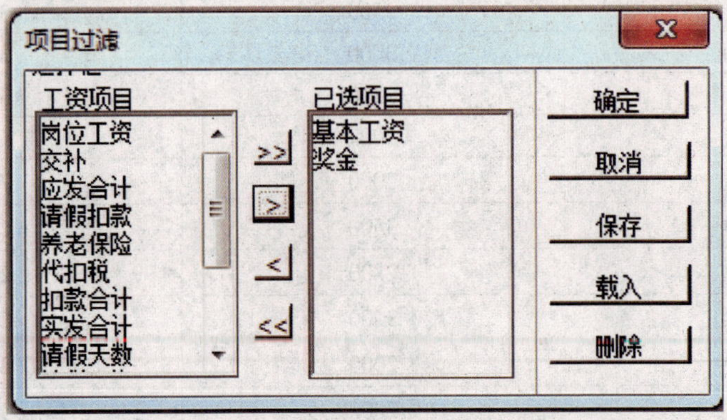

图 3.2.4 项目过滤

(5) 单击“确定”按钮，返回“工资变动”窗口，此时所有人的工资项目只显示“基本工资”和“奖金”两项，按照所给资料输入所有人员工资的基本数据，完成后如图 3.2.5 所示：

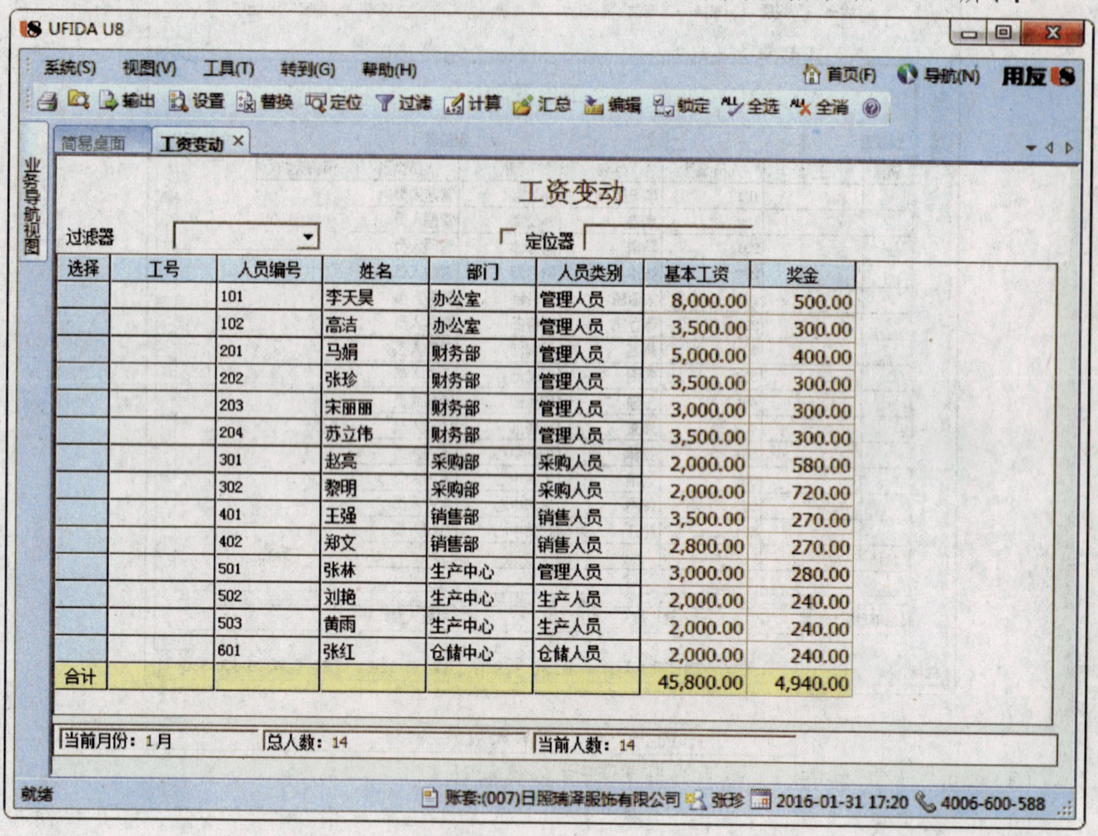

选择	工号	人员编号	姓名	部门	人员类别	基本工资	奖金
		101	李天昊	办公室	管理人员	8,000.00	500.00
		102	高洁	办公室	管理人员	3,500.00	300.00
		201	马娟	财务部	管理人员	5,000.00	400.00
		202	张珍	财务部	管理人员	3,500.00	300.00
		203	宋丽丽	财务部	管理人员	3,000.00	300.00
		204	苏立伟	财务部	管理人员	3,500.00	300.00
		301	赵亮	采购部	采购人员	2,000.00	580.00
		302	黎明	采购部	采购人员	2,000.00	720.00
		401	王强	销售部	销售人员	3,500.00	270.00
		402	郑文	销售部	销售人员	2,800.00	270.00
		501	张林	生产中心	管理人员	3,000.00	280.00
		502	刘艳	生产中心	生产人员	2,000.00	240.00
		503	黄雨	生产中心	生产人员	2,000.00	240.00
		601	张红	仓储中心	仓储人员	2,000.00	240.00
合计						45,800.00	4,940.00

图 3.2.5　工资变动

(6) 关闭“工资变动”窗口，系统提示“是否进行工资计算和汇总?”，单击“否”按钮。

小提示

◆工资变动窗口只输入没有进行公式设定项目的数据，其余各项数据由系统根据计算公式自动计算生成。

◆通过过滤器可以提高数据录入的速度和准确性。

◆每次录入完毕数据可以进行工资计算和汇总，也可以当月工资全部变动结束后统一汇总计算。

2－2 录入变动工资

(1) 以 002 张珍身份进入“工资变动”窗口，单击“过滤器”，选择“过滤设置”打开项目过滤窗口，选择“请假天数”，单击“ > ”按钮，将其选入“已选项目”，单击“确定”按钮。

(2) 返回“工资变动”窗口，此时“工资项目”只显示“请假天数”一项，按照任务资料输入请假天数，如图 3.2.6 所示：

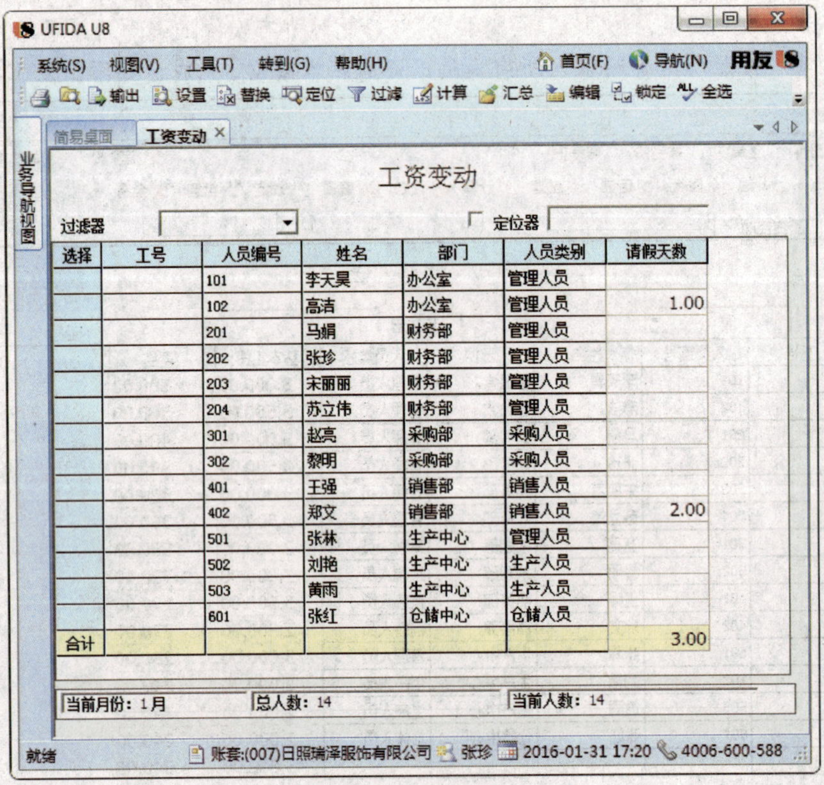

图 3.2.6　请假天数录入

(3)单击“计算”按钮，系统自动执行所有公式的计算。

(4)在“工资变动”窗口，单击“全选”按钮，再单击工具栏中“替换”按钮，打开替换窗口，在“将工资项目”下拉框中，选中“奖金”，在“替换成”文本框中输入“奖金 + 1000”。在“替换条件”文本框中分别选择：“部门”、“ = ”、“销售部”，如图 3.2.7 所示：

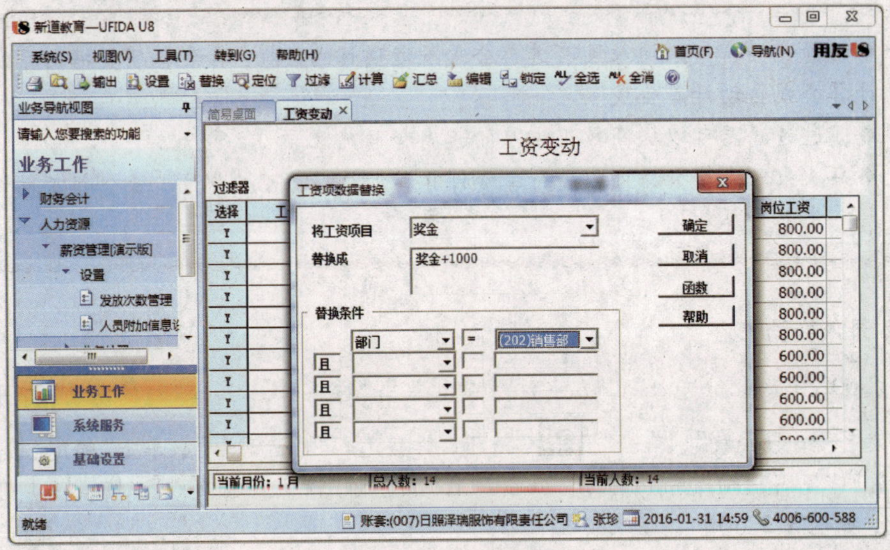

图 3.2.7　奖金替换

(5)单击“确定”按钮，系统弹出“数据替换后将不能恢复，是否继续?”，单击“是”按钮，系统弹出“2 条记录被替换，是否重新计算?”，单击“是”按钮，系统自动完成工资计算，如图 3.2.8 所示：

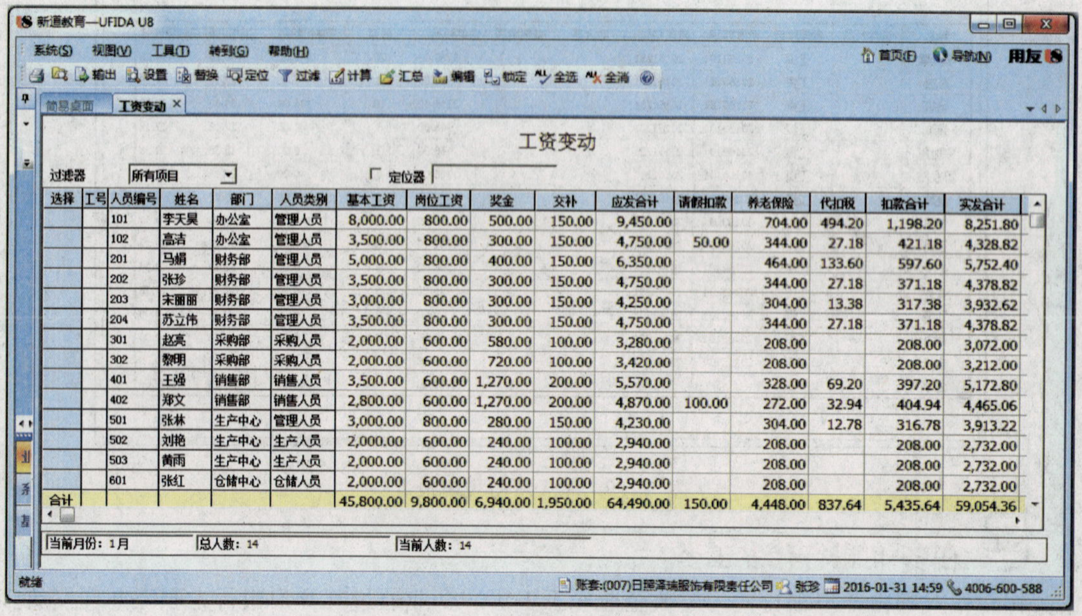

选择	工号	人员编号	姓名	部门	人员类别	基本工资	岗位工资	奖金	交补	应发合计	请假扣款	养老保险	代扣税	扣款合计	实发合计
		101	李天昊	办公室	管理人员	8,000.00	800.00	500.00	150.00	9,450.00		704.00	494.20	1,198.20	8,251.80
		102	高洁	办公室	管理人员	3,500.00	800.00	300.00	150.00	4,750.00	50.00	344.00	27.18	421.18	4,328.82
		201	马娟	财务部	管理人员	5,000.00	800.00	400.00	150.00	6,350.00		464.00	133.60	597.60	5,752.40
		202	张珍	财务部	管理人员	3,500.00	800.00	300.00	150.00	4,750.00		344.00	27.18	371.18	4,378.82
		203	宋丽丽	财务部	管理人员	3,000.00	800.00	300.00	150.00	4,250.00		304.00	13.38	317.38	3,932.62
		204	苏立伟	财务部	管理人员	3,500.00	800.00	300.00	150.00	4,750.00		344.00	27.18	371.18	4,378.82
		301	赵亮	采购部	采购人员	2,000.00	600.00	580.00	100.00	3,280.00		208.00		208.00	3,072.00
		302	黎明	采购部	采购人员	2,000.00	600.00	720.00	100.00	3,420.00		208.00		208.00	3,212.00
		401	王强	销售部	销售人员	3,500.00	600.00	1,270.00	200.00	5,570.00		328.00	69.20	397.20	5,172.80
		402	郑文	销售部	销售人员	2,800.00	600.00	1,270.00	200.00	4,870.00	100.00	272.00	32.94	404.94	4,465.06
		501	张林	生产中心	管理人员	3,000.00	800.00	280.00	150.00	4,230.00		304.00	12.78	316.78	3,913.22
		502	刘艳	生产中心	生产人员	2,000.00	600.00	240.00	100.00	2,940.00		208.00		208.00	2,732.00
		503	黄雨	生产中心	生产人员	2,000.00	600.00	240.00	100.00	2,940.00		208.00		208.00	2,732.00
		601	张红	仓储中心	仓储人员	2,000.00	600.00	240.00	100.00	2,940.00		208.00		208.00	2,732.00
合计						45,800.00	9,800.00	6,940.00	1,950.00	64,490.00	150.00	4,448.00	837.64	5,435.64	59,054.36

图 3.2.8　替换后工资数据

任务 3：个人所得税计算与申报

税法规定，支付个人应纳税所得的单位或个人是个人所得税的扣缴义务人，本系统可计算个人所得税，用户只需自定义纳税基数和所得税税率，系统就会自动计算个人所得税。

※任务描述

根据计算结果，查看个人所得税申报表。

※操作指导

(1)在“业务工作”选项卡中，执行“人力资源”－“薪资管理”－“业务处理”－“扣缴所得税”命令，打开“个人所得税申报模板”窗口。

(2)选择“个人所得税年度申报表”，单击“打开”按钮，弹出“所得税申报”按钮，默认查询范围，单击“确定”按钮。

(3)打开“所得税申报”窗口，如图 3.2.9 所示：

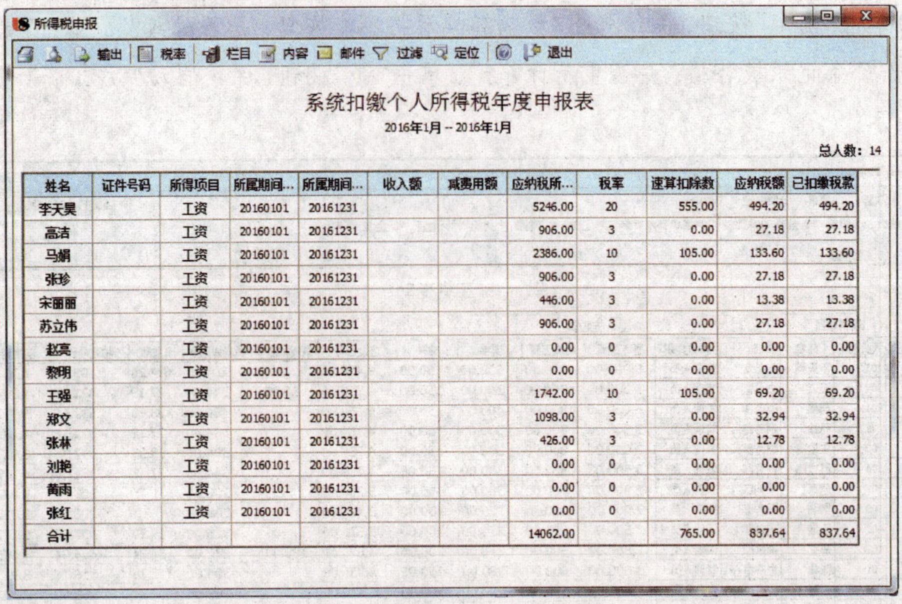

系统扣缴个人所得税年度申报表

2016年1月 -- 2016年1月

总人数：14

姓名	证件号码	所得项目	所属期间…	所属期间…	收入额	减费用额	应纳税所…	税率	速算扣除数	应纳税额	已扣缴税款
李天昊		工资	20160101	20161231			5246.00	20	555.00	494.20	494.20
高洁		工资	20160101	20161231			906.00	3	0.00	27.18	27.18
马娟		工资	20160101	20161231			2386.00	10	105.00	133.60	133.60
张珍		工资	20160101	20161231			906.00	3	0.00	27.18	27.18
宋丽丽		工资	20160101	20161231			446.00	3	0.00	13.38	13.38
苏立伟		工资	20160101	20161231			906.00	3	0.00	27.18	27.18
赵亮		工资	20160101	20161231			0.00	0	0.00	0.00	0.00
黎明		工资	20160101	20161231			0.00	0	0.00	0.00	0.00
王强		工资	20160101	20161231			1742.00	10	105.00	69.20	69.20
郑文		工资	20160101	20161231			1098.00	3	0.00	32.94	32.94
张林		工资	20160101	20161231			426.00	3	0.00	12.78	12.78
刘艳		工资	20160101	20161231			0.00	0	0.00	0.00	0.00
黄雨		工资	20160101	20161231			0.00	0	0.00	0.00	0.00
张红		工资	20160101	20161231			0.00	0	0.00	0.00	0.00
合计							14062.00		765.00	837.64	837.64

图 3.2.9　个人所得税申报表

任务 4：银行代发工资

银行代发即由开户银行代为发放企业职工工资。企业通过其开户银行为职工办理发放工资的储蓄账户，每月企业直接通过银行将工资划入职工的相应账户。

※任务描述

日照泽瑞服饰有限责任公司 2016 年 1 月份银行代发情况如表 3－2－3 所示，请生成银行代发一览表，并做相关账务处理。

表 3－2－3　　银行代发

发放工资		工资总额（100%）	
部门	人员类别	借方	贷方
办公室、财务部、生产中心	管理人员	221101	100201
采购部	采购人员	221101	100201
销售部	销售人员	221101	100201
生产中心	生产人员	221101	100201
仓储中心	仓储人员	221101	100201

※操作指导

4－1 银行代发一览

（1）以 002 张珍身份登录企业应用平台，登录时间为 2016－01－31 。

（2）在“业务工作”选项卡中，执行“人力资源”－“薪资管理”－“业务处理”－“银行代发”，选择所有部门，如图 3.2.10 所示：

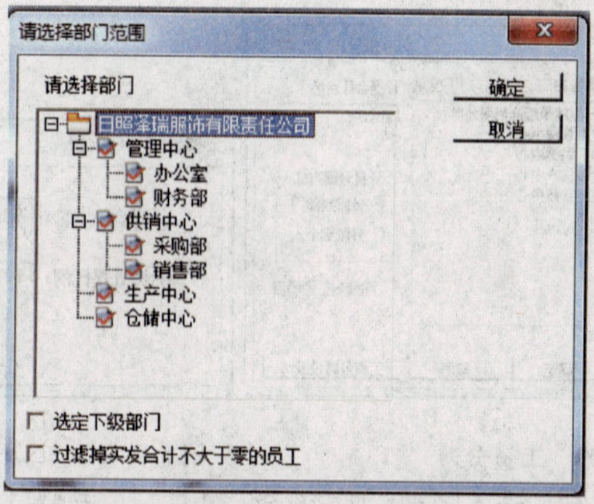

图 3.2.10　选择部门范围

(3)单击“确定”按钮，进入“银行代发“窗口，查看银行代发一览表，如图 3.2.11 所示：

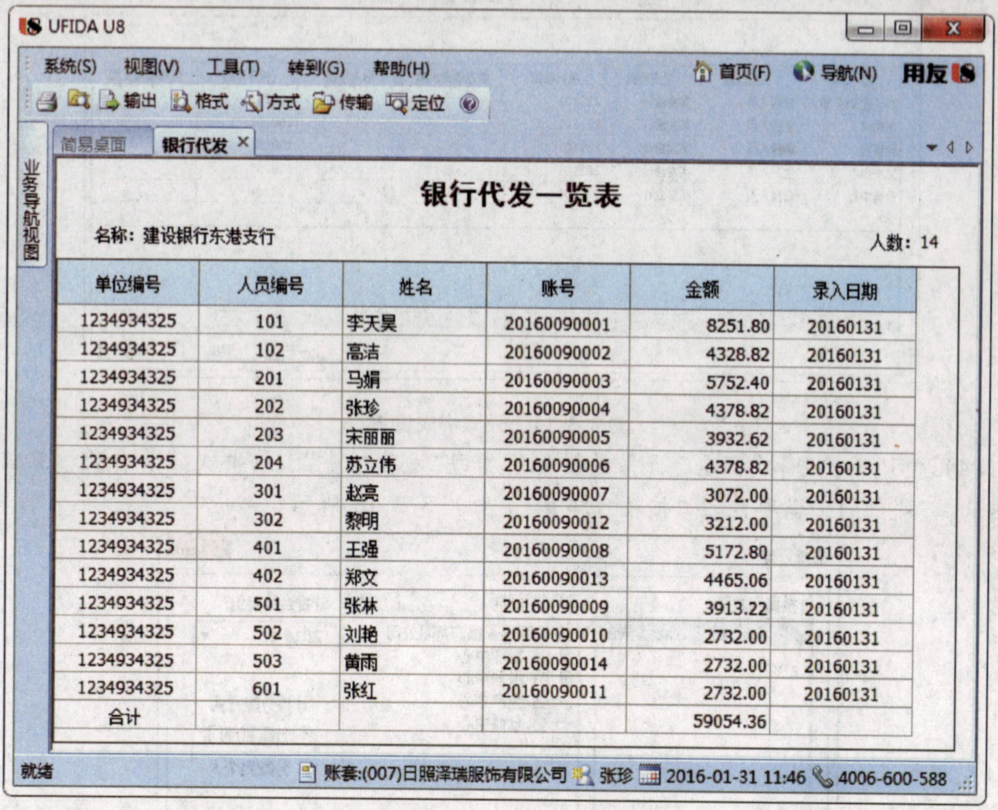

银行代发一览表

名称：建设银行东港支行　　人数：14

单位编号	人员编号	姓名	账号	金额	录入日期
1234934325	101	李天昊	20160090001	8251.80	20160131
1234934325	102	高洁	20160090002	4328.82	20160131
1234934325	201	马娟	20160090003	5752.40	20160131
1234934325	202	张珍	20160090004	4378.82	20160131
1234934325	203	宋丽丽	20160090005	3932.62	20160131
1234934325	204	苏立伟	20160090006	4378.82	20160131
1234934325	301	赵亮	20160090007	3072.00	20160131
1234934325	302	黎明	20160090012	3212.00	20160131
1234934325	401	王强	20160090008	5172.80	20160131
1234934325	402	郑文	20160090013	4465.06	20160131
1234934325	501	张林	20160090009	3913.22	20160131
1234934325	502	刘艳	20160090010	2732.00	20160131
1234934325	503	黄雨	20160090014	2732.00	20160131
1234934325	601	张红	20160090011	2732.00	20160131
合计				59054.36	

图 3.2.11　银行代发一览表

4－2 工资发放

(1)执行“人力资源”－“薪资管理”－“业务处理”－“工资分摊”命令，打开“工资分摊”窗口，如图 3.2.12 所示。

(2)单击“工资分摊设置”按钮，打开“分摊计提比例设置”窗口，单击“增加”按钮，录入计提类型名称“发放工资”，如图 3.2.13 所示：

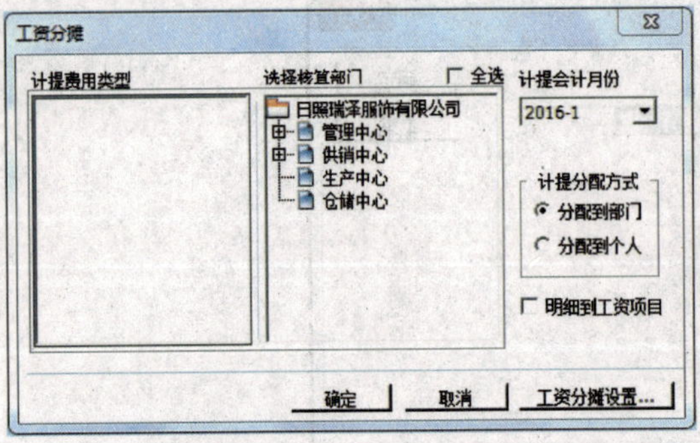

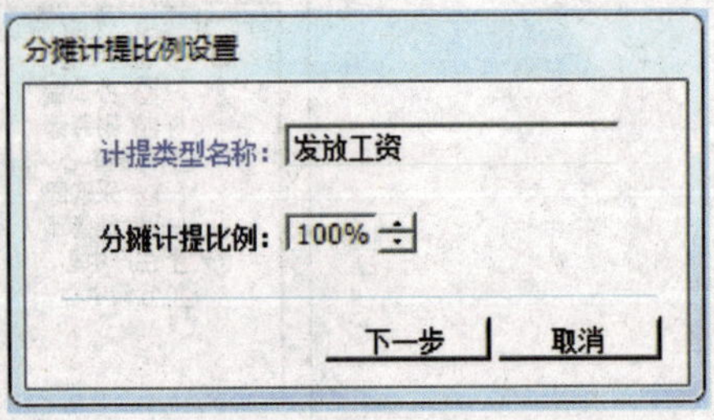

图 3.2.12　工资分摊　　　　图 3.2.13　工资分摊设置

(3)单击“下一步”按钮，进入“分摊构成设置”窗口，双击部门名称，参照选择部门，选择人员类别，工资项目选择“实发合计”，输入借方科目“221101”，贷方科目“100201”，完成后如图 3.2.14 所示：

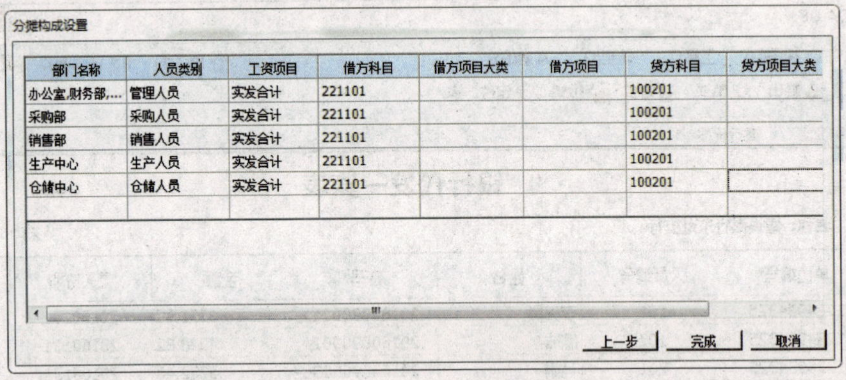
分摊构成设置

部门名称	人员类别	工资项目	借方科目	借方项目大类	借方项目	贷方科目	贷方项目大类
办公室,财务部,...	管理人员	实发合计	221101			100201	
采购部	采购人员	实发合计	221101			100201	
销售部	销售人员	实发合计	221101			100201	
生产中心	生产人员	实发合计	221101			100201	
仓储中心	仓储人员	实发合计	221101			100201	

上一步　完成　取消

图 3.2.14　分摊构成设置

(4)返回“工资分摊”窗口，选择计提费用类型“发放工资”，单击选择所有的核算部门，单击选择“明细到工资项目”，“按项目核算”。如图 3.2.15 所示：

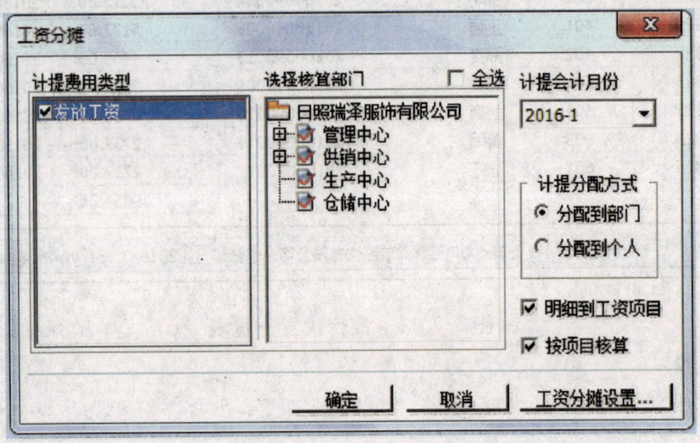

图 3.2.15　工资分摊

(5)单击“确定” 按钮，进入“发放工资一览表”，如图 3.2.16 所示：

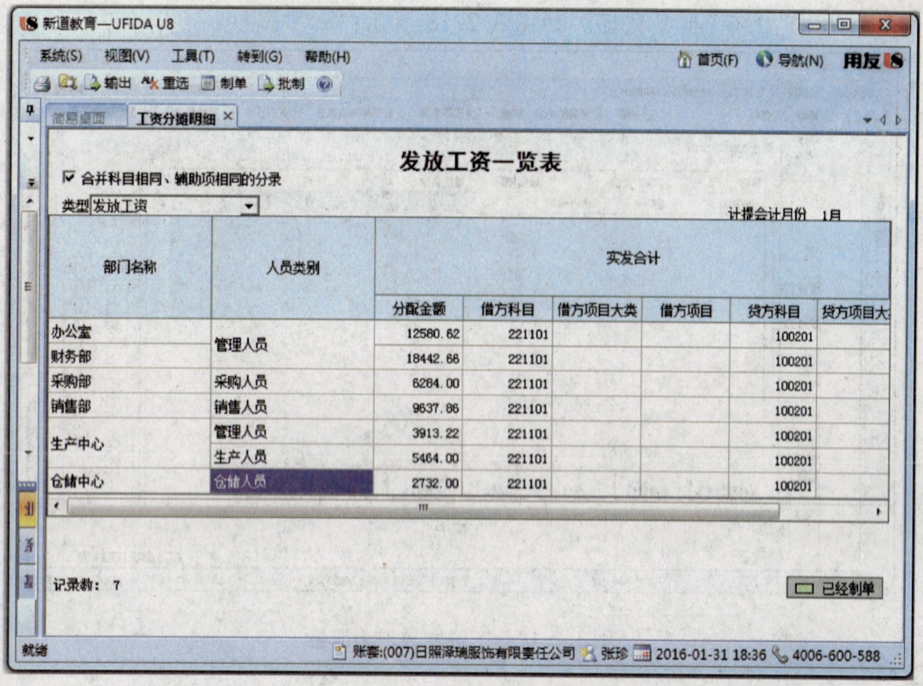

图 3.2.16　发放工资一览表

(6)勾选“合并科目相同、辅助项相同的分录”复选框，单击“制单”按钮，选择凭证类别“付 付款凭证”，如图 3.2.17 所示：

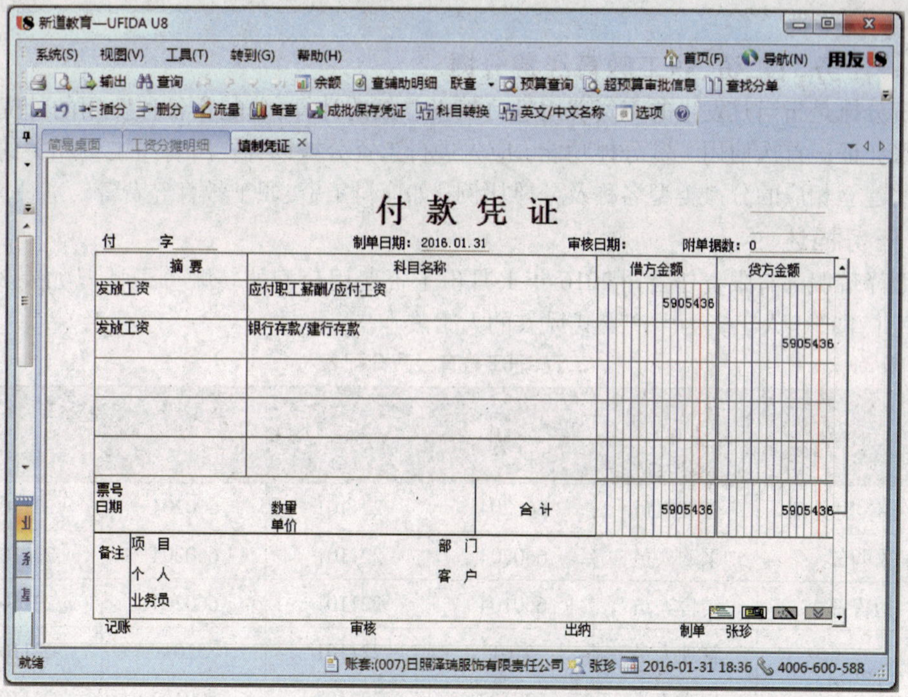

图 3.2.17　工资发放凭证

(7)单击“流量”按钮，填写现金流量项目“05 支付给职工以及为职工支付的现金”，单击

“确定”按钮，单击“保存”生成凭证。如图 3.2.18 所示：

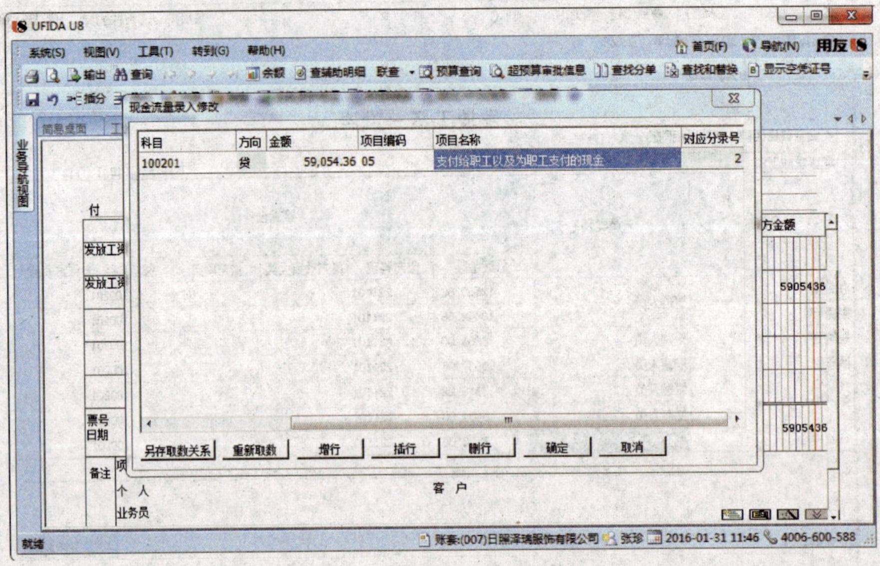

图 3.2.18　工资发放现金流量

> 小提示
> ◆薪资凭证如果发生错误不能在总账中删除，应在薪资系统－统计分析－凭证查询中删除。
> ◆不同部门相同人员类别在设置时，可以一次选择多个部门。

任务 5:工资、职工教育经费分摊

工资分摊是指当月发生的工资费用进行工资总额的计算、分配及各种费用的计提并制作自动转账凭证。首次使用工资分摊功能，应先进行工资分摊设置。所有与工资相关的费用及基金均需建立相应的分摊类型名称及分摊比例，如应付工资、职工教育经费等。

※任务描述

日照泽瑞服饰有限责任公司 2016 年 1 月份工资费用分配的转账分录情况如表 3－2－4 所示，其中生产工人工资为生产女式风衣的人工成本。

表 3－2－4　　工资、职工教育经费分配表

工资分摊		工资总额(100%)		职工教育经费 2.5%	
部门	人员类别	借方	贷方	借方	贷方
办公室、财务部	管理人员	660204	221101	660204	221102
采购部	采购人员	660204	221101	660204	221102
销售部	销售人员	660104	221101	660204	221102
生产中心	管理人员	5101	221101	5101	221102
	生产人员	500102	221101	500102	221102
仓储中心	仓储人员	660204	221101	660204	221102

※操作指导

(1)以002张珍身份登录企业应用平台，登录时间为“2016－01－31”。

(2)在“业务工作”选项卡中，执行“人力资源”－“薪资管理”－“业务处理”－“工资分摊”，打开“工资分摊”窗口。

(3)单击“工资分摊设置”按钮，打开“分摊计提比例设置”窗口，单击“增加”按钮，录入计提类型名称“应付工资”，如图3.2.19所示：

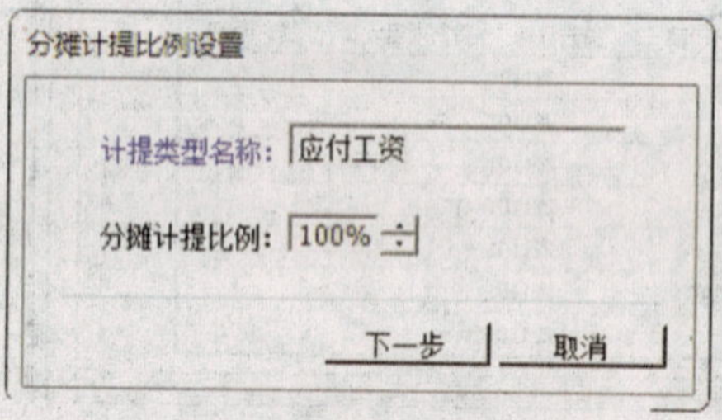

图3.2.19 工资分摊

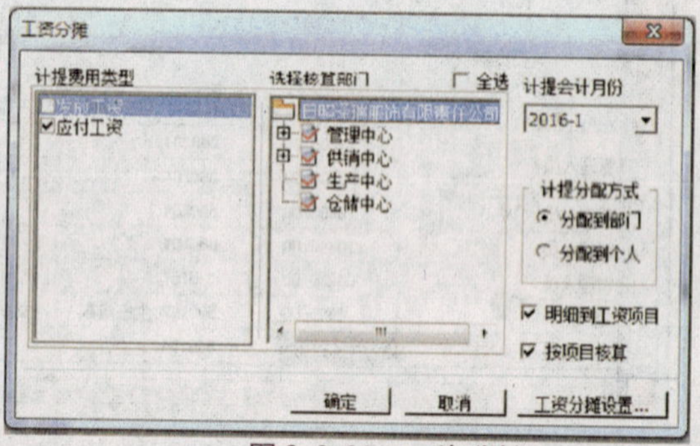

图3.2.21 工资分摊

(4)单击“下一步”按钮，进行分摊构成设置，双击部门名称，参照选择“办公室”和“财务部”，输入借方科目“660204”，贷方科目“221101”，按照此方法，继续录入表资料，完成后如图3.2.20所示：

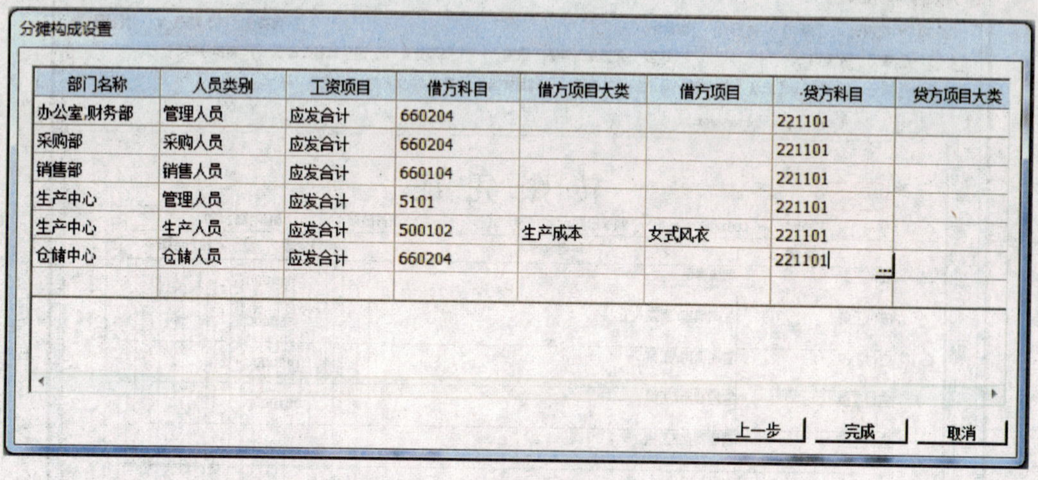

分摊构成设置

部门名称	人员类别	工资项目	借方科目	借方项目大类	借方项目	贷方科目	贷方项目大类
办公室,财务部	管理人员	应发合计	660204			221101	
采购部	采购人员	应发合计	660204			221101	
销售部	销售人员	应发合计	660104			221101	
生产中心	管理人员	应发合计	5101			221101	
生产中心	生产人员	应发合计	500102	生产成本	女式风衣	221101	
仓储中心	仓储人员	应发合计	660204			221101	

上一步　完成　取消

图3.2.20 分摊构成设置

小提示

◆生产中心的生产人员需要选择项目大类“生产成本”，借方项目“女式风衣”。

◆对生产中心的生产人员进行分摊构成设置时，先选择人员类别“生产人员”，再选择部门名称“生产中心”。

(5)单击“完成”按钮，返回“工资分摊”窗口，选择计提费用类型“应付工资”，单击选择所有的核算部门，单击选择“明细到工资项目”，“按项目核算”，如图3.2.21：

(6)单击“确定”按钮，进入“应付工资一览表”，如图 3.2.22 所示：

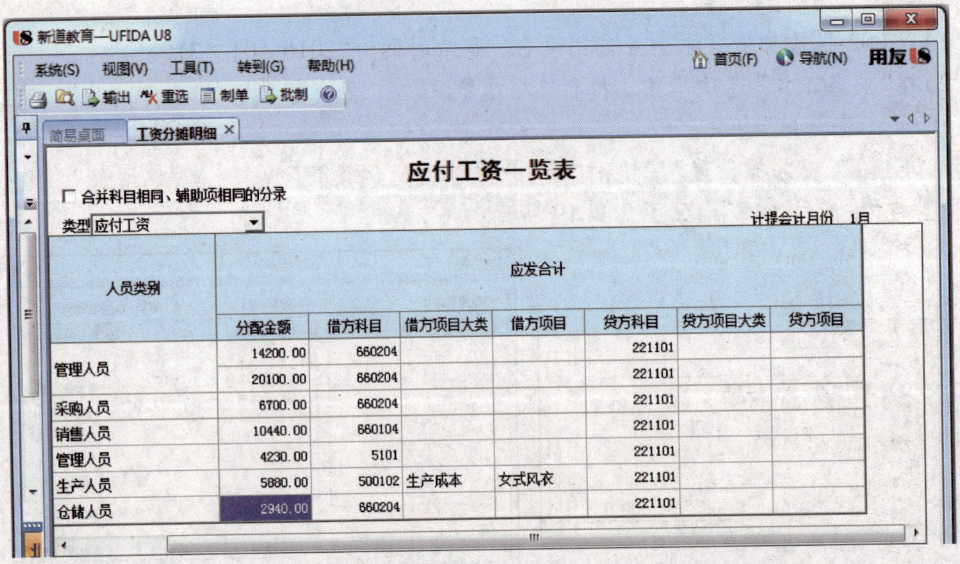

图 3.2.22 应付工资一览表

(7)勾选“合并科目相同、辅助项相同的分录”复选框，单击“制单”按钮，选择凭证类别“转 转账凭证”，单击“保存”按钮，如图 3.2.23 所示：

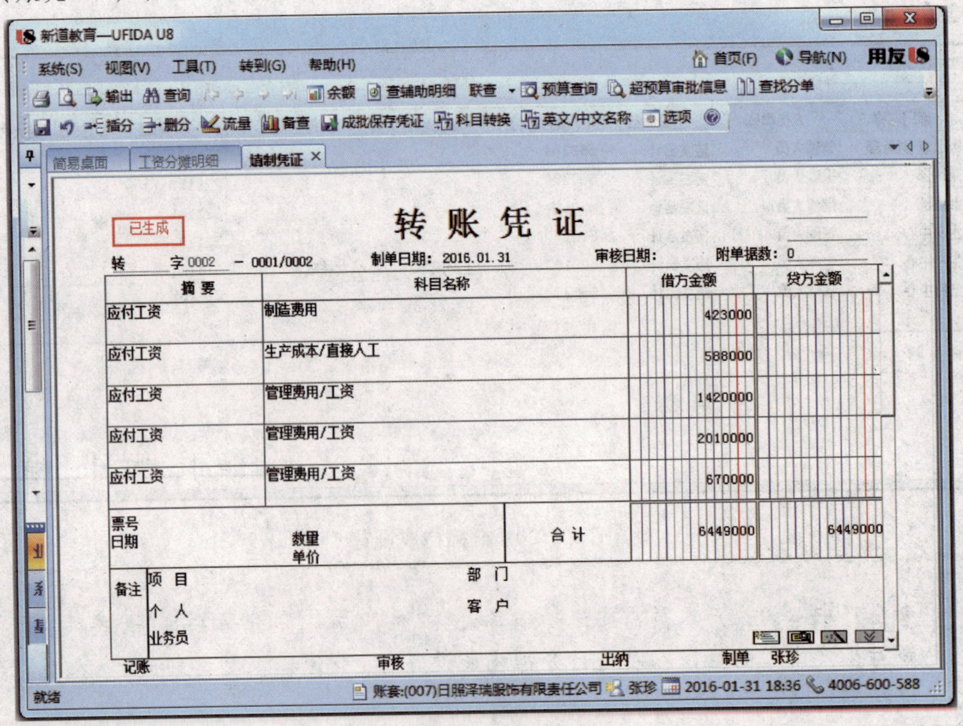

图 3.2.23 工资计提凭证

(8)参照工资计提进行职工教育经费的计提，计提凭证如图 3.2.24 所示：

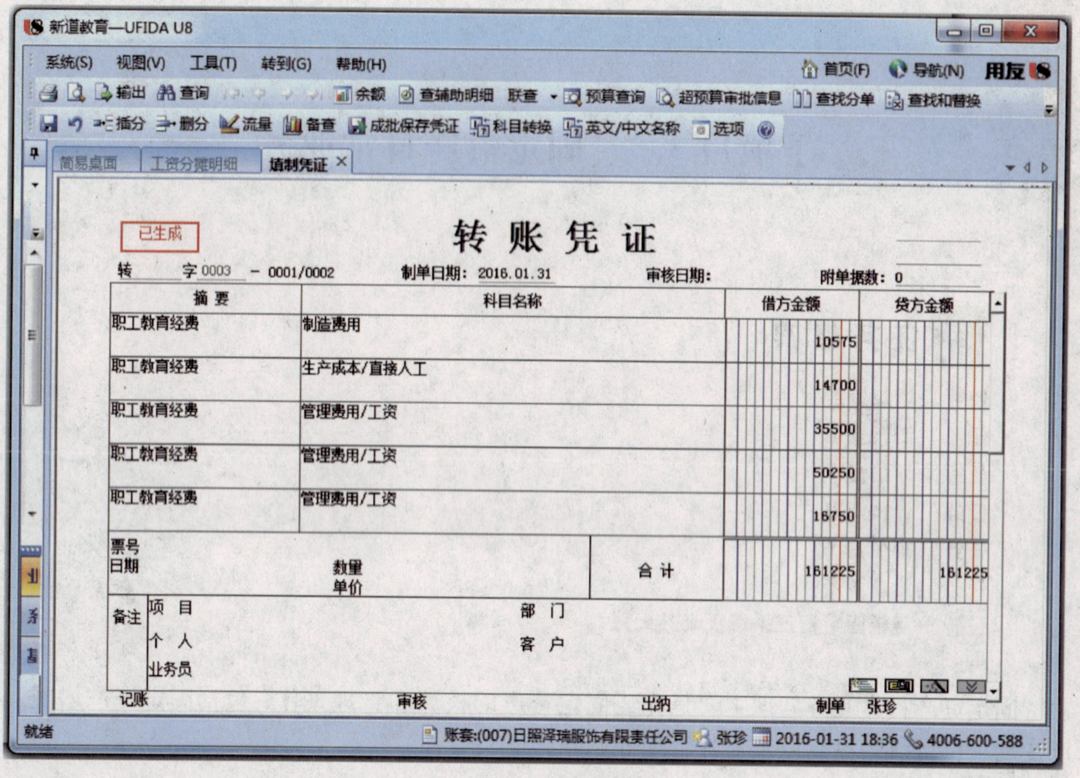

图 3.2.24 教育经费计提凭证

任务6:复核薪资系统凭证并记账

薪资系统生成会计凭证后会传递到总账系统，需要在总账系统中对生成的凭证进行审核并记账，如有收付款凭证，需要对凭证进行出纳签字。

※任务描述

对薪资系统生成的凭证进行出纳签字、审核并记账。

※操作指导

(1)以004出纳宋丽丽的身份登录企业应用平台，登录时间为2016－01－31，对工资发放凭证进行出纳签字。

(2)以001马娟身份登录企业应用平台，登录时间为2016－01－31，在“业务工作”选项卡中，执行“财务会计”－“总账”－“凭证”－“审核凭证”，打开凭证列表，选择未审核的薪资凭证，进行审核。

(3)执行“财务会计”－“总账”－“凭证”－“记账”，打开凭证列表，选择未记账的薪资凭证，进行记账。

子项目 3.3　固定资产日常业务

任务框架

任务 1:增加资产
任务 2:资产变动
任务 3:评估资产
任务 4:计提折旧
任务 5:减少资产
任务 6:盘点资产
任务 7:复核固定资产系统凭证并记账

固定资产日常业务处理主要是完成固定资产的核算和管理工作，包括固定资产增减、资产变动、资产评估、盘点以及卡片管理等业务。

任务 1:增加资产

企业通过购买或其他方式取得固定资产时要进行固定资产增加的处理，填制新的固定资产卡片，卡片录入的当月不计提折旧。

※任务描述

1 月 4 日财务部购买扫描仪一台，取得增值税专用发票，不含税价格为 2000 元，税率 17%，增值税 340 元，预计净残值率为 5%，预计使用年限 5 年，通过转账支票支付价款，票号为 ZP0001。(现金流量:13 - 购建固定资产、无形资产和其他长期资产所支付的现金)，请以 002 张珍身份进行相关业务处理。

※操作指导

(1)以 002 张珍身份登录企业应用平台，登录日期"2016 - 01 - 04"。

(2)在"业务工作"选项卡中，执行"财务会计" - "固定资产" - "卡片" - "资产增加"命令，进入"固定资产类别档案"窗口。

(3)选择资产类别:"021 电子设备 - 经营用设备"，单击"确认"按钮，进入"固定资产卡片"窗口。

(4)根据任务信息，输入固定资产名称"扫描仪"，双击使用部门选择"财务部"，双击增加方式选择"直接购入"，双击使用状况选择"在用"，输入原值"2000"，增值税"340"，可使用年限"60 个月"，开始使用日期"2016 - 01 - 04"，如图 3.3.1 所示:

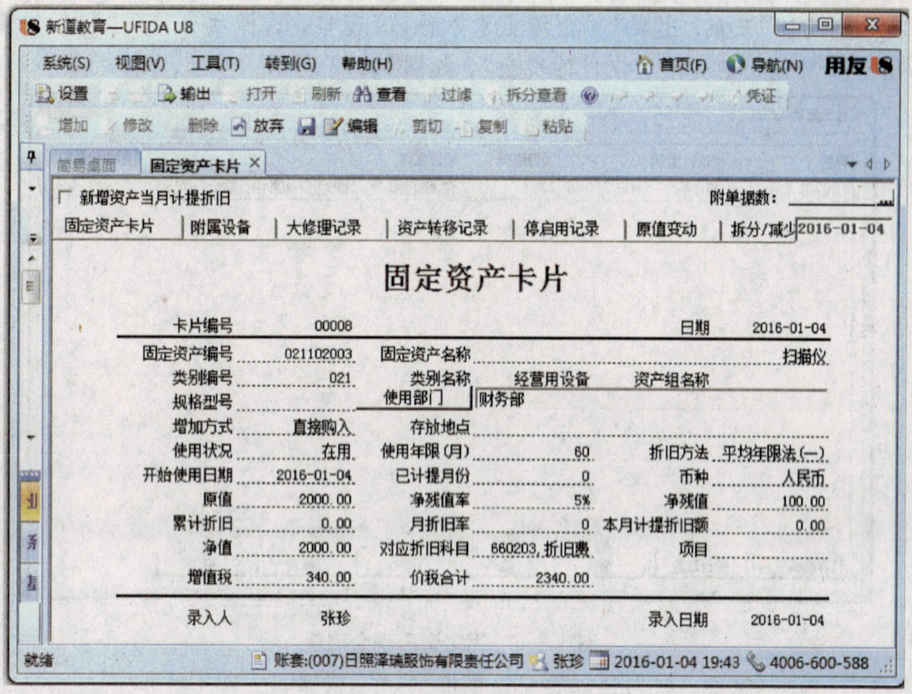

图 3.3.1　增加固定资产卡片

(5)单击“保存”按钮，系统提示“数据保存成功”，进入“填制凭证”窗口。选择凭证类型“付款凭证”，选中“银行存款”，将鼠标移动至辅助核算项“票号日期”，待鼠标变成蓝色笔，双击，弹出“辅助项”，根据任务要求填写结算方式，如图 3.3.2 所示：

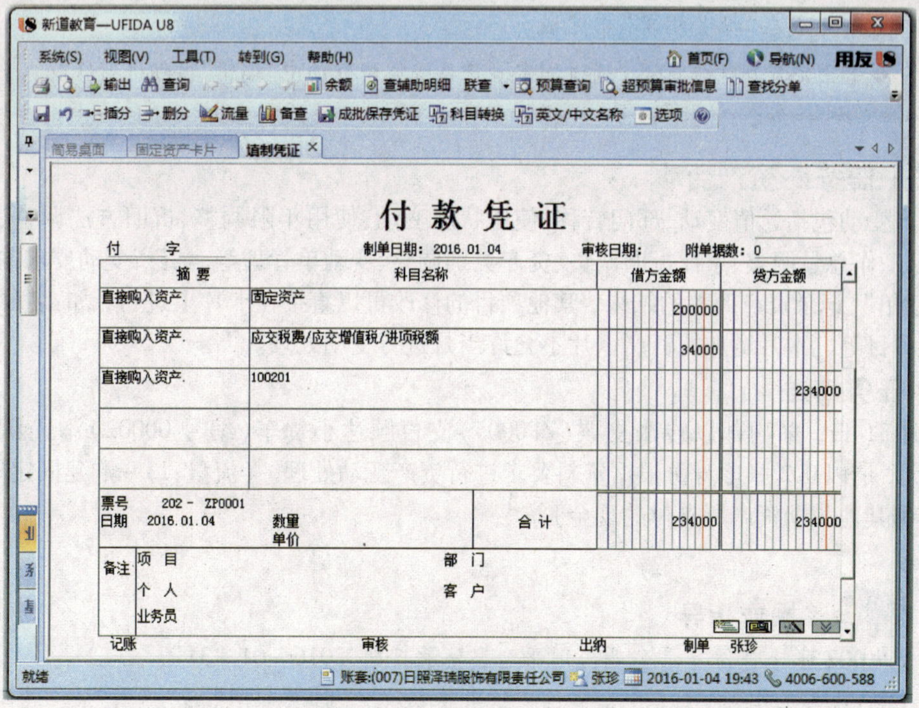

图 3.3.2　固定资产增加凭证

(6)单击“流量”按钮，出现“现金流量录入修改”窗口，选择项目编码“13－构建固定资产、无形资产和其他长期资产所支付的现金”，如图 3.3.3 所示：

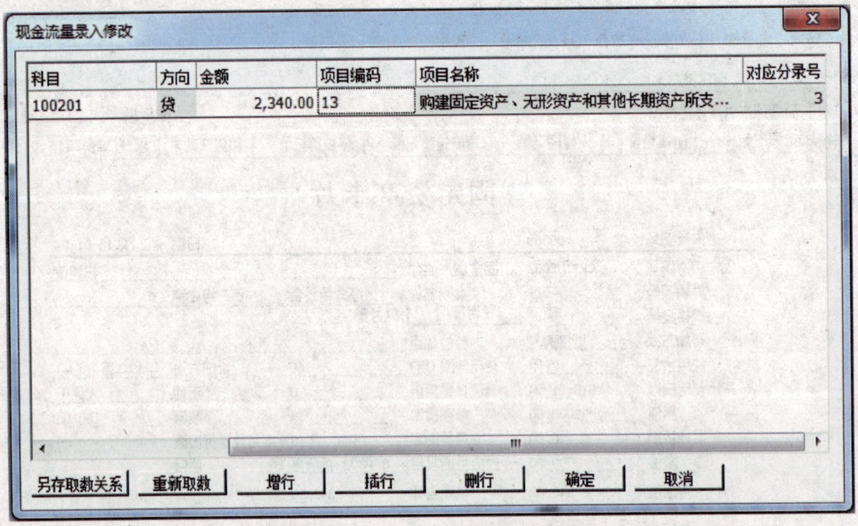

图 3.3.3　固定资产现金流量

(7)单击“确定”按钮，回到凭证窗口，单击“保存”按钮，生成凭证。

小提示

◆ 新卡片当月不提折旧，累计折旧为空或 0。

◆ 在固定资产管理“选项”中，设置了“业务发生后立即制单”参数，所以当固定资产卡片保存时，系统直接进入填制凭证窗口。若未设置该项参数，则固定资产凭证生成在“批量制单”中完成。

◆若固定资产凭证有误，通过固定资产系统凭证查询中“编辑”按钮进行修改。

任务 2:资产变动

资产变动包括原值变动、部门转移、使用状况变动、使用年限调整、折旧方法调整、净残值率调整、工作总量调整、累计折旧调整、资产类别调整、变动单管理等。资产变动要求输入相应的“变动单”，记录资产调整的结果，其他项目的修改可以直接在卡片上进行，如：名称、编号、自定义项目等。本月增加的资产卡片不允许当月进行变动处理。

※任务描述

1 月 31 日，采购部以转账支票（ZP0005）支付顺达小货车（编号 00002）添置新配件款 10000 元，请以 002 张珍身份根据资料要求进行资产变动处理。（流量：13－购建固定资产、无形资产和其他长期资产所支付的现金）

※操作指导

(1)以 002 张珍身份登录企业应用平台，登录日期“2016－01－31”。

(2)在“业务工作”选项卡中，执行“财务会计”－“固定资产”－“卡片”－“变动单”－“原值增加”命令，进入“固定资产变动单”窗口，如图 3.3.4 所示：

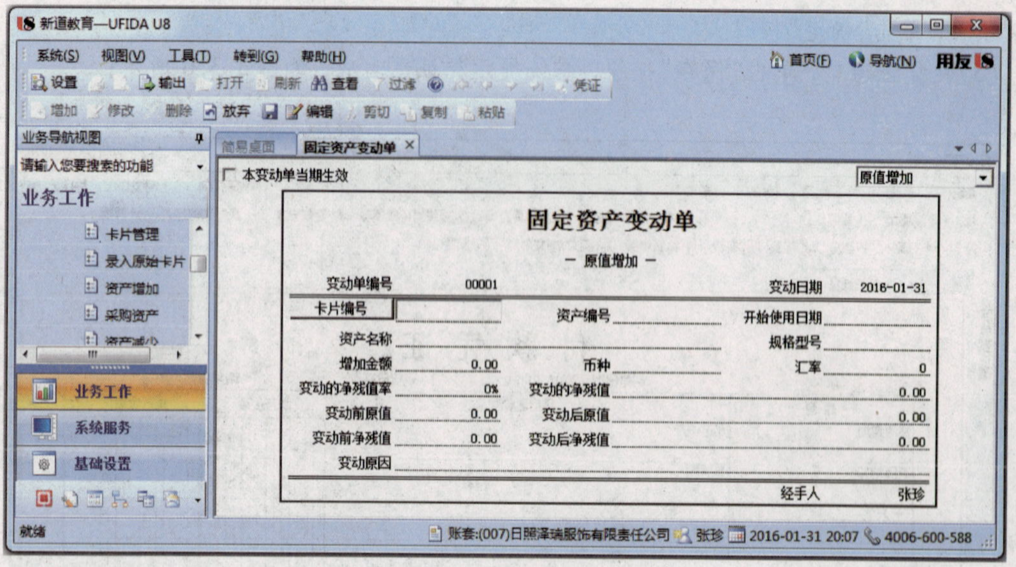

图 3.3.4　固定资产变动单

（3）输入卡片编号“00002”，输入增加金额“10000”，输入变动原因“增加配件”，如图 3.3.5 所示：

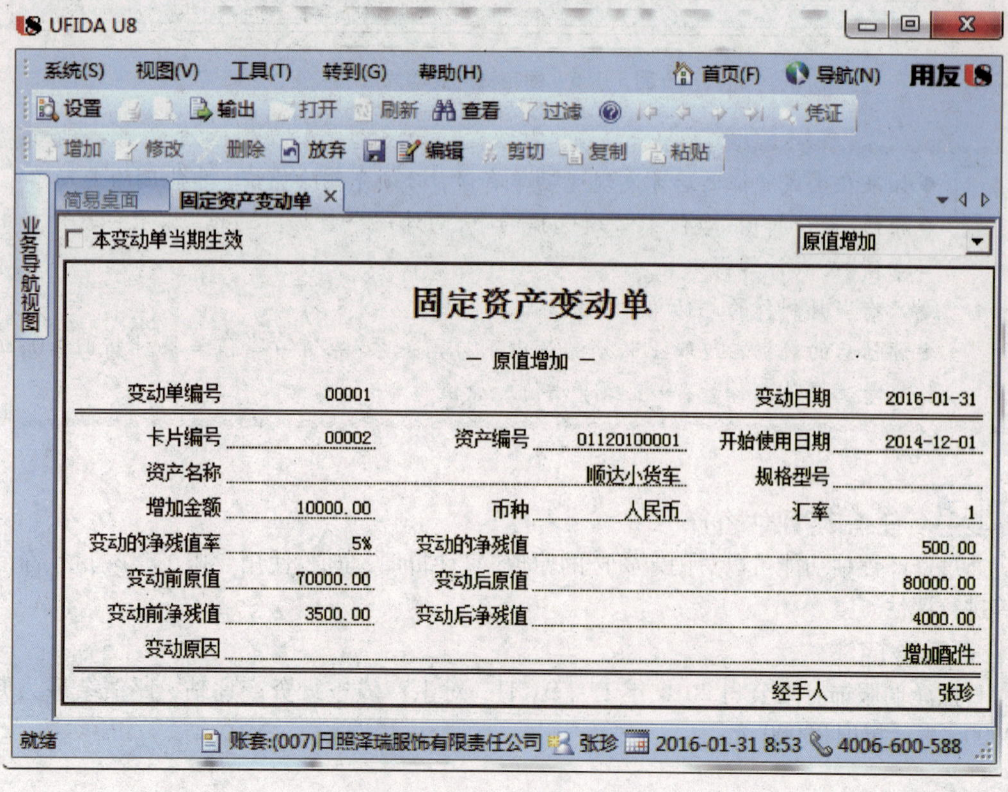

图 3.3.5　固定资产变动单

（4）单击“保存”按钮，系统提示“数据保存成功”，进入“填制凭证”窗口，选择凭证类型“付款凭证”，填写贷方科目“100201”，并补充完成辅助核算项，单击“流量”按钮，填写现金流量项目，单击“确定”按钮。

(5)在凭证窗口，单击“保存”按钮，系统提示凭证已生成，如图 3.3.6 所示：

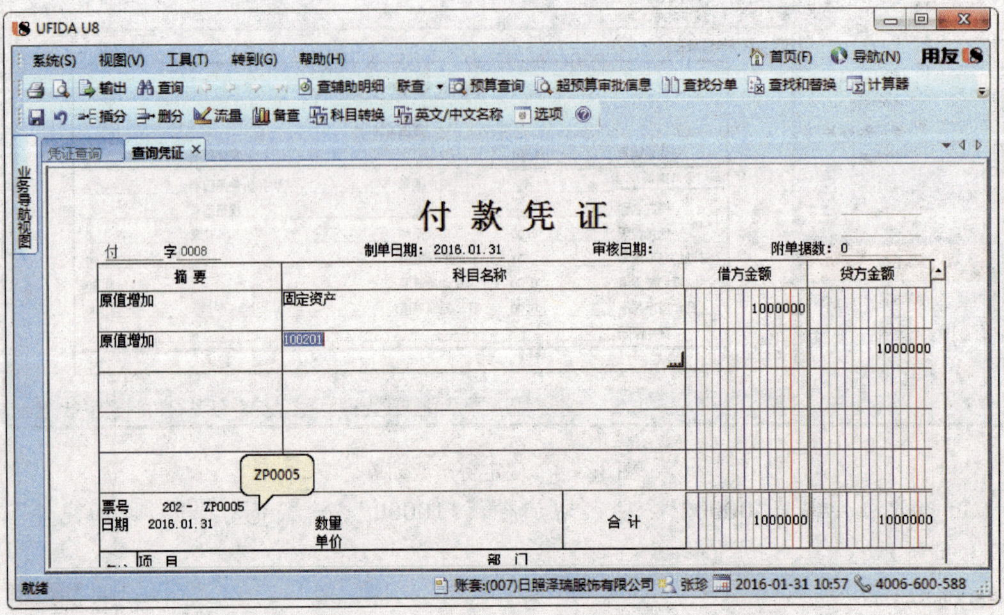

图 3.3.6 固定资产变动凭证

> 小提示
>
> ◆如果在生成凭证之后才发现变动单有误，必须先删除凭证，才能删除变动单。
>
> ◆原值、累计折旧、净值中必须选择两个，两外一个数据时通过“原值 - 累计折旧 = 净值”公式计算得来。
>
> ◆只有当月制作的评估单才能被删除。
>
> ◆评估后的数据在逻辑上必须满足以下勾稽关系：原值 - 净值 = 累计折旧 ≥0；工作总量≥累计工作量；净值≥净残值 X 原值。

任务 3：评估资产

通过资产评估功能可以对固定资产的原值、累计折旧、净值、使用年限、工作总量、净残值率等进行评估。

※任务描述

日照泽瑞服饰有限公司 2016 年 1 月 31 日，对生产线进行资产评估，评估结果为原值 170000，累计折旧 30000 元。

※操作指导

(1)以 002 张珍身份登录企业应用平台，登录日期“2016－01－31”。在“业务工作”选项卡中，执行“财务会计”－“固定资产”－“卡片”－“资产评估”命令，进入“资产评估”窗口。

(2)单击“增加”按钮，打开“评估资产选择”窗口，选择要评估的项目“原值”和“累计折旧”，如图3.3.7：

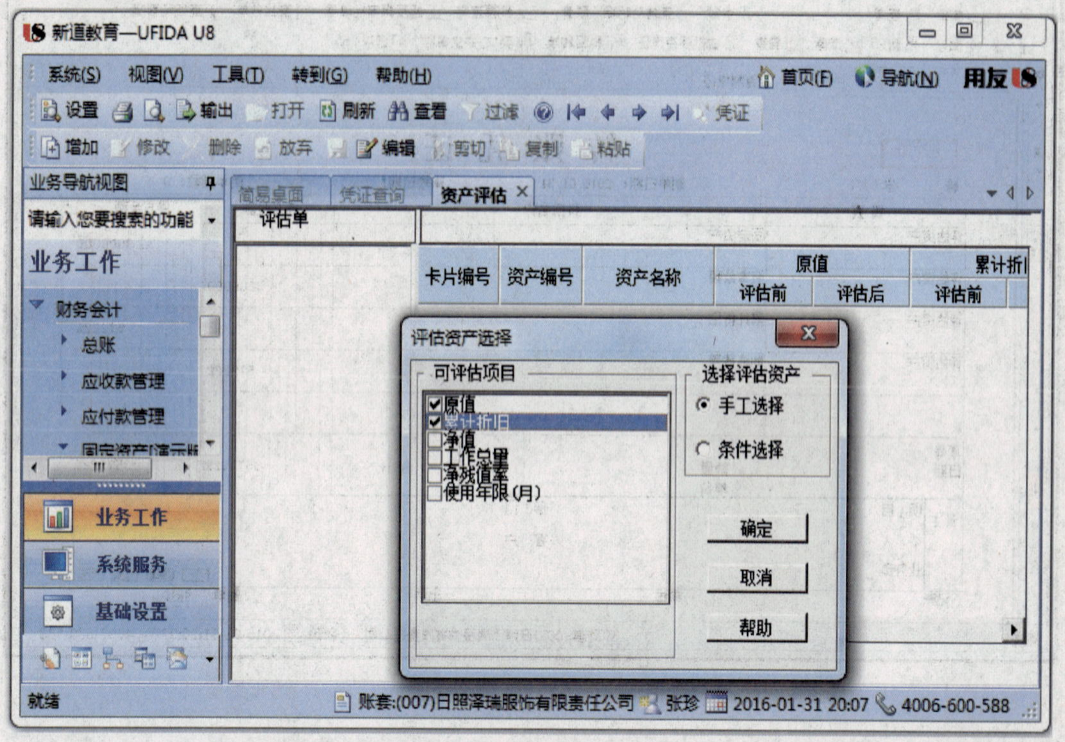

图3.3.7 评估项目选择

(3)单击“确定”按钮，选择评估资产“生产线”，输入评估后原值“170000”元，评估后累计折旧“30000”，如图3.3.8所示：

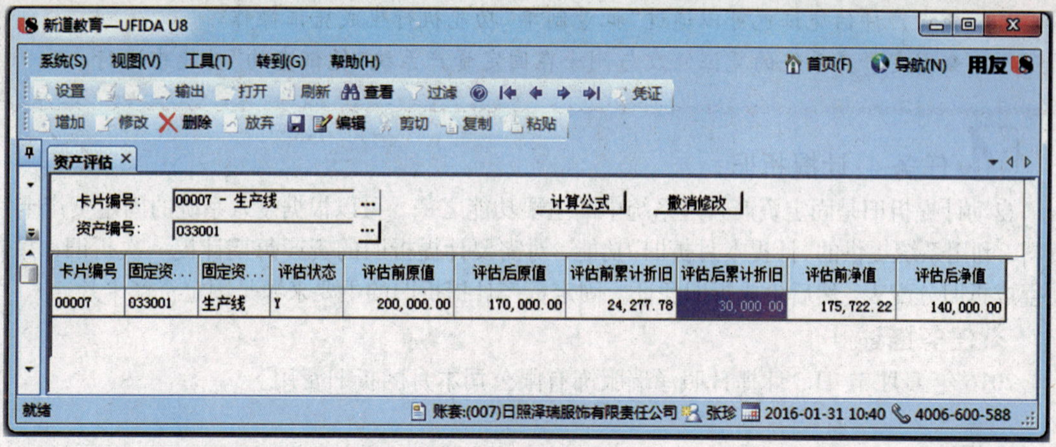

图3.3.8 资产评估数据录入

(4)单击“保存”按钮，系统提示“是否确认要进行资产评估?”，单击“是”按钮，进入“填制凭证”窗口，选择凭证类别“转账凭证”，制单日期“2016.01.31”，固定资产评估减值差额计入“资本公积”，累计折旧差额计入“制造费用”，单击“保存”按钮，系统提示“已生成”，如图3.3.9所示：

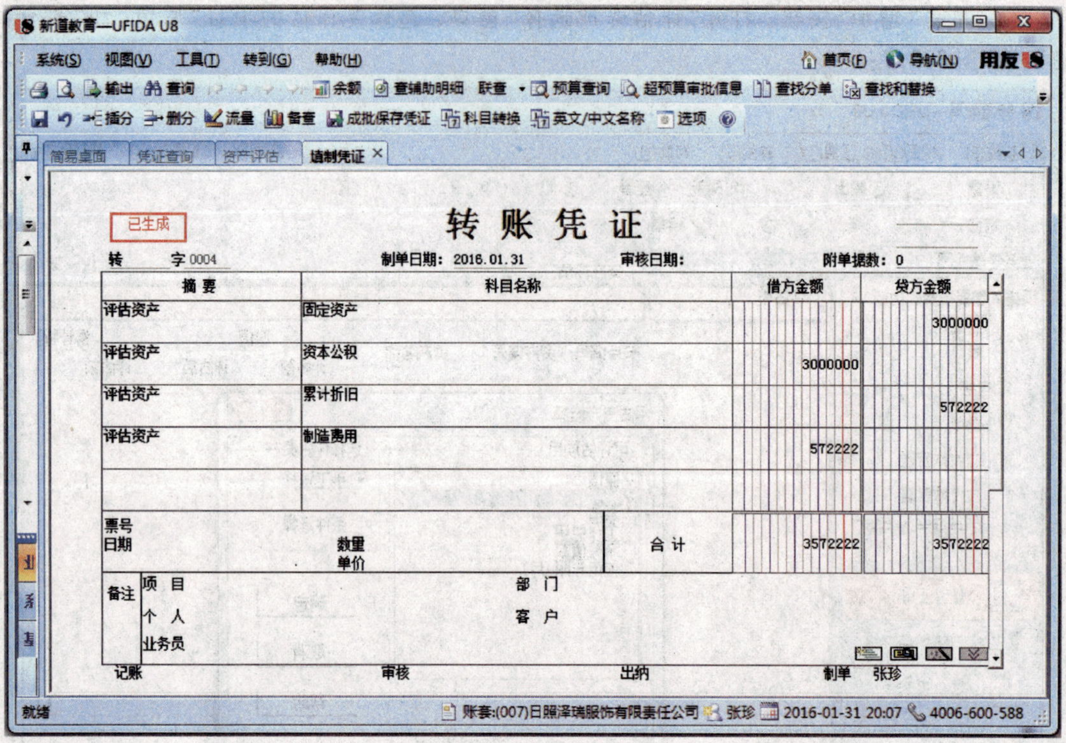

图 3.3.9 固定资产评估凭证

小提示

◆若资产评估填写错误，可以删除资产评估单，重新执行资产评估操作，但是资产评估凭证若生成，则要先删除凭证，然后才能删除评估单。

◆资产评估凭证也可以通过“批量制单”功能执行生成凭证操作。

◆固定资产系统的凭证修改与删除在固定资产系统“凭证查询”功能中进行。

任务 4：计提折旧

自动计提折旧是固定资产管理系统中的主要功能之一。可以根据录入系统的固定资产卡片资料，利用系统提供的“计提本月折旧”功能，对需要计提折旧的资产每期计提一次折旧，并自动生成折旧分配表，然后生成折旧凭证。固定资产计提折旧的主要来源是固定资产卡片。

※任务描述

2016 年 1 月 31 日，计提日照泽瑞服饰有限公司本月的折旧费用。

※操作指导

(1) 以 002 张珍身份登录企业应用平台，在“业务工作”选项卡中，执行“财务会计”–“固定资产”–“处理”–“计提本月折旧”命令。弹出“是否要查看折旧清单？”提示框。

(2) 单击“是”按钮，弹出“本操作将计提本月折旧，并花费一定时间，是否要继续？”提示框。

(3) 单击“是”按钮，进入“折旧清单窗口”，如图 3.3.10 所示：

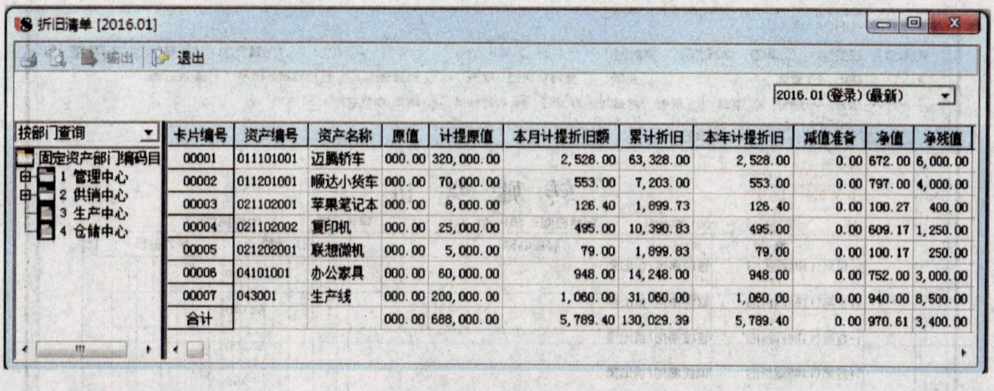

卡片编号	资产编号	资产名称	原值	计提原值	本月计提折旧额	累计折旧	本年计提折旧	减值准备	净值	净残值
00001	011101001	迈腾轿车	000.00	320,000.00	2,528.00	63,328.00	2,528.00	0.00	672.00	6,000.00
00002	011201001	顺达小货车	000.00	70,000.00	553.00	7,203.00	553.00	0.00	797.00	4,000.00
00003	021102001	苹果笔记本	000.00	8,000.00	126.40	1,899.73	126.40	0.00	100.27	400.00
00004	021102002	复印机	000.00	25,000.00	495.00	10,390.83	495.00	0.00	609.17	1,250.00
00005	021202001	联想微机	000.00	5,000.00	79.00	1,899.83	79.00	0.00	100.17	250.00
00006	04101001	办公家具	000.00	60,000.00	948.00	14,248.00	948.00	0.00	752.00	3,000.00
00007	043001	生产线	000.00	200,000.00	1,060.00	31,060.00	1,060.00	0.00	940.00	8,500.00
合计			000.00	688,000.00	5,789.40	130,029.39	5,789.40	0.00	970.61	3,400.00

图 3.3.10　折旧清单

(4)单击“退出”按钮，弹出信息提示框“计提折旧完成!”，如图 3.3.11 所示：

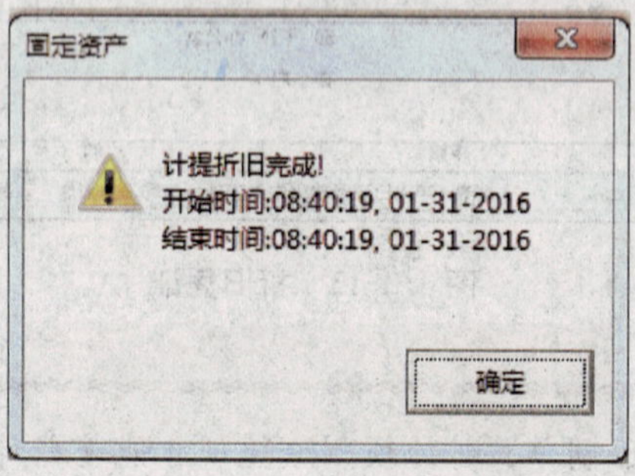

图 3.3.11　计提折旧完成

(5)单击“确定”按钮，退出“折旧清单”窗口，系统显示折旧分配表，如图 3.3.12 所示：

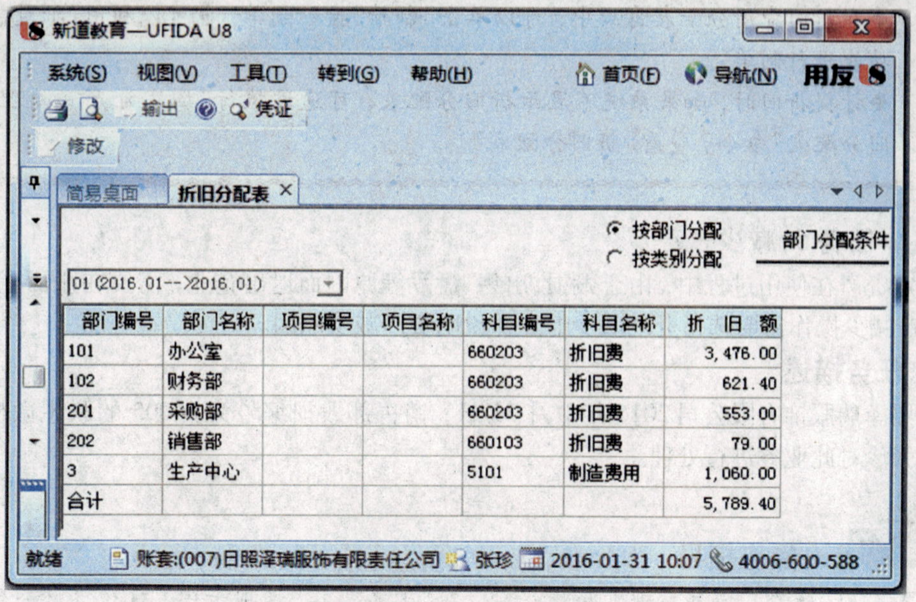

部门编号	部门名称	项目编号	项目名称	科目编号	科目名称	折　旧　额
101	办公室			660203	折旧费	3,476.00
102	财务部			660203	折旧费	621.40
201	采购部			660203	折旧费	553.00
202	销售部			660103	折旧费	79.00
3	生产中心			5101	制造费用	1,060.00
合计						5,789.40

图 3.3.12　折旧分配表

(6)单击工具栏“凭证”按钮，进入“凭证填制”窗口。选择凭证类型“转账凭证”，单击“保存”按钮，如图 3.3.13 所示：

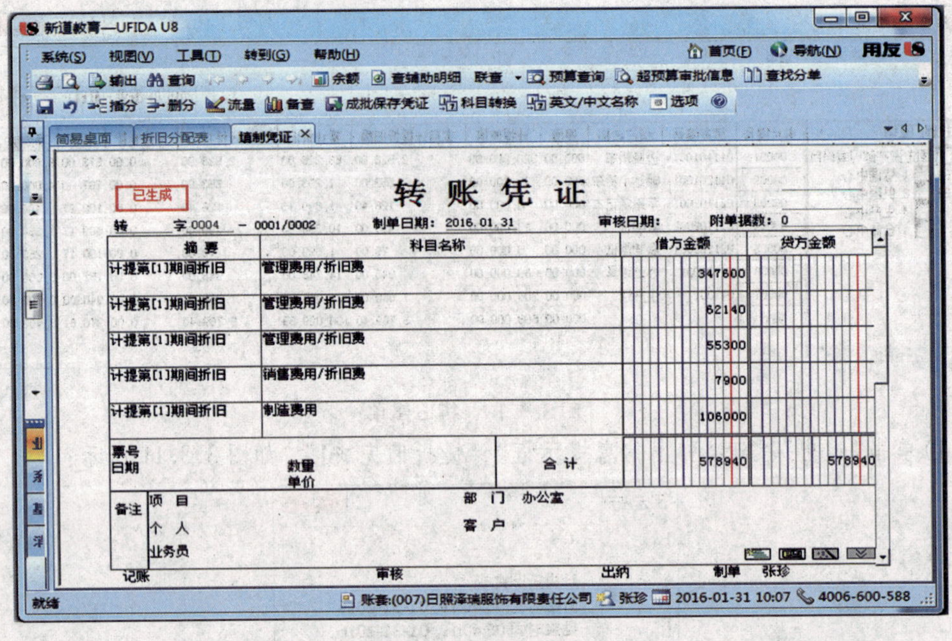

图 3.3.13　折旧凭证

> **小提示**
>
> ◆若上次计提折旧已制单，则必须删除凭证才能重新计提折旧。
>
> ◆计提折旧后又对账套进行了影响折旧计算或分配的操作，必须重新计提折旧，否则系统不允许结账。
>
> ◆在折旧费用分配表窗口中，可以单击“制单”按钮制单，也可以利用“批量制单”功能进行制单。
>
> ◆计提折旧时，如果系统不显示折旧分配表，可通过执行“固定资产－处理－折旧分配表”命令，查看“折旧分配表”。

任务 5：减少资产

固定资产在使用过程中，由于毁损、出售、盘亏等原因而退出企业，需要在账面上减少资产，资产减少操作需要选择资产减少卡片并说明资产减少原因。

※任务描述

日照泽瑞服饰有限公司 2016 年 1 月 31 日，销售部毁损编号为 00005 的联想微机一台，请 002 张珍对此业务进行处理。

※操作指导

（1）以 002 张珍身份登录企业应用平台，在“业务工作”选项卡中，执行“财务会计”－“固定资产”－“卡片”－“资产减少”命令，进入“资产减少”窗口。

（2）选择卡片编号“00005 联想微机”，单击“增加”按钮，选择减少方式“毁损”，如图 3.3.14 所示：

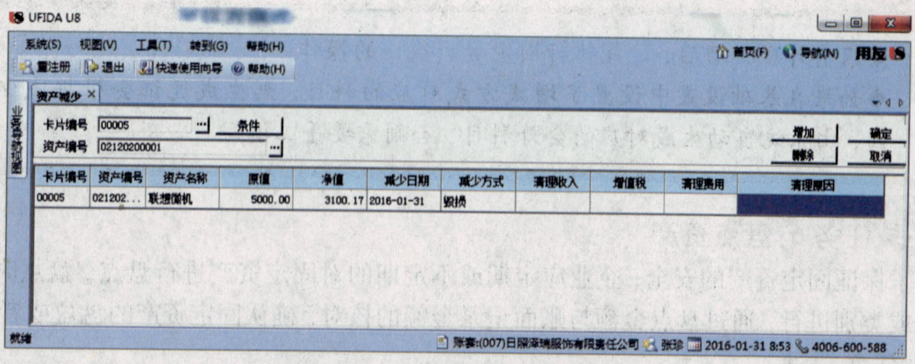

图 3.3.14　资产减少

(3)单击"确定"按钮，系统提示"所选卡片已经减少成功!"如图 3.3.15 所示：

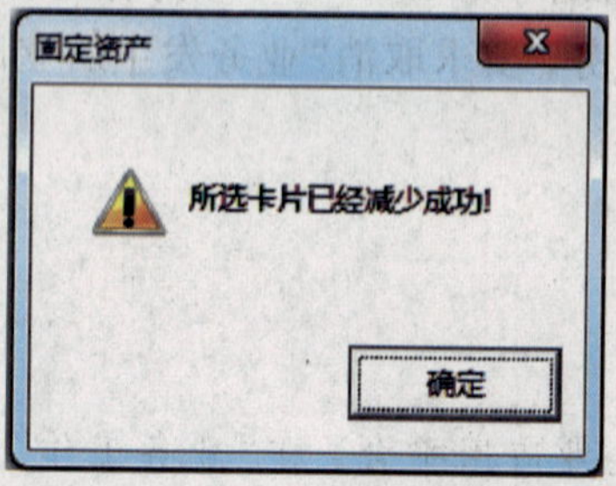

图 3.3.15　卡片减少成功提示框

(4)单击"确定"按钮，进入"填制凭证"窗口，选择"转账凭证"，单击"保存"按钮，系统提示"已生成"，如图 3.3.16 所示：

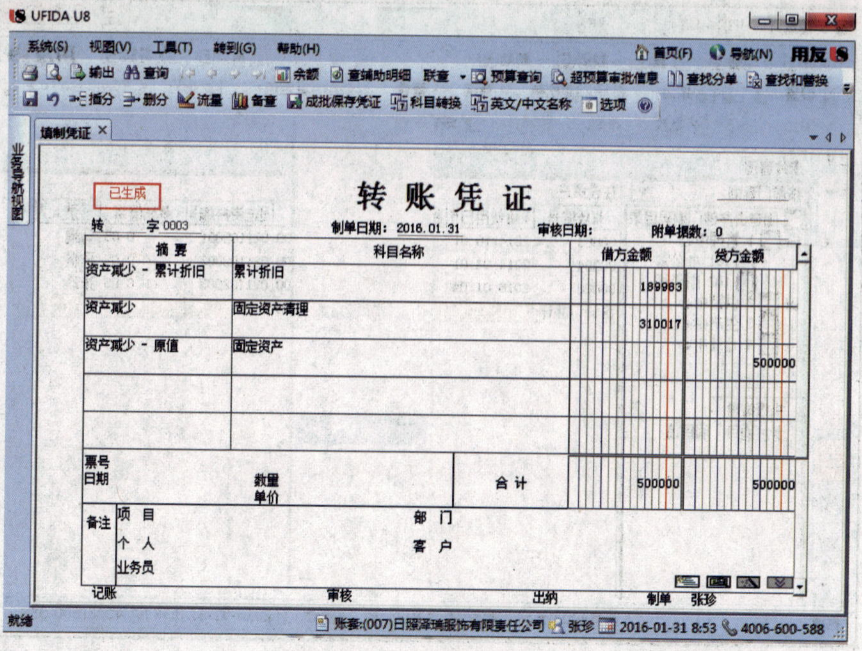

图 3.3.16　固定资产减少凭证

> 小提示
> ◆只有计提折旧后，才能执行固定资产减少的操作。
> ◆如果在基础设置中设置了增减方式对应的科目，则生成凭证会根据减少的原因，由系统自动生成对应的会计科目，否则需要手工填写。

任务 6：盘点资产

为了保证固定资产的安全，企业应定期或不定期的对固定资产进行盘点，盘点时可以选择部门或类别进行，通过盘点金额与账面记录金额的核对，确认固定资产的盘盈或者盘亏。

※任务描述

日照泽瑞服饰有限公司 2016 年 1 月 31 日对财务部资产进行盘点，盘点结果为有一台编号为 022102001 的复印机和一台编号为 021102002 的扫描仪，经批准，盘亏资产记入“营业外支出”。请 002 张珍进行盘点业务，要求取消“业务发生后立即制单”按钮，使用“批量制单”功能生成凭证。

※操作指导

6－1：资产清单格式设置

（1）以 002 张珍身份登录企业应用平台，在“业务工作”选项卡中，执行“财务会计”－“固定资产”－“设置”－“选项”命令，进入“选项”窗口，取消“业务发生后立即制单”的勾选，点击“确定”按钮退出。

（2）执行“固定资产”－“卡片”－“卡片管理”命令，打开“卡片管理”窗口，选择固定资产部门编辑目录下的“102 财务部”，单击工具栏“编辑”/“列头编辑”，如图 3.3.17 所示：

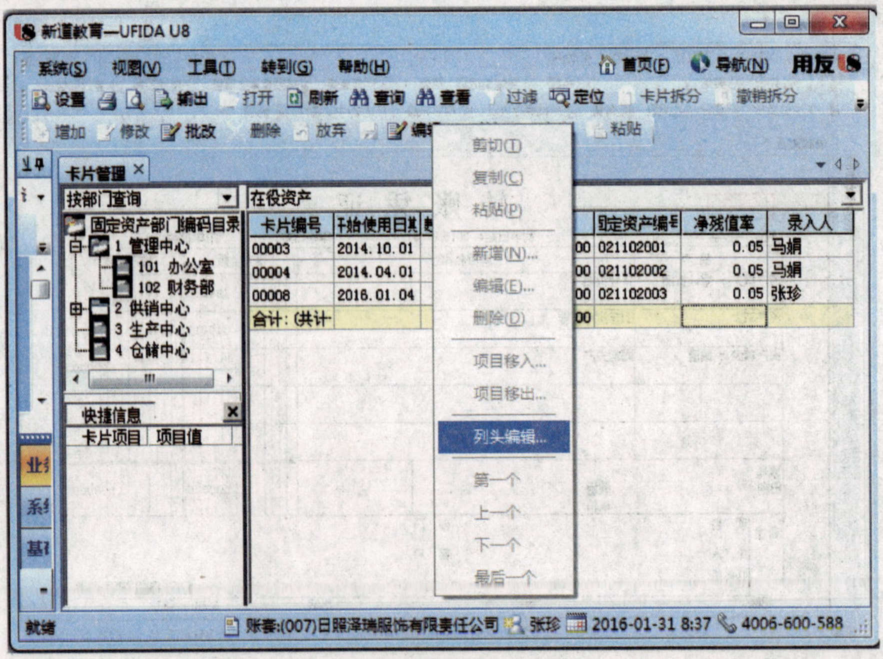

图 3.3.17　编辑固定资产清单格式

> 小提示
>
> ◆当在选项中取消了“业务发生后立即制单”复选框的勾选后，经济业务发生后需要通过“批量制单”实现该笔经济业务对应的会计凭证。
>
> ◆进入固定资产卡片时，注意“开始使用日期”的设定。

（3）根据企业需要补充列头显示项目，如图3.3.18所示，将财务部资产清单单独打印输出。

（4）单击“确定”按钮，单击“输出”按钮，文件名“资产盘点单”，保存到桌面，如图3.3.19所示，单击“保存”按钮，将资产盘点单保存，以备资产盘点打印时对照使用。

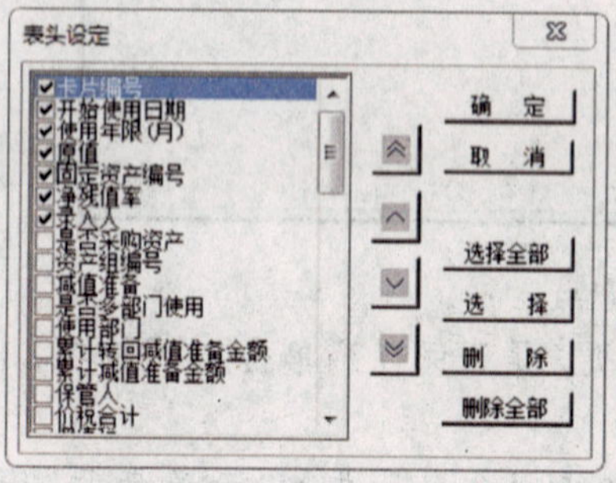

图3.3.18　固定资产列头项目设置

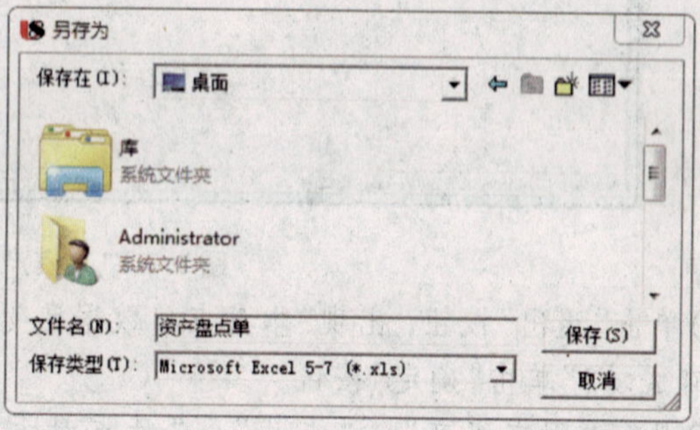

图3.3.19　资产盘点单保存

6-2：盘点资产

（1）执行“固定资产”-“卡片”-“资产盘点”命令，进入“资产盘点”窗口。

（2）单击“增加”按钮，单击“范围”，选择“按使用部门盘点”，使用部门选择“财务部”，如图3.3.20所示：

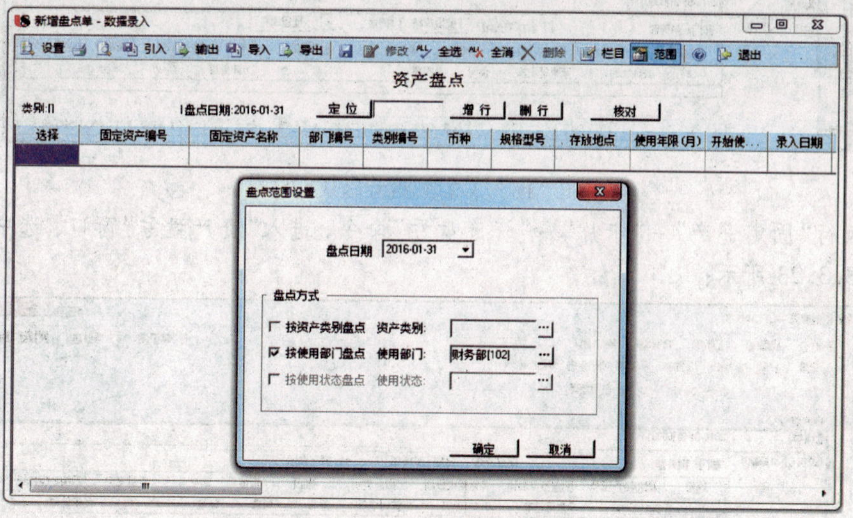

图3.3.20　盘点范围设置

（3）单击“确定”按钮，系统出现财务部资产列表，根据盘点结果，双击选择“苹果笔记本”单击“删行”按钮，如图3.3.21所示：

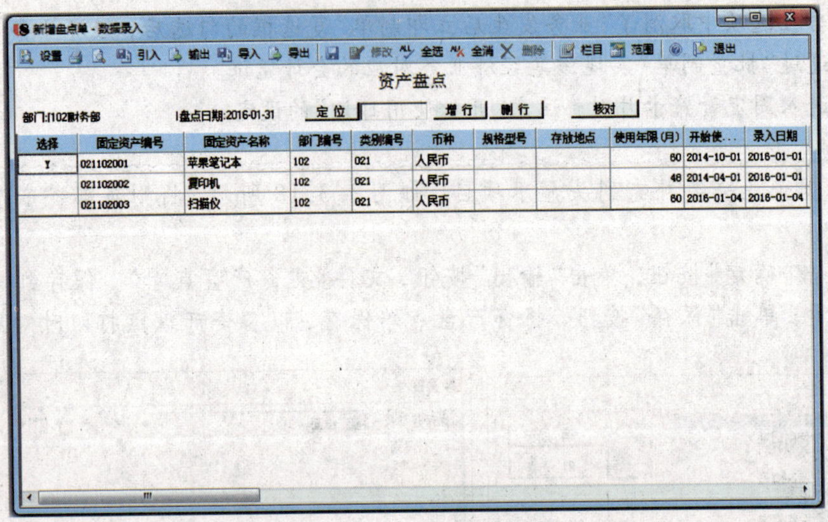

图 3.3.21　资产盘点

(4)单击“退出”按钮，出现“本盘点单数据已变更，是否保存?”单击“是”按钮，出现“盘点单保存成功!”单击“确定”按钮。

(5)执行“固定资产”-“卡片”-“盘点盘亏确认”命令，进入“盘盈盘亏”窗口，双击选中苹果笔记本，单击“审核”选择“同意”，单击“保存”按钮，系统提示“保存成功”，如图 3.3.22 所示：

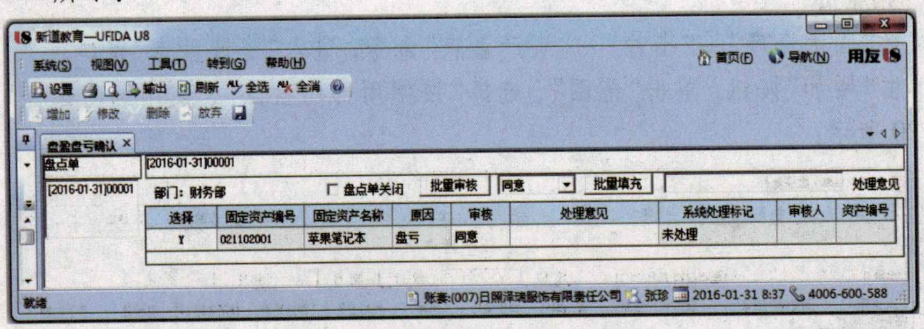

图 3.3.22　盘亏确认

(6)执行“固定资产”-“卡片”-“资产盘亏”命令，进入“资产盘亏”窗口，选中苹果笔记本，如图 3.3.23 所示：

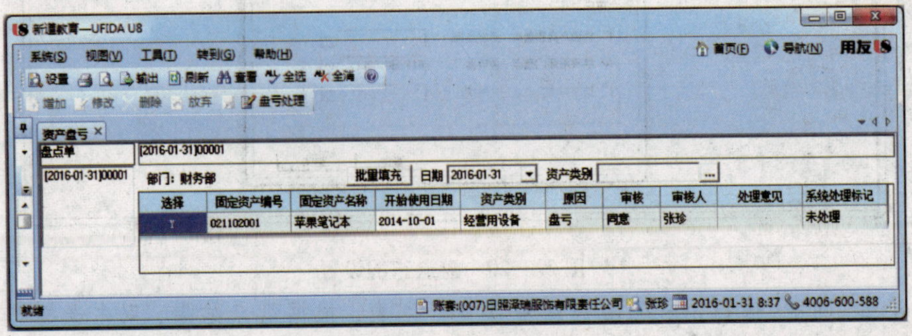

图 3.3.23　盘亏处理

(7)单击“盘亏处理”按钮，如图3.3.24所示：

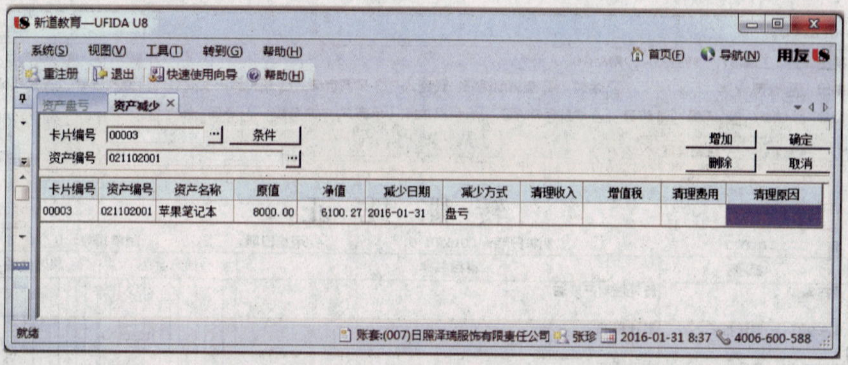

图3.3.24　资产减少

(8)单击“确定”按钮，出现“所选卡片已减少成功”。

(9)执行“固定资产”-“处理”-“批量制单”命令，进入“批量制单”窗口，如图3.3.25所示：

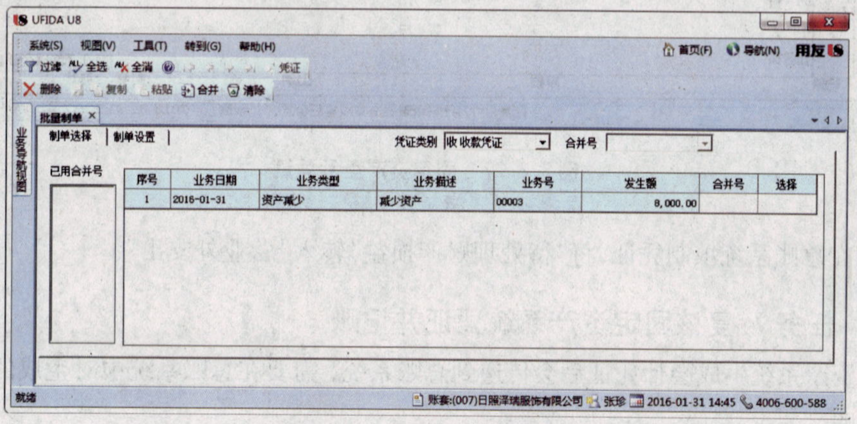

图3.3.25　资产盘亏合并制单

(10)在“制单选择”选项卡，单击选择“Y”，进入“制单设置”选项卡，如图3.3.26所示：

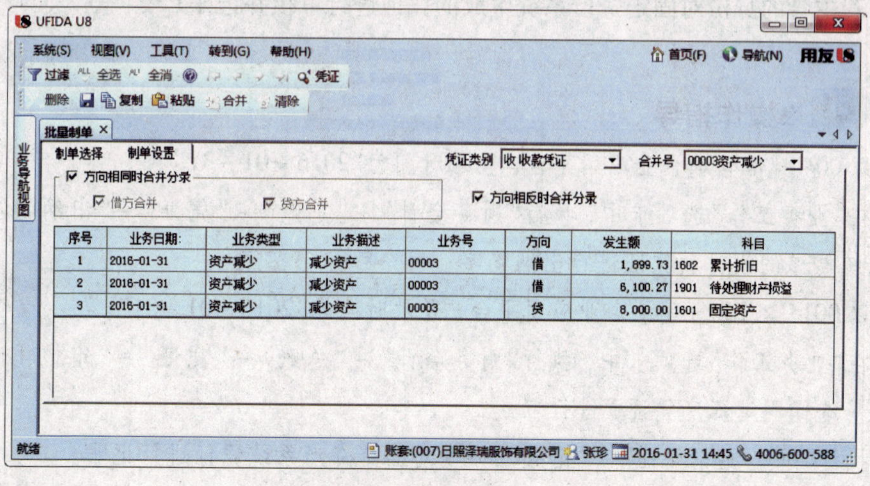

图3.3.26　资产盘亏制单设置

(11)单击“凭证”按钮，选择凭证类别为“转”，单击保存凭证，如图 3.3.27 所示：

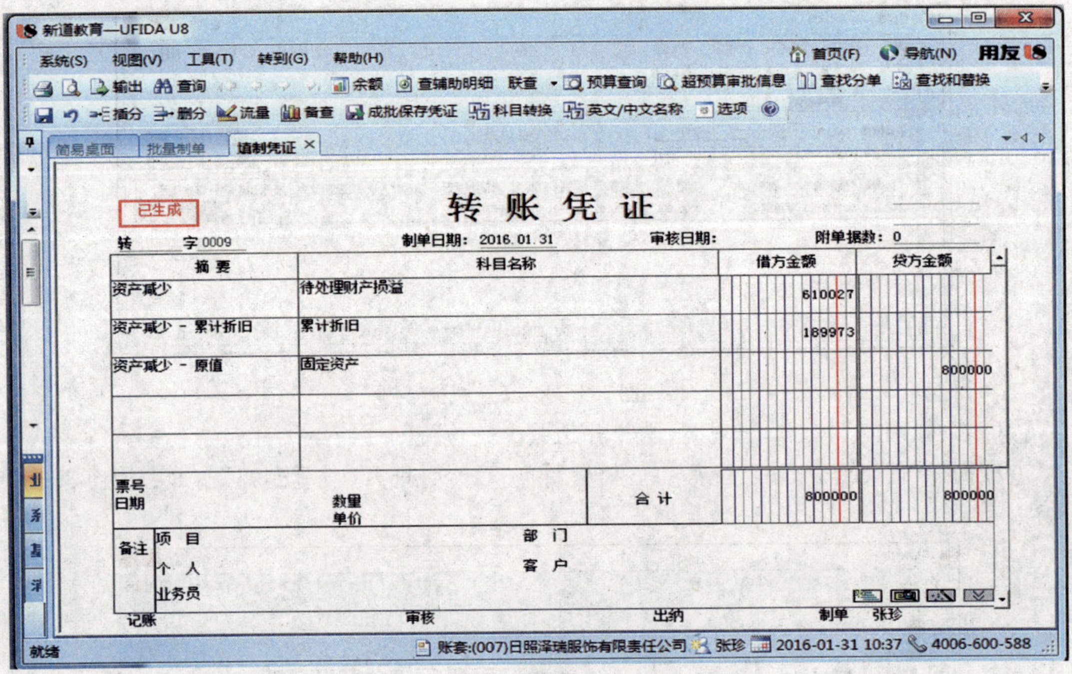

图 3.3.27 固定资产盘亏凭证

(12)在总账系统填制凭证，将“待处理财产损益”转入“营业外支出”。

任务 7：复核固定资产系统凭证并记账

固定资产系统生成会计凭证后会传递到总账系统，需要在总账系统中对生成的凭证进行审核并记账。

※任务描述

以账套主管的身份对固定资产系统生成的凭证进行审核并记账。

※操作指导

(1)以 004 身份登录企业应用平台，登录时间为“2016－01－31”。

(2)在“业务工作”选项卡中，执行“财务会计”－“总账”－“凭证”－“出纳签字”，对固定资产系统传递的收付款凭证进行出纳签字。

(3)以 001 马娟身份登录企业应用平台，登录时间为“2016－01－31”。

(4)在“业务工作”选项卡中，执行“财务会计”－“总账”－“凭证”－“审核凭证”，打开凭证列表，选择固定资产凭证，进行审核。

(5)执行“总账”－“凭证”－“记账”，命令对固定资产系统凭证进行记账。

子项目 3.4　销售收款业务

任务框架

任务 1:数据权限分配
任务 2:赊销业务
任务 3:代垫费用业务
任务 4:收款、核销业务
任务 5:票据业务
任务 6:退货业务
任务 7:预收冲应收业务
任务 8:应收冲应收业务
任务 9:坏账业务
任务 10:应收款管理系统凭证记账

实际工作中，销售大多采用赊销方式，因此应收款管理系统是企业日常业务处理的重要组成部分。应收款管理系统的日常业务包括:应收单的处理、收款单的处理、票据管理、转账管理、坏账处理、制单处理等，及时在该系统中处理企业所发生的赊销及收款业务，有助于企业查询和分析应收款的账龄、可回收性等，有利于加强企业的往来款的管理和监督，提高工作效率。

任务 1:数据权限分配

如果企业进行了数据权限控制，那么在进行应收款管理系统操作时，除了在“系统管理”中对操作员(用户)进行授权外，还需要在“企业应用平台”-“系统服务”中对其进行数据权限的赋予。

※任务描述

请对用户 002 张珍和 003 苏立伟进行“用户”数据权限分配。

※操作指导

(1)以 001 马娟身份登录企业应用平台，登录时间为“2016-01-01”。

(2)在“系统服务”选项卡中，执行“权限”-“数据权限分配”命令，选中“002 张珍”，在“业务对象”下选择“用户”，单击“授权”按钮，弹出“记录权限设置”窗口，勾选“主管”，单击“保存”按钮，弹出提示信息“保存成功，重新登录门户，此配置才能生效”，单击“确定”，如图 3.4.1 所示，单击关闭退出。

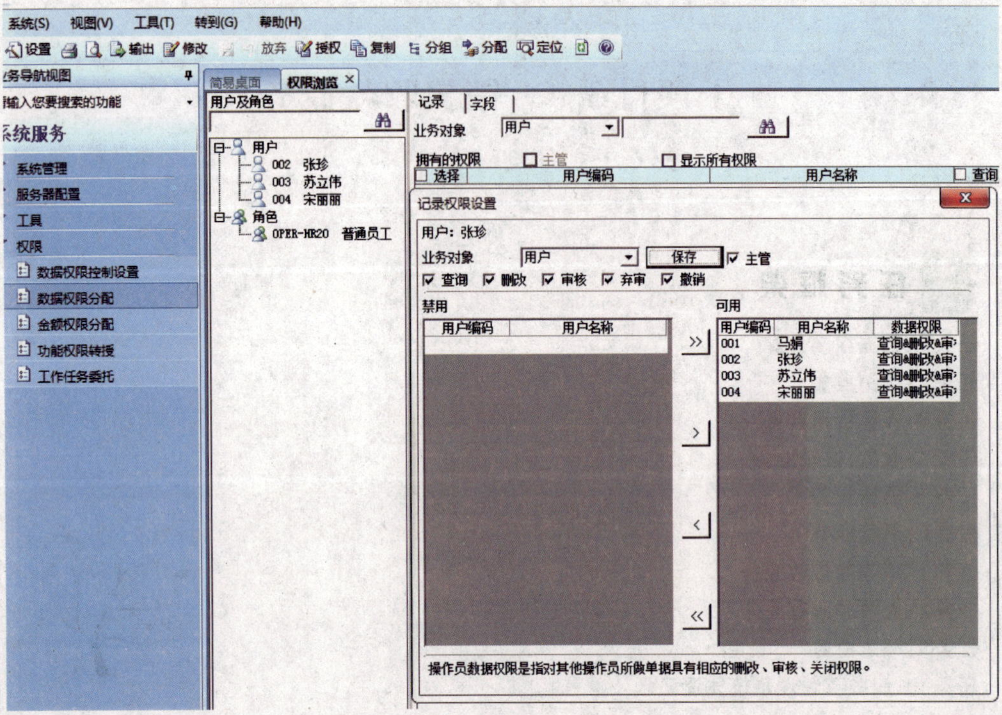

图 3.4.1　参数设置

◆如果进行了数据权限的设置，用户必须同时进行权限赋予和数据权限分配，才能真正拥有相应的操作权限。

◆在进行数据权限的分配时，勾选"主管"与将所有用户通过"＞＞"键指定过去的含义不同，如果勾选了"主管"，则后期新增操作员后，002 张珍拥有对新增用户的"查询/删改/审核/弃审/撤销"权限，而如果采用"＞＞"键指定，则 002 张珍仅对指定的用户拥有相应的权限，而对于新增的用户则不具备权限。

(3) 对 003 苏立伟的用户权限分配同上。

任务 2：赊销业务

销售发票和应收单据是应收款管理系统日常核算的重要单据，其中销售发票包括销售专用发票和销售普通发票，应收单主要核算除销售业务以外的代垫费用等所产生的债权，如代垫运费、包装费，通过应收单进行核算。当企业将应收款管理系统与销售管理系统集成使用时，销售发票以及代垫运费的发票均在销售管理系统中录入，在应收款管理系统中进行审核和制单，此时应收款管理系统只能录入应收单；若企业没有启用销售管理系统，只启用了应收款管理系统，则销售发票及应收单均在该系统进行录入、审核、查询和制单。

※任务描述

日照泽瑞服饰有限责任公司销售部 2016 年 1 月 2 日向华丰百货销售女式西装 10 套，无税单价 1000.00 元/套，企业开具了增值税专用发票，发票号 zf0001，货已发出，款项未收。请以 003 苏立伟身份进行专用发票的开具，由 002 张珍进行发票的审核和凭证的填制。

※操作指导

（1）以 003 苏立伟身份登录企业应用平台，登录时间为“2016－01－02”。

（2）在“业务工作”选项卡中，执行“财务会计”－“应收款管理”－“应收单据处理”－“应收单录入”命令，弹出“单据类别”窗口，选择单据类型“销售专用发票”，方向“正向”，单击“确定”按钮，如图 3.4.2 所示：

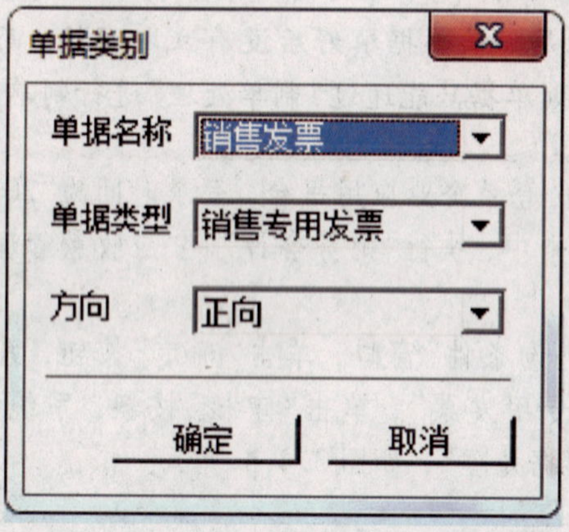

图 3.4.2　单据类别选择：增值税专用发票

（3）在“销售专用发票”窗口，单击“增加”按钮，根据任务所给资料，在表头填写发票号、开票日期、客户简称、销售部门等信息；单击表体的第一行，双击存货编码，选择“301”，填写数量“10”，无税单价“1000”，单击“保存”按钮，如图 3.4.3 所示，然后关闭“销售发票”窗口。

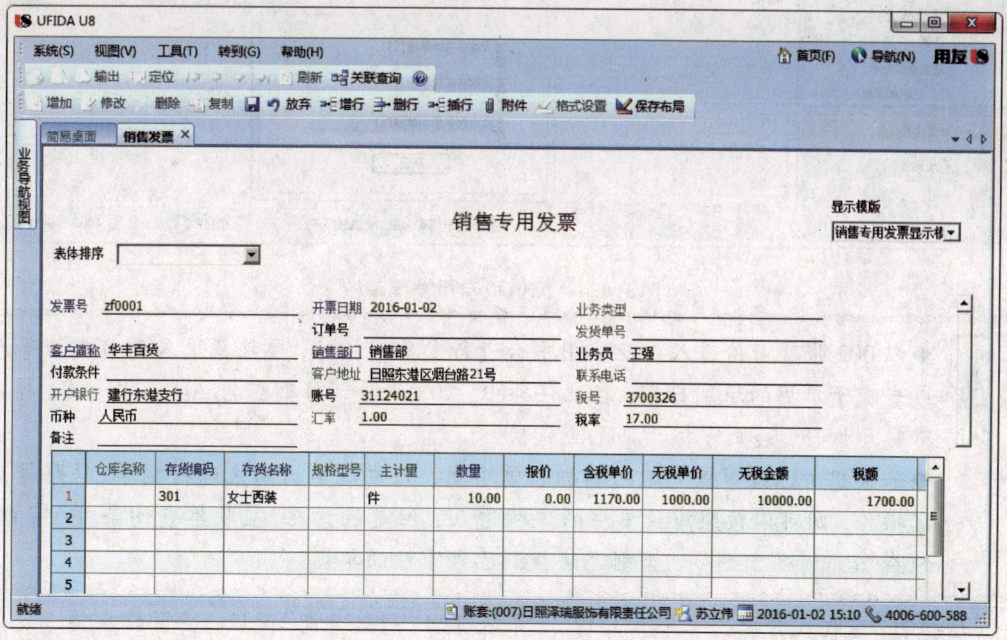

图 3.4.3　增值税专用发票

小提示

◆选择发票时注意发票的类型，填写金额时注意是含税单价还是无税单价，如果填写错误，在尚未经过审核、制单处理前，可直接修改，若已经进行了审核或制单等后续处理，只能先删除凭证，取消审核，方可进行单据的修改。

◆在填好应收单或者发票后，如果操作员有单据的审核权限，可以在单据填好保存后直接审核，也可以在"应收单据审核"功能中进行审核。如果是直接审核，则系统会提示"是否立即制单"，此时可以立即制单生成凭证，也可以通过"制单处理"来进行制单；但是如果单据填好后没有立即审核，而是通过"应收单据审核"功能来进行审核，则单据只能通过"制单处理"进行制单。

(4)以 002 会计张珍身份登录企业应用平台，登录时间为"2016－01－02"。

(5)在"业务工作"选项卡中，执行"财务会计"－"应收款管理"－"应收单据处理"－"应收单审核"命令。

(6)系统弹出"应收单查询条件"窗口，单击"确定"按钮，系统弹出"应收单据列表"窗口，双击选择"华丰百货的专用发票"，单击"审核"按钮，系统提示"本次审核成功单据 1 张"，单击"确定"，关闭"单据处理"，如图 3.4.4 所示：

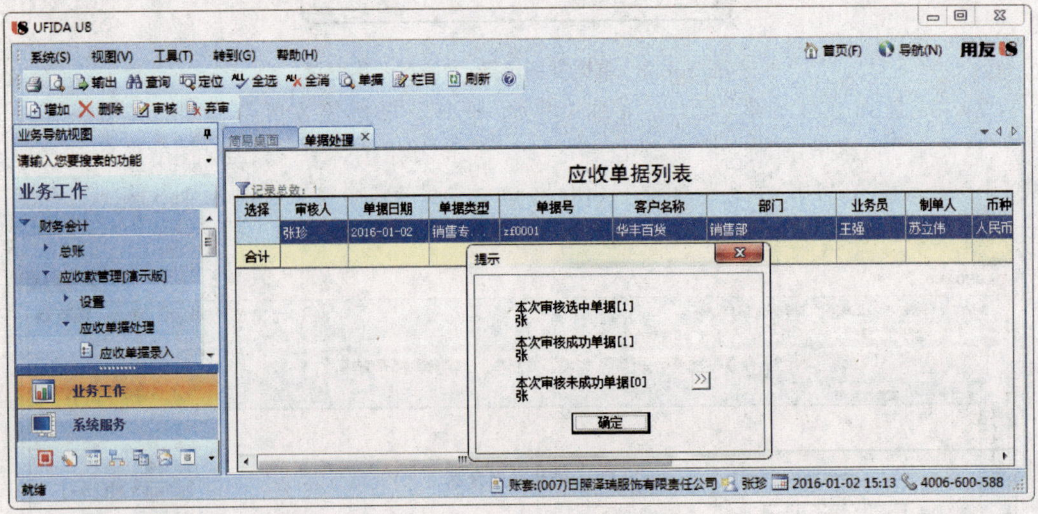

图 3.4.4　增值税专用发票审核

小提示

◆以 002 张珍身份进入企业应用平台进行发票审核时，要注意进入的日期应等于或者晚于单据的填制日期，在此任务中，002 的登录日期应为 2016－01－02 日或者晚于该日，否则审核单据无法成功。

◆如果想对已经审核完毕的单据取消审核，只要该单据尚未进行制单、转账等后续操作，则可以按照审核单据的流程进入，但是注意在"应收单查询条件"窗口，应在"已审核"前划√，否则无法找到已经审核的单据。

(7)执行"应收款管理"－"制单处理"，系统弹出"制单查询"窗口，在窗口左侧"发票制单"前划"√"，单击"确定"按钮，如图 3.4.5 所示：

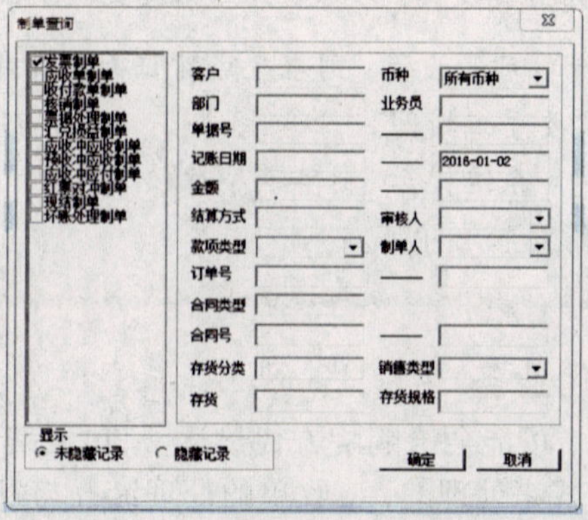

图 3.4.5　选择制单单据

(8)在“制单”窗口，单击“全选”按钮，“选择标志”处出现“1”，更改凭证类别为“转账凭证，如图 3.4.6 所示：

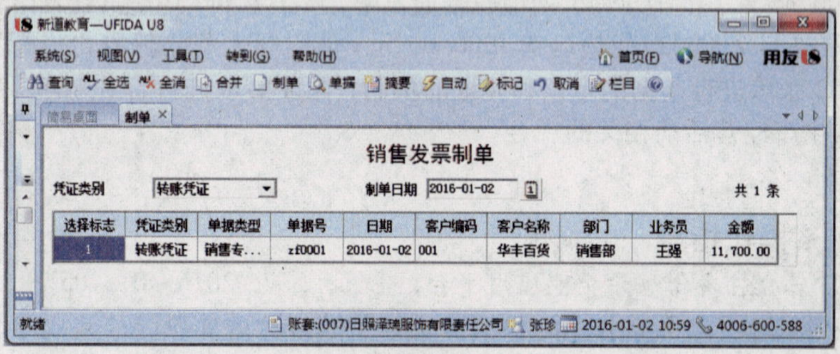

图 3.4.6　销售发票制单设置

(9)单击“制单”按钮，生成赊销的记账凭证，在凭证上单击“主营业务收入”科目，弹出项目核算的辅助项，选择项目名称“女式西装”，更改凭证类别，保存凭证，如图 3.4.7 所示：

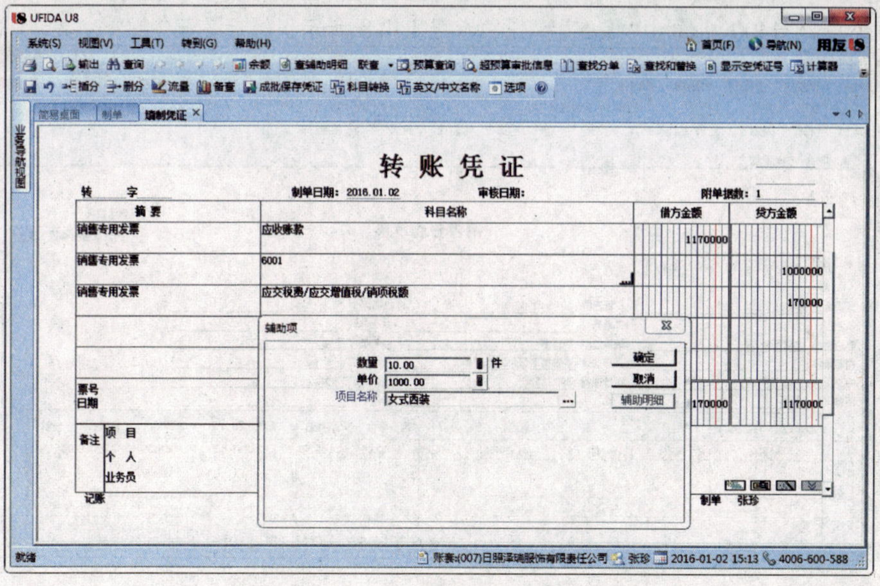

图 3.4.7　销售发票制单凭证

小提示

◆如果事先做了会计科目的设置，则在生成凭证时，科目编码由系统自动生成，否则科目名称为空，需要手工填写。

◆如果在生成凭证时，系统提示“制单不序时”，则执行“总账”－“设置”－“选项”命令，将“制单序时控制”的√取消即可。

任务3：代垫费用业务

企业在产品销售过程中，可能会给购货方代垫运费、包装费等，用友软件中的代垫费用业务是通过填写应收单的方式来处理的，应收单的处理流程与发票相同，填制好单据后，进行审核，然后进行制单即可。

※任务描述

日照泽瑞服饰有限责任公司销售部2016年1月5日向金河百货销售女式风衣20件，含税单价1400.00元/件，企业开具了增值税普通发票，发票号pf0001，货已发出，款项未收，同时以转账支票(票号ZP0002)代垫运费1200.00元。请以003苏立伟身份进行发票和应收单的开具，由002张珍进行票据的审核和凭证的填制，凭证要求进行合并制单，现金流为：“07支付的其他与生产经营活动相关的现金”。

※操作指导

(1)以003苏立伟身份登录企业应用平台，登录时间为“2016－01－05”。

(2)在“业务工作”选项卡中，执行“财务会计”－“应收款管理”－“应收单据处理”－“应收单录入”命令。弹出“单据类别”窗口，选择单据类型“销售普通发票”，方向“正向”，单击“确定”按钮进入。

(3)在“销售普通发票”窗口，单击“增加”按钮，根据任务所给资料，在表头填写发票号、开票日期、客户简称、销售部门等信息，单击表体的第一行，双击存货编码，选择“302”，填写数量“20”，含税单价“1400”，单击“保存”按钮，如图3.4.8所示，然后关闭“销售发票”窗口。

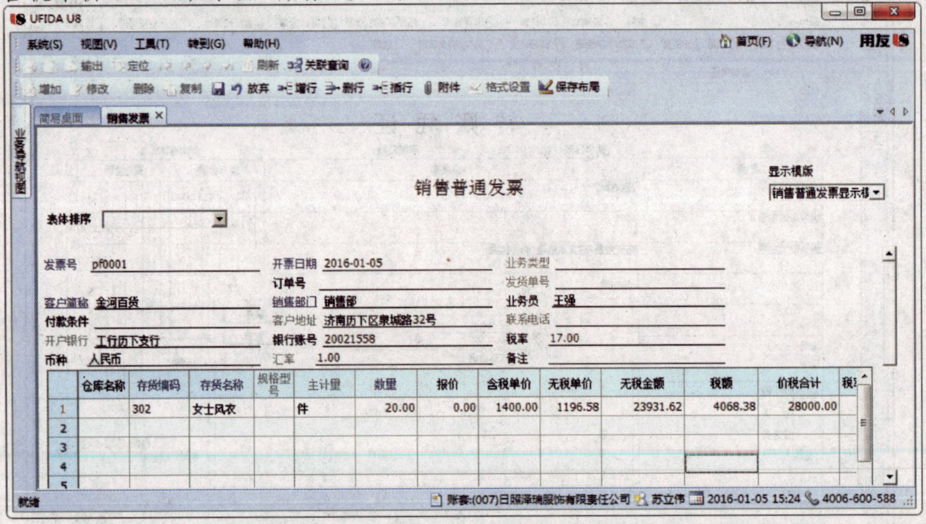

图3.4.8 销售普通发票

(4)在"业务工作"选项卡中，执行"应收单据处理"－"应收单录入"命令。弹出"单据类别"窗口，选择单据名称"应收单"，方向"正向"，单击"确定"按钮进入。

(5)代垫运费以"应收单"形式录入，在"应收单"窗口，单击"增加"按钮，根据任务所给资料，在表头填写单据日期、客户、金额等信息；单击表体第一行，系统将表头信息自动过入表体，单击"保存"按钮，如图3.4.9所示，然后关闭"应收单"窗口。

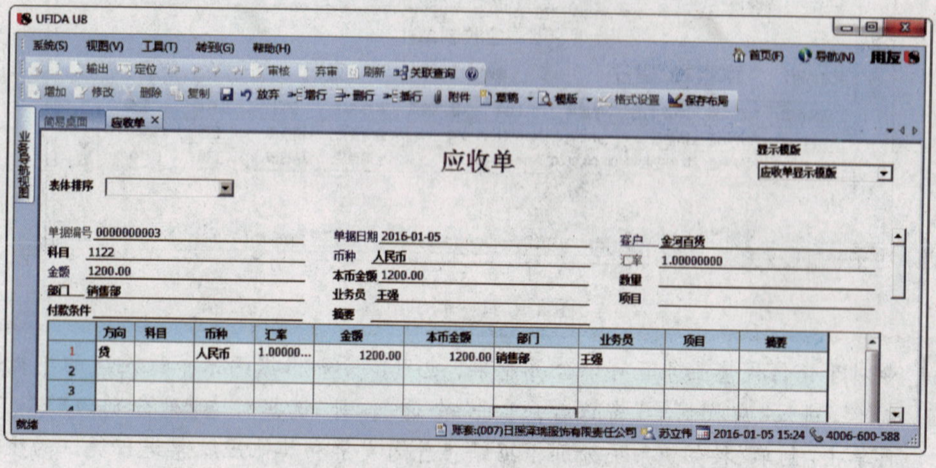

图3.4.9　应收单

(6)以002会计张珍身份登录企业应用平台，登录时间为"2016－01－05"。

(7)在"业务工作"选项卡中，执行"财务会计"－"应收款管理"－"应收单据处理"－"应收单审核"命令。

(8)系统弹出"应收单查询条件"窗口，单击"确定"按钮，进入"应收单据列表"窗口，单击"全选"按钮，再单击"审核"按钮，系统提示"本次审核选中单据2张，本次审核成功单据2张"，单击"确定"，关闭"单据处理"，如图3.4.10所示：

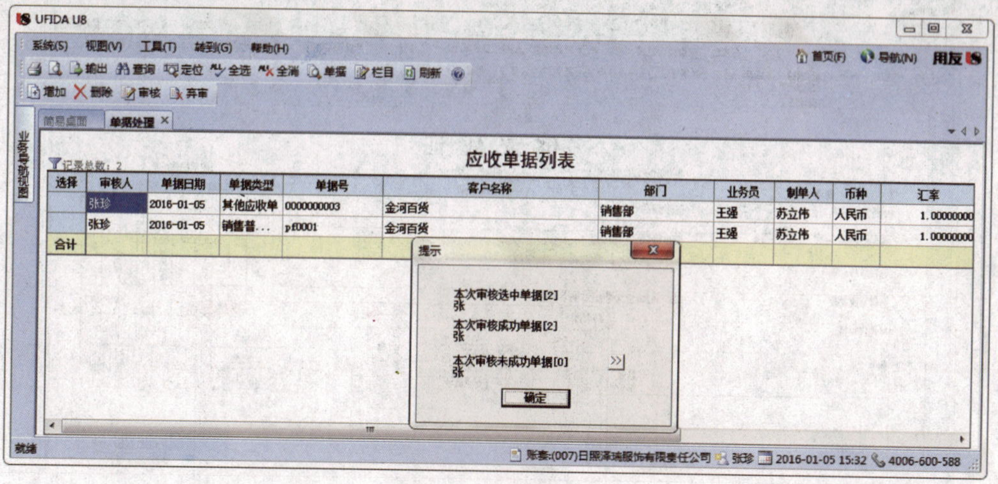

图3.4.10　发票及应收单审核

(9)执行"应收款管理"－"制单处理"，系统弹出"制单查询"窗口，选中窗口左侧"发票制单"和"应收单制单"的"√"，单击"确定"按钮。

(10)在“应收制单”窗口，单击“合并”按钮，两行的“选择标志”处均出现“1”，更改凭证类别为“付款凭证”，如图 3.4.11 所示：

图 3.4.11　制单设置

◆对于销售代垫业务既可以合并制单，也可以分别根据两张审核无误的单据进行制单，进入“应收制单”窗口后，单击“全选”，则“选择标志”处分别为“1”、“2”，再单击“制单”按钮，系统分别根据销售普通发票和其他应收单进行凭证的生成。

◆在进行科目设置之前，需要进行会计科目属性的修改，将应收账款 1122、预收账款 2203、应收票据 1121 科目属性修改为“客户往来”核算，使之受控于应收系统。

(11)单击“制单”按钮，生成赊销与代垫运费的合并处理凭证，单击“主营业务收入”，选择项目核算为“女式风衣”，在摘要为“其他应收单”一行的贷方科目名称处手工录入“100201”，并将付款方式和票号补充完整，更改凭证类别，单击“保存”按钮，录入现金流量信息，则凭证生成，如图 3.4.12 所示：

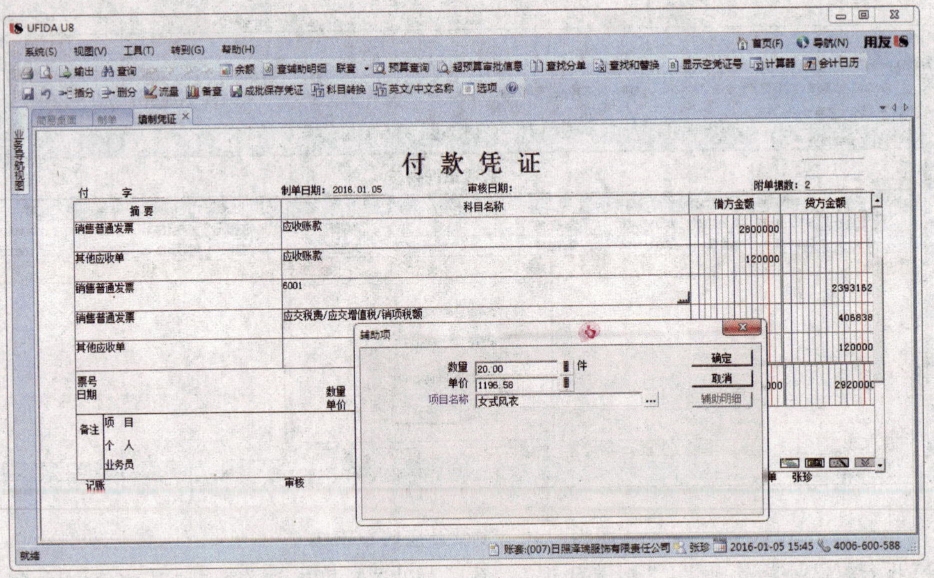

图 3.4.12　发票及应收单审核

小提示

◆如果设置了基本科目，在生成凭证时，系统会根据所进行的设置自动生成凭证，且凭证保存前，可对相应的会计科目进行修改，如不进行该设置，则需要在凭证生成环节手工录入相关科目。

◆如果银行存款的辅助核算信息录入错误，可将鼠标单击“银行存款－建行存款”，再单击它的辅助核算项，待鼠标变成蓝色笔时，双击进行修改即可。

◆企业在销售时，代垫运费的现金流量为“07 支付与其他经营活动有关的现金”。

任务4:收款核销业务

为了建立收款与应收款的核销记录，监督应收款及时核销，加强往来款项的管理，应收款、预收款性质的收款单，需要与发票、应收单、付款单进行核销勾对。本系统提供手工核销和自动核销两种方式，其中手工核销是指由用户手工确定收款单，核销与它们对应的应收单据，通过本功能可以根据查询条件选择需要核销的单据，然后进行手工核销，该方法加强了往来款项核销的灵活性。自动核销是通过查询条件选择需要核销的单据，然后系统自动核销，提高了往来款项核销的效率性。

※任务描述

2016年1月7日，日照泽瑞服饰有限责任公司收到金河百货电汇货款，金额50000.00元，票号dh0001，用以偿还上年的购货款，经查金河百货年初欠本公司货款68000.00元，收到该笔货款后，仍有18000.00元的货款尚未收回，请以003苏立伟身份开具收款单，由002张珍进行收款单审核、核销及凭证的填制。

※操作指导

（1）以003苏立伟身份登录企业应用平台，登录时间为“2016－01－07”。

（2）在“业务工作”选项卡中，执行“应收款管理”－“收款单据处理”－“收款单单据录入”命令，弹出“收付款单录入”窗口，单击“增加”，根据任务信息，填写客户、金额、票号等信息，表头信息填写完毕后，单击表体第一行，系统将表头信息自动过入表体，如图3.4.13所示，单击“保存”按钮，关闭“收付款单录入”窗口。

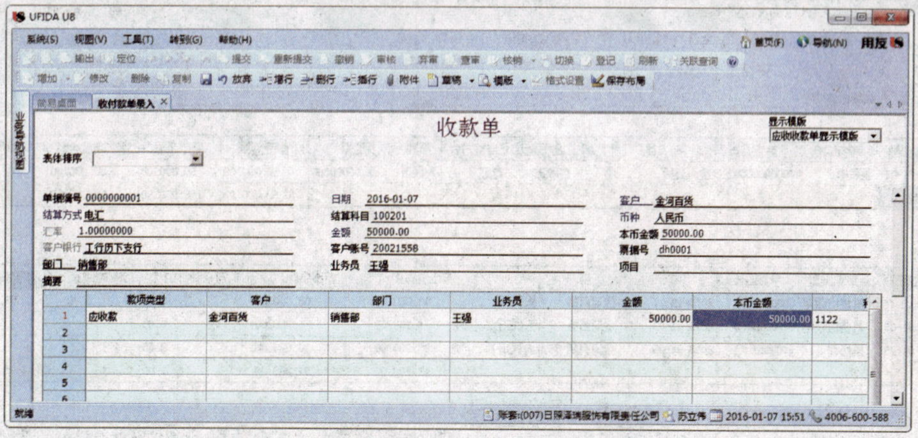

图3.4.13　收款单

> 小提示
>
> ◆企业的预收款业务的处理流程同收款相似，先录入一张收款单，再对收款单进行审核，最后生成凭证。
>
> ◆如果是预收款业务，表头信息与收款单完全相同，但是表体的“款项类型”需要选择“预收款”。

(3)以 002 张珍身份登录企业应用平台，时间“2016－01－07”，在“业务工作”选项卡中，执行“应收款管理”－“收款单据处理”－“收款单据审核”命令。弹出“收款单查询条件”窗口，单击“确定”按钮，进入“收付款单列表”窗口，单击“全选”，再单击“审核”按钮，系统提示“本次审核成功单据 1 张”，单击“确定”，关闭“收付款单列表”，如图 3.4.14 所示：

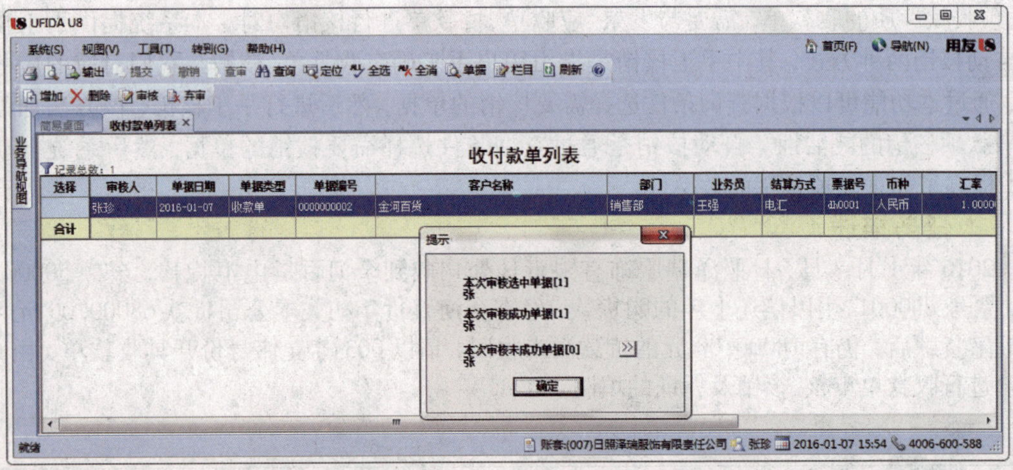

图 3.4.14　收付款单列表

(4)执行“应收款管理”－“核销处理”－“手工核销”，弹出“核销条件”窗口，选择客户“金河百货”，单击“确定”，进入“单据核销”窗口，在应收款列表中选择第一行“金河百货期初应收款”，在“本次结算”处录入结算金额“50000”，如图 3.4.15 所示：

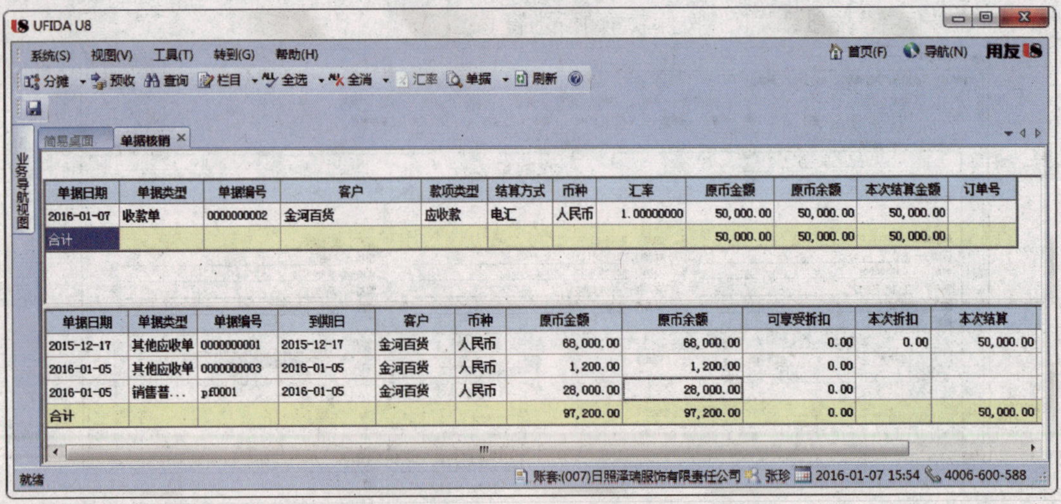

图 3.4.15　单据核销

小提示

◆单据核销既可以使用手工核销，也可使用自动核销，自动核销只能进行同币种的批量核销，手工核销支持异币种的核销处理。

◆在进行单据的核销时，只有经过审核的应收单与收款单才能在此显示，如果单据尚未经过审核，在核销窗口无法显示。

◆在单据核销窗口，上方栏目是收付款单列表，下方栏目是应收款列表。

◆核销成功后，"单据核销"窗口不再显示已经被核销的内容。

◆核销时，结算单列表中款项类型为应收款的记录默认本次结算金额为该记录上的原币金额，款项为预收款的记录默认本次的结算金额为零，核销时可以修改本次结算金额，该金额应小于或者等于该记录的原币金额。

◆如果发票中同时存在红蓝记录，那么在核销前应先进行单据内容的对冲。

(5)单击“保存”按钮退出，执行“应收款管理”–“制单处理”，系统弹出“制单查询”窗口，在窗口左侧将“发票制单”前的“√”取消，勾选“收付款单制单”和“核销制单”，单击“确定”按钮，在“应收制单”窗口，单击“合并”，如图 3.4.16 所示：

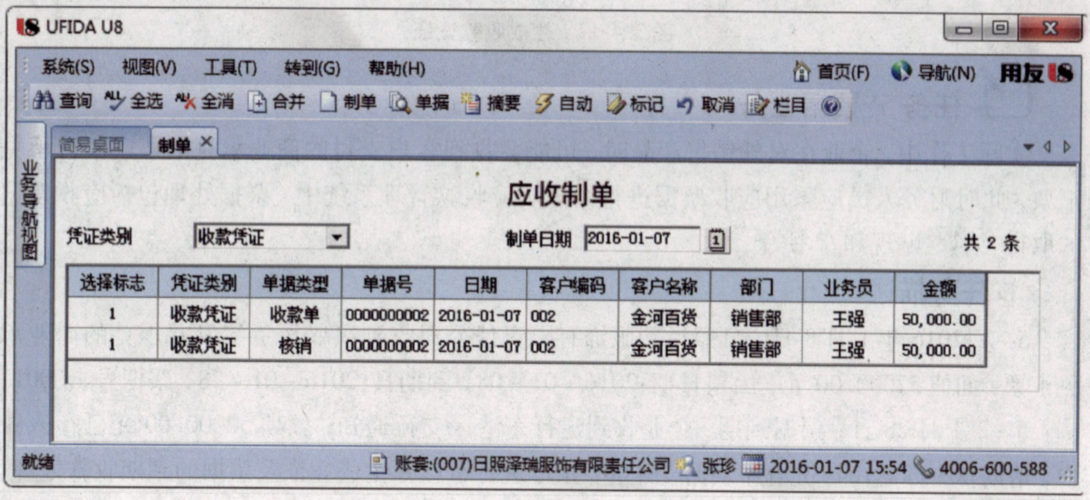

图 3.4.16　制单设置

小提示

◆应收款管理选项中应选择“核销生成凭证”，否则“制单查询”窗口的“核销制单”无法进行勾选。

◆在不存在现金折扣的条件下，核销本身没有数据生成，因此需要与收付款单合并制单，否则无法单独生成凭证。

(6)单击“制单”按钮，生成收款凭证，单击“保存”按钮，弹出“现金流量录入修改窗口”，选择项目编码“01：销售商品提供劳务收到的现金”，单击“确定”，保存凭证，如图 3.4.17 所示：

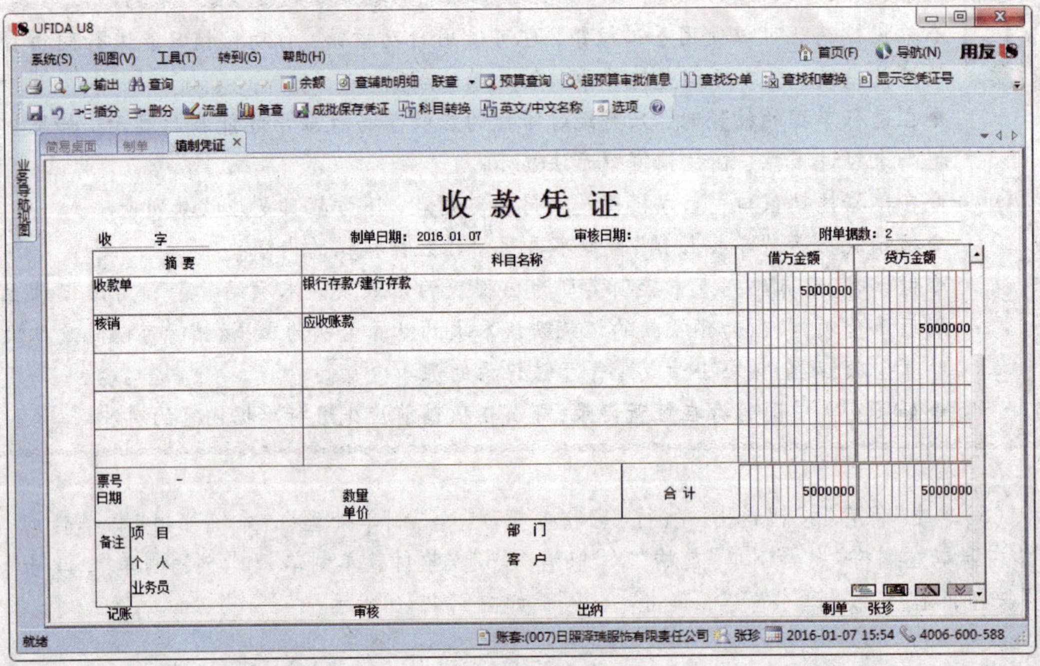

图 3.4.17　生成收款凭证

任务 5：票据业务

实际工作中，企业在对外销售产品时，可能会收到客户支付的商业承兑汇票或银行承兑汇票，此时财务人员应采用应收票据进行处理。应收款管理系统中，票据处理包括应收票据的取得、结算、贴现和背书等。

※任务描述

5－1：2016 年 1 月 8 日，日照泽瑞服饰有限责任公司收到兴盛百货签发并承兑的商业承兑汇票，面值 52000.00 元，出票日期：2016－01－08，到期日：2016－01－28，票据号 sy0001；

5－2：1 月 28 日，票据到期，企业收到建行东港区支行通知，款项 52000.00 元已存入账户，请以 003 苏立伟身份增加票据，由 002 张珍进行审核并生成凭证及票据的到期收款处理。

※操作指导

5－1：收到票据业务

(1) 以 003 苏立伟身份登录企业应用平台，登录时间为“2016－01－08”。

(2) 在“业务工作”选项卡中，执行“财务会计”－“应收款管理”－“票据管理”，系统弹出“查询条件选择”窗口，单击“确定”按钮，进入“票据管理”窗口，单击“增加”按钮，根据任务所给资料，填写票据类型、票据编号、结算方式、收到日期、出票日期、到期日、金额等信息，单击“保存”按钮，如图 3.4.18 所示，保存完毕后关闭“应收票据”和“票据管理”。

(3) 以 002 张珍身份登录企业应用平台，登录时间为“2016－01－08”。

(4) 执行“财务会计”－“收款单据处理”－“收款单据审核”，系统弹出“收款单据查询条件"窗口，单击"确定"按钮，进入"收付款单列表"窗口，单击"全选"或双击选中单据，单击"审核"按钮，审核成功后关闭"收付款单列表"。

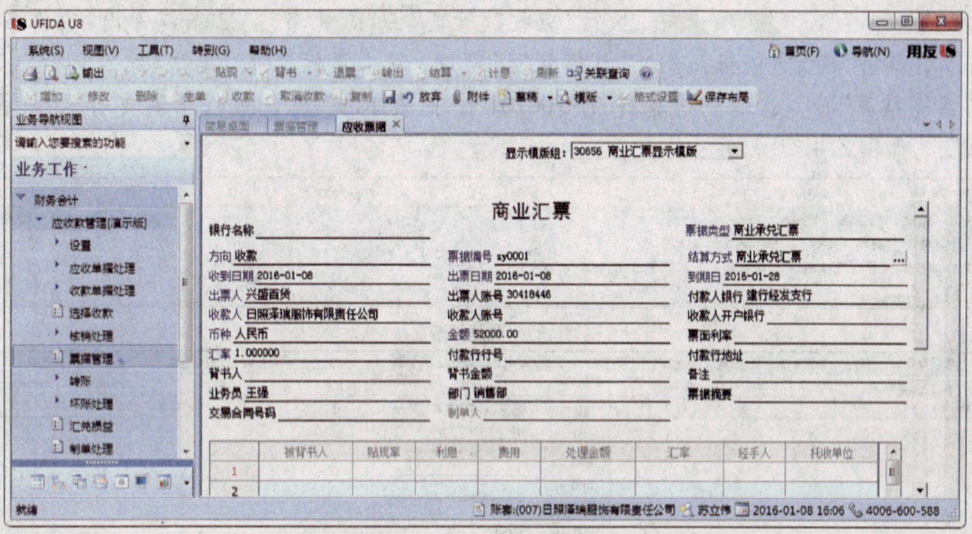

图 3.4.18　商业汇票

小提示

◆商业汇票的最长期限为 60 日。

◆在对应收款管理选项进行设置时，常规参数中，应选择"应收票据直接生成收款单"，或者该选项不选，在填制完毕应收票据后，单击"收款"，也可生成收款单。否则票据填制完毕后，无收款单，不能进行审核。

(5)执行"制单处理"，弹出"制单查询"窗口，在窗口左侧的"收付款单制单"前划"√"，单击"确定"按钮，系统根据收款单生成凭证，更改凭证类别为"转账凭证"，单击"保存"按钮，如图 3.4.19 所示：

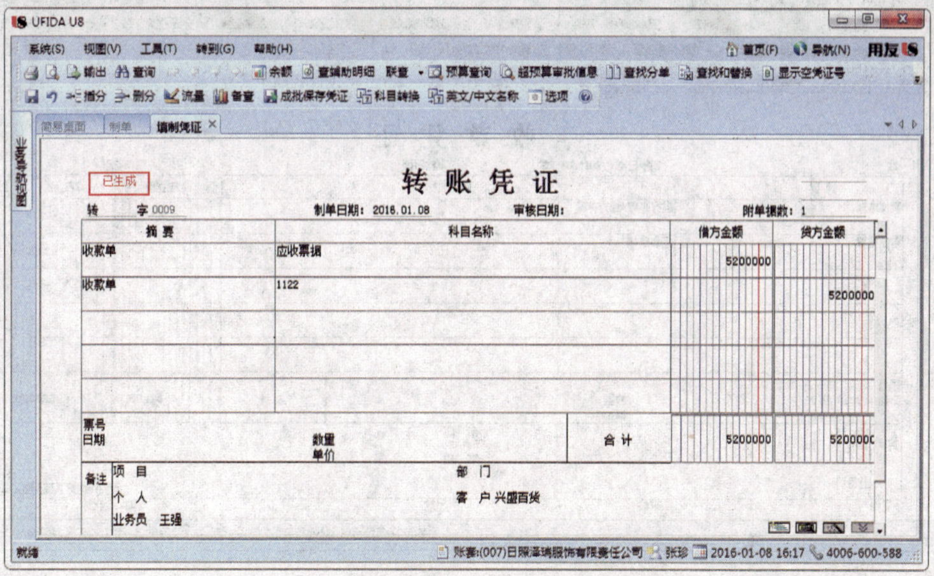

图 3.4.19　生成凭证

5－2 票据到期收款

(1)以 002 张珍身份登录企业应用平台，登录时间为“2016－01－28”。

(2)在“业务工作”选项卡中，执行“应收款管理”－“票据管理”，系统弹出“查询条件选择”窗口，单击“确定”按钮，进入“票据管理”窗口，双击目标票据，单击“结算”按钮，系统弹出“票据结算”窗口，填写结算科目“100201”，托收单位“建设银行东港支行”，单击“确定”按钮，如图 3.4.20 所示：

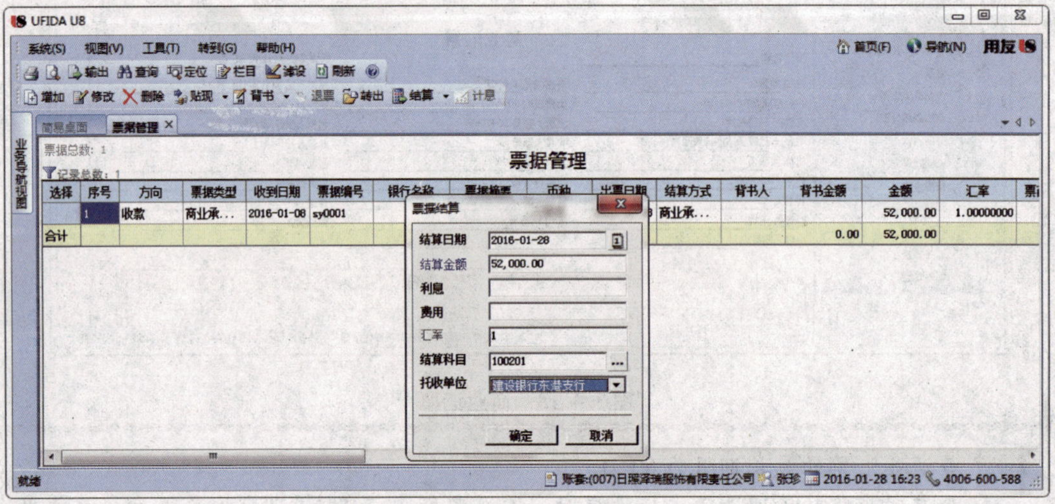

图 3.4.20　进行票据结算

(3)系统提示“是否立即制单”，选择“是”，生成凭证，单击“保存”按钮，系统弹出“现金流量录入修改窗口”，选择项目编码“01:销售商品提供劳务收到的现金”，单击“确定”，保存凭证，如图 3.4.21 所示：

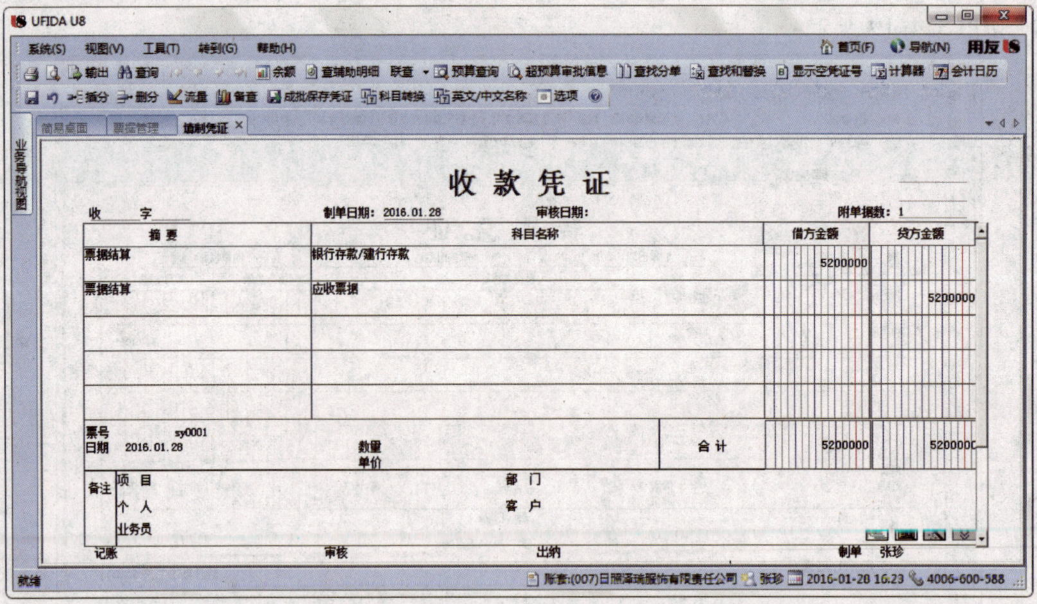

图 3.4.21　生成凭证

小提示

◆票据的贴现、背书、转出等操作与结算的流程方法基本相同。

◆票据一旦结算后，就不能再进行贴现、背书等操作。

◆票据结算后，如果不立即生成凭证，也可通过制单处理，选择“票据处理制单”来生成凭证。

任务6:退货业务

企业在实际工作中，购货方可能会因为商品质量、规格等原因发生退货，在应收款管理系统中，退货业务是通过开具红字发票予以实现的。

※任务描述

2016年1月10日，因产品质量问题，华丰百货退回了本月2号从日照泽瑞服饰公司购买的女士西装2套，泽瑞服饰开具了红字专用发票，发票号zf0002，不含税单价1000.00元/套，请以003苏立伟身份进行专用发票的开具，由002张珍进行发票的审核和凭证的填制。

※操作指导

(1)以003会计苏立伟身份登录企业应用平台，登录时间为“2016－01－10”。

(2)在“业务工作”选项卡中，执行“财务会计”－“应收款管理”－“应收单据处理”－“应收单录入”命令，弹出“单据类别”窗口，选择单据类型:“销售专用发票”，方向:“负向”，单击“确定”按钮进入。

(3)在“销售专用发票”窗口，单击“增加”按钮，根据任务所给资料，在表头填写发票号、客户简称等信息;单击表体第一行，填写存货编码“301”，数量“－2”，无税单价“1000”，单击“保存”按钮，如图3.4.22所示，然后关闭“销售发票”窗口。

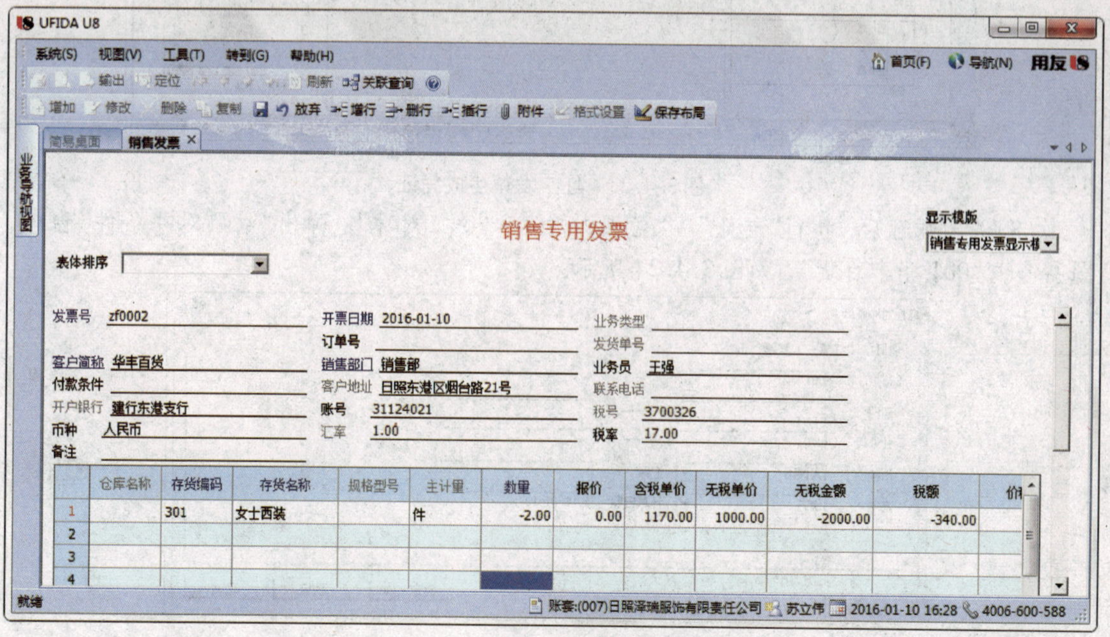

图3.4.22　红字发票

> ◆填制红字发票，注意发票方向选择为“负向”。
> ◆填写红字发票表体信息时，退货数量为负数，单价为正数，否则票据无法保存。

(4)以002会计张珍身份登录企业应用平台，登录时间为“2016－01－10”。

(5)执行“应收款管理”－“应收单据处理”－“应收单审核”命令，弹出“应收单查询条件”窗口，单击“确定”按钮，系统弹出“应收单据列表”窗口，双击选择目标单据，单击“审核”按钮，系统提示“本次审核成功单据1张”，单击“确定”，关闭“单据处理”。

(6)执行“制单处理”，系统弹出“制单查询”窗口，在窗口左侧“发票制单”前划√，单击“确定”按钮，系统弹出“销售发票制单”窗口，单击“全选”按钮，“选择标志”处出现“1”，更改凭证类别为“转账凭证”。

(7)单击“制单”按钮，生成退货的凭证，鼠标单击“主营业务收入”，按快捷键CTRL＋S，系统弹出辅助核算项，选择项目名称“女式西装”，单击“确定”按钮，生成凭证，更改凭证类别，单击“保存”按钮，如图3.4.23所示：

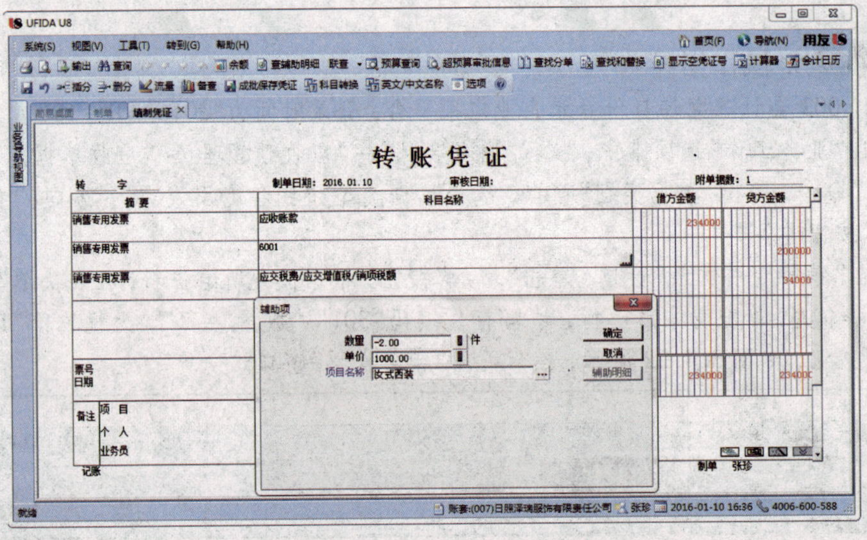

图3.4.23　红字发票生成凭证

(8)关闭凭证后，执行“转账”－“红票对冲”－“手工对冲”，弹出“红票对冲条件”窗口，选择客户“001 华丰百货”，如图3.4.24所示：

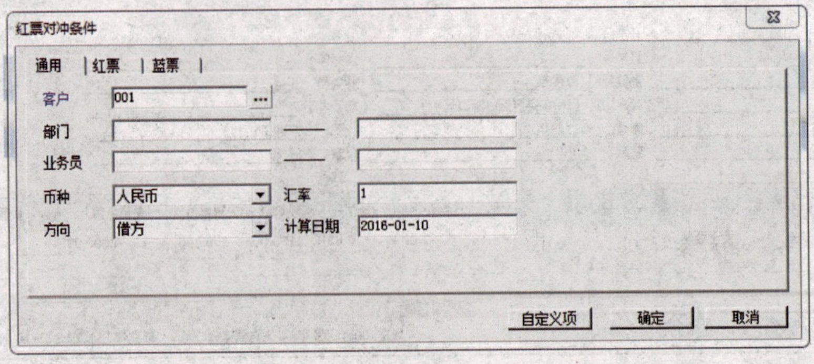

图3.4.24　红票对冲条件

(9)在"红票对冲"窗口，在蓝字发票的"对冲金额"处录入"2340.00"，如图3.4.25所示：

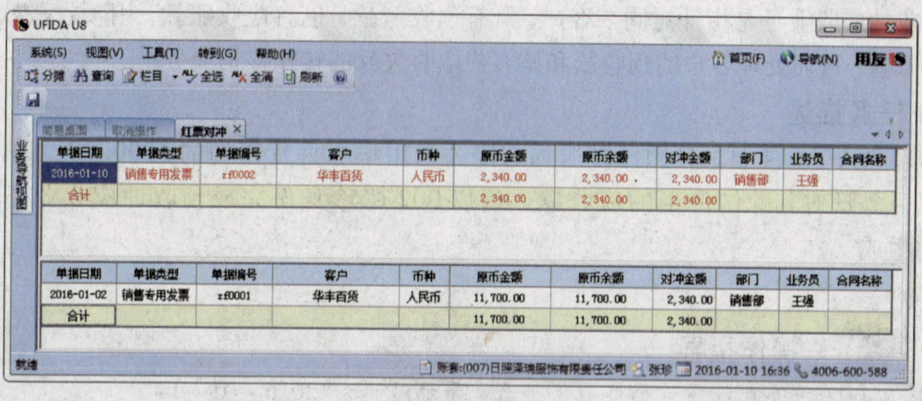

图 3.4.25　红票对冲

(10)单击"保存"按钮，系统提示"是否立即制单?"单击"确定"按钮，生成凭证，如图3.4.26所示：

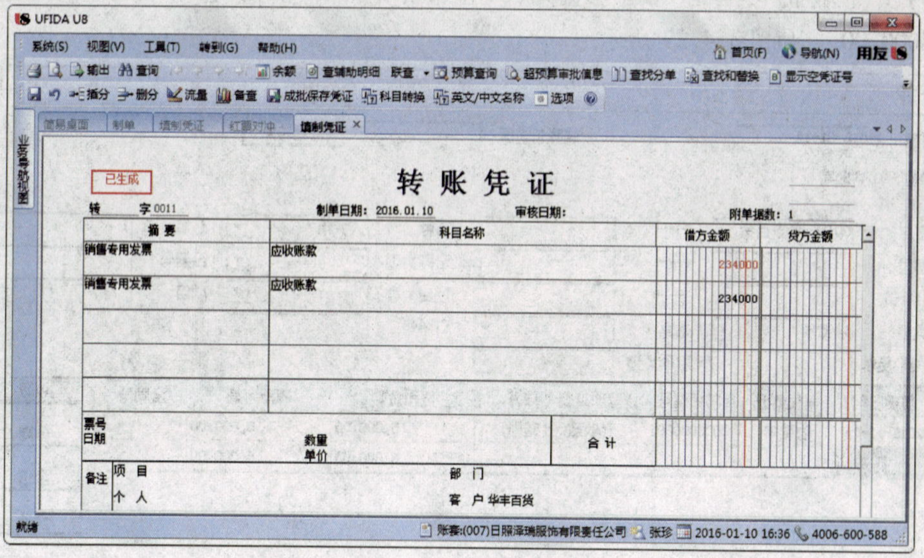

图 3.4.26　红票对冲生成凭证

小提示

◆红票对冲可实现同一客户的红字应收单与其蓝字应收单、收款单与付款单之间进行冲抵的操作。

◆系统提供自动冲销和手工冲销两种方式，自动对冲可同时对多个客户依据红冲规则进行红票对冲，提高红票对冲的效率。对一个客户进行红票对冲，可自行选择红票对冲的单据，提高红票对冲的灵活性。而手工对冲时，采用红蓝上下两个列表形式提供，红票记录全部采用红色显示，蓝票记录全部用黑色显示。

◆进行红票对冲生成凭证时，选项设置中的受控科目制单方式的依据应为"明细到单据"，如果"明细到客户"则无法生成凭证。

任务 7:预收冲应收业务

预收冲应收业务是指针对同一客户，既有预收账款，也有应收账款，用预收账款来冲减其应收账款，进而处理客户的预收款和该客户应收欠款的转账核销业务。

※任务描述

2016 年 1 月 14 日，日照泽瑞服饰有限公司用华丰百货年初的 5000.00 元预收账款冲减本月 2 日对其赊销产生的应收款。请以 002 张珍身份完成预收冲应收业务及相关凭证的生成。

※操作指导

(1) 以 002 张珍身份登录企业应用平台，登录时间为“2016－01－14”。

(2) 在“业务工作”选项卡中，执行“财务会计”－“应收款管理”－“转账”－“预收冲应收”，打开“预收冲应收”窗口。

(3) 在“预收款”界面的“客户”选择“001 华丰百货”，单击“过滤”按钮，在“转账金额”栏输入“5000.00”，如图 3.4.27 所示

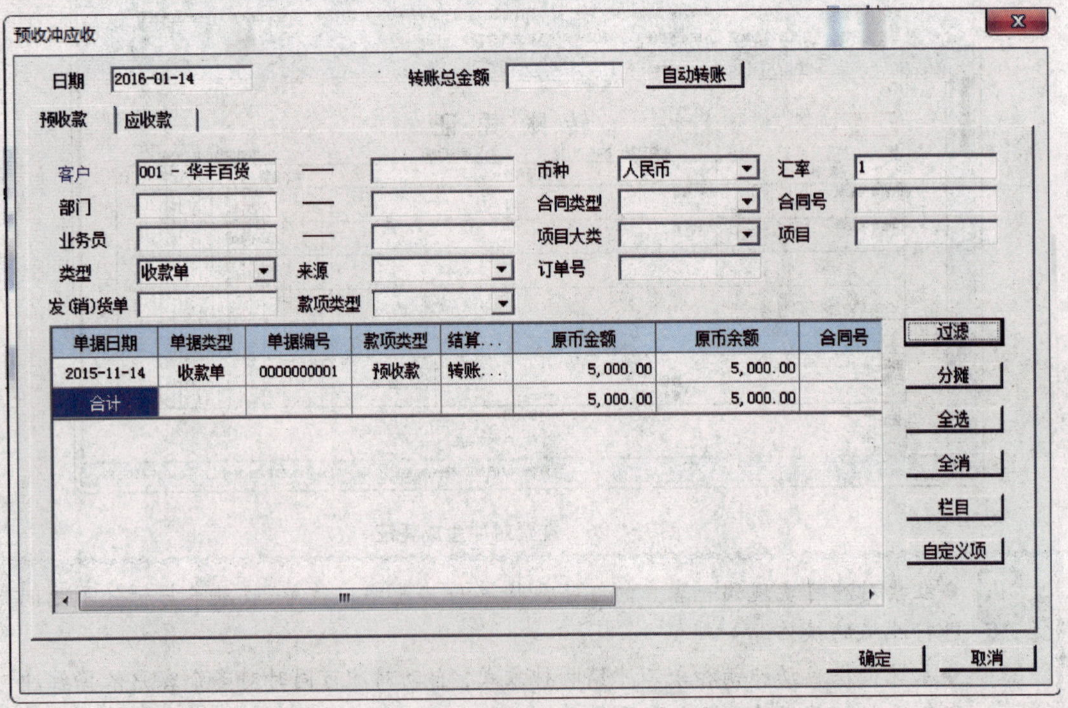

图 3.4.27　设置预收款转账金额

(4) 单击进入“应收款”界面，单击“过滤”按钮，在“转账金额”栏输入“5000.00”，如图 3.4.28 所示：

(5) 单击“确定”按钮，系统提示“是否制单”，单击“是”，进入填制凭证窗口，更改凭证类别为“转账凭证”，单击“保存”，生成凭证，如图 3.4.29 所示：

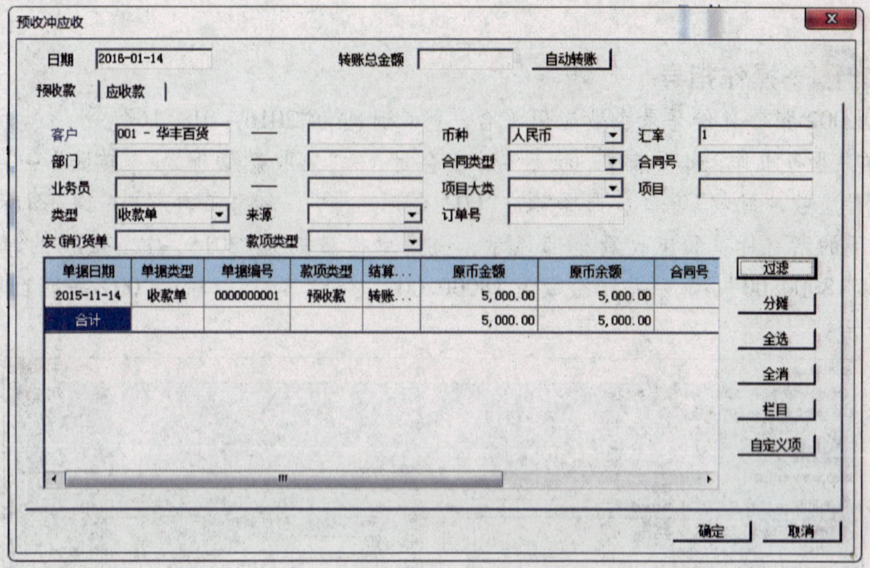

图 3.4.28　设置应收款转账金额

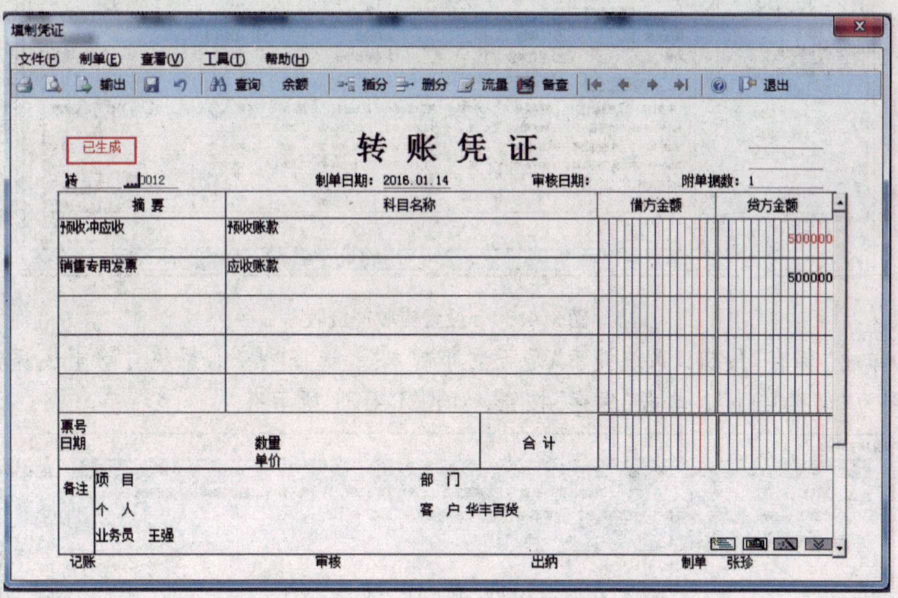

图 3.4.29　生成预收冲应收凭证

任务 8：应收冲应收业务

应收冲应收业务是指将一个客户、一个部门或者业务员的应收款项转到另一个客户、部门或者业务员中去，通过应收冲应收功能，将应收账款在客户、部门、业务员之间进行转入、转出，实现应收业务的调整，它属于应收款管理系统中“转账处理”的一种。

※任务描述

2016 年 1 月 16 日，经三方协议，将日照泽瑞服饰对金河百货年初的 18000.00 元应收账款转给兴盛百货，请以 002 张珍身份完成应收冲应收的操作，并生成相关凭证。

※操作指导

(1)以 002 张珍身份登录企业应用平台，登录时间为“2016－01－16”。

(2)在“业务工作”选项卡中，执行“财务会计”－“应收款管理”－“转账”－“应收冲应收”，打开“应收冲应收”窗口。选择客户“002 金河百货”，单击工具栏“查询”图标，系统将金河百货下的所有货款和应收款全部显示，选择单据日期为“2015－12－17”的单据，双击“原币金额 18000.00”，显示并账金额为 18000.00，勾选“客户”，输入“003 兴盛百货”，如图 3.4.30 所示：

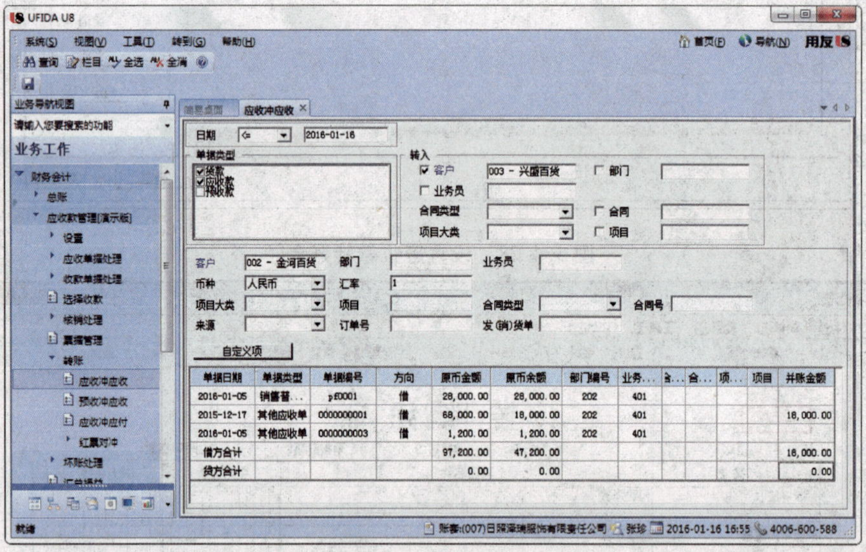

图 3.4.30　设置应收冲应收

(3)单击“保存”按钮，系统提示“是否立即制单”，选择“是”，系统自动生成凭证，更改凭证类别为“转账凭证”，单击“保存”按钮，如图 3.4.31 所示：

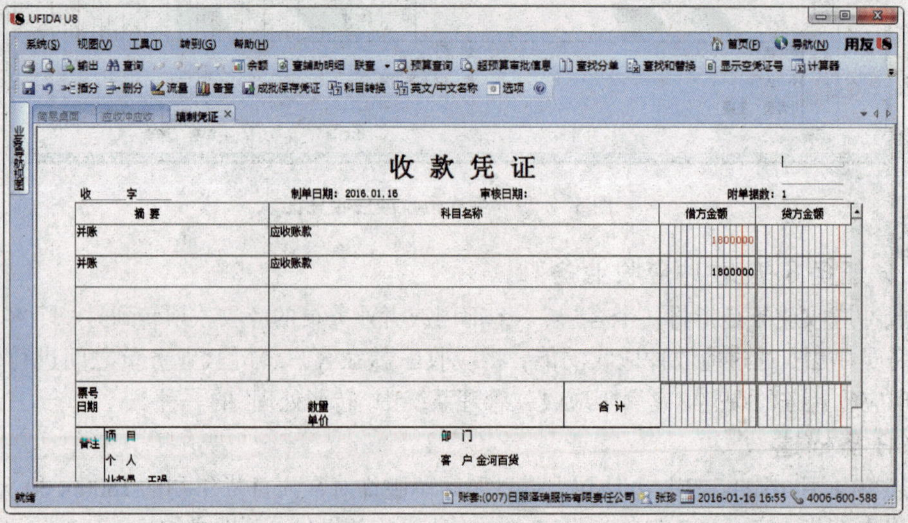

图 3.4.31　生成应收冲应收凭证

小提示

◆应收冲应收可实现债权在客户间、部门间、业务员间的转换。

◆如果在执行完“应收冲应收”后，没有立即制单，后期可以在“制单处理”－“应收冲应收制单”，完成该业务凭证的生成。

任务9：坏账业务

坏账是指企业无法收回或者收回的可能性很低的应收账款，因为企业发生坏账而给企业带来的损失，称为坏账损失。在实际工作中，企业可能会出现由于客户经营不善、恶意欠债、因产品质量原因而拒付货款的情形，进而导致应收款无法收回。企业财务人员在期末应分析应收账款回收的可能性，并预计可能会发生的坏账损失，对其计提坏账准备。

※任务描述

9－1：2016年1月18日，将本月对金河百货代垫的运费1200.00元作为坏账加以确认；

9－2：2016年1月29日，收到了金河百货以电汇方式支付的代垫运费1200.00元，电汇凭证号码：dh0002；

9－3：1月31日，计提本月的坏账准备。

要求：以上业务以002张珍身份进行处理。

※操作指导

9－1：坏账发生

（1）以002张珍身份登录企业应用平台，登录时间为“2016－01－18”。

（2）在“业务工作”选项卡中，执行“财务会计”－“应收款管理”－“坏账处理”－“坏账发生”，弹出“坏账发生”对话框，选择客户“002金河百货”，如图3.4.32所示：

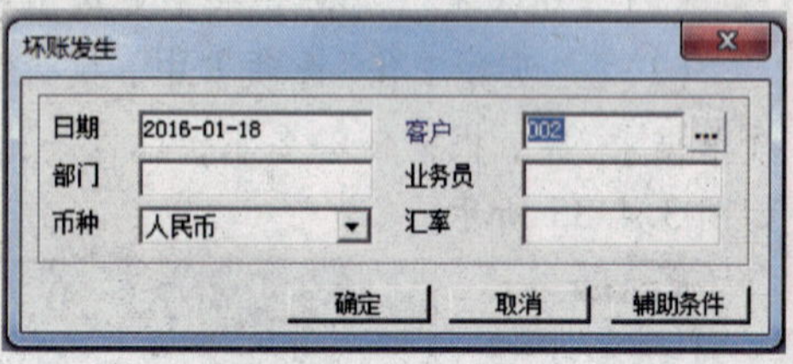

图3.4.32　坏账发生

（3）单击“确定”按钮，系统弹出“坏账发生单据明细”列表，根据任务所给的信息，在“其他应收单”的“本次发生坏账金额”处录入“1200.00”，如图3.4.33所示：

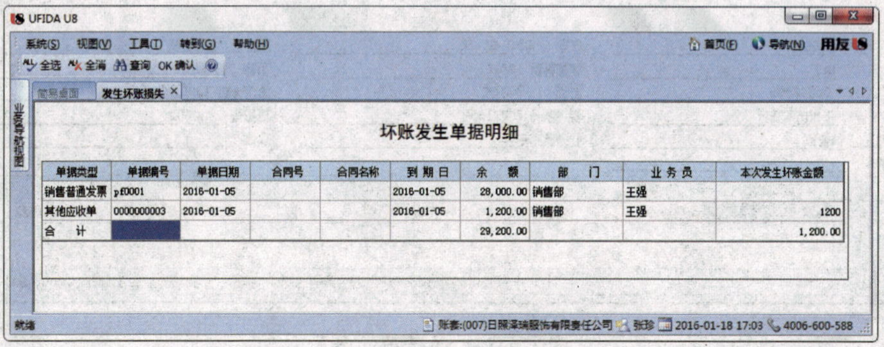

单据类型	单据编号	单据日期	合同号	合同名称	到期日	余额	部门	业务员	本次发生坏账金额
销售普通发票	pf0001	2016-01-05			2016-01-05	28,000.00	销售部	王强	
其他应收单	0000000003	2016-01-05			2016-01-05	1,200.00	销售部	王强	1200
合计						29,200.00			1,200.00

图3.4.33　发生坏账损失

(4)单击“ok 确认”按钮，系统提示“是否立即制单”，选择“否”，关闭“发生坏账损失”窗口。

(5)单击“制单处理”，选择“坏账处理制单”，根据系统提示，选择目标单据，单击“制单”按钮，系统生成坏账发生的凭证，如图 3.4.34 所示：

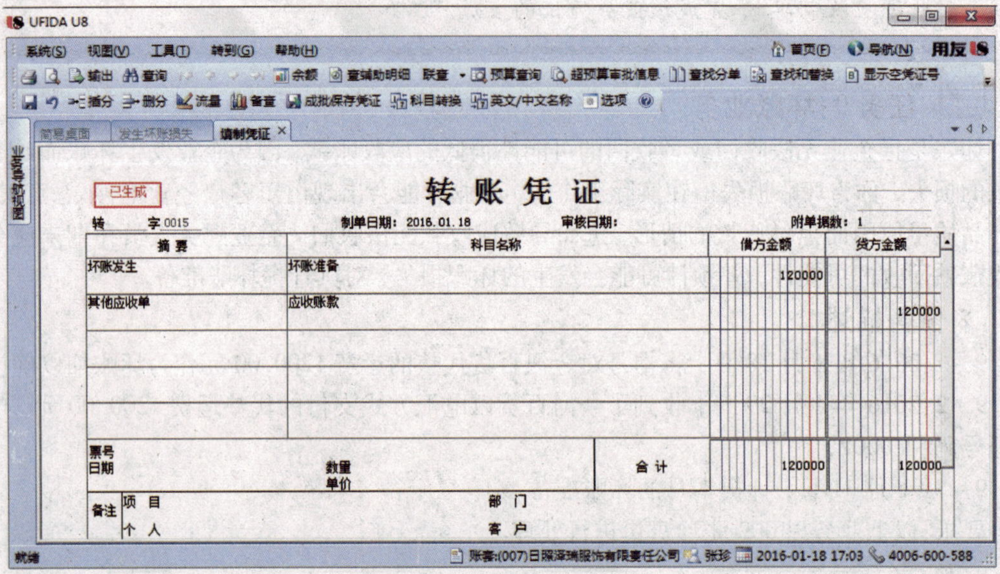

图 3.4.34　坏账发生的凭证

9－2：坏账收回

(1)以 002 张珍身份登录企业应用平台，登录时间为“2016－01－29”。

(2)在“业务工作”选项卡中，执行“财务会计”－“应收款管理”－“收款单据处理”－“收款单据录入”，根据任务要求，录入一张收款单，录入完毕后，单击“保存”按钮，然后退出，如图 3.4.35 所示：

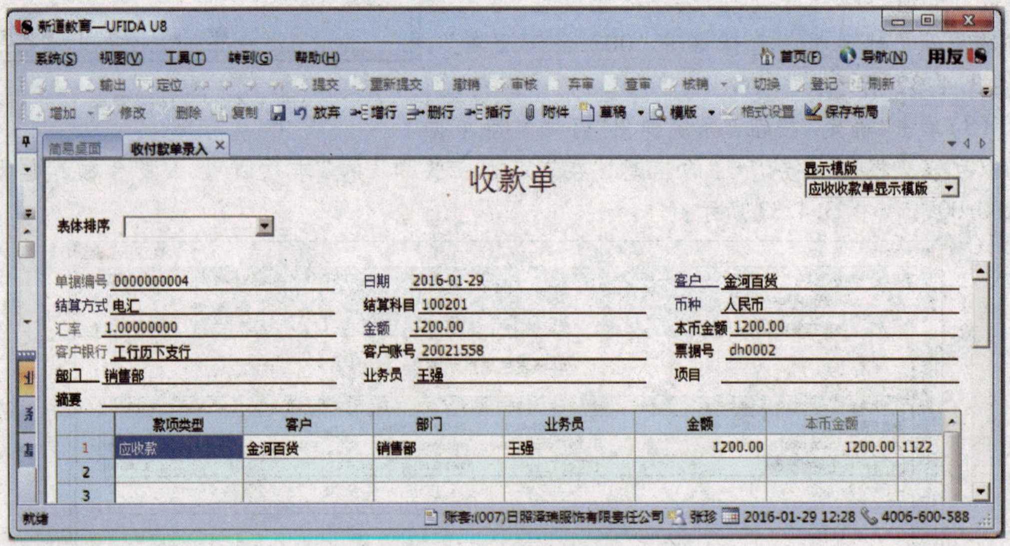

图 3.4.35　收款单的录入

(3)执行“应收款管理”－“坏账处理”－“坏账收回”，系统弹出“坏账收回”窗口，选择客户“002 金河百货”，选择结算单编号“ 0000000004”，单击“确定”按钮。

(4)系统提示“是否立即制单”，选择“是”，生成坏账收回的凭证，现金流量选择“01 销售商品、提供劳务收到的现金”，如图 3.4.36 所示：

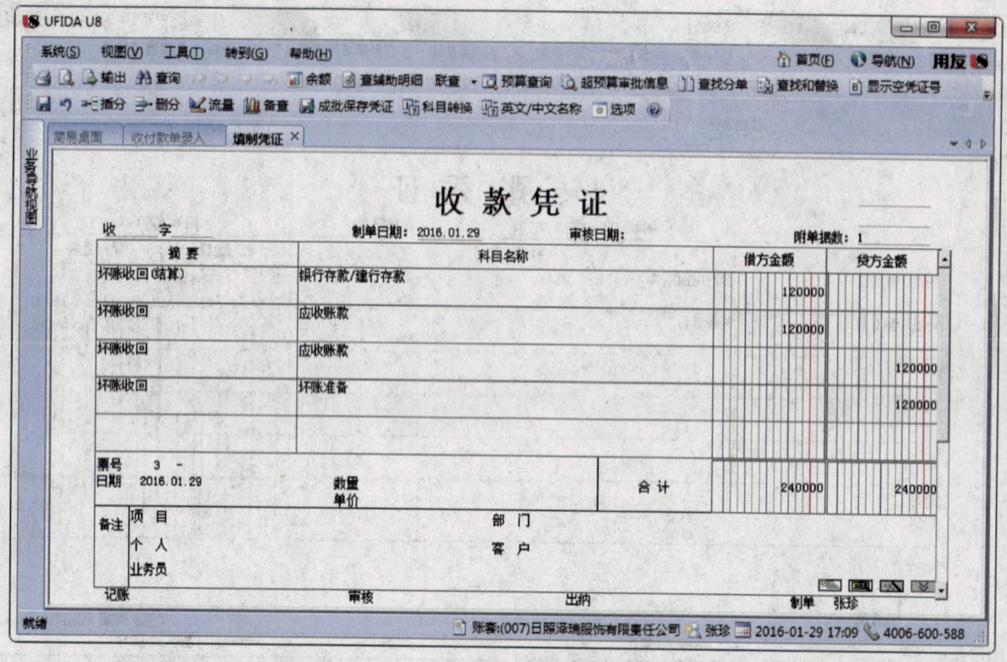

图 3.4.36　坏账收回凭证

> 小提示
>
> ◆收款单录入后，不能审核，否则“坏账收回”中的“结算单号”无法选择。
>
> ◆坏账收回也可以不立即制单，后期可以在“制单处理”－“坏账处理制单”，完成该业务凭证的生成。

9－3 计提坏账

(1)以 002 张珍身份登录企业应用平台，登录时间为“2016－01－31”。

(2)在“业务工作”选项卡中，执行“应收款管理”－“坏账处理”－“计提坏账准备”，系统自动计算本期坏账准备计提或者冲销的金额，单击“ok 确认”按钮，如图 3.4.37 所示：

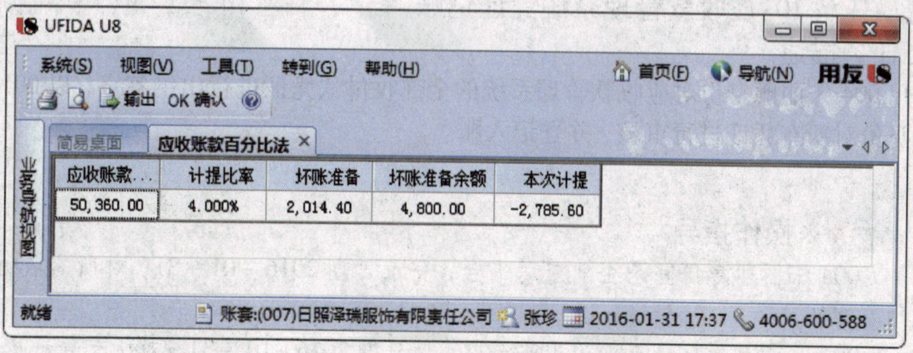

图 3.4.37　计提坏账准备

（3）单击“ok 确认”按钮，系统提示“是否立即制单”，选择“是”，生成本期计提坏账的凭证，单击保存，如图 3.4.38 所示

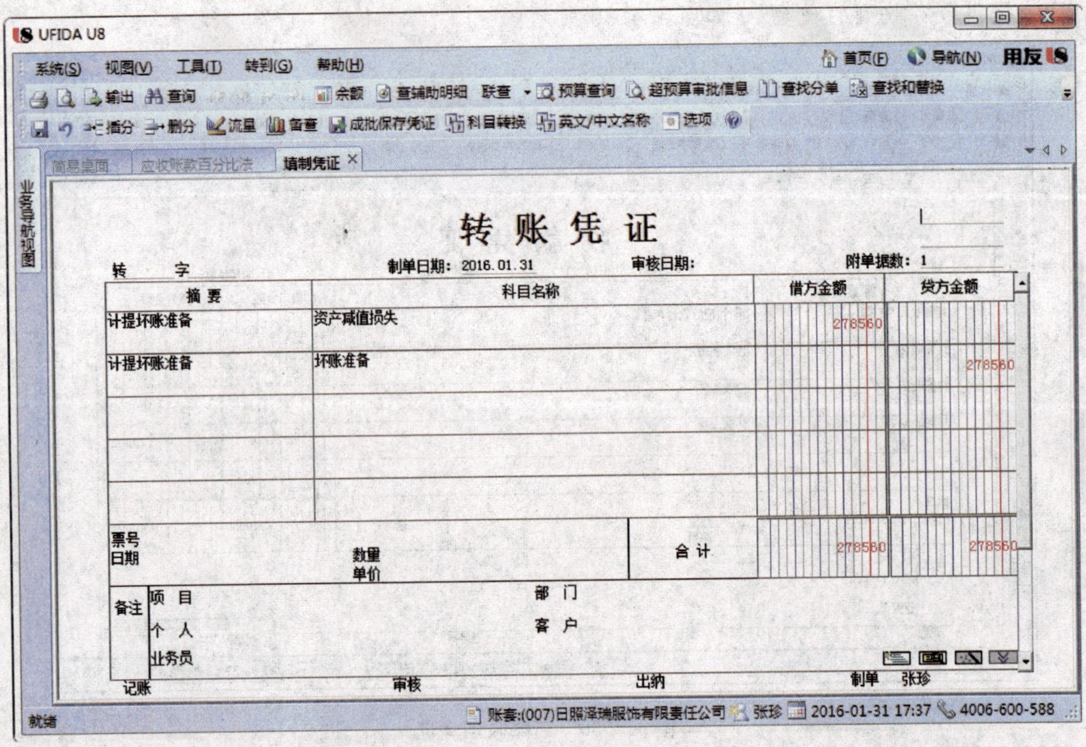

图 3.4.38　计提坏账的凭证

小提示

◆系统会根据期初坏账的设置，自动进行坏账计提金额的计算，如果计算金额为正数，说明本期应继续计提坏账，如果计算的金额为负数，说明本期应冲销前期多计提的坏账。

◆坏账收回也可以不立即制单，后期可以在“制单处理”－“坏账处理制单”，完成该业务凭证的生成。

任务 10：应收款管理系统凭证记账

※任务描述

请以 004 宋丽丽身份对应收款管理系统的全部收付款凭证进行出纳签字，以 001 账套主管马娟身份对所有凭证进行审核，并登记入账。

※操作指导

（1）以 004 宋丽丽身份登录企业应用平台，登录日期 2016－01－31，对所有收付款凭证执行出纳签字。

（2）以 001 马娟身份登录企业应用平台，登录日期 2016－01－31，对所有凭证执行审核、记账。

子项目 3.5　采购付款业务

任务框架

任务 1:采购业务
任务 2:运费业务
任务 3:预付款业务
任务 4:付款核销业务
任务 5:预付冲应付业务
任务 6:应付冲应付业务
任务 7:采购退货业务
任务 8:票据业务
任务 9:应付款管理系统凭证记账

企业在正常运营中，需要进行材料物资的采购，为产品的生产和销售做好准备。应付款管理主要用于核算和管理企业与供应商往来的款项，该模块以采购发票、其他应付单、付款单为原始凭证，记录采购业务中形成的往来款项，处理应付款项的偿还、转账，同时提供票据处理功能。如果企业的采购业务及应付款业务比较简单，或者企业的现购业务较多，可以在总账系统中通过辅助核算完成供应商往来的核算；如果企业的采购业务及应付核算业务比较复杂，企业需要追踪到每笔业务的欠款和支付情况，企业需同时启用总账系统和应付款管理系统，将供应商往来业务在应付款管理系统中核算。此外企业还可以同时启用应付款管理系统和采购管理系统，则采购发票和运费发票只能在采购管理系统中录入，在应付款管理系统中审核和制单。

任务 1:采购业务

采购发票、应付单据是应付款管理系统日常核算的重要单据，其中采购发票包括采购专用发票和采购普通发票，应付单主要核算除采购业务以外(如采购过程中供应商代垫运费、包装费等)的应付单。日照泽瑞服饰有限公司的财务软件因只启用了总账系统和应付款管理系统，尚未启用采购系统，因此采购发票、应付单等相关票据的填制、审核、制单均在应付款管理系统中完成。

※任务描述

日照泽瑞服饰有限责任公司采购部 1 月 3 日从欣飞棉纺厂购入 10 匹羊毛面料，无税单价 1500 元/匹，企业取得增值税专用发票，发票号 zb0001，该批材料尚未验收入库，货款未付。请以 003 苏立伟身份录入采购专用发票，由 002 张珍进行发票的审核和凭证的填制。

※操作指导

(1)以 003 会计苏立伟身份登录企业应用平台，登录时间为“2016 - 01 - 03”。

(2)执行“财务会计” - “应付款管理” - “应付单据处理” - “应付单录入”命令。弹出“单据类别”窗口，选择单据类型“采购专用发票”，方向“正向”，单击“确定”按钮进入，如图 3.5.1 所示：

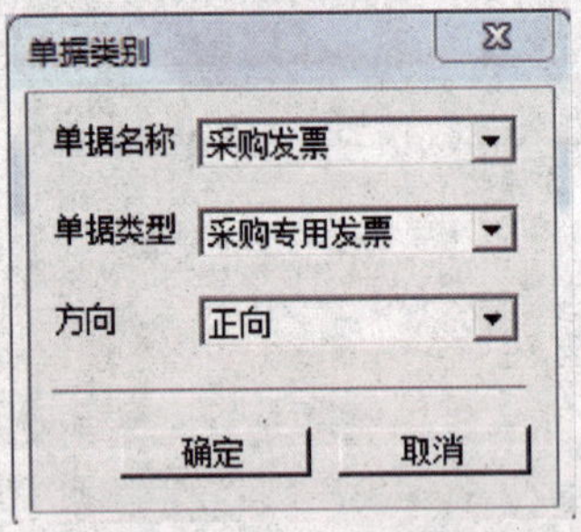

图 3.5.1　单据类别选择

(3)在“采购发票”窗口，单击“增加”按钮，根据任务所给资料，在表头填写发票号、供应商等信息；单击表体的第一行，双击存货编码，选择“101”，填写数量“10”，原币单价“1500”，单击“保存”按钮，如图 3.5.2 所示，然后关闭“采购发票”窗口。

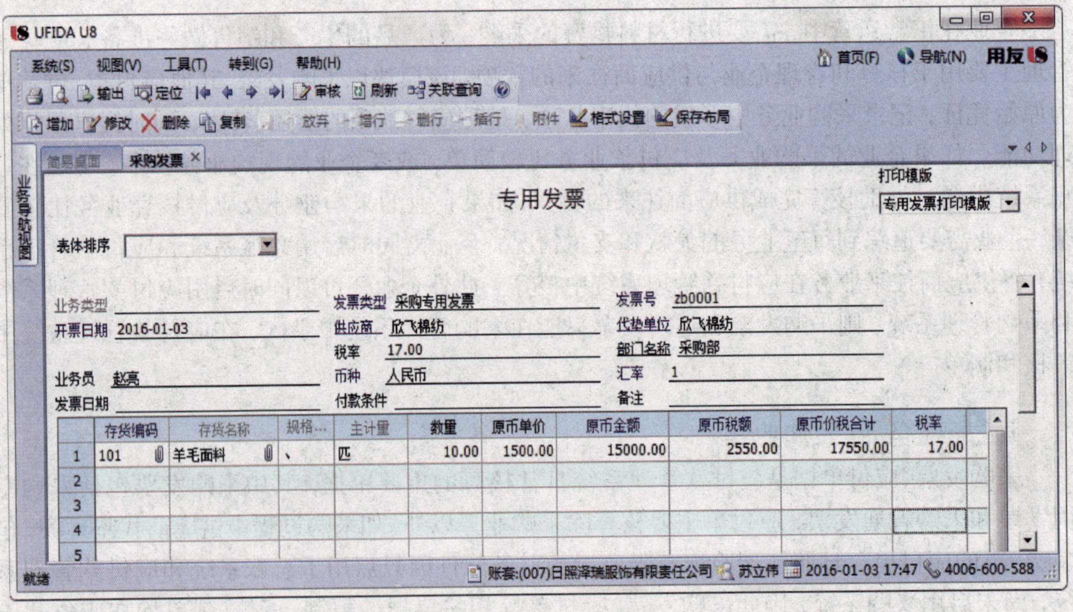

图 3.5.2　采购专用发票

小提示

◆若企业同时启用了应付款管理系统和采购管理系统，则发票、应付单要在采购管理系统中加以录入，在应付款管理系统中进行审核和制单；

◆若企业只启用了应付款管理系统，未启用采购管理系统，则发票、应付单全部应在应付款管理系统里进行录入、审核和制单。

(4)以002会计张珍身份登录企业应用平台，登录时间为“2016－01－03”。

(5)在“业务工作”选项卡中，执行“财务会计”－“应付款管理”－“应付单据处理”－“应付单审核”命令，弹出“应付单查询条件”窗口，单击“确定”按钮，系统弹出“应付单据列表”窗口，双击选择目标单据，单击“审核”按钮，系统提示“本次审核成功单据1张”，单击“确定”，关闭“单据处理”，如图3.5.3所示：

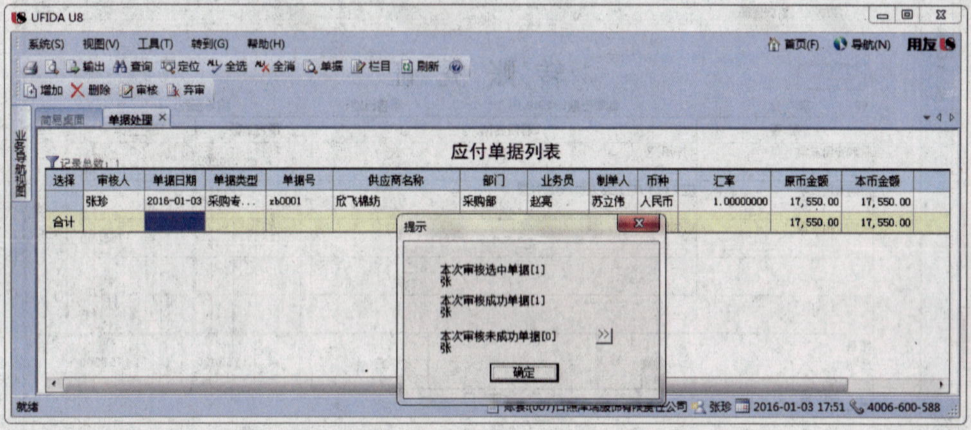

图3.5.3　采购发票审核

> 小提示
>
> ◆以002张珍身份进入企业应用平台进行发票的审核时，要注意进入的日期应等于或者晚于发票的填制日期，否则审核单据无法成功。
>
> ◆如果想对已经审核完毕的单据取消审核，只要该单据尚未进行制单、转账等后续操作，则可以通过审核单据的流程进入，但是注意在“应收单查询条件”窗口，应在“已审核”前划√，否则无法找到已经审核的单据。

(6)执行“应付款管理”－“制单处理”，系统弹出“制单查询”窗口，在窗口左侧“发票制单”前划√，单击“确定”按钮。

(7)在“采购发票制单”窗口，单击“全选”按钮，“选择标志”处出现“1”，更改凭证类别为“转账凭证”，如图3.5.4所示：

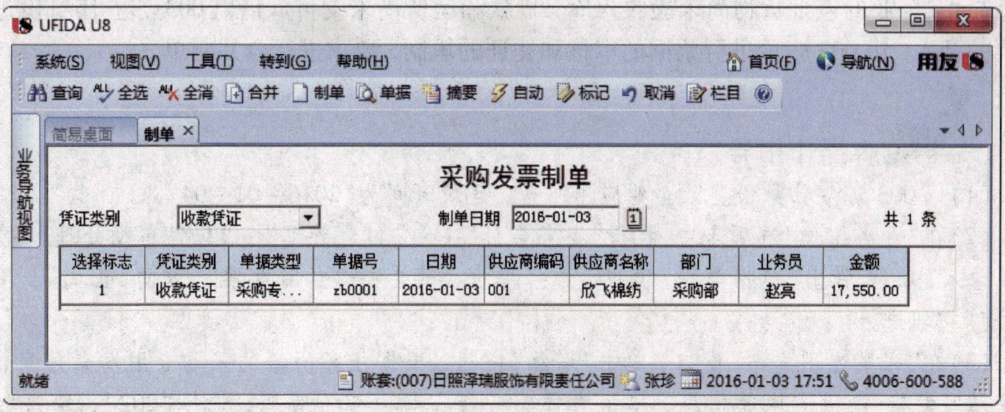

图3.5.4　采购发票制单设置

(8)单击“制单”按钮，生成采购的记账凭证，单击”保存“按钮，凭证生成，如图3.5.5所示：

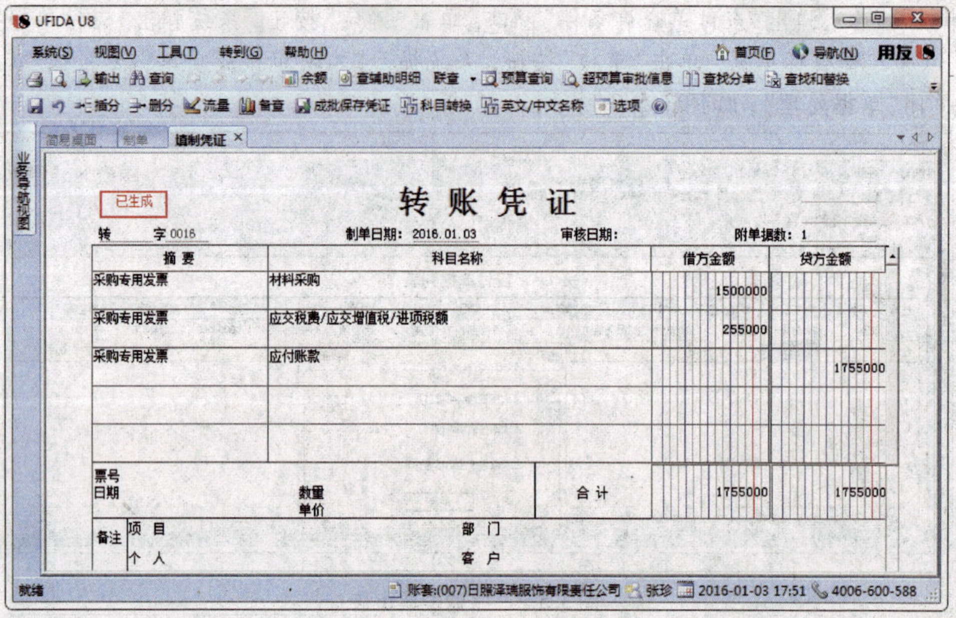

图3.5.5　采购发票制单凭证

任务2:运费业务

企业在产品采购过程中，可能因购买商品物资发生运费、包装费等相关费用，用友软件中的这些费用是通过运费专用发票、应付单的形式来处理的，应付单的处理流程与采购发票相同，填制好单据后，进行审核，然后进行制单即可。

※任务描述

日照泽瑞服饰有限公司采购部于2016年1月4日从雨禾公司购入缝纫线50轴，原币单价20元/轴，税率17%，另外销售方代垫运费，企业取得雨禾公司开具的增值税专用发票(发票号cs0001)和运费发票(发票号yf0001)，运费发票注明价款132元，税率11%，增值税14.52元，企业的该批货物尚未验收入库，货款和运费尚未支付。请以003苏立伟身份进行发票的录入，由002张珍进行票据的审核和凭证的填制，要求进行合并制单。

※操作指导

(1)以003苏立伟身份登录企业应用平台，登录时间为“2016－01－04”。

(2)在“业务工作”选项卡中,执行“财务会计”－“应付款管理”－“应付单据处理”－“应付单录入”命令,弹出“单据类别”窗口，选择单据类型“采购专用发票”,方向“正向”，单击“确定”按钮进入。

(3)在“采购专用发票”窗口，单击“增加”按钮，根据任务所给的采购专用发票信息，在表头填写发票号、供应商等信息，单击表体第一行，双击存货编码，选择“202”，填写数量“50”，原币单价“20”，单击“保存”按钮，如图3.5.6所示：

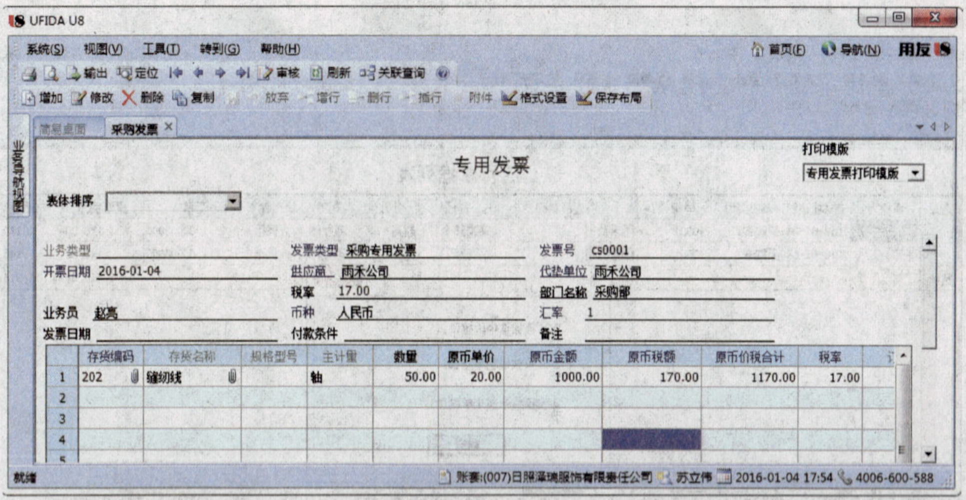

图 3.5.6　采购专用发票

(4)在“采购发票”窗口，继续单击“增加”按钮，根据任务所给的采购运费发票信息，在表头填写发票号、供应商等信息，更改表头税率为 11%；单击表体的第一行，双击存货编码，选择“401 运输费”，填写原币金额“132”，单击“保存”按钮，如图 3.5.7 所示：

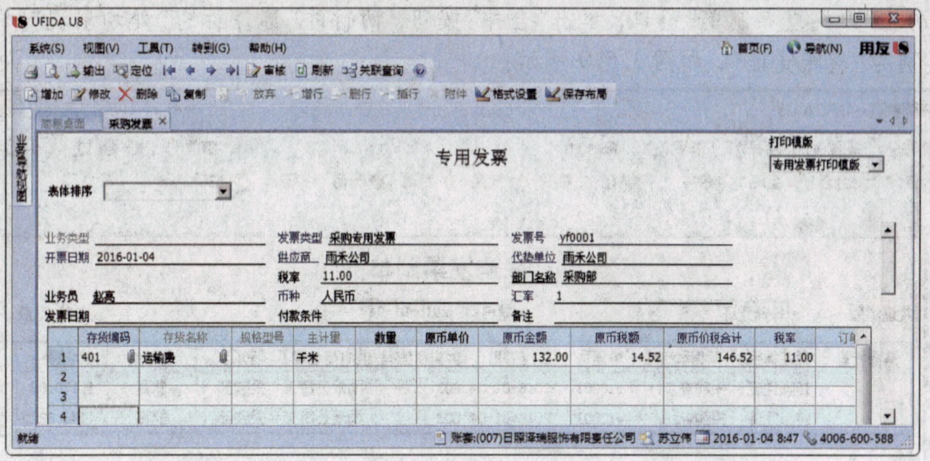

图 3.5.7　运费专用发票

小提示

◆营改增后，一般纳税人开具的运费增值税专用发票的税率是 11%，企业取得运费专用发票后，可以进行抵扣。

◆如果企业存货档案中“运输费”的税率采用默认方式，则在录入运费专用发票的时候，需要先将存货档案中的“运输费”税率由 17% 改为 11%。

(5)以 002 会计张珍身份登录企业应用平台，登录时间为“2016－01－04”，执行“财务会计”－“应付款管理”－“应付单据处理”－“应付单审核”命令。弹出“应付单查询条件”窗口，单击“确定”按钮，系统弹出“应付单据列表”窗口，单击“全选”按钮，再单击“审核”按钮，系统提示“本次审核选中单据 2 张，本次审核成功单据 2 张”，单击“确定”，关闭“单据处理”，如图 3.5.8 所示：

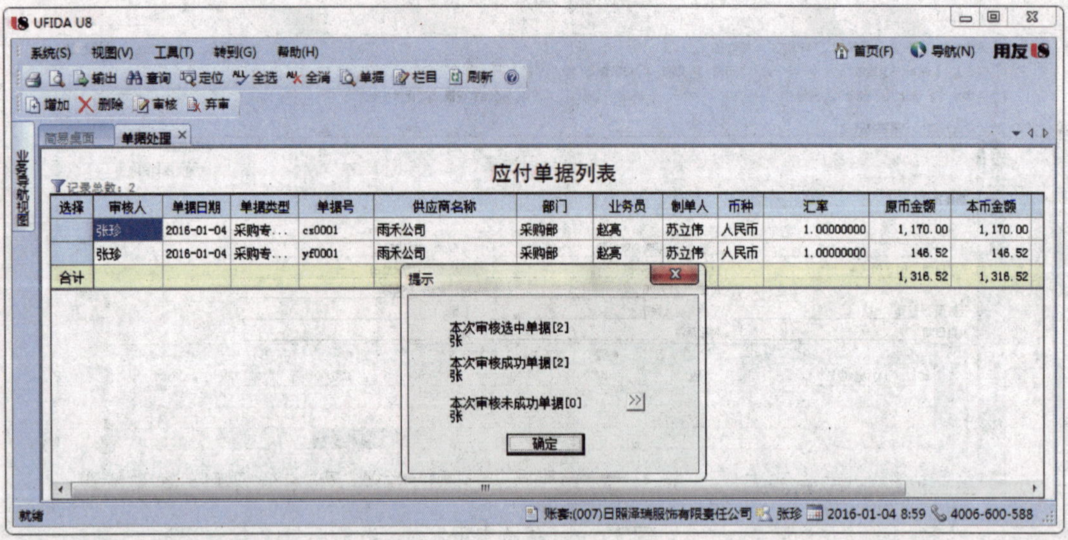

图 3.5.8　发票审核

(6)执行“应付款管理”-“制单处理”，系统弹出“制单查询”窗口，在窗口左侧“发票制单”前划“√”，单击“确定”按钮。

(7)在“采购发票制单”窗口，单击“合并”按钮，两行的“选择标志”处均出现“1”，更改凭证类别为“转账凭证”，如图 3.5.9 所示：

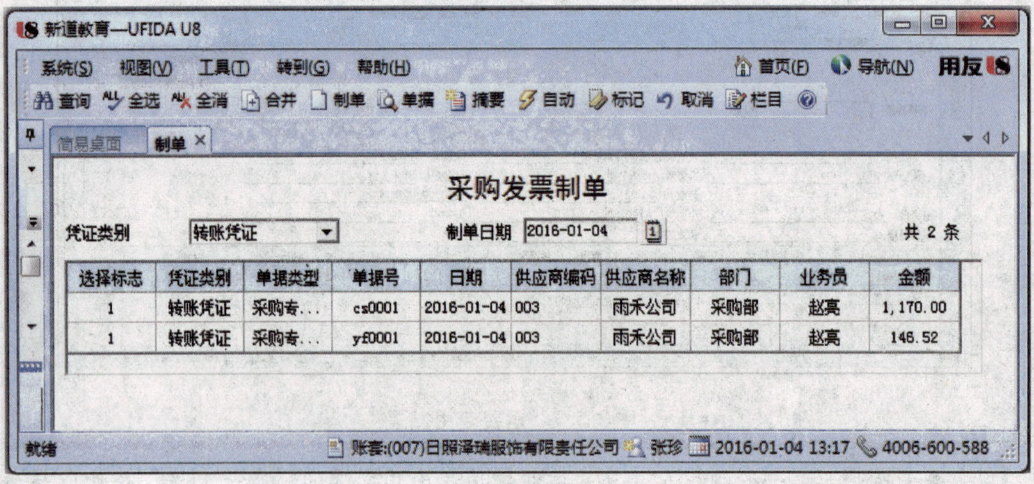

图 3.5.9　采购发票制单设置

小提示

◆对于采购运费业务既可以合并制单，也可以分别根据两张审核无误的发票进行制单，若分别制单，进入“采购发票制单”窗口后，单击“全选”，则“选择标志”处分别为“1”、“2”，再单击“制单”按钮，系统分别根据采购专用发票和运费发票进行凭证的生成。

(8)单击“制单”按钮，采购运费发票与采购专用发票合并生成凭证，单击“保存”按钮，如图 3.5.10 所示：

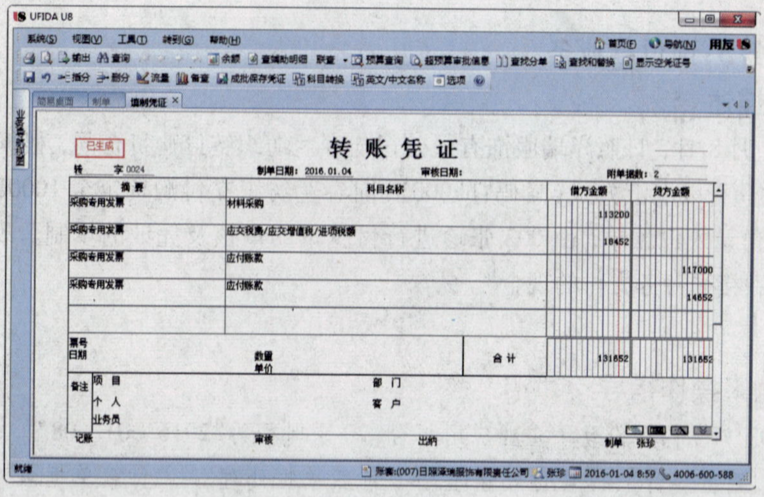

图 3.5.10　采购及运费发票合并生成凭证

小提示

如果没有对采购增值税专用发票和运费发票进行合并制单，则在“采购发票制单”窗口，不选择“合并”按钮，可分别制单，如下图所示。

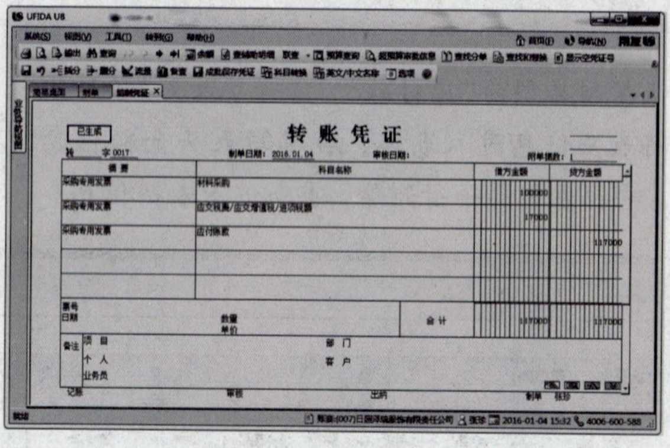

采购发票生成凭证

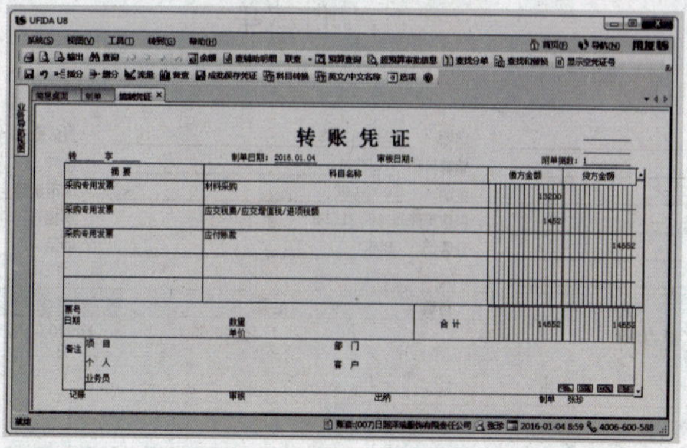

运费发票生成凭证

任务 3:预付款业务

※任务描述

2016 年 1 月 8 日，日照泽瑞服饰有限公司与春兰纺织签订购货合同，根据合同约定，企业于当日通过建行以电汇方式(号码:hk0001)向春兰纺织支付购货定金 10000.00 元。请以 003 苏立伟身份录入付款单，由 002 张珍进行付款单的审核及凭证的填制。现金流量信息:“04:购买商品、接受劳务支付的现金”。

※操作指导

(1)以 003 苏立伟身份登录企业应用平台，登录时间为“2016－01－08”。

(2)执行“财务会计”－“应付款管理”－“付款单据处理”－“付款单据录入”命令。弹出“收付款单录入”窗口，单击“增加”按钮，根据任务信息，填写供应商、结算方式、结算科目、金额、票号等信息，表头信息填写完毕后，单击表体第一行，系统将表头信息自动过入表体，将“款项类型”改为“预付款”，如图 3.5.11 所示，单击“保存”按钮，然后关闭“收付款单录入”窗口。

小提示

◆系统默认款项类型为“应付款”，需将其改为“预付款”。

◆如果先将表头信息过入表体，后填写表头金额信息，表体中则不出现金额信息，此时需要将表体第一行删除，重新过入表头信息。

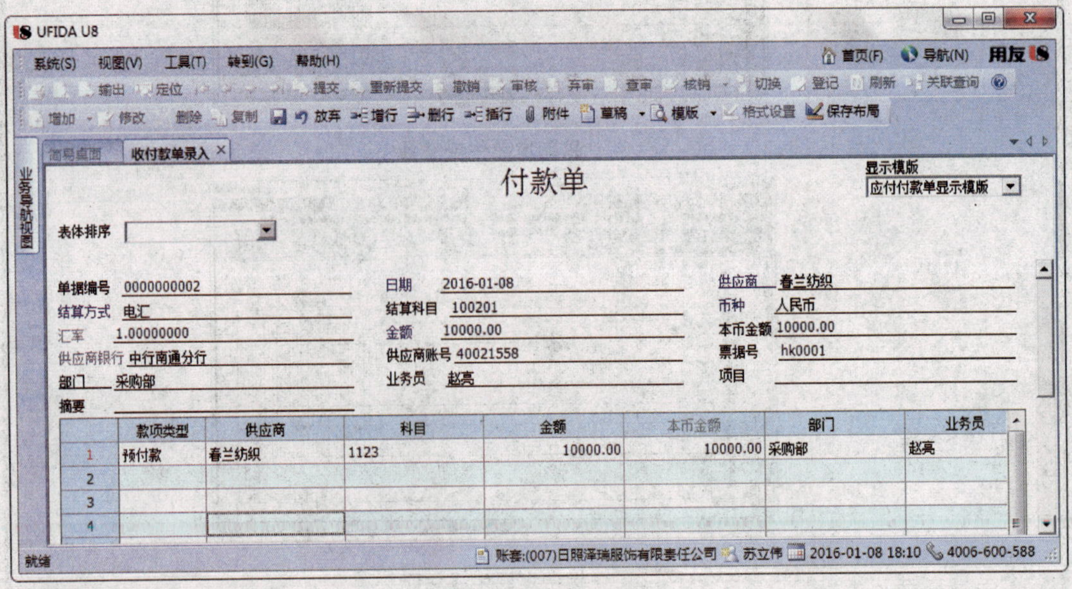

图 3.5.11　付款单

(3)以002会计张珍身份登录企业应用平台，登录时间为“2016－01－08”，执行“财务会计”－“应付款管理”－“付款单据处理”－“付款单据审核”命令。弹出“付款单查询条件”窗口，单击“确定”按钮，进入“收付款单列表”窗口，单击“全选”，再单击“审核”按钮，系统提示“本次审核成功单据1张”，单击“确定”，关闭“收付款单列表”，如图3.5.12所示：

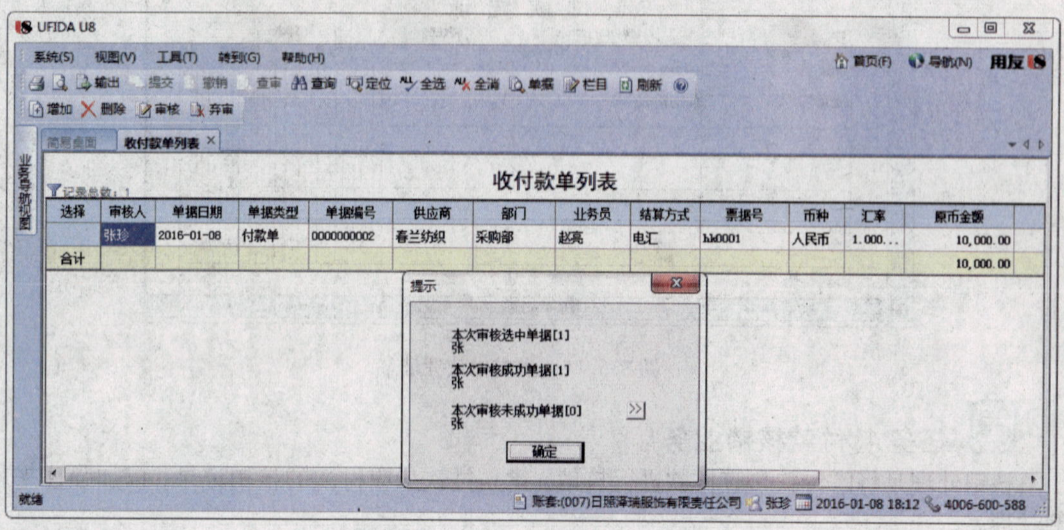

图3.5.12 收付款单列表

(4)关闭“收付款单列表”，执行“应付款管理”－“制单处理”，系统弹出“制单查询”窗口，在窗口左侧勾选“收付款单制单”，单击“确定”按钮，在“收付款单制单”窗口，更改凭证类别为“付款凭证”，单击“全选”按钮，如图3.5.13所示：

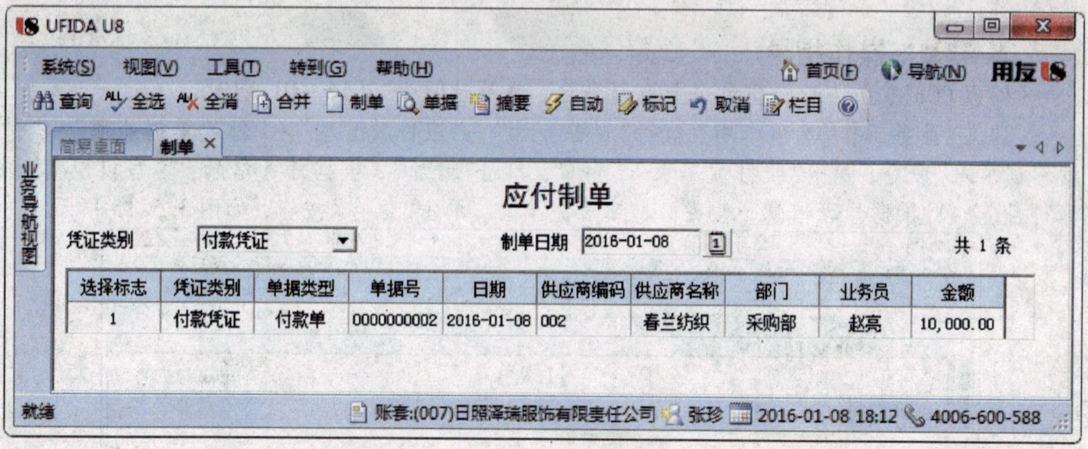

图3.5.13 收付款制单设置

(5)单击“制单”按钮，生成付款凭证，单击“流量”按钮，弹出“现金流量录入修改窗口”选择项目编码“04 购买商品、接受劳务支付的现金”，单击“确定”按钮，保存凭证，如图3.5.14所示。

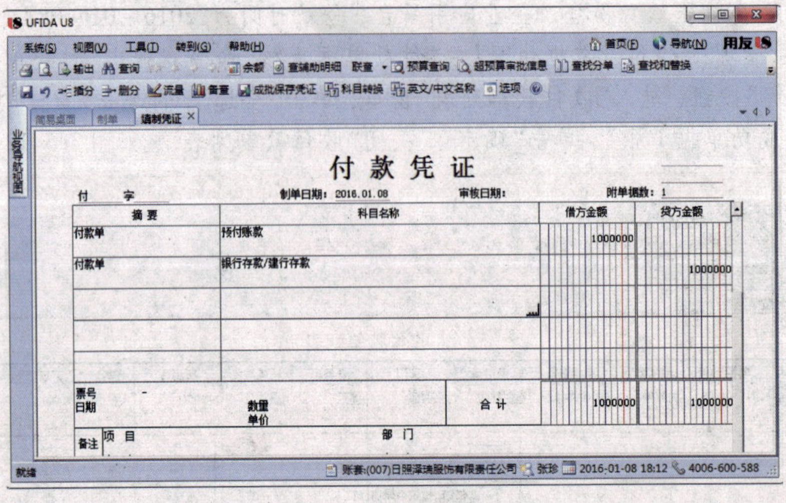

图 3.5.14　生成付款凭证

任务 4：付款核销业务

核销处理是将已付款与应付款进行核销，建立付款与应付款的核销记录，以加强往来款的管理。

※任务描述

日照泽瑞服饰有限公司于 2016 年 1 月 10 日以电汇方式支付欣飞棉纺部分货款，金额 12000.00 元，票号 hk0002。请以 003 苏立伟填制单据，002 张珍身份进行该笔经济业务的审核制单处理。现金流量信息："04 购买商品、接受劳务支付的现金"。

※操作指导

(1) 以 003 苏立伟身份登录企业应用平台，登录时间为"2016－01－10"。

(2) 在"业务工作"选项卡中，执行"财务会计"－"应付款管理"－"付款单据处理"－"付款单据录入"命令，弹出"收付款单录入"窗口，单击"增加"，根据任务信息，填写供应商、结算科目、金额、票据号等信息，表头信息填写完毕后，单击"保存"按钮，如图 3.5.15 所示。

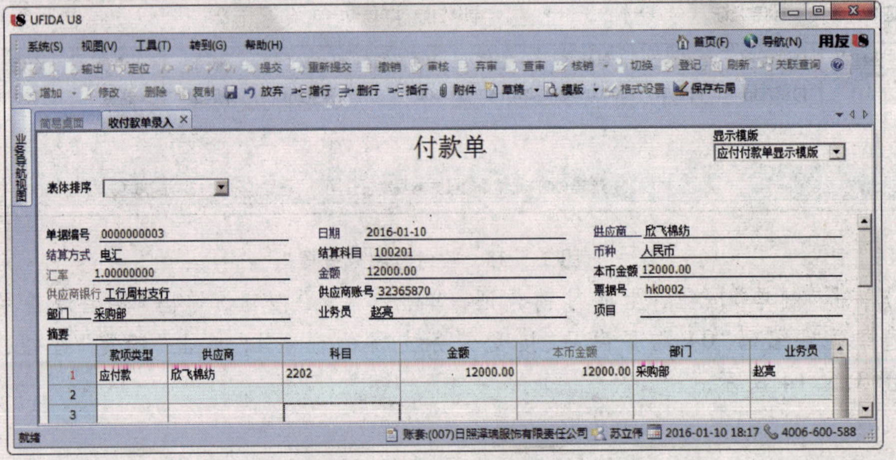

图 3.5.15　付款单据录入

(3)关闭“收付款单录入”窗口，以002张珍身份登录企业应用平台，登录时间为“2016－01－10”。

(4)在“业务工作”选项卡中，执行“应付款管理”－“付款单据处理”－“付款单据审核”，系统弹出“付款单据查询条件”窗口，单击“确定”，进入“收付款单列表”窗口，单击“全选”或双击选中单据，单击“审核”，然后关闭“收付款单列表”。

(5)执行“应付款管理”－“核销处理”－“手工核销”，弹出“核销条件”窗口，选择供应商“欣飞棉纺”，单击“确定”按钮，进入“单据核销”窗口，在采购专用发票的“本次结算”处录入结算金额“12000”，如图3.5.16所示：

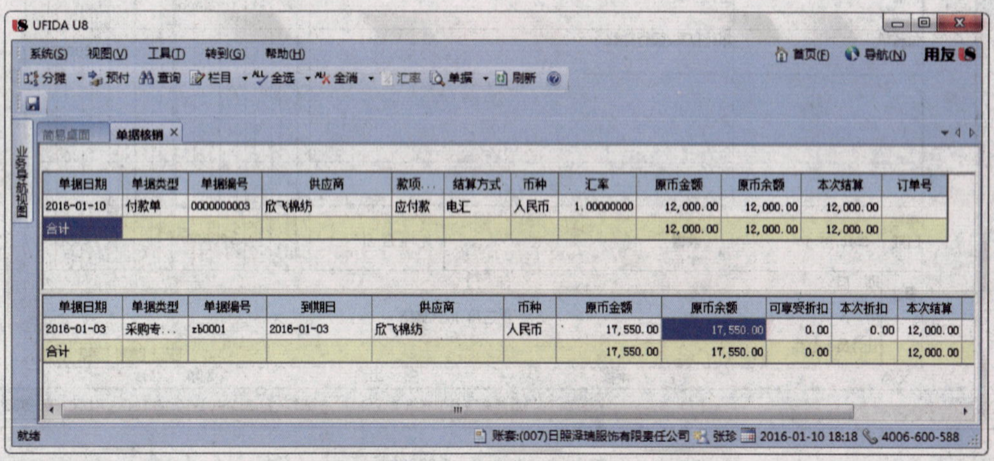

图3.5.16　付款单据核销

(6)单击“保存”按钮，关闭“单据核销”窗口，执行“制单处理”命令，弹出“制单查询”窗口，在窗口左侧的“收付款单制单”和“核销制单”前划“√”，单击“确定”按钮，更改凭证类别为“付款凭证”，单击“合并”按钮，选择标志处均为“1”，再单击“保存”按钮，如图3.5.17所示：

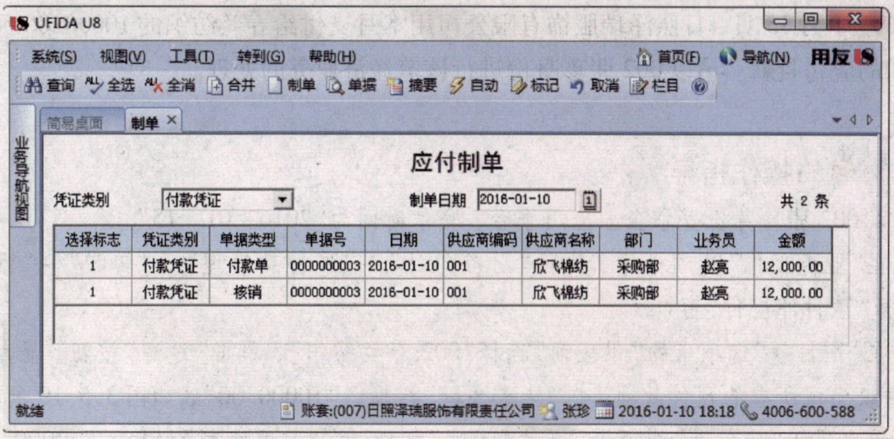

图3.5.17　生成凭证

(7)单击“制单”按钮，生成付款核销凭证，单击“流量”按钮，输入“04购买商品、接受劳务支付的现金”，单击“保存”，如图3.5.18所示：

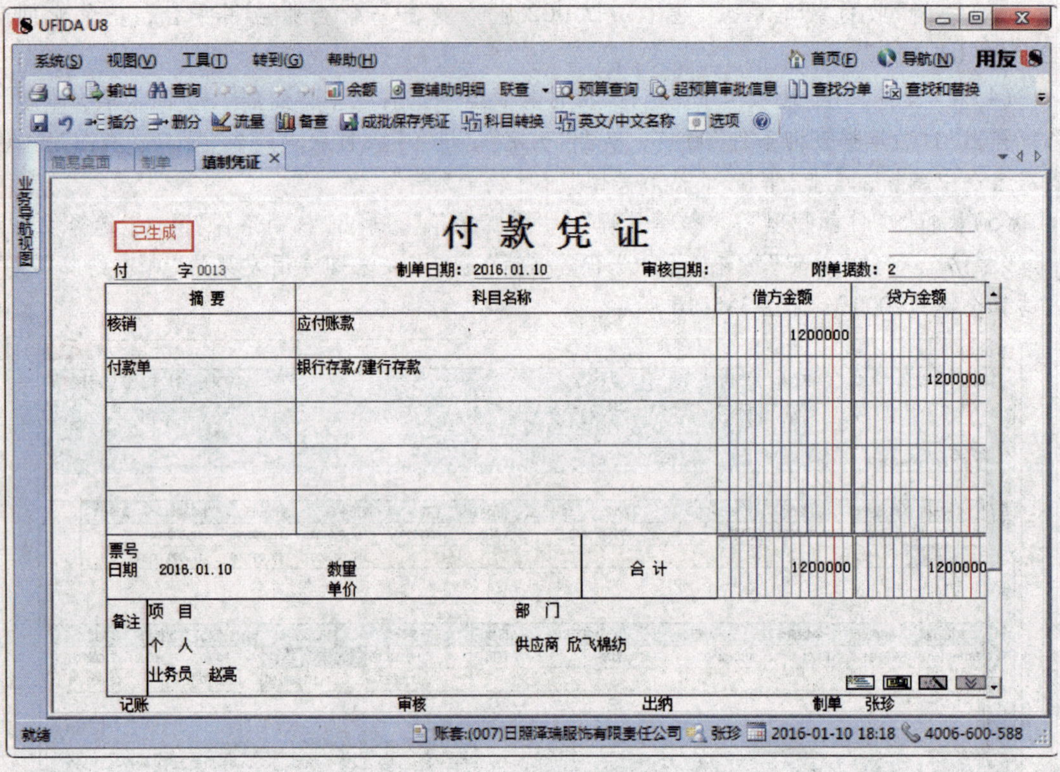

图 3.5.18 生成凭证

任务 5：预付冲应付业务

预付冲应付业务是指针对同一供应商，既有预付账款，也有应付账款，用预付账款来冲减其应付账款，进而处理供应商的预付款和该供应商应付货款的转账核销业务。

※任务描述

2016 年 1 月 15 日，日照泽瑞服饰有限公司用本月支付给春兰纺织的 10000.00 元订金冲抵其期初的应付货款。请以 002 张珍身份进行该笔经济业务的处理。

※操作指导

(1) 以 002 张珍身份登录企业应用平台，登录时间为“2016－01－15”。

(2) 在“业务工作”选项卡中，执行“财务会计”－“应付款管理”－“转账”－“预付冲应付”，打开“预付冲应付”窗口。

(3) 在“预付款”选项卡的“供应商”选择“002 春兰纺织”，单击“过滤”按钮，显示本公司对春兰纺织公司所有的预付款项，在“转账金额”栏输入“10000.00”，如图 3.5.19 所示：

(4) 单击进入“应付款”选项卡，单击“过滤”按钮，在“转账金额”栏输入“10000.00”，如图 3.5.20 所示：

(5) 单击“确定”按钮，系统提示“是否制单”，单击“是”，进入填制凭证窗口，更改凭证类别为“转账凭证”，单击“保存”，生成凭证，如下图 3.5.21 所示。

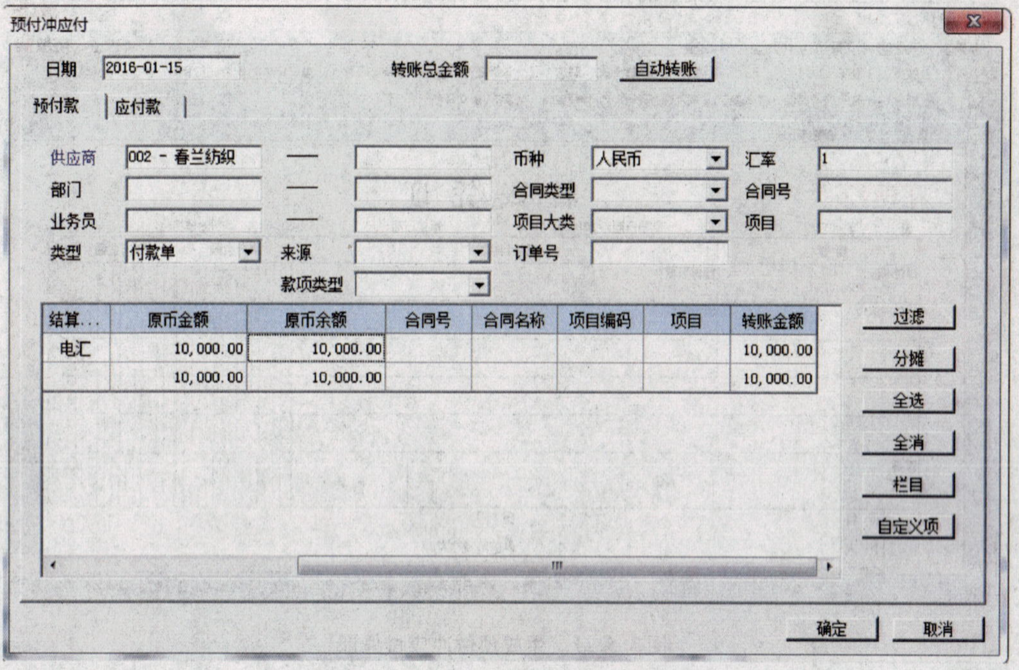

图 3.5.19　设置预付款转账金额

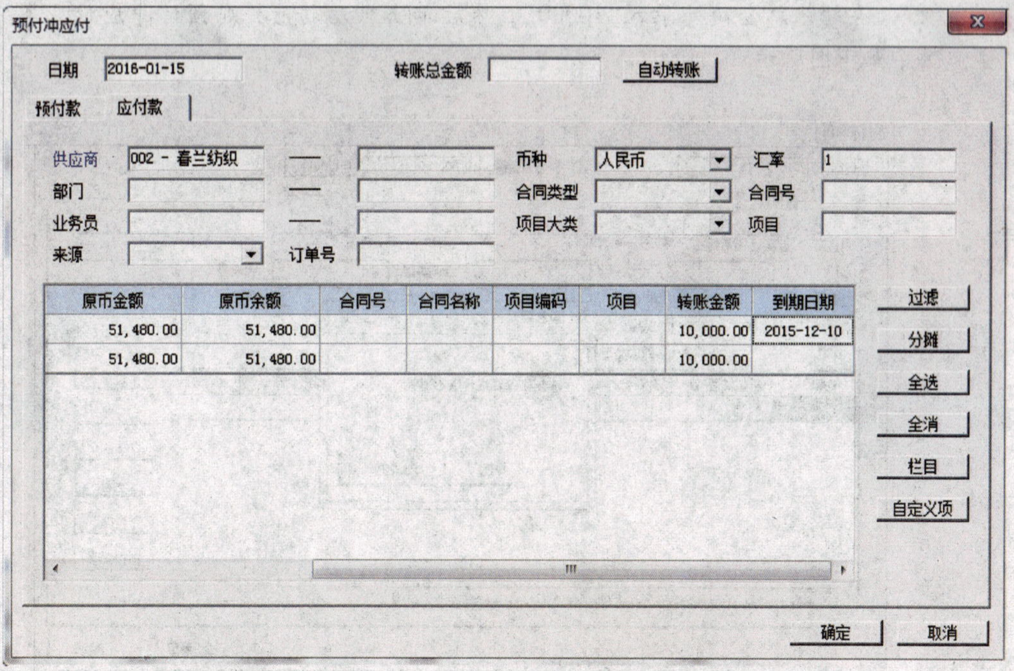

图 3.5.20　设置应付款转账金额

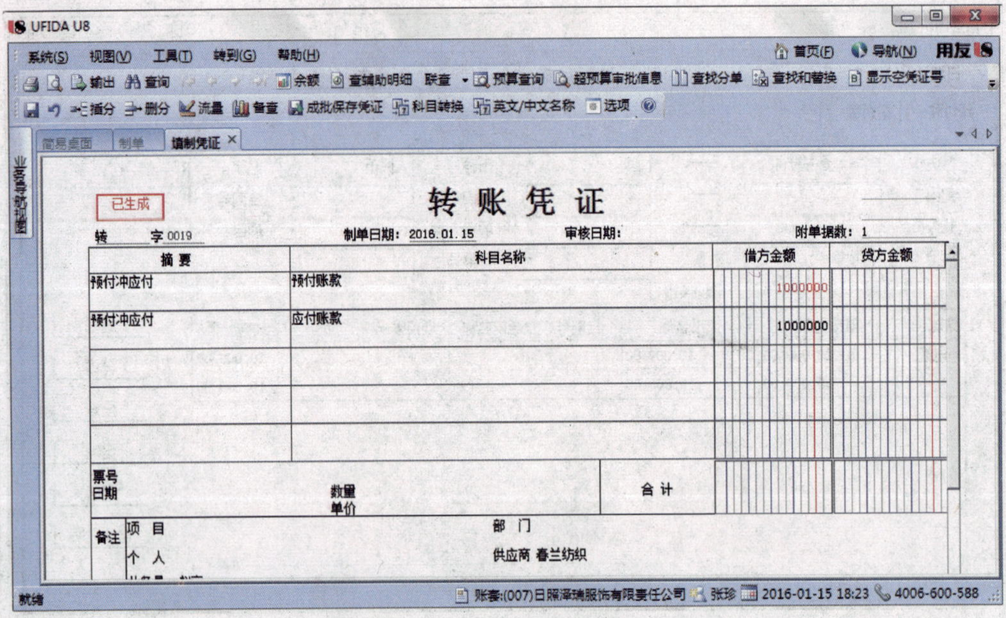

图 3.5.21 生成预付冲应付凭证

小提示

◆预付冲应付业务应针对同一企业。

◆在进行操作时，可以使用自动转账功能，在“预付款”选项卡选择“002 春兰纺织”，在转账总金额处录入“10000”，然后单击自动转账，则预付冲应付业务完成，如下图所示

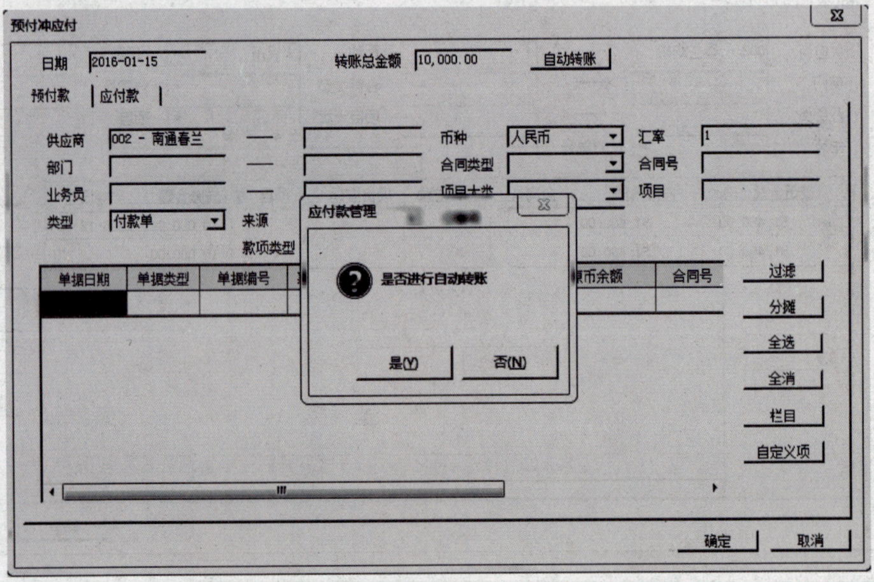

预付冲应付自动转账

任务 6:应付冲应付业务

应付冲应付业务将应付款业务在供应商、部门、业务员、项目和合同之间进行转入、转出，实现应付业务的调整，解决应付款业务在不同供应商、部门、业务员、项目和合同间入错户或合并户问题。

※任务描述

2016 年 1 月 18 日，经三方协议，将日照泽瑞服饰对欣飞棉纺的应付账款 5550 元转给滨州蓝桥，请以 002 张珍身份完成应付冲应付的操作，并生成相关凭证。滨州蓝桥的档案信息如下：

编码	客户简称	所属地区	所属分类	开户行	银行账号	税号	地址	分管部门	专管业务员
004	滨州蓝桥	01	01	工行滨州分行	32658475	3300215	滨州新华路 35 号	采购部	赵亮

※操作指导

(1)以 001 身份登录企业应用平台，登录时间为“2016－01－18”。

(2)在“基础设置”选项卡中，执行“基础档案”－“客商信息”－“供应商档案”，增加“004 滨州蓝桥”的供应商档案。

(3)以 002 张珍身份登录企业应用平台，登录时间为“2016－01－18”。

(4)在“业务工作”选项卡中，执行“应付款管理”－“转账”－“应付冲应付”，打开“应付冲应付”窗口，选择供应商“001 欣飞棉纺”，单击“查询”图标，系统显示对欣飞棉纺的所有应付款，选择目标单据，在并账金额处录入“5550.00”，勾选转入“供应商”，输入“004 滨州蓝桥”，如图 3.5.22 所示：

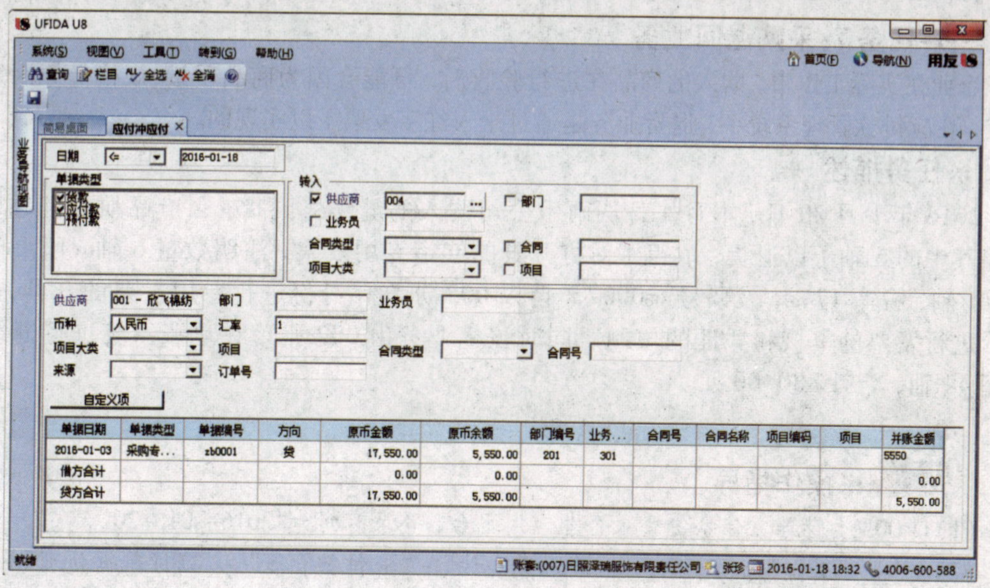

图 3.5.22　设置应付冲应付

(5)单击"保存"按钮,系统提示"是否立即制单",选择"是",系统自动生成凭证,更改凭证类别为"转账凭证",单击"保存"按钮,如图3.5.23所示:

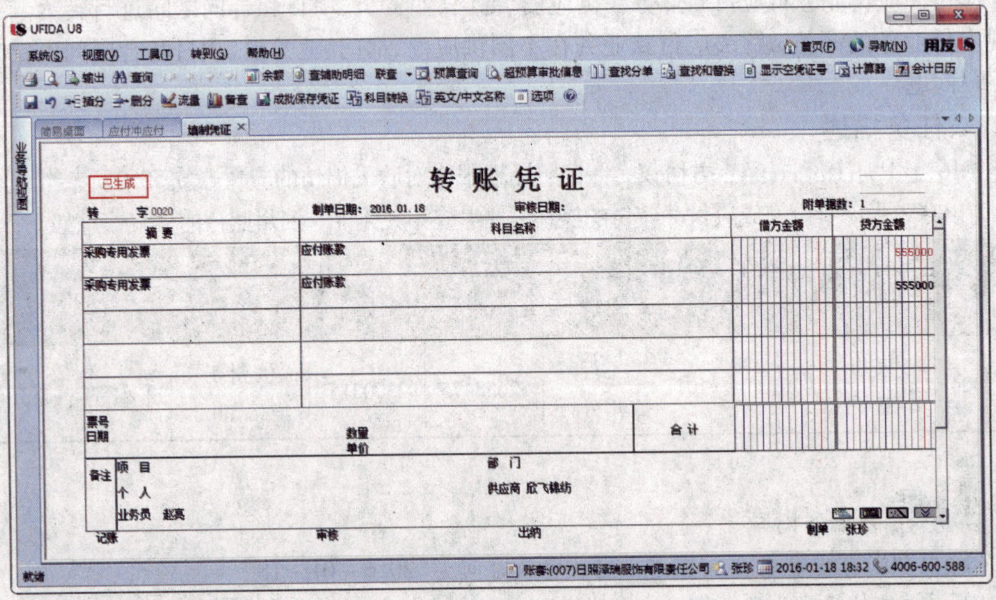

图3.5.23 生成应付冲应付凭证

小提示

◆应付冲应付可实现债务在供应商、部门、业务员、项目和合同之间进行转入、转出。

◆如果在执行完"应付冲应付"后,没有立即制单,后期可以在"制单处理"-"应付冲应付制单",完成该业务凭证的生成。

任务7:采购退回业务

企业在实际工作中,购入的商品在进行验收后,可能会因为商品质量、规格等原因发生退货,在应付款管理系统中,退货业务是通过录入红字发票予以实现的。

※任务描述

2016年1月20日,本月4日从雨禾公司购入的缝纫线到货,因产品质量问题,公司将其中的6轴予以退货,取得了对方开具的红字专用发票,注明数量6轴,原币单价20元/轴,税率17%,发票号cs0007。请以003苏立伟身份进行专用发票的开具,002张珍进行发票的审核和凭证的填制。同时该笔业务由002张珍在总账系统进行缝纫线入库44轴,合计880.00元。

※操作指导

(1)以003会计苏立伟身份登录企业应用平台,登录时间为"2016-01-20"。

(2)在"业务工作"选项卡中,执行"财务会计"-"应付款管理"-"应付单据处理"-"应付单录入"命令,弹出"单据类别"窗口,选择单据类型"采购专用发票",方向"负向",单击"确定"按钮进入。

(3)在“采购专用发票”窗口，单击“增加”按钮，根据任务所给资料，在表头填写发票号、供应商等信息，单击表体第一行，选择存货编码“202”，数量“-6”，原币单价“20”，单击“保存”按钮，如图3.5.24所示：

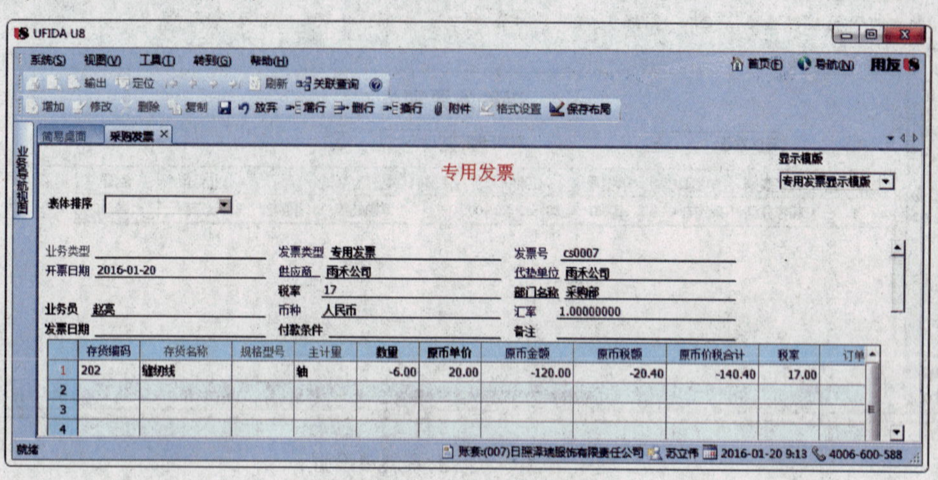

图3.5.24　红字采购发票

> 小提示
> ◆填制红字发票，注意发票方向选择为“负向”。
> ◆填写红字发票表体信息时，退货数量为负数，单价为正数，否则票据无法保存。

(4)关闭“采购专用发票”窗口，以002会计张珍身份登录企业应用平台，登录时间为“2016-01-20”。

(5)执行“应付款管理”-“应付单据处理”-“应付单审核”命令，弹出“应付单查询条件”窗口，单击“确定”按钮，系统弹出“应付单据列表”窗口，双击选择目标单据，单击“审核”按钮，系统提示“本次审核成功单据1张”，单击“确定”，关闭“单据处理”，如图3.5.25所示：

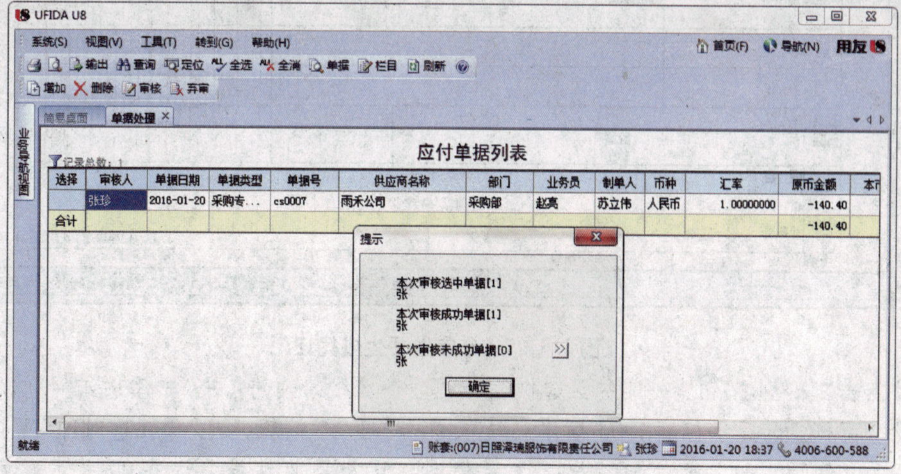

图3.5.25　审核红字发票

(6)执行“制单处理”，系统弹出“制单查询”窗口，在发票制单前划“√”，单击“确定”按钮，系统弹出“采购发票制单”窗口，单击“全选”按钮，“选择标志”处出现“1”，更改凭证类别为"转账凭证"，如图 3.5.26 所示：

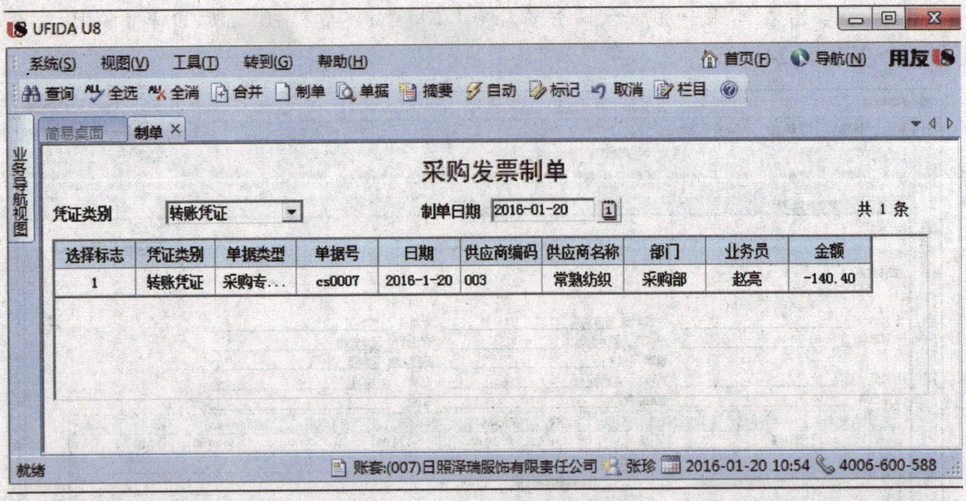

图 3.5.26 红字发票制单设置

(7)单击"制单"按钮，生成采购退货的凭证，如图 3.5.27 所示：

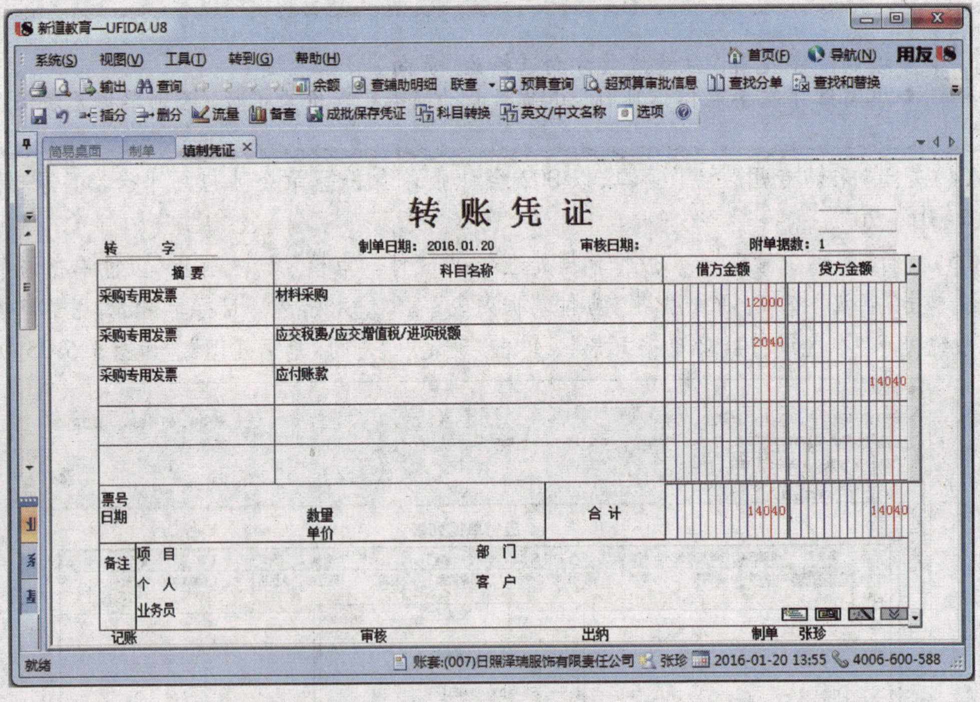

图 3.5.27 红字发票生成凭证

(8)点击"保存"按钮，关闭凭证，执行"转账"-"红票对冲"-"手工对冲"，弹出"红票对冲条件"窗口，选择供应商"003 雨禾公司"，单击"确定"按钮，进入"红票对冲"窗口。

(9)在"红票对冲"窗口，上方是红字发票，下方是蓝字发票，在第一行蓝字发票的"对冲金额"处录入"140.40"或者双击"原币金额 1170.00"，系统自动在"对冲金额"处生成"140.40"，单击"保存"按钮，红字发票勾销，单据编号为 cs0001 的蓝字发票"原币余额"变为"1029.60"，关闭"红票对冲"窗口，如图 3.5.28 及图 3.5.29 所示：

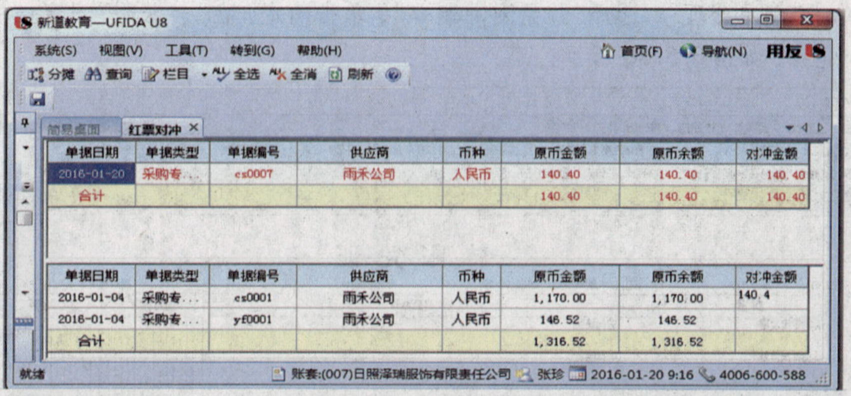

图 3.5.28　红票对冲

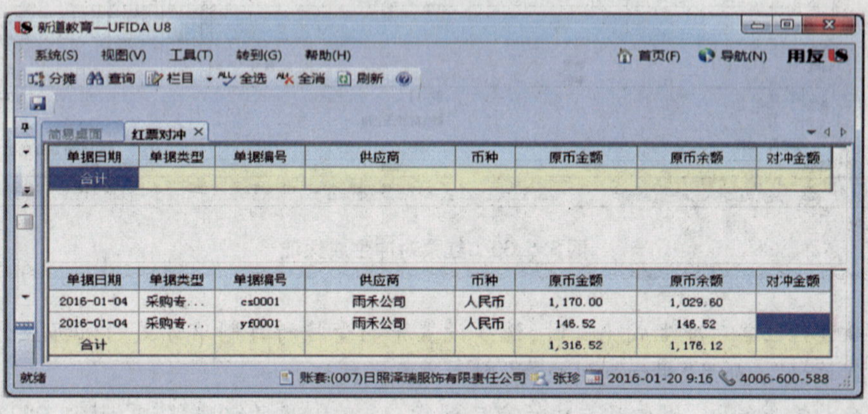

图 3.5.29　红票对冲勾销后

小提示

◆应付款管理中的红票对冲可实现同一供应商的红蓝发票、应付单、付款单之间进行冲抵的操作。

◆该业务也可通过自动冲销予以实现，通过“核销”－“自动核销”，录入供应商名称，单击“确定”按钮，系统将提示“是否进行自动核销”，自动完成核销处理后，生成自动红冲报告，如下图所示。

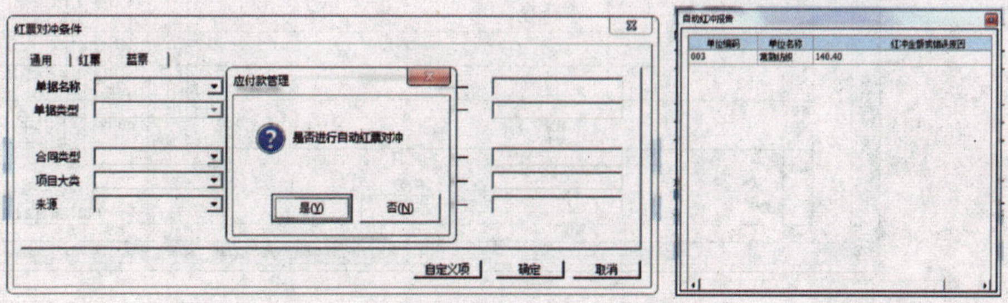

(10) 单击“制单处理”，选择“红票对冲制单”，单击确定，在“转账制单”窗口，选择目标单据，生成凭证，如图 3.5.30 所示：

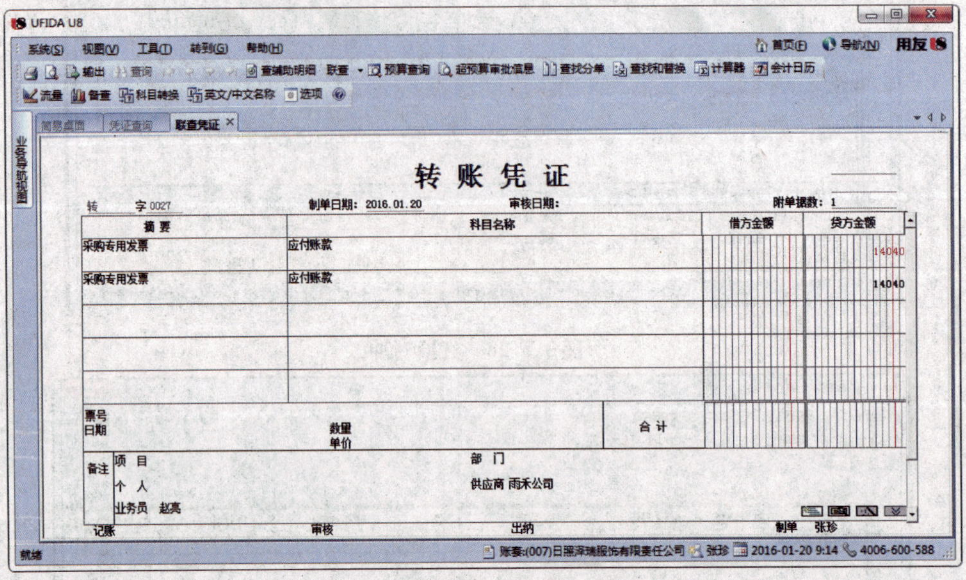

图 3.5.30 红票对冲生成凭证

小提示

◆进行红票对冲生成凭证时，选项设置中的受控科目制单方式的依据应为“明细到单据”，如果“明细到供应商”则无法生成凭证。

◆本笔业务中，因本月采购的商品到货，采购入库的记账凭证，请以 002 张珍身份到总账系统里进行处理，入库的数量为 44 轴，单价 23 元，摘要：材料验收入库，如下图所示。

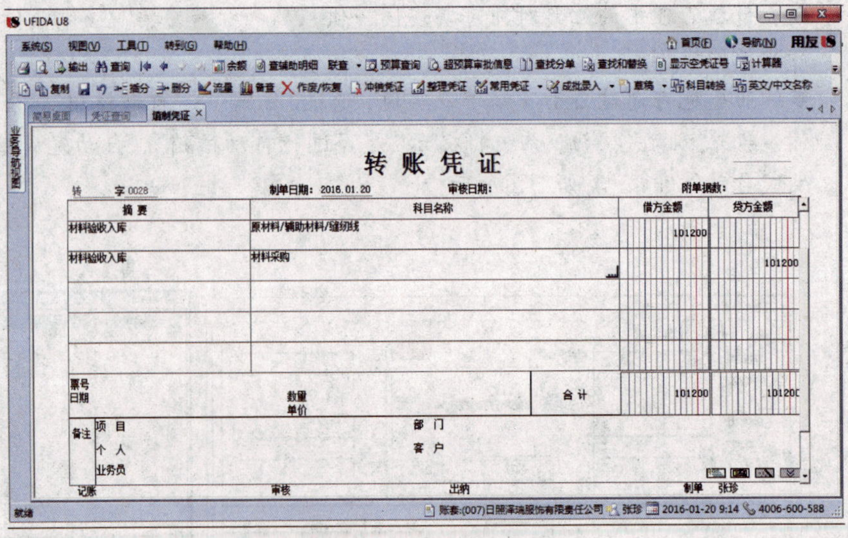

总账系统材料入库凭证

◆如果因操作错误，可将红票对冲业务予以退回，首先通过“单据查询”-“凭证查询”，找到需要删除的红票对冲凭证，将其删除，如下图所示。

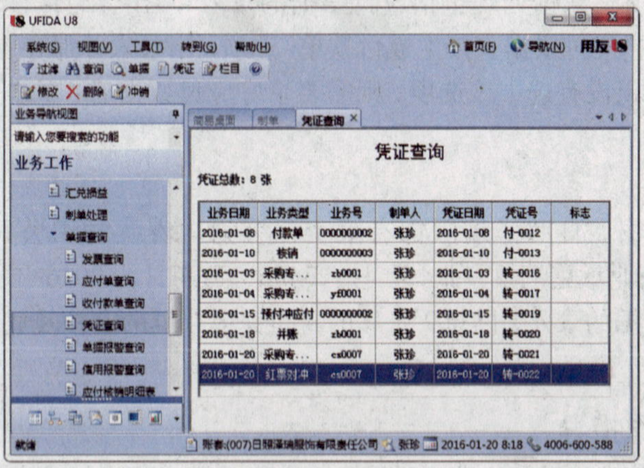

通过凭证查询删除凭证

其次通过“其他处理”-“取消操作”，输入供应商和操作类型，将雨禾公司的红票对冲业务取消，然后重新进行红票对冲，如下图所示。

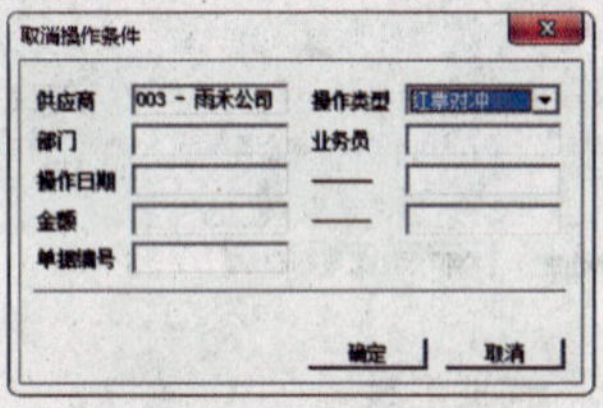

取消操作条件设定

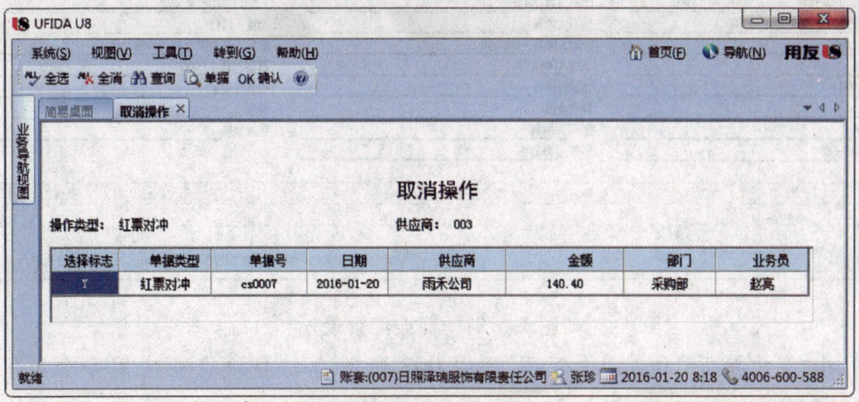

取消红票对冲业务

◆核销业务、票据业务、其他转账业务均可使用类似的取消操作流程，将经济业务加以退回。

任务 8:票据业务

企业在购买商品时，可支付商业承兑汇票或银行承兑汇票，此时应将该汇票录入应付款管理系统的票据管理中，票据处理包括应付票据的录入、转出、结算、计息等。如果应付款管理系统“选项”中选中“应付票据直接生成付款单”选项，当录入并保存了相关票据，系统自动生成一张付款单。如果没有选中该选项，则需要录好应付票据后，单击“付款”按钮，才能生成付款单。

※任务描述

2016 年 1 月 21 日，日照泽瑞服饰有限责任公司向春兰纺织公司签发并承兑面值为 41480.00 元的无息商业承兑汇票一张，票号:23456，到期日为 2016 年 2 月 21 日，请以 003 苏立伟的身份完成票据的录入，以 002 张珍的身份完成票据的审核及凭证的填制。

※操作指导

(1)以 003 苏立伟身份登录企业应用平台，登录时间为“2016 - 01 - 21”。

(2)在“业务工作”选项卡中，执行“应付款管理”-“票据管理”，进入“票据管理”窗口，单击“增加”，根据任务资料，填写票据类型、编号、结算方式、收到日期、出票日期等信息，单击“保存”按钮，如图 3.5.31 所示:

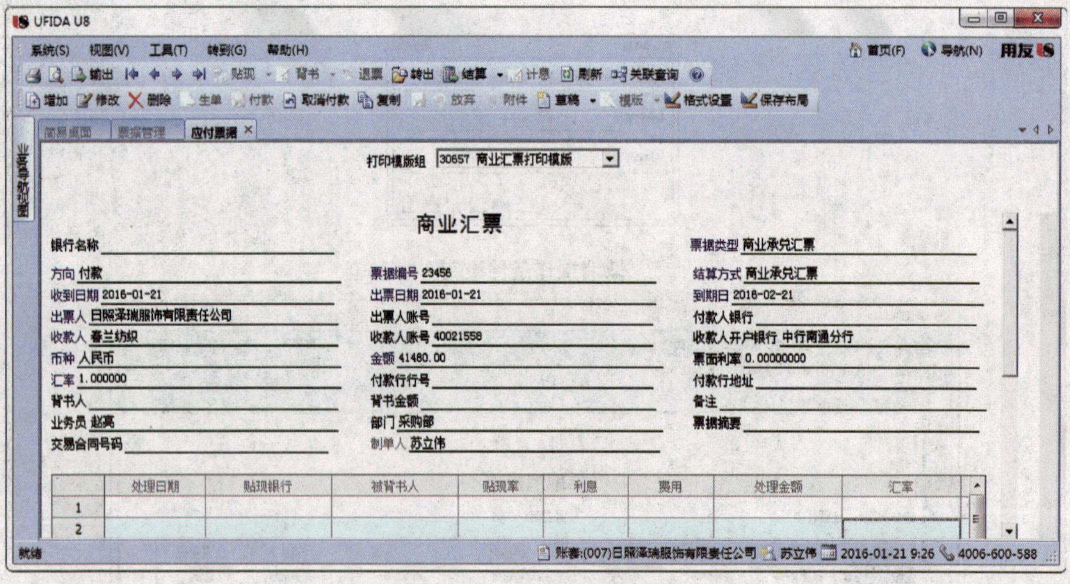

图 3.5.31 商业汇票录入

(3)关闭“应付票据”和“票据管理”，以 002 张珍身份登录企业应用平台，登录时间为“2016 - 01 - 21”。

(4)执行“付款单据处理”-“付款单据审核”，系统弹出“收款单据查询条件”窗口，单击“确定”按钮，进入“收付款单列表”窗口，单击“全选”或双击选中单据，单击“审核”，然后关闭“收付款单列表”，如图 3.5.32 所示:

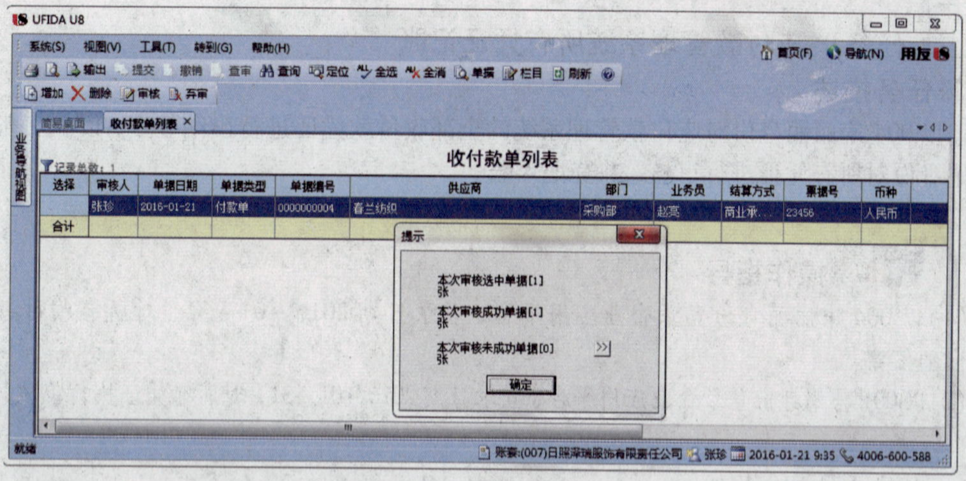

图 3.5.32 付款单审核

小提示 ◆在对应付款管理选项进行设置时，常规参数中，应选择“应付票据直接生成付款单”，或者该选项不选，在填制完毕应付票据后，单击“付款”，也可生成付款单。否则票据填制完毕后，无付款单，不能进行审核。

(5)执行“核销”－“手工核销”，将该笔业务予以核销。

(6)执行“制单处理”，弹出“制单查询”窗口，在窗口左侧的“收付款单制单”、“核销制单”前划“√”，单击“确定”按钮，采用合并制单方式生成凭证，更改凭证类别为“转账凭证”，单击“保存”按钮，如图 3.5.33 所示：

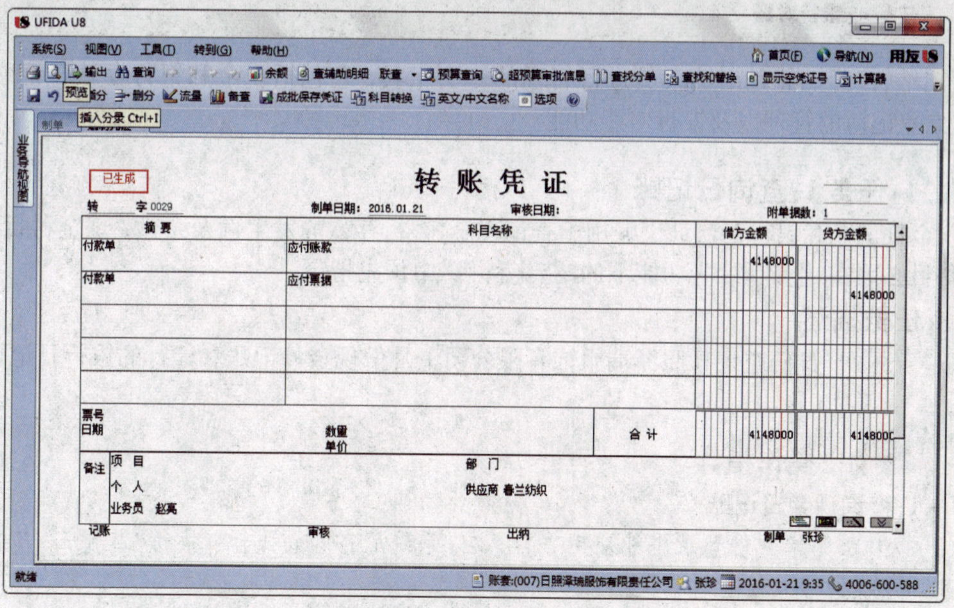

图 3.5.33 生成凭证

任务 9:应付款管理系统所有凭证记账

※任务描述

请以 004 宋丽丽身份对应付款管理系统的全部收付款凭证进行出纳签字，以 001 账套主管马娟身份对所有凭证进行审核，并登记入账。

※操作指导

(1) 以 004 宋丽丽身份登录企业应用平台，登录日期 2016 -01 -31，对所有收付款凭证执行出纳签字。

(2) 以 001 马娟身份登录企业应用平台，登录日期 2016 -01 -31，对所有凭证执行审核、记账。

子项目 3.6　出纳管理

任务框架

任务 1:查询日记账

任务 2:查询资金日报表

任务 3:登记支票登记簿

任务 4:银行对账

“出纳管理”功能是出纳人员进行管理的一套工具，它包括现金和银行存款日记账的输出、支票登记簿的管理以及银行对账功能。

任务 1:查询日记账

现金日记账和银行存款日记账用于查询现金、银行存款的发生额及余额，现金科目、银行存款科目必须在“会计科目”功能下的“指定科目”中预先指定。

※任务描述

以“宋丽丽”身份查询日照泽瑞服饰有限公司 1 月份现金日记账和建行的银行日记账。

※操作指导

1 -1:查询现金日记账

(1) 以 001 马娟身份登录企业应用平台，在“系统服务”选项卡中执行“权限”-“数据权限分配”命令，打开“权限浏览”窗口。

(2) 单击“004 宋丽丽”,业务对象选择“科目”，单击“授权”，自动弹出“记录权限设置”窗口，将“1001 库存现金、1002 银行存款、100201 建行存款、100202 中行存款”从“禁用”栏指定到"可用"栏，单击"保存"，如图3.6.1所示：

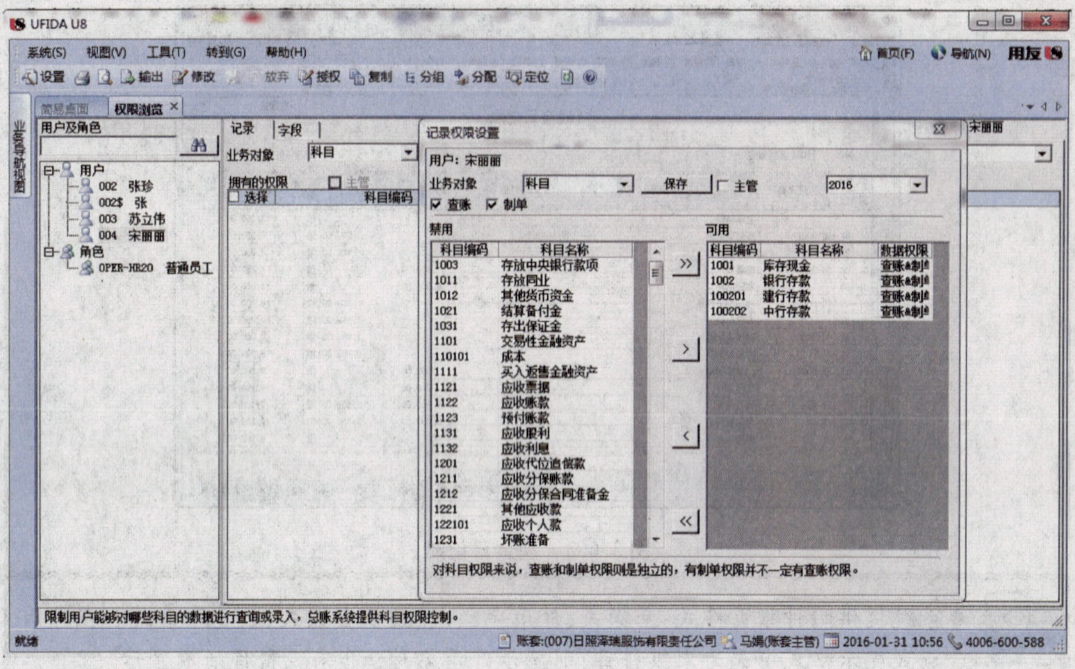

图3.6.1　权限分配

(3)重新注册，以004宋丽丽身份登录企业应用平台，登录日期"2016－01－31"。

(4)在"业务工作"选项卡中，执行"财务会计"－"总账"－"出纳"－"现金日记账"命令，打开"现金日记账查询条件"窗口，选择科目为"1001库存现金"，其余条件默认如图3.6.2所示：

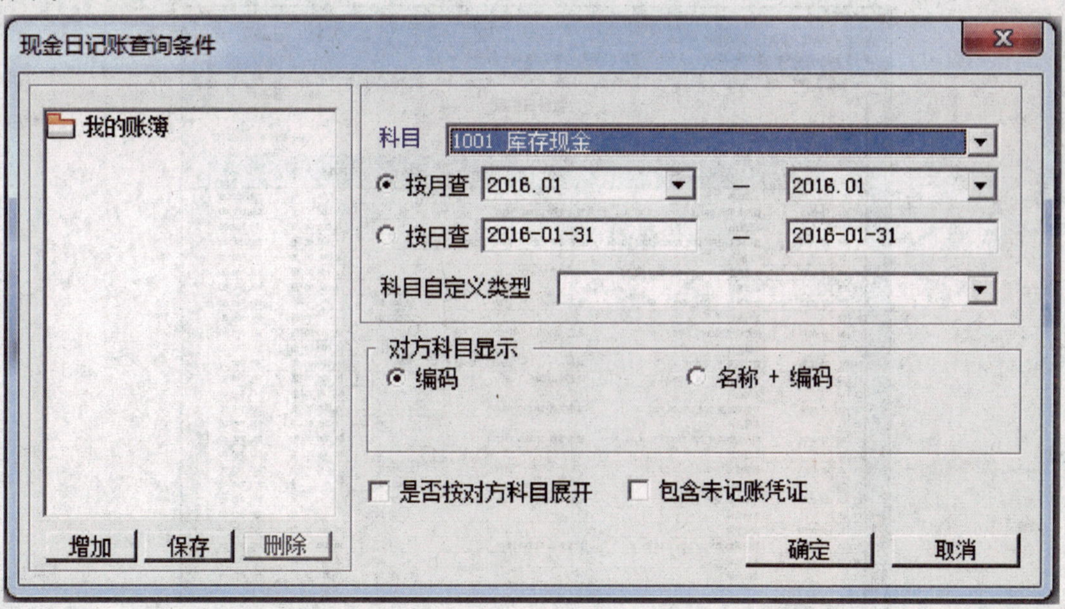

图3.6.2　现金日记账查询条件

(5) 单击“确定”按钮，进入“现金日记账”窗口，如图 3.6.3 所示：

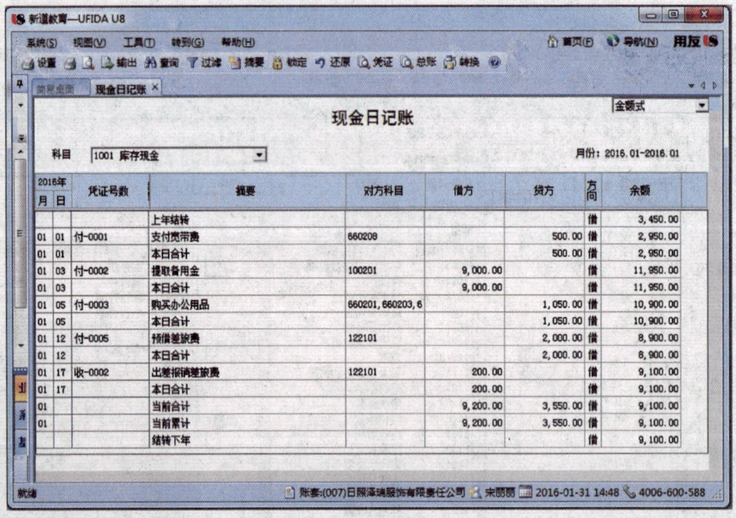

现金日记账

科目 1001 库存现金　　月份：2016.01-2016.01

2016年 月	日	凭证号数	摘要	对方科目	借方	贷方	方向	余额
			上年结转				借	3,450.00
01	01	付-0001	支付宽带费	660208		500.00	借	2,950.00
01	01		本日合计			500.00	借	2,950.00
01	03	付-0002	提取备用金	100201	9,000.00		借	11,950.00
01	03		本日合计		9,000.00		借	11,950.00
01	05	付-0003	购买办公用品	660201,660203,6		1,050.00	借	10,900.00
01	05		本日合计			1,050.00	借	10,900.00
01	12	付-0005	预借差旅费	122101		2,000.00	借	8,900.00
01	12		本日合计			2,000.00	借	8,900.00
01	17	收-0002	出差报销差旅费	122101	200.00		借	9,100.00
01	17		本日合计		200.00		借	9,100.00
01			当前合计		9,200.00	3,550.00	借	9,100.00
01			当前累计		9,200.00	3,550.00	借	9,100.00
			结转下年				借	9,100.00

图 3.6.3　现金日记账

> ◆系统提供四种账页格式：金额式、外币金额式、数量金额式、数量外币式。在外币金额式显示格式中如为末级科目，则显示外币名称，非末级科目则不显示。
>
> ◆显示外币金额式账簿同时，可以按不同的币种提供月初余额、合计、累计。

1-2：查询银行日记账

参照任务 1-1 现金日记账，将科目选择为“100201 建行存款”，查询银行日记账，如图 3.6.4 所示：

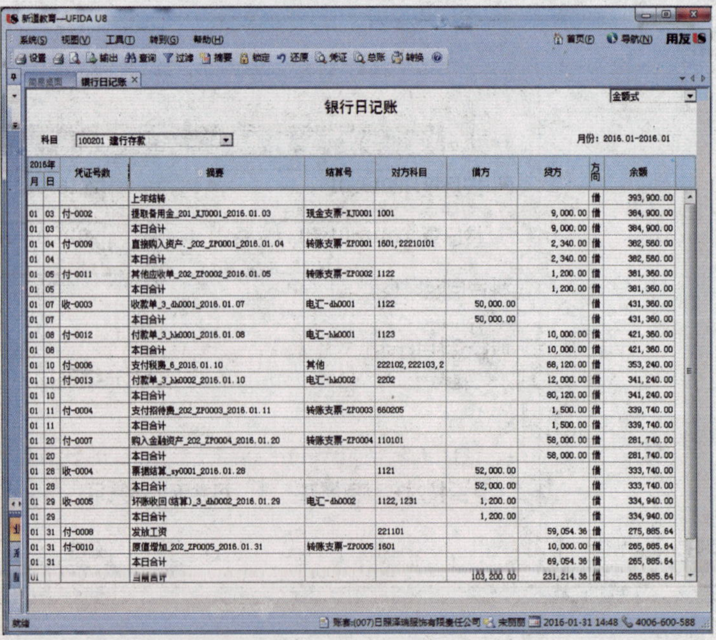

银行日记账

科目 100201 建行存款　　月份：2016.01-2016.01

2016年 月	日	凭证号数	摘要	结算号	对方科目	借方	贷方	方向	余额
			上年结转					借	393,900.00
01	03	付-0002	提取备用金_201_XJ0001_2016.01.03	现金支票-XJ0001	1001		9,000.00	借	384,900.00
01	03		本日合计				9,000.00	借	384,900.00
01	04	付-0009	直接购入资产._202_ZP0001_2016.01.04	转账支票-ZP0001	1601,22210101		2,340.00	借	382,560.00
01	04		本日合计				2,340.00	借	382,560.00
01	05	付-0011	其他应收单_202_ZP0002_2016.01.05	转账支票-ZP0002	1122		1,200.00	借	381,360.00
01	05		本日合计				1,200.00	借	381,360.00
01	07	收-0003	收款单_3_dh0001_2016.01.07	电汇-dh0001	1122	50,000.00		借	431,360.00
01	07		本日合计			50,000.00		借	431,360.00
01	08	付-0012	付款单_3_hk0001_2016.01.08	电汇-hk0001	1123		10,000.00	借	421,360.00
01	08		本日合计				10,000.00	借	421,360.00
01	10	付-0006	支付税费_6_2016.01.10	其他	222102,222103,2		68,120.00	借	353,240.00
01	10	付-0013	付款单_3_hk0002_2016.01.10	电汇-hk0002	2202		12,000.00	借	341,240.00
01	10		本日合计				80,120.00	借	341,240.00
01	11	付-0004	支付招待费_202_ZP0003_2016.01.11	转账支票-ZP0003	660205		1,500.00	借	339,740.00
01	11		本日合计				1,500.00	借	339,740.00
01	20	付-0007	购入金融资产_202_ZP0004_2016.01.20	转账支票-ZP0004	110101		58,000.00	借	281,740.00
01	20		本日合计				58,000.00	借	281,740.00
01	28	收-0004	票据结算_sy0001_2016.01.28		1121	52,000.00		借	333,740.00
01	28		本日合计			52,000.00		借	333,740.00
01	29	收-0005	坏账收回(结算)_3_dh0002_2016.01.29	电汇-dh0002	1122,1231	1,200.00		借	334,940.00
01	29		本日合计			1,200.00		借	334,940.00
01	31	付-0008	发放工资		221101		59,054.36	借	275,885.64
01	31	付-0010	原值增加_202_ZP0005_2016.01.31	转账支票-ZP0005	1601		10,000.00	借	265,885.64
01	31		本日合计				69,054.36	借	265,885.64
01			当前合计			103,200.00	231,214.36	借	265,885.64

图 3.6.4　建行日记账

任务 2:查询资金日报表

资金日报表用于查询现金、银行存款科目某日的发生额及余额情况。

※任务描述

以 004 宋丽丽身份分别查询日照泽瑞服饰有限责任公司 1 月 1 日、5 日、11 日的资金日报表。

※操作指导

(1)以 004 宋丽丽身份登录企业应用平台，登录日期“2016－01－31”。

(2)在“业务工作”选项卡中，执行“财务会计”－“总账”－“出纳”－“资金日报表”命令，打开“资金日报表查询条件”窗口。

(3)输入查询日期“2016－01－01”，单击“确定”按钮，进入“资金日报表”窗口，如图 3.6.5 所示。

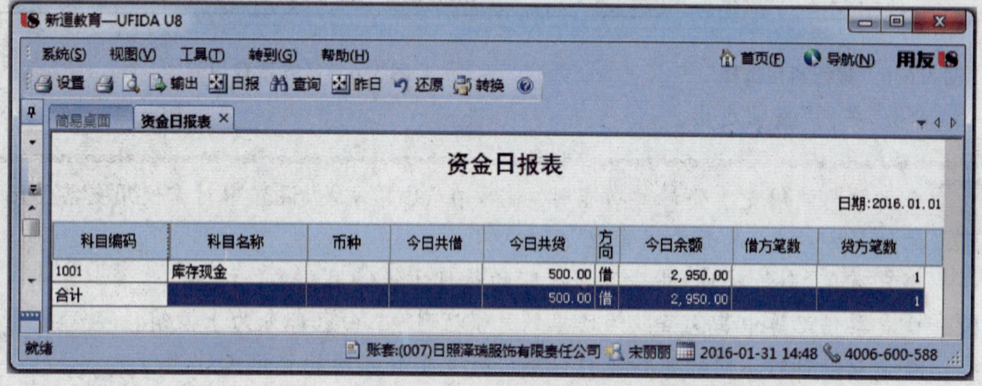

图 3.6.5　1 日资金日报表

(4)同样方法查询本月 5 日、11 日的资金日报表。

任务 3:登记支票登记簿

手工记账下，出纳通常建立支票领用登记簿用来登记支票领用情况，为此本系统为出纳提供了“支票登记簿”功能，以供其详细登记支票领用人、领用日期、支票用途、是否报销等情况。当应收、应付系统或资金系统有支票领用时，自动填写。只有在“会计科目”中设置银行账的科目才能使用支票登记簿。

※任务描述

1 月 26 日，采购部赵亮借转账支票一张，票号 ZP125，金额 3000 元，用途:购买物资。

※操作指导

(1)以 004 宋丽丽身份登录企业应用平台，登录日期“2016－01－26”。

(2)在“业务工作”选项卡中，执行“财务会计”－“总账”－“出纳”－“支票登记簿”命令，系统弹出“银行科目选择”窗口。

(3)选择“建行存款”科目，单击“确定”，进入“支票登记簿”窗口。

(4)单击“增加”按钮，输入领用日期“2016. 01. 26”，领用部门“采购部”，领用人“赵亮”，支票号“ZP125”，预计金额“3000”，用途“购买物资”，如图 3.6.7 所示：

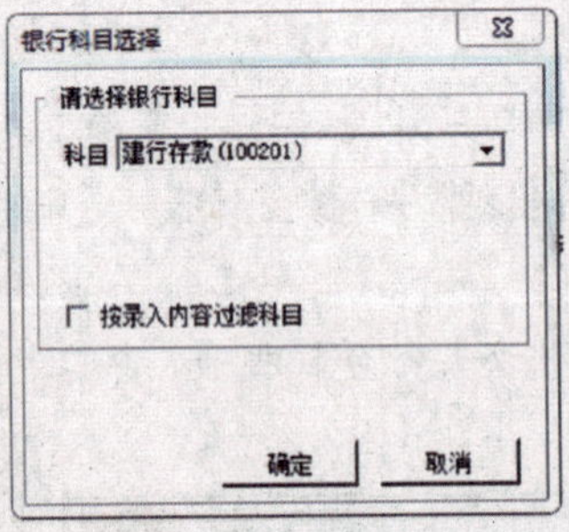

图 3.6.6　银行科目选择

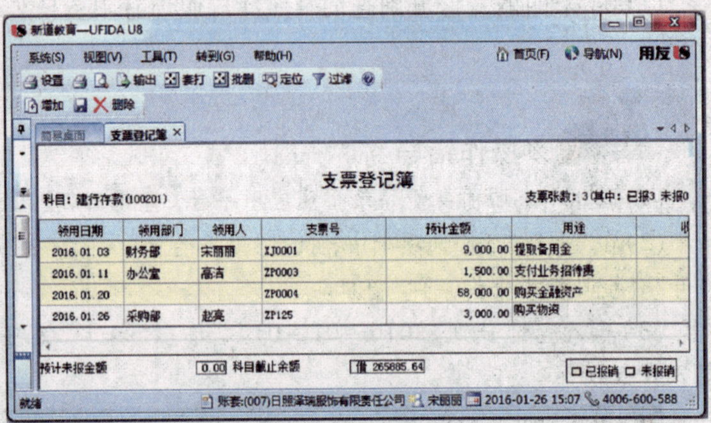

图 3.6.7　支票登记簿

(5)单击“关闭”按钮退出。

> 小提示
>
> ◆当需要使用支票登记簿功能时，需要在“结算方式”设置中对需使用支票登记簿的结算方式在“是否票据管理”前打√。
>
> ◆只有在“会计科目”中设置银行账的科目才能使用支票登记簿。
>
> ◆支票登记簿中黄色条款为已报销，可以删除，白色部分为未报销。
>
> ◆企业应针对不同的银行账户分别进行支票登记簿的登记工作。
>
> ◆当支票登记簿中的报销日期为空时，表明该该支票尚未报销，出纳人员重点监控尚未报销的支票后续使用情况。
>
> ◆通过“过滤”功能，可以按照领用部门或者领用人员对支票的领用信息进行统计。

任务 4：银行对账

银行对账是指在每月月末，企业的出纳人员将企业的银行存款日记账与当月银行存款对账单进行逐笔核对，勾对已达账项，找出未达账项，并编制每月银行存款余额调节表的过程。具体步骤包括：录入银行对账期初余额、录入银行对账单、执行银行对账、编制银行存款余额调节表四部分。

※任务描述

日照泽瑞服饰有限责任公司银行账的启用日期为 2016－01－01，建行人民币户单位日记账调整前余额为 393900.00 元，银行对账单调整前余额为 395500.00 元，有未达账项一笔，系银行已收企业未收款 1600.00 元(2015 年 12 月 28 日，结算方式 202，借方)。

日照泽瑞服饰有限责任公司 2016 年 1 月份银行对账单如表 3－6－1 所示，要求出纳宋丽丽进行一月份建行存款的对账工作。

表3-6-1　　1月份银行对账单

日期	结算方式	票号	借方金额	贷方金额
2016.01.03	201	XJ0001		9000
2016.01.04	202	ZP0001		2340
2016.01.05	202	ZP0002		1200
2016.01.07	3	dh0001	50000	
2016.01.08	3	hk0001		10000
2016.01.10	3	hk0002		12000
2016.01.10	6			68120
2016.01.11	202	ZP0003		1500
2016.01.20	202	ZP0004		58000
2016.01.28	4	sy0001	52000	
2016.01.29	3	dh0002	1200	

※操作指导

(1)以004宋丽丽身份登录企业应用平台，登录日期“2016-01-31”。

(2)在“业务工作”选项卡中，执行“财务会计”-“总账”-“出纳”-“银行对账”命令，单击“银行对账期初录入”按钮，弹出“银行科目”选择窗口，选择银行科目“建行存款(100201)”，如图3.6.8所示：

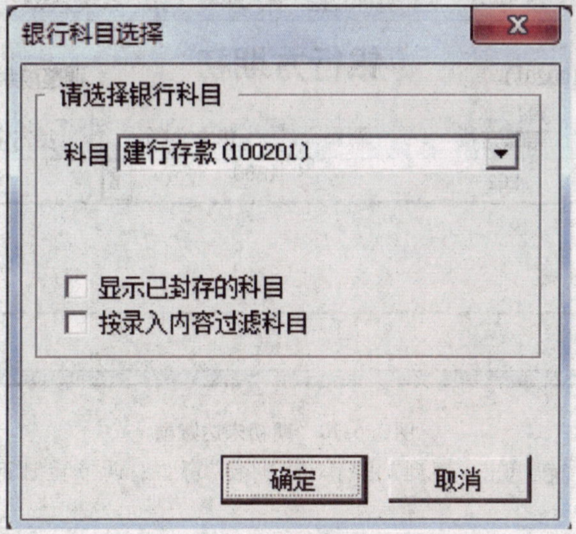

图3.6.8　银行科目选择

(3)单击“确定”按钮，进入“银行对账期初”窗口，根据资料录入单位日记账和银行对账单的期初余额，如图 3.6.9 所示：

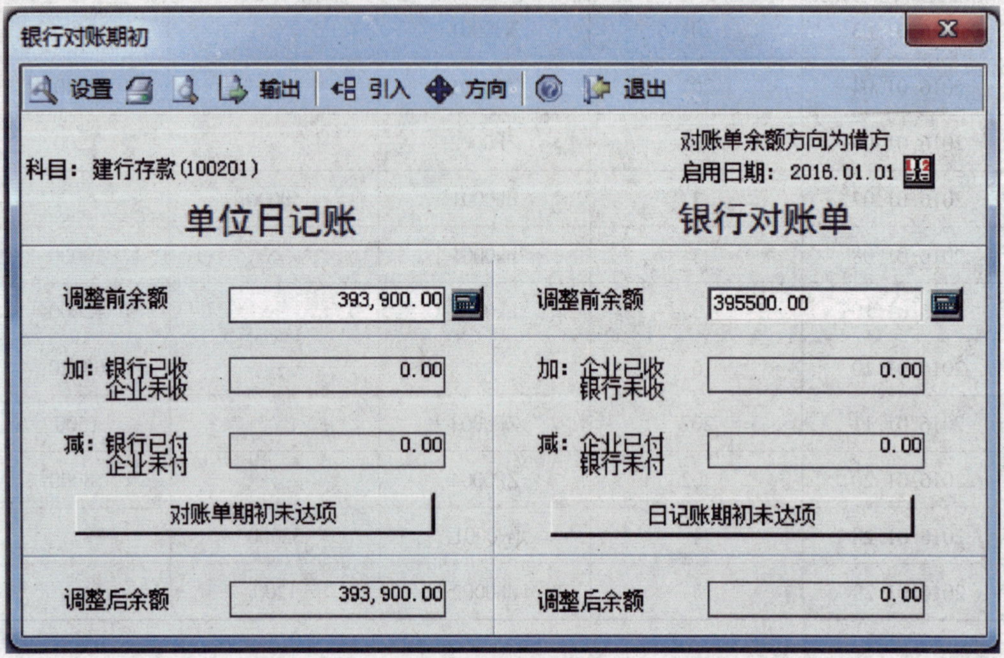

图 3.6.9　银行对账期初

(4)单击“对账单期初未达账项”，单击“增加”按钮，录入日期“2015－12－08”结算方式“202”，借方金额“1600”，如图 3.6.10 所示：

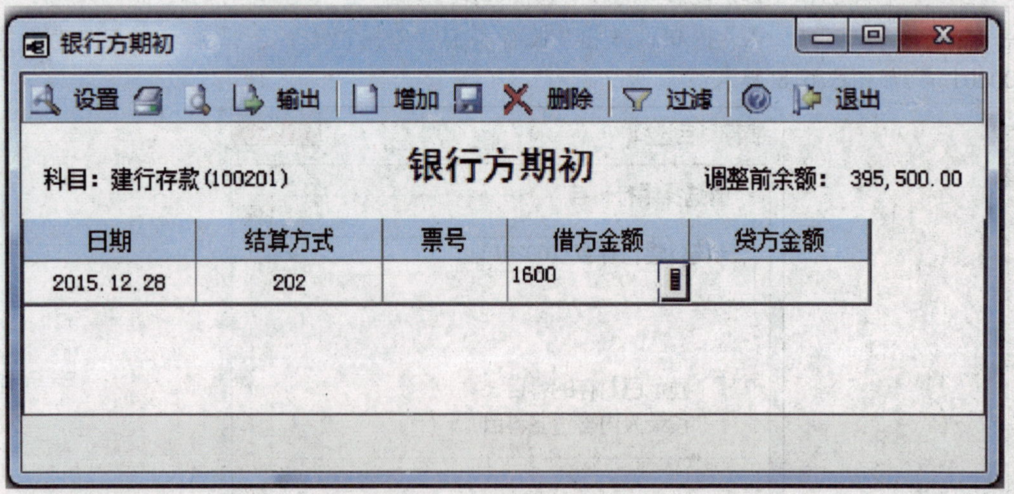

图 3.6.10　期初未达账项

(5)单击“保存”按钮退出，回到“银行对账期初”窗口，调节后日记账与对账单期初余额相等，如图 3.6.11 所示：

(6)关闭“银行对账期初”窗口，执行“出纳”－“银行对账”命令，单击“银行对账单”，自动弹出“银行科目”选择窗口。

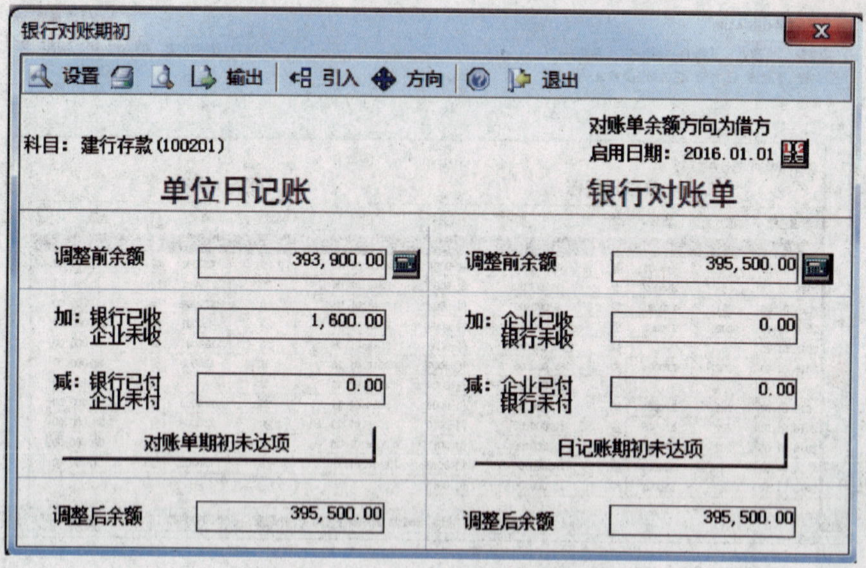

图 3.6.11　调整后银行对账期初

(7)选择“建行存款(100201)”，其他默认，单击“确定”按钮，弹出“银行对账单”，根据表 3－6－1 内容录入“建行存款银行对账单”，如图 3.6.12 所示，单击“保存”按钮，保存数据。

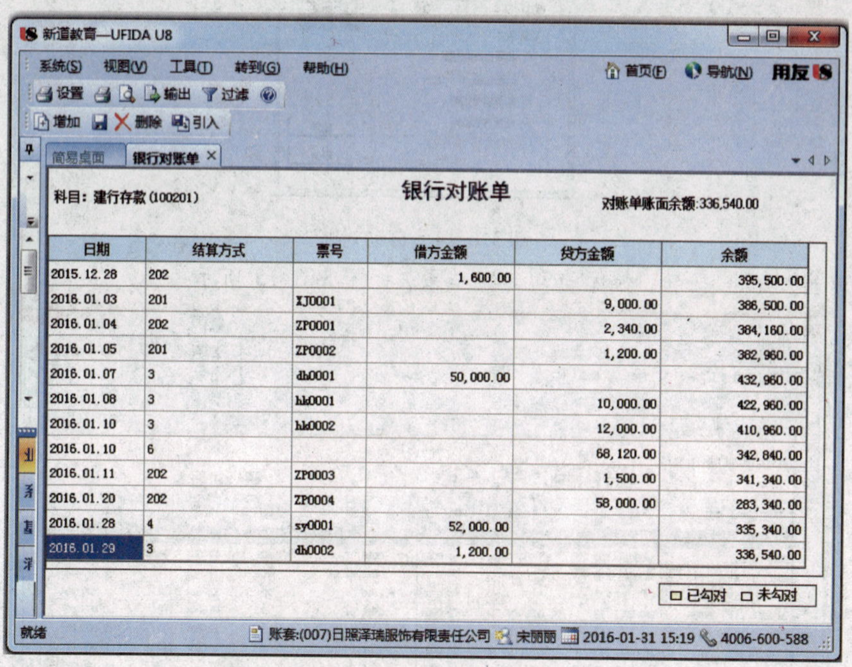

图 3.6.12　银行对账单

(8)关闭“银行对账单”，执行“出纳”－“银行对账”命令，单击“银行对账”自动弹出“银行科目”选择窗口。

(9)选择“建行存款(100201)”，月份默认，单击“确定”进入“银行对账”窗口，如图 3.6.13 所示：

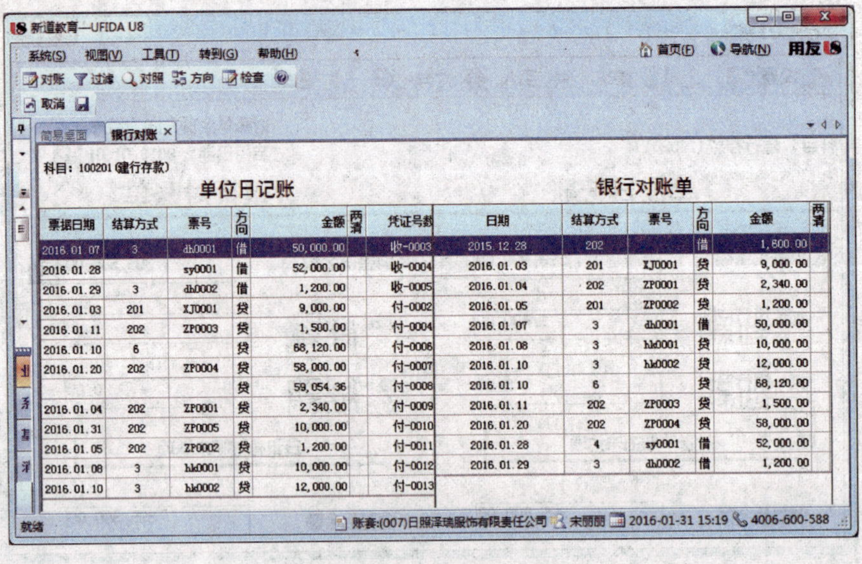

图 3.6.13　银行对账

(10)单击“对账”按钮，打开“自动对账”对话框，取消对账条件前两个复选框中的“√”，如图 3.6.14 所示：

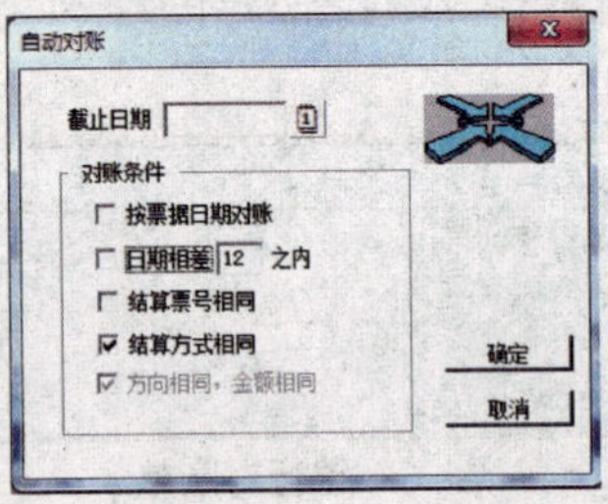

图 3.6.14　自动对账

(11)单击“确定”按钮，显示自动对账结果，如图 3.6.15 所示：

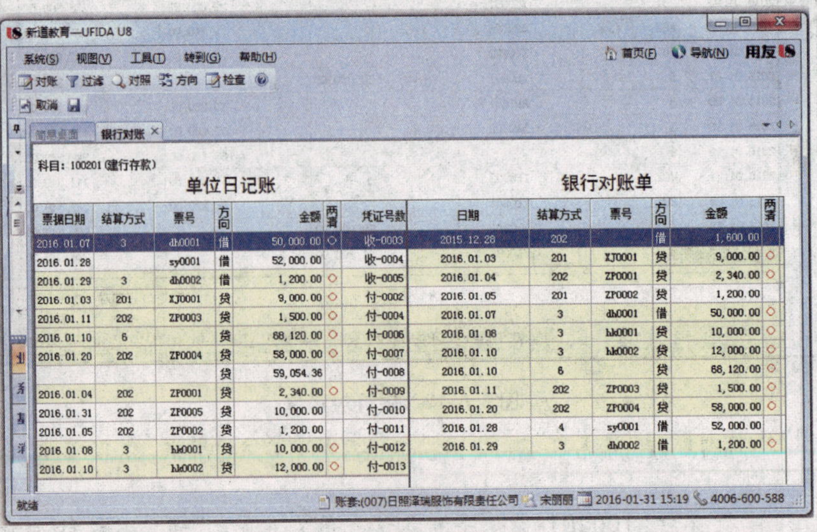

图 3.6.15　自动对账结果

(12)经查，金额为“52000”和“12000”的两笔业务因结算方式不同，造成系统自动对账失败，因此可进行手工对账，在“两清”栏双击选择，单击“保存”按钮，如图 3.6.16 所示：

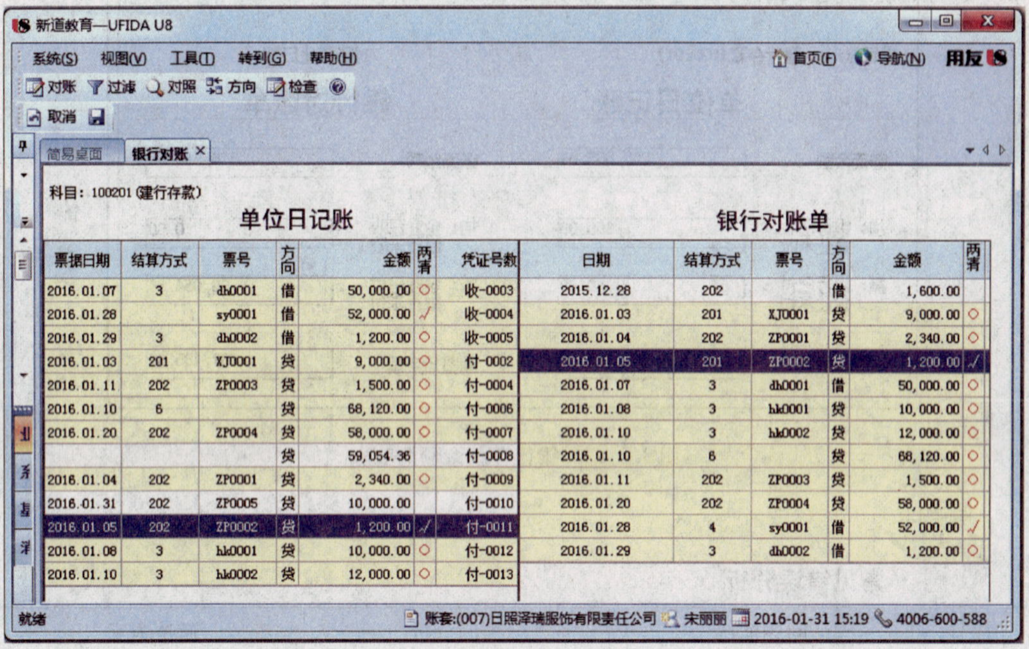

单位日记账

票据日期	结算方式	票号	方向	金额	两清	凭证号数
2016.01.07	3	dh0001	借	50,000.00	○	收-0003
2016.01.28		sy0001	借	52,000.00	√	收-0004
2016.01.29	3	dh0002	借	1,200.00	○	收-0005
2016.01.03	201	XJ0001	贷	9,000.00	○	付-0002
2016.01.11	202	ZP0003	贷	1,500.00	○	付-0004
2016.01.10	6		贷	68,120.00	○	付-0006
2016.01.20	202	ZP0004	贷	58,000.00	○	付-0007
			贷	59,054.36		付-0008
2016.01.04	202	ZP0001	贷	2,340.00	○	付-0009
2016.01.31	202	ZP0005	贷	10,000.00		付-0010
2016.01.05	202	ZP0002	贷	1,200.00	√	付-0011
2016.01.08	3	hk0001	贷	10,000.00	○	付-0012
2016.01.10	3	hk0002	贷	12,000.00	○	付-0013

银行对账单

日期	结算方式	票号	方向	金额	两清
2015.12.28	202		借	1,600.00	
2016.01.03	201	XJ0001	贷	9,000.00	○
2016.01.04	202	ZP0001	贷	2,340.00	○
2016.01.05	201	ZP0002	贷	1,200.00	√
2016.01.07	3	dh0001	借	50,000.00	○
2016.01.08	3	hk0001	贷	10,000.00	○
2016.01.10	3	hk0002	贷	12,000.00	○
2016.01.10	6		贷	68,120.00	○
2016.01.11	202	ZP0003	贷	1,500.00	○
2016.01.20	202	ZP0004	贷	58,000.00	○
2016.01.28	4	sy0001	借	52,000.00	√
2016.01.29	3	dh0002	借	1,200.00	○

图 3.6.16　手工对账结果

小提示

◆若在“银行对账期初”中定义“银行对账单余额方向”为借方，则对账条件为方向相同、金额相同的日记账与对账单进行勾对；若在“银行对账期初”中定义“银行对账单余额方向”为贷方，则对账条件为方向相反、金额相同的日记账与对账单进行勾对。

◆手工勾对的日期由进入日期决定。

◆两清标志栏为“√”时，对账序号可修改，其他状态下不可以修改。

◆若想取消银行对账，则在图 3.6.16 状态，单击“取消”按钮，系统提示“银行反对账范围”，单击“确定”按钮，系统会显示“是否确认取消当前银行科目的对账标志到 2016.01”，单击“是”，所有的已达账项标记全部消失，又回到了尚未银行对账的状态。

◆如果银行对账单中有记录同当前单位日记账相对应却未勾对上，则在当前银行对账单的“两清”区双击鼠标左键，当前银行对账单两清标志栏自动打上“√”并自动产生对账序号，可进行修改。点“保存”按钮，保存本次手工对账结果，单位日记账、银行对账单的两清标志变更为“Y”。选择银行对账单记录，寻找单位日记账与之勾对依上同样操作。

(13)执行“出纳”-“银行对账”命令，双击“余额调节表查询”，进入“银行存款余额调节表”窗口，选择科目“100201 建行存款”，单击“查看”或双击该行，即显示该银行账户的银行存款余额调节表，如图 3.6.17 所示：

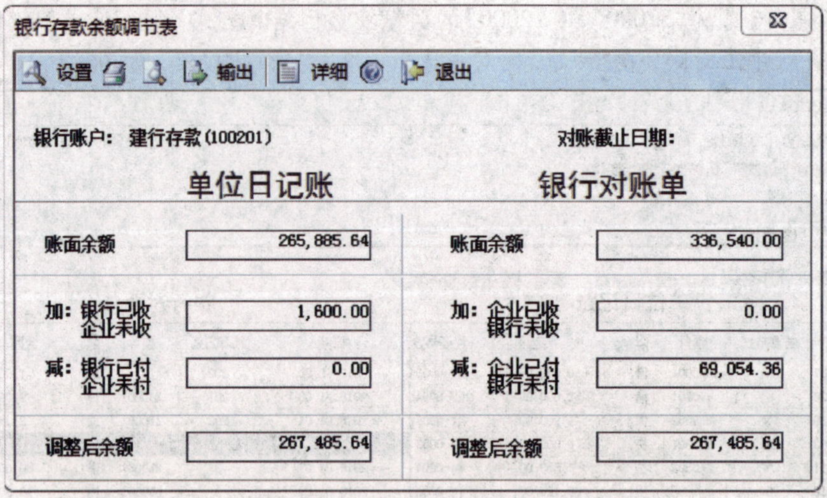

图 3.6.17 银行存款余额调节表

常见错误分析

序号	问题描述	原因分析	解决方案
1	002 无法登录到企业应用平台	没正确授权或者增加了 002 角色而非用户	首先确定是否增加了操作员(用户)002 而不是角色 002；其次检查是否给用户 002 在指定的账套下赋予了权限
2	总账系统填制凭证没法填上数据	忘记点击“增加”按钮	单击工具栏的“增加”按钮
3	凭证保存时，系统提示“不满足借方必有条件”或“贷方必有条件”等	凭证类别错误	检查凭证类别，选择正确的收、付、转类别
4	已经增加了 003 用户，并且已经正确赋予了出纳相关权限，但是仍然无法执行出纳签字	没有指定科目	以账套主管身份登录企业应用平台，在“基础设置”选项卡中，执行“基本信息”-“财务”-“会计科目”命令，通过“编辑”按钮指定科目
5	填制凭证时，辅助核算项目填写错误或者没有填写完毕，就已经保存了，需要进行修改	操作粗心	首先鼠标选中进行辅助核算的会计科目，其次将鼠标移至凭证下方相应的辅助核算项目处，待鼠标变成蓝色笔头，双击即可修改

续表

6	填制凭证时，涉及到需登记支票登记簿，当登记完毕后，发现凭证错误，删除重新填写，系统提示“票号已经存在”，无法保存	凭证删除，但是支票登记簿信息没有随着删除	在“业务工作”选项卡中，执行“总账”－“出纳”－“支票登记”命令，将已经登记需要作废的支票删除
7	填制凭证后发现制单人与任务要求的制单人不是同一人	分析任务不细心，要求以002身份制单，但是使用了其他人身份	将所有已经填制的凭证作废、整理，彻底删除，再以规定的操作员进行制单，或者以账套主管修改总账系统的选项设置，选中“可以修改作废他人填制的凭证”，再以002身份登录，执行凭证的修改并保存
8	凭证发现填写错误，但是无法进行修改	进入路径错误或者凭证经过了后续处理	首先修改凭证是通过“填制凭证”路径来加以实现的，检查能够通过“查询凭证”进入；其次查看凭证是否已经经过了出纳签字、审核、记账，只有没有进行后续操作的凭证才能修改
9	凭证填写完毕后，多打了一下回车键，凭证保存不了	操作粗心	通过在凭证上方工具栏的“删行”功能按钮，删除多余的一行
10	凭证记账时，发现没有可记账的凭证	已经记账；没有审核；期初试算不平衡	通过凭证的查询功能，检查凭证是否已经审核，或者已经被记账；重新检查期初余额，进行试算平衡
11	中间落下一笔经济业务，日期早于已经制单的日期，保存时，系统提示：“制单不序时”	总账系统选项规定了“制单序时控制”	执行“财务会计”－“总账”－“选项”命令，取消“制单序时控制”
12	凭证作废后，整理凭证重新编号不成功	作废凭证后面的凭证已经审核记账	取消作废凭证后面凭证的记账和审核，然后再执行“整理凭证”，即可重新编号

续表

13	记账后发现凭证需要修改，想取消记账，但没有找到“恢复记账前状态”按钮	没有将“恢复记账前状态”按钮激活	执行“总账”－“期末”－“对账”，按 Ctrl + H，将“恢复记账前状态”按钮激活
14	作废的凭证没办法进行审核	作废的凭证不能审核，但是可以参与记账	无需对作废凭证审核，直接进行记账即可
15	系统管理中给 002 授予了薪资系统权限，但是 002 仍然不能进行薪资系统的业务处理	没有进行数据权限分配	以账套主管身份赋予 002 薪资账套主管的数据权限，或者取消“工资权限”控制
16	薪资系统无法增加新聘任的人员	没有在基础档案中增加人员档案	应先在基础档案中增加新聘任人员的档案，再通过执行“人力资源”－“设置”－“人员档案”命令，增加新聘任人员的档案
17	执行工资替换功能，但是没有成功	没有选中范围进行操作	在执行“替换”功能前，应通过“全选”按钮选中参与替换的人员范围
18	工资数据中，所得税数据有误	计算所得税的基础不是“计税工资”	执行“薪资管理”－“设置”－“选项”命令，选择“扣税设置”选项卡，将“实发合计”改为“计税工资”
19	最终工资数据其他金额错误	公式设置错误或者工资项目中增减项设置错误	检查公式，以及工资项目中的增减项属性，是否存在应为“减项”或者“其他”，设置为“增项”的情形
20	银行代发一览表没有数据	没有选择正确的代发银行	检查代发银行名称是否为“建行东港支行”，如果不是，单击“格式”按钮，重新设置正确的代发银行
21	工资分摊时应付工资一览表的借方科目，贷方科目均为空	因为在工资分摊窗口没选“明细到工资项目”	在工资分摊窗口选择明细到工资项目
22	工资分摊制单时，按辅助项生成的凭证有多页，不直观	点制单按钮前，没选“合并科目相同、辅助项相同的分录”	点“制单”按钮前，选合并科目相同、辅助项相同的分录
23	发放工资的金额错误	“发放工资”分摊设置错误	检查“发放工资”的分摊中，“工资项目”应为“实发合计”，而非“应发合计”
24	新增固定资产，录入卡片时，系统提示“原始卡片的开始日期不能在本月或本月之后”	资产增加误通过“原始卡片录入”实现	本月新增资产，应执行“固定资产”－“卡片”－“资产增加”，来录入新的卡片，而不能通过“原始卡片录入”进行增加

续表

25	误删固定资产	操作错误，可以撤销减少	进入卡片管理，单击“在役资产”的下拉框，选择“已减少资产”，选中误删的资产，单击“撤销减少”按钮，如果减少后已经制单了，需要先删除凭证
26	固定资产业务变动后，系统没有弹出来相应的凭证	没有选择“业务发生后立即制单”	可以在选项中勾选“业务发生后立即制单”，或者通过“批量制单”实现凭证填制
27	购入多台相同固定资产，需要快速录入卡片	通过复制功能增加资产	先录入一张卡片，保存后单击工具栏的“复制”按钮，录入新增资产的编号起止范围，进行卡片的复制
28	增加固定资产卡片时，发现应使用含税样式，卡片样式中不含税额信息	更改卡片样式	执行“固定资产”-“设置”-“资产类别”命令，更改卡片样式
29	发现资产变动单有误，想重新进行变动	删除变动单	删除变动单，重新执行资产变动，若已经生成凭证，应先删除凭证
30	总账系统中无法对固定资产系统生成的凭证进行修改或删除	总账系统只能对其他系统产生的凭证进行审核、签字和记账	发生错误的凭证应回到原系统进行修改或者删除，然后总账系统显示“作废”标记，可进行整理
31	资产盘亏后，却无制单数据	没有经过资产盘亏的审批处理	盘点结果需要经过审核批准后，方可进行盘亏处理，生成相应的会计凭证，执行“固定资产”-“卡片”-“盘盈盘亏确认”命令，对盘点结果进行审批处理
32	系统管理中已经给003和002授予了权限，但仍无法进行业务操作	没有授予数据权限	给002、003授予“用户”数据权限，或者取消“用户”数据权限设置
33	填写发票时，无法给发票编号	默认系统编号	通过“基础设置”-“单据设置”-“单据编号设置”，修改发票编号为“手工编号”，或者“系统编号，手工改动”的方式
34	填制发票时，表体无法参照到相应的存货	“存货档案”中的存货属性错误	销售发票中的存货在“存货档案”中应勾选“内销”、“外销”属性；采购发票中的存货在“存货档案”中应勾选“外购”属性

续表

35	应收款系统、应付款系统单据审核不成功	审核人没有审核权限或者登录日期错误	先检查审核人是否具有相应的数据权限，然后检查登录日期，日期应等于或者晚于单据日期
36	应收款管理系统中，企业取得商业承兑汇票后，进行收款单的审核，没有相应的单据	“选项”中没有进行“票据自动生成收款单”设置，且商业汇票填好后，也没有单击“收款”按钮	在应收款管理系统中选项，选中“票据自动生成收款单”或者，填制好汇票后，单击“收款”按钮，系统生成收款单
37	录入商业汇票后，直接进行“制单处理”，没有数据	没有审核收款单或者付款单	商业汇票填制好后，应审核“收款单”或者“付款单”，并可执行核销处理，然后根据“收付款制单”和“核销制单”进行合并制单，生成凭证
38	收款或者付款后，单独根据“核销制单”生不成凭证	在不存在现金折扣前提下，核销没有数据生成	应将“收付款制单”和“核销制单”进行合并制单
39	核销时找不到相应的收付款单据	单据未被审核或者登录日期有误	审核相应的单据，并按照正确日期进入系统
40	预收冲应收无法生成凭证	选项中“受控科目制单方式”错误	“受控科目制单方式”应选择“明细到单据”
41	处理发生的坏账又收回时，单击“结算单号”参照按钮，无结算单可选	收款单已经经过审核	检查“收款单”是否经过审核，如果审核了，取消审核
42	核销、转账等操作完成后，发现有错误，想重新操作	取消前面的操作	通过“其他处理”-“取消操作”，取消核销、转账、坏账、票据等业务的处理，但是如果生成了凭证，应先删除凭证，再取消处理
43	004出纳查询不到日记账	权限不足，科目未指定	检查是否在系统管理中授予004出纳权限，同时检查是否将库存现金和银行存款科目指定给了出纳
44	企业日记账和银行对账单中的很多业务对账不成功	条件限制严格或单据号输入有误	可以补充手工对账，对于确实同一笔经济业务，执行手工对账

项目小结

日常经济业务处理		
子项目	任务列表	学习内容
总账凭证管理	1. 填制凭证	凭证要素
		增加凭证方法
	2. 复核凭证	审核凭证
		对凭证进行出纳签字
	3. 记账	记账
		取消记账
	4. 修改凭证	不同情境下修改凭证方法
	5. 作废及删除凭证	作废及取消作废凭证
		整理删除凭证
	6. 查询凭证	凭证的查询
		账簿的查询
薪资日常业务	1. 人员变动	新增人员档案
		人员档案变动
	2. 工资变动	直接录入工资数据
		公式计算工资数据
	3. 个人所得税计算与申报	计算个人所得税
		查看个人所得税纳税申报表
	4. 银行代发工资	通过银行代发工资
		发放工资凭证的生成
	5. 工资、职工教育经费分摊	工资分摊的设置与更改
		工资、职工教育经费分摊凭证
	6. 复核薪资系统凭证并记账	薪资系统凭证的审核与记账
固定资产业务	1. 增加资产	增加固定资产的处理
	2. 资产变动	固定资产原值、折旧等因素变动的处理
	3. 评估资产	对固定资产进行评估的方法
	4. 计提折旧	计提折旧的方法及凭证的生成
	5. 减少资产	固定资产减少的流程
	6. 盘点资产	固定资产盘点的流程
		资产盘盈盘亏的处理
	7. 复核固定资产系统凭证并记账	固定资产系统凭证的审核与记账

续表

销售收款业务	1. 数据权限分配	用户数据权限的分配
	2. 赊销业务	赊销业务流程
	3. 代垫费用业务	代垫业务流程
	4. 收款核销业务	核销的方法及作用
		核销的注意问题
	5. 票据业务	收到商业汇票
		票据转出
		票据到期收款
	6. 退货业务	销售退货业务流程
	7. 预收冲应收业务	转账业务类型
		预收冲应收前提及流程
	8. 应收冲应收业务	应收冲应收流程
	9. 坏账业务	坏账的发生
		坏账的计提
		发生的坏账又收回
	10. 应收款管理系统凭证记账	对应收款管理系统凭证进行审核记账
采购付款业务	1. 采购业务	采购业务流程
	2. 运费业务	采购并支付运费业务
	3. 预付款业务	预付款业务处理流程及注意事项
	4. 付款核销业务	付款核销流程
		取消核销的方法
	5. 预付冲应付业务	应付款转账业务种类
		预付冲应付业务流程
	6. 应付冲应付业务	应付冲应付流程
	7. 采购退货业务	采购退货业务处理流程及注意问题
	8. 票据业务	应付票据的取得
		应付票据到期付款
	9. 应付款管理系统所有凭证记账	对应付款管理系统所有凭证进行审核记账
出纳管理	1. 查询日记账	查询日记账方法
		日记账无法查询的原因
	2. 查询资金日报表	资金日报表的作用及查询方法
	3. 登记支票登记簿	支票登记簿的管理
	4. 银行对账	银行对账流程及方法

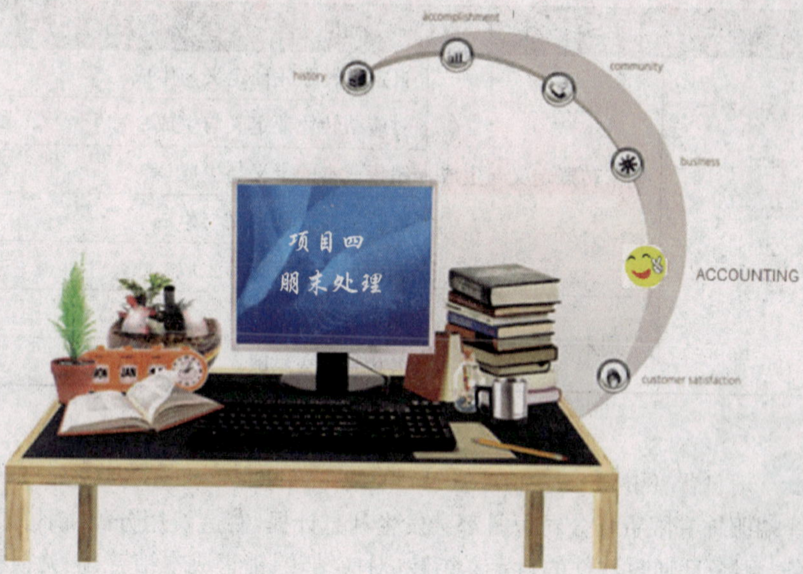

项目四　期末业务处理

职业能力目标

目标类型	目标要求	对应子项目
能力目标	能解释财务函数的基本含义	子项目 4.1
	能根据企业业务需要完成自定义转账、对应结转、销售成本结转、汇兑损益、期间损益的转账设置	子项目 4.1
	能根据转账设置正确生成相应的会计凭证	子项目 4.1
	能进行期末各个模块的对账、结账等工作	子项目 4.2
	总账无法结账时，能进行原因分析、排查故障	子项目 4.2
知识目标	理解常见财务函数的含义	子项目 4.1
	理解期末转账定义的原理及意义	子项目 4.1
	掌握转账生成的顺序及要求	子项目 4.1
	熟悉各模块期末处理的原理及方法	子项目 4.2

典型工作任务

项目	子项目	典型工作任务
月末处理	期末转账定义与生成	自定义转账凭证定义与生成
		对应结转凭证定义与生成
		销售成本的定义与生成
		汇兑损益凭证定义与生成
		期间损益的定义与生成
	期末对账与结账	期末对账
		各模块期末结账

项目背景资料

日照泽瑞服饰有限责任公司每月都会发生利息计提、制造费用分配、销售成本及期间损益结转等业务，财务部通过软件的自定义结转、对应结转、销售成本结转、汇兑损益结转、期间损益结转功能对转账进行定义，生成相应凭证，简化了财务工作量。企业需要进行的转账定义包括以下内容：

(一)自定义结转

1. 按照短期借款余额的0.3%计提本期短期借款利息。

借:财务费用(6603)　　　QM(2001，月)∗0.003

　贷:应付利息(2231)　　　　　　　JG()

2. 将本月发生的制造费用结转入生产成本。

借:生产成本/制造费用/女士风衣(500103)　　JG()

　贷:制造费用(5101)　　　　　QM(5101，月)

(二)对应结转

将本月发生的增值税进项税额和销项税额分别转入“应交税费/未交增值税”。

(三)销售成本结转

通过期末销售成本的定义，结转本月已售产品成本。

(四)汇兑损益结转

月末人民币对美元的汇率为1：6.20，企业采用固定汇率核算，期末需要确认汇率变动损益。

(五)期间损益结转

将本期所有损益类科目转入“本年利润”。

子项目 4.1 期末转账定义与生成

任务框架

任务 1:自定义转账
任务 2:对应结转
任务 3:结转销售成本
任务 4:确认汇兑损益
任务 5:结转期间损益

每个企业都有一些每月都会发生、规律性较强的经济业务，如利息的计提、制造费用的分摊、销售成本的结转、损益结转等，对于这些经济业务，企业可以通过查询账簿相关科目本期的发生金额、余额，使用制单方式在总账系统直接编制凭证，也可以通过总账系统的期末自定义功能来定义公式，生成凭证，进而提升业务处理的准确性和效率。本系统的期末转账定义功能提供了自定义转账、销售成本结转、期间损益结转等八种转账定义方式。

任务 1:自定义转账

自定义转账功能可以完成工资费用的分摊、制造费用的结转、营业税金的计提等常规经济业务公式的定义。在使用自定义功能生成凭证时，首先应先定义公式，系统提供了一系列函数，财务人员可以通过公式定义向导或者手工录入公式的方式加以定义，在公式定义完毕后，通过“转账生成”功能来生成凭证。

※任务描述

1-1:按照短期借款余额的 0.3% 计提本期短期借款利息。转账序号:0001;转账说明:计提短期借款利息;凭证类别:转账凭证;定义公式:

借:财务费用(6603)　　　　QM(2001，月)*0.003

　贷:应付利息(2231)　　　　JG()

1-2:通过自定义制造费用结转，生成制造费用分摊凭证。转账序号:0002;转账说明:分配制造费用;凭证类别:转账凭证;定义公式:

借:生成成本/制造费用/女士风衣(500103)　　JG()

　贷:制造费用(5101)　　　　QM(5101，月)

※操作指导

1-1:短期利息计提

1-1-1:自定义公式

(1)以 001 马娟身份登录企业应用平台，登录时间为“2016-01-31”。

(2)在“业务工作”选项卡中，执行“总账”-“期末”-“转账定义”-“自定义转账”命令，进入“自定义转账设置”窗口，单击“增加”按钮，弹出“转账目录”窗口，填写转账序号、转账说明，选择凭证类别为“转账凭证”，如图 4.1.1 所示：

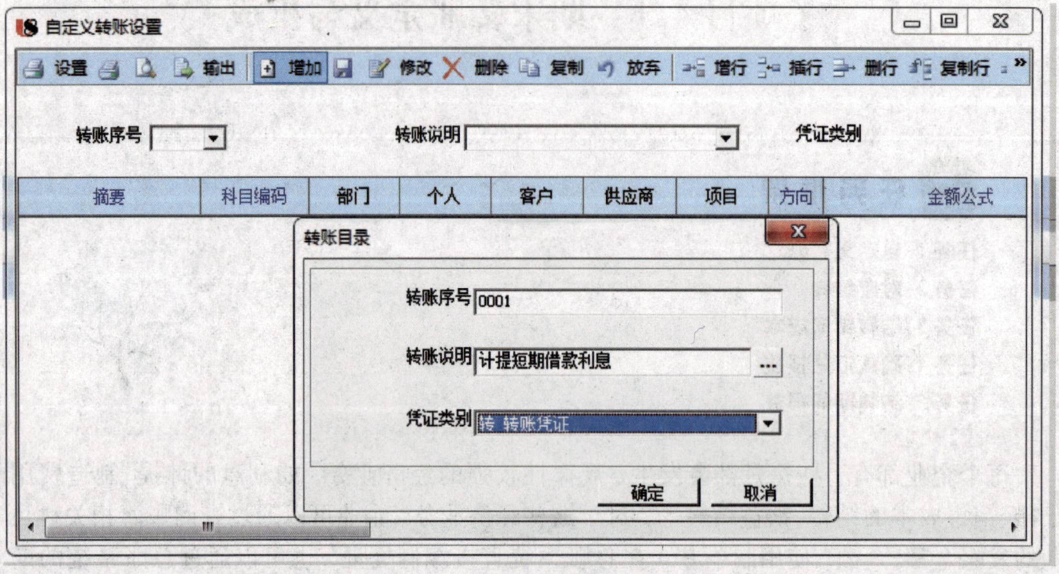

图 4.1.1　设置自定义转账目录

(3)进入“自定义转账设置”窗口，单击“增行”按钮，系统自动出现摘要，选择科目编码“6603”，方向“借”，双击金额公式栏的参照按钮，弹出“公式向导”窗口，选择“期末余额 QM()”，如图 4.1.2 所示：

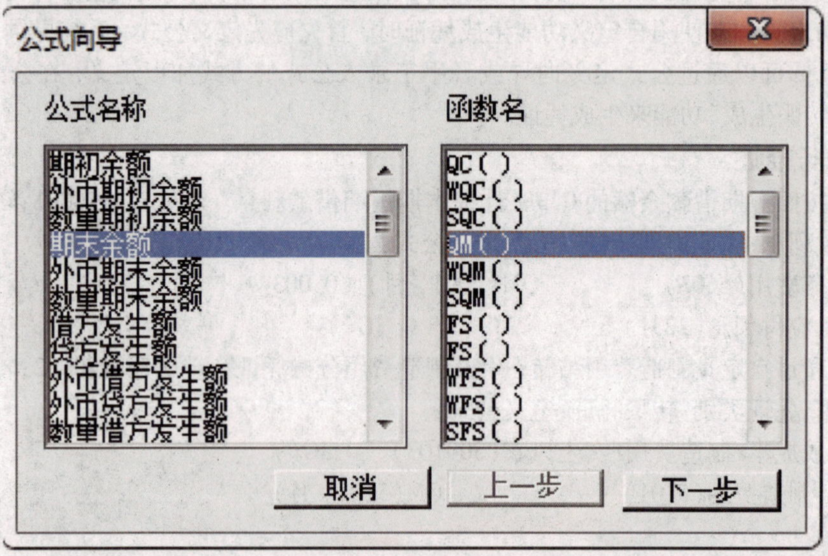

图 4.1.2　公式向导

(4)单击“下一步”，打开“公式向导”对话框，在科目处录入“2001”，期间“月”，勾选“继续输入公式”，选择运算符为“*(乘)”，如图 4.1.3 所示：

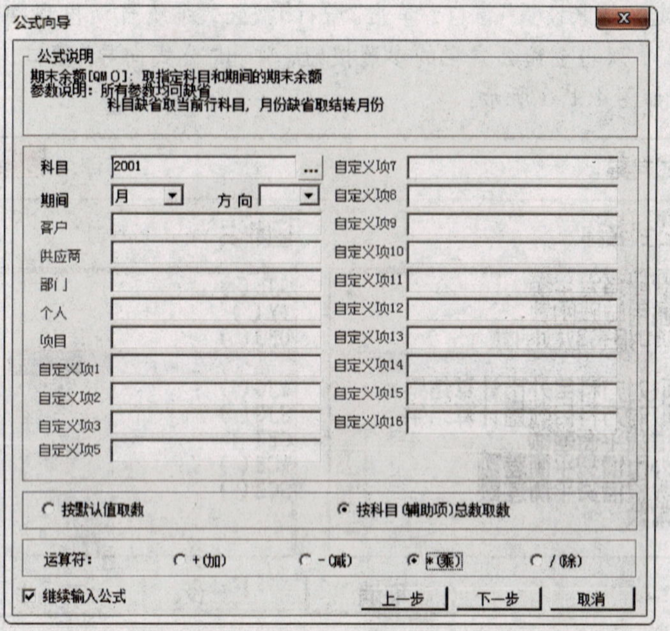

图 4.1.3　公式向导

(5)单击"下一步"，回到"公式向导"对话框，将鼠标拖到最下方，选择"常数"，如图 4.1.4 所示：

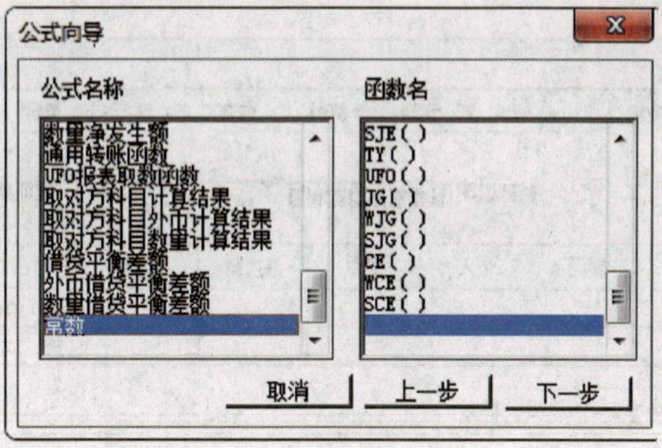

图 4.1.4　公式向导

(6)单击"下一步"，回到"公式向导"对话框，在常数处输入"0.003"，如图 4.1.5 所示，单击"完成"按钮，第一行公式输入完毕。

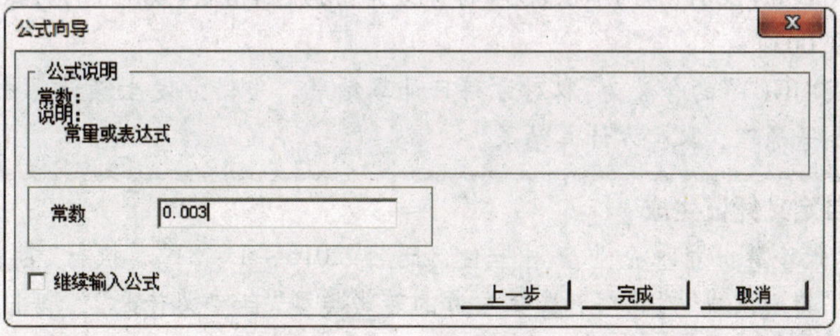

图 4.1.5　公式输入常数

(7)回到“自定义转账设置”窗口，单击“增行”按钮，系统自动出现摘要，选择科目编码“2231”，方向“贷”，双击金额公式栏的参照按钮，弹出“公式向导”窗口，选择“取对方科目计算结果 JG()”，如图 4.1.6 所示：

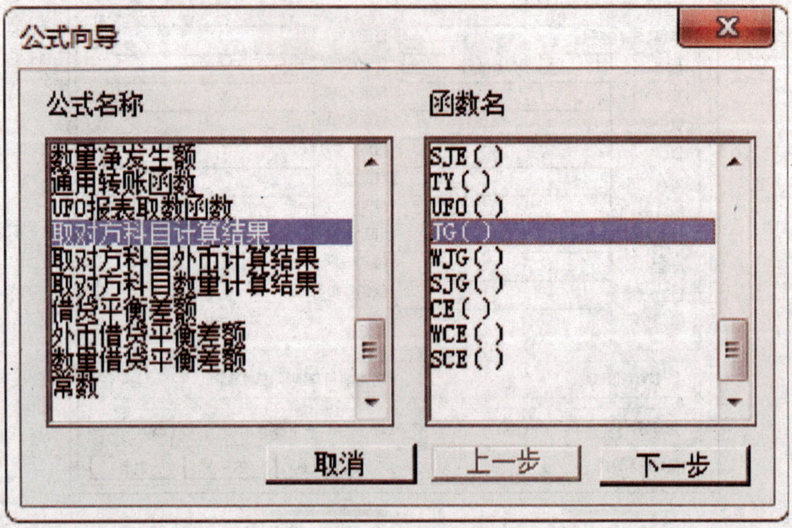

图 4.1.6 选择公式

(8)单击“下一步”，打开“公式向导”对话框，直接单击“完成”按钮，公式设置完毕，如图 4.1.7 所示：

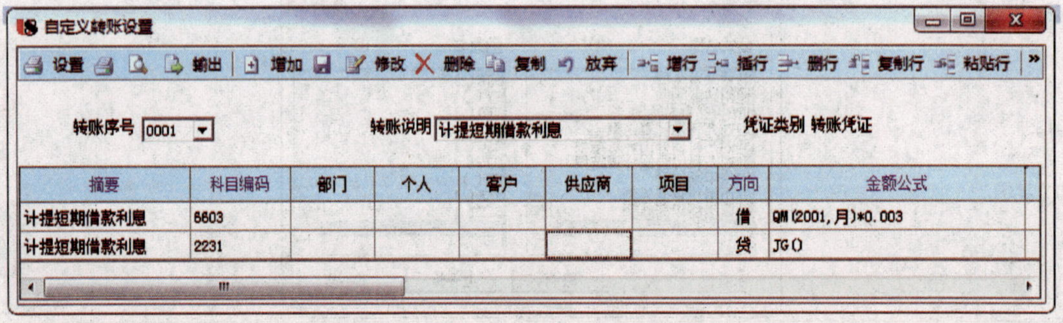

图 4.1.7 短期借款利息计提公式

(9)单击“保存”按钮退出。

小提示

◆公式“QM(2001，月)＊0.003”的含义为：用短期借款(2001)的月末余额乘以月利率 0.003。

◆公式“JG()”的含义为：取对方科目计算结果。当借方发生额计算出来后，根据借贷相等原理，取对方计算结果。

1－1－2：自定义凭证生成

(1)以 002 张珍身份登录企业应用平台，日期“2016－1－31”，执行“期末”－“转账生成”命令，打开“转账生成”对话框，选择左边的转账类型“自定义转账”，单击上方的“全选”按钮，如图 4.1.8 所示：

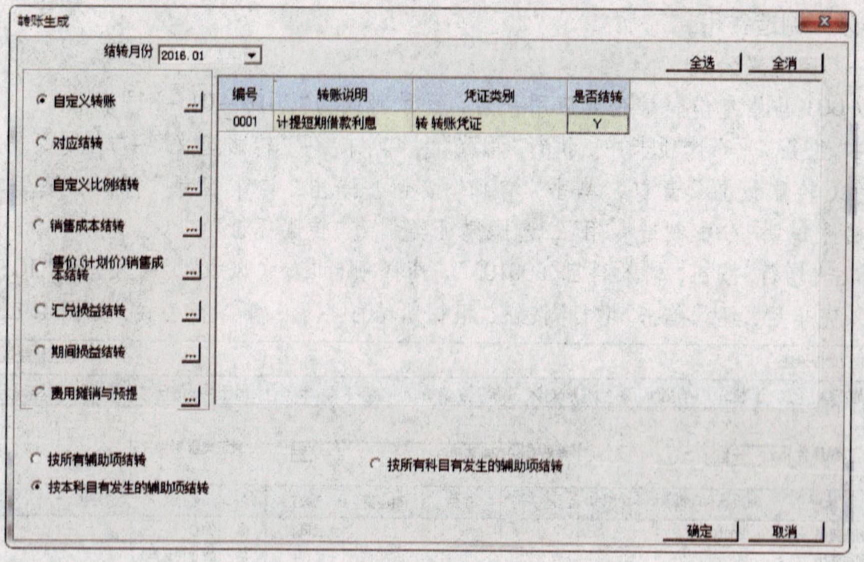

图 4.1.8　选择自定义转账编号

(2)单击“确定”按钮，生成计提短期借款利息计提凭证，如图 4.1.9 所示：

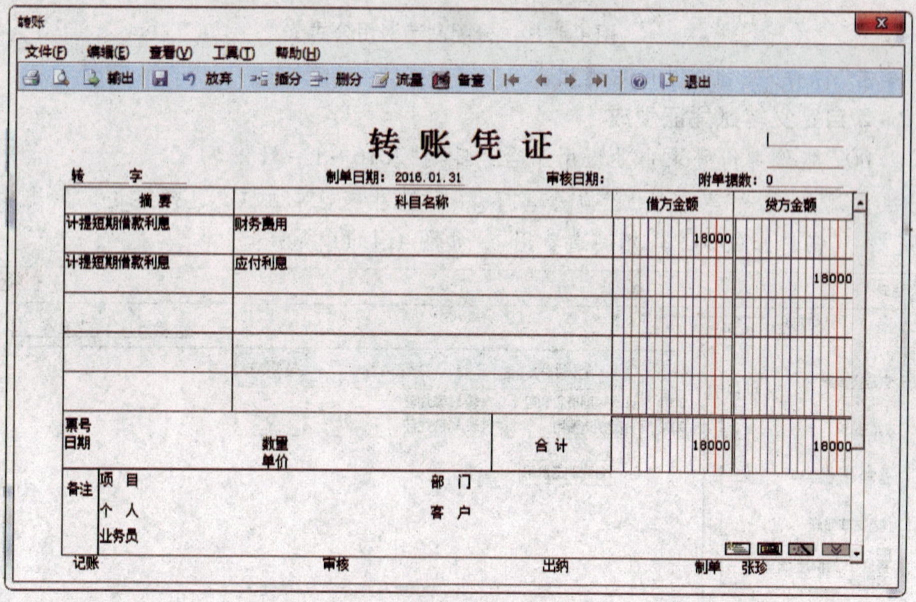

图 4.1.9　生成短期借款利息凭证

小提示

◆输入自定义公式时，既可以使用公式向导法，也可以直接输入公式，但是注意，公式应在英文状态下输入。

◆JG( )的含义是取对方科目计算结果，因此在( )内无需输入科目编码。

◆在输入第二行公式的时候，注意修改方向，否则无法生成凭证。

◆ 注意转账凭证的生成顺序。

◆ 根据转账定义公式生成一次凭证即可，切勿重复生成。

◆ 已经生成的凭证仍需要进行审核、记账。

1－2 分配制造费用

1－2－1 自定义公式

(1)以 001 马娟身份登录企业应用平台，登录时间为“2016－01－31”。

(2)在“业务工作”选项卡中，执行“总账”－“期末”－“转账定义”－“自定义转账”命令，进入“自定义转账设置”窗口，单击“增加”按钮，弹出“转账目录”窗口，填写转账序号“0002”，转账说明“分配制造费用”，选择凭证类别为“转账凭证”。

(3)单击“增行”按钮，输入科目“500103”，选择项目“女式风衣”，输入公式“JG()”，第一行公式输入完毕后，继续单击“增行”按钮，根据所给任务录入第二行公式，如图 4.1.10 所示：

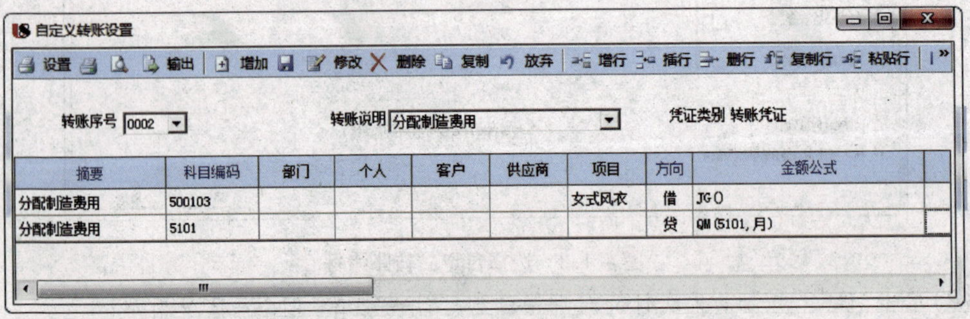

图 4.1.10　分配制造费用公式

(4)单击“保存”按钮，保存后退出。

1－2－2 自定义转账凭证生成

(1)以 002 张珍身份登录企业应用平台，日期“2016－1－31”。

(2)执行“期末”－“转账生成”命令，打开“转账生成”对话框，选择左边的转账类型“自定义转账”，双击选择“0002 分配制造费用”，如图 4.1.11 所示：

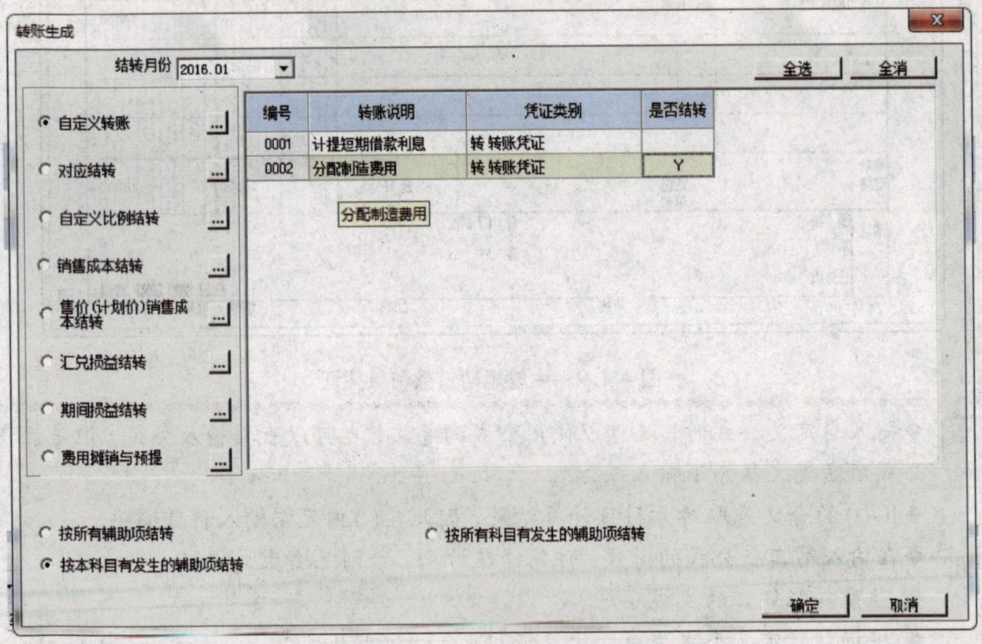

图 4.1.11　选择自定义转账编号

(3)单击“确定”按钮，系统提示“2016.01 月或之前月有未记账凭证，是否继续结转?”单击“是”按钮，生成分配制造费用凭证，如图 4.1.12 所示：

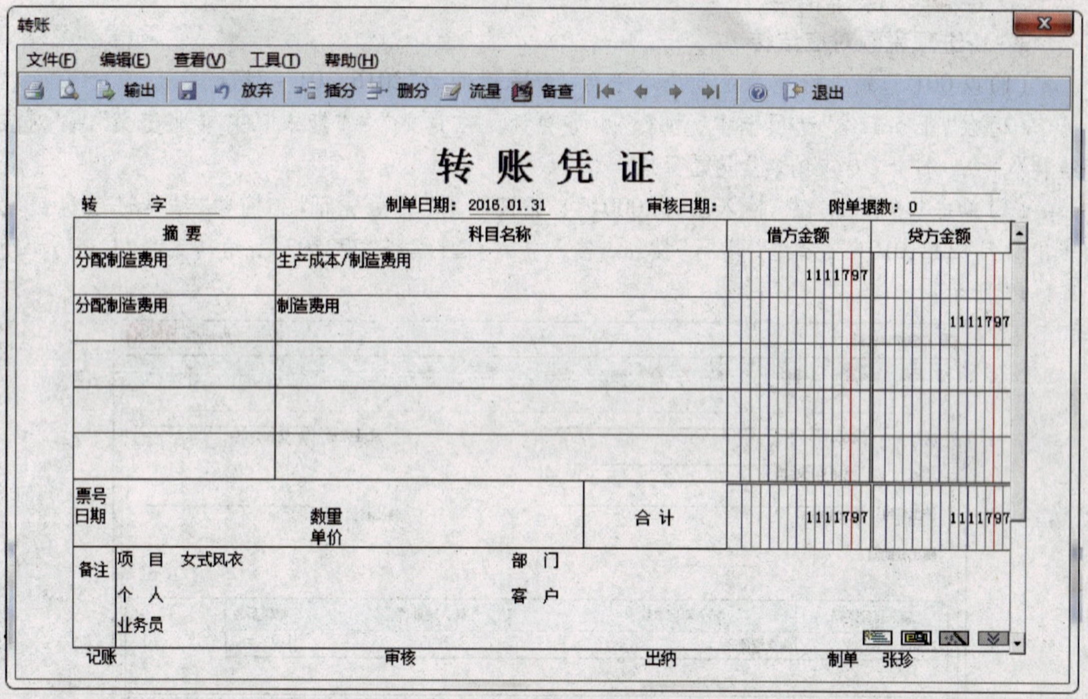

图 4.1.12　生成制造费用分配的凭证

◆计提短期借款利息的自定义转账凭证已经生成了，因此在生成制造费用凭证时，不能使用“全选”按钮，只能双击选择尚未制单的 0002 号自定义转账。

◆当本月或者前期有尚未登记入账的凭证时，在生成自定义转账凭证时，系统会提示，如果尚未登记入账的凭证对于本次自定义凭证的生成没有影响，则可以继续生成凭证，否则，应退出，先对前面的凭证进行记账，再生成相应的自定义凭证。

任务 2：对应结转

当两个或多个上级科目的下级科目及辅助项有一一对应关系时，可进行将其余额按一定比例系数进行对应结转，可一对一结转，也可一对多结转，使用对应结转只结转期末余额。

※任务描述

2－1 1 月 31 日将日照泽瑞服饰有限责任公司本期进项税的余额转入未交增值税。

借：应交税费/未交增值税　　3054.12

　贷：应交税费/应交增值税/进项税额　　3054.12

2－2 1 月 31 日将日照泽瑞服饰有限公司本期销项税的余额转入未交增值税。

借：应交税费/应交增值税/销项税额　　5428.38

　贷：应交税费/未交增值税　　5428.38

※操作指导

2－1:进项税额对应结转

(1)以 001 马娟身份登录企业应用平台，登录时间为“2016－01－31”。

(2)在“业务工作”选项卡中，执行“财务会计”－“总账”－“期末”－“转账定义”－“对应结转”命令，打开“对应结转”设置窗口。

(3)单击“增加”按钮，输入编号“0001”，凭证类别“转账凭证”，摘要“结转进项税额”，转出科目“22210101”，单击“增行”按钮，输入转入科目编码“222102”，结转系数“1.0”，如图 4.1.13 所示：

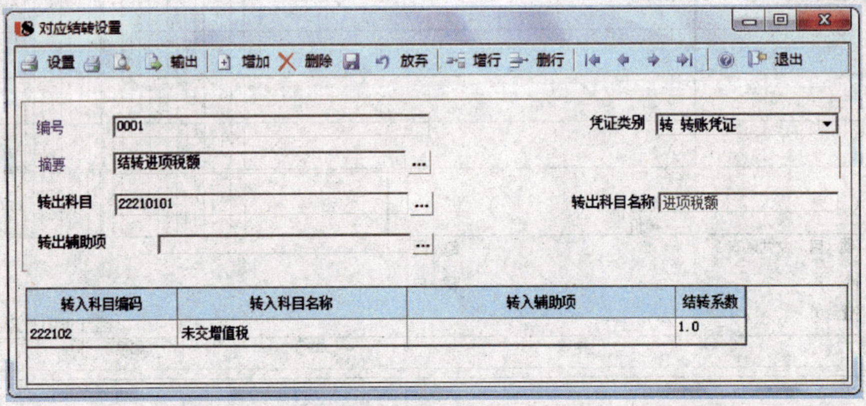

图 4.1.13　对应结转设置

(4)单击“保存”按钮退出。

(5)以 002 张珍身份登录企业应用平台，日期“2016－1－31”，执行“总账”－“期末”－“转账生成”对话框，选择左侧的转账类型“对应结转”，双击选择“0001 结转进项税额”，如图 4.1.14 所示：

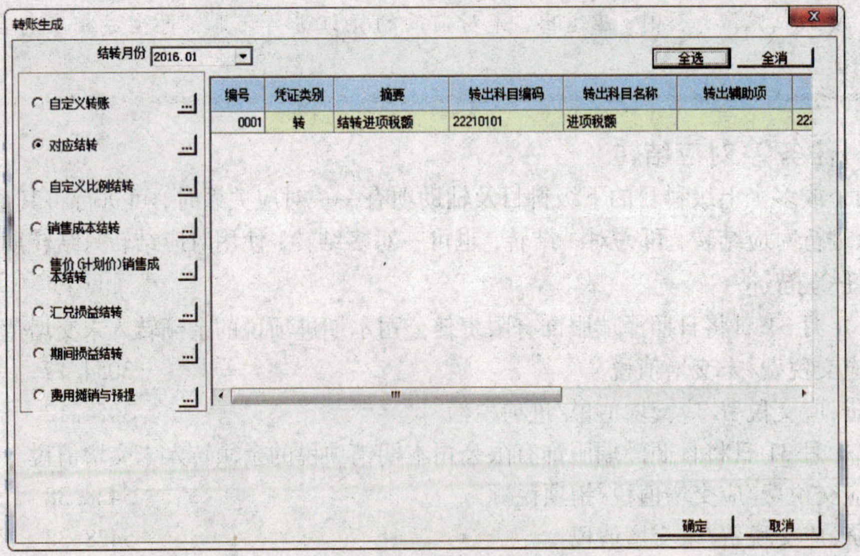

图 4.1.14　转账生成

(6)单击“确定”按钮，系统提示“2016.01 月或之前月有未记账凭证，是否继续结转?”，单击“是”按钮，生成进项税额结转的凭证，如图 4.1.15 所示，单击“保存”按钮保存该凭证。

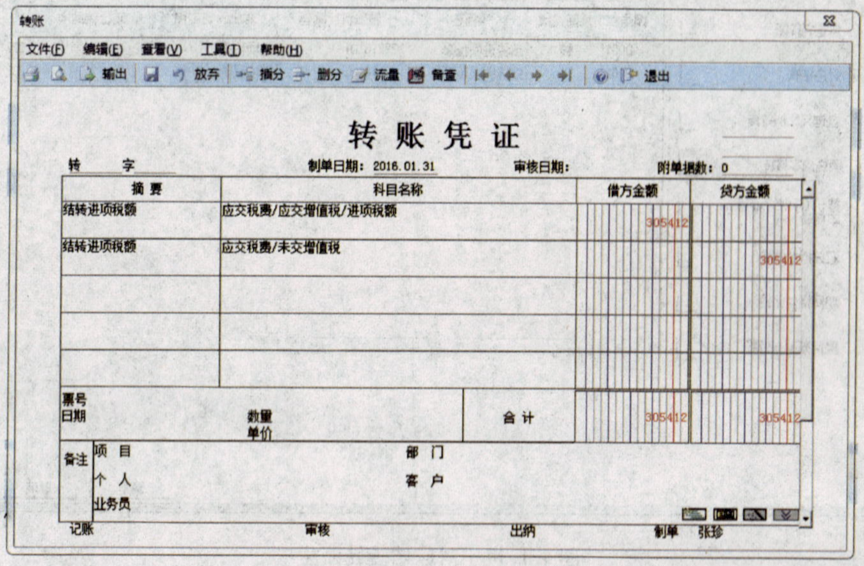

图 4.1.15　生成凭证

2-2 销项税额结转

(1)以 001 马娟身份登录企业应用平台，登录时间为“2016-01-31”。

(2)执行“财务会计”-“总账”-“期末”-“转账定义”命令，双击“对应结转”，打开对应结转设置窗口。

(3)单击“增加”按钮，输入编号“0002”，凭证类别“转账凭证”，摘要“结转销项税额”，转出科目“22210102”，单击“增行”按钮，输入转入科目编码“222102”，结转系数“1.0”，如图 4.1.16 所示：

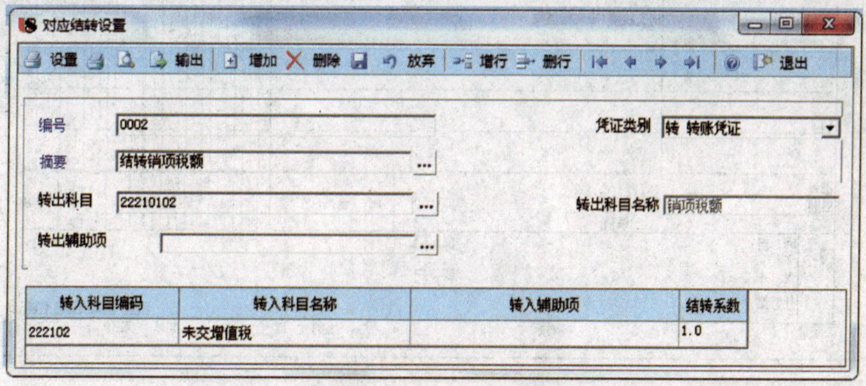

图 4.1.16　对应结转设置

(4)单击“保存”按钮退出。

(5)以 002 张珍身份登录企业应用平台，日期“2016-1-31”，执行“总账”-“期末”-“转账生成”命令，打开“转账生成”窗口，选择左边的转账类型“对应结转”，双击选择“0002 结转销项税额”，如图 4.1.17 所示：

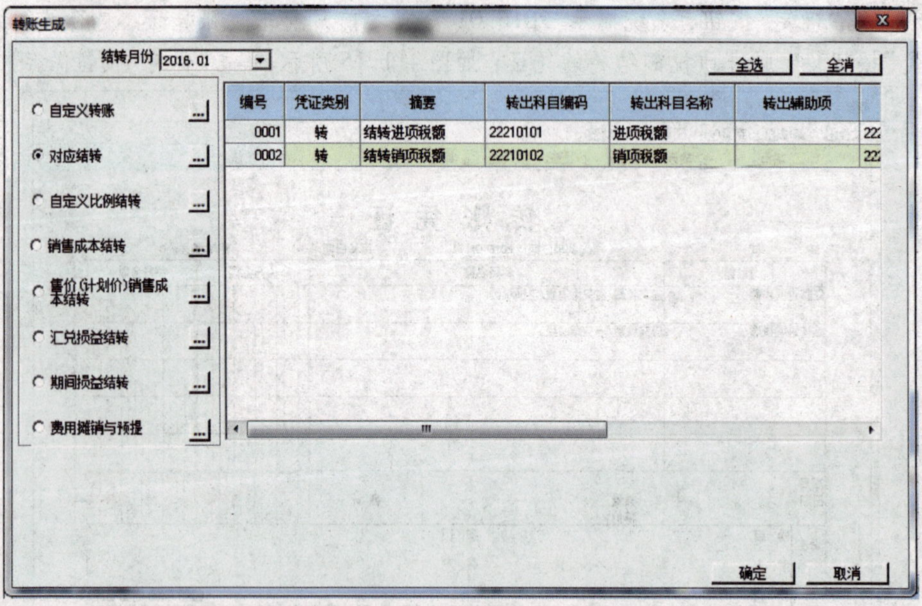

图 4.1.17　对应结转转账生成

(6)单击“确定”按钮，系统提示“2016.01 月或之前月有未记账凭证，是否继续结转?”，单击“是”按钮，生成销项税额转出的凭证，单击“保存”按钮保存该凭证，如图 4.1.18 所示：

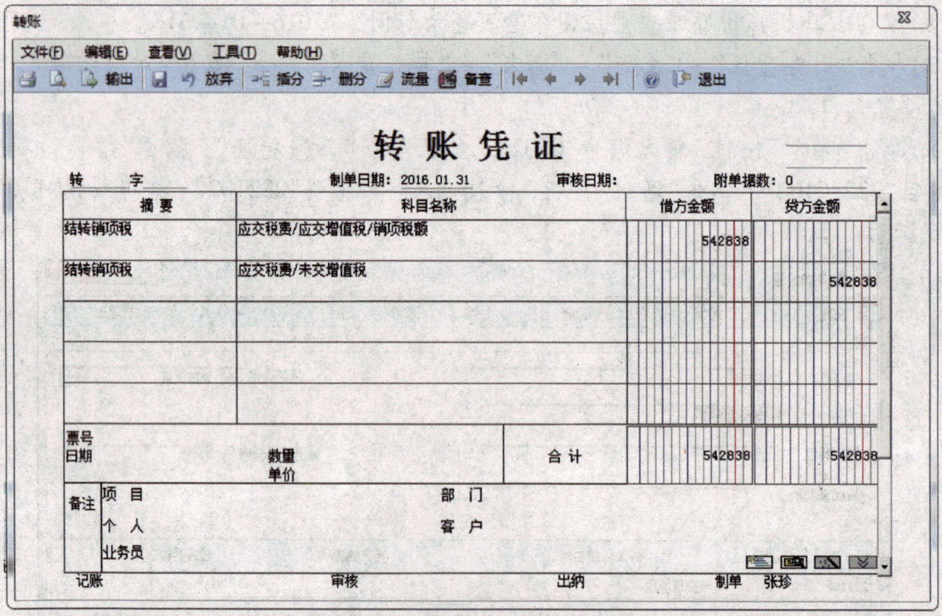

图 4.1.18　凭证生成

> 小提示
>
> ◆转出科目与转入科目必须有相同的科目结构，但转出辅助项与转入辅助项可不相同。
>
> ◆自动生成转账凭证时，如果同一凭证转入科目有多个，因同一凭证的结转系数之和为 1，则最后一笔结转金额为转出科目余额减当前凭证已转出的余额。

任务3:结转销售成本

销售成本结转，是将月末商品(或产成品)的销售数量乘以库存商品(或产成品)的平均单价计算各类商品销售成本并进行结转。如果企业使用销售成本的转账定义功能，那么在进行会计科目的建立时，要求库存商品、主营业务成本和主营业务收入的科目结构完全一致，三个科目及其所有明细科目必须是数量核算。如果给三个科目及其明细设定了项目核算，则要求科目所属的项目大类必须相同，否则无法生成销售成本结转的凭证。

※任务描述

通过期末销售成本的定义，结转本月已售产品成本。

※操作指导

(1)以001马娟身份登录企业应用平台，登录时间为“2016－01－31”。

(2)在“业务工作”选项卡中，执行“财务会计”－“总账”－“期末”－“转账定义”－“销售成本结转”命令，打开“销售成本结转设置”窗口。

(3)选择凭证类别“转账凭证”，输入库存商品科目“1405”，商品销售收入科目“6001”，商品销售成本科目“6401”，如图4.1.19所示：

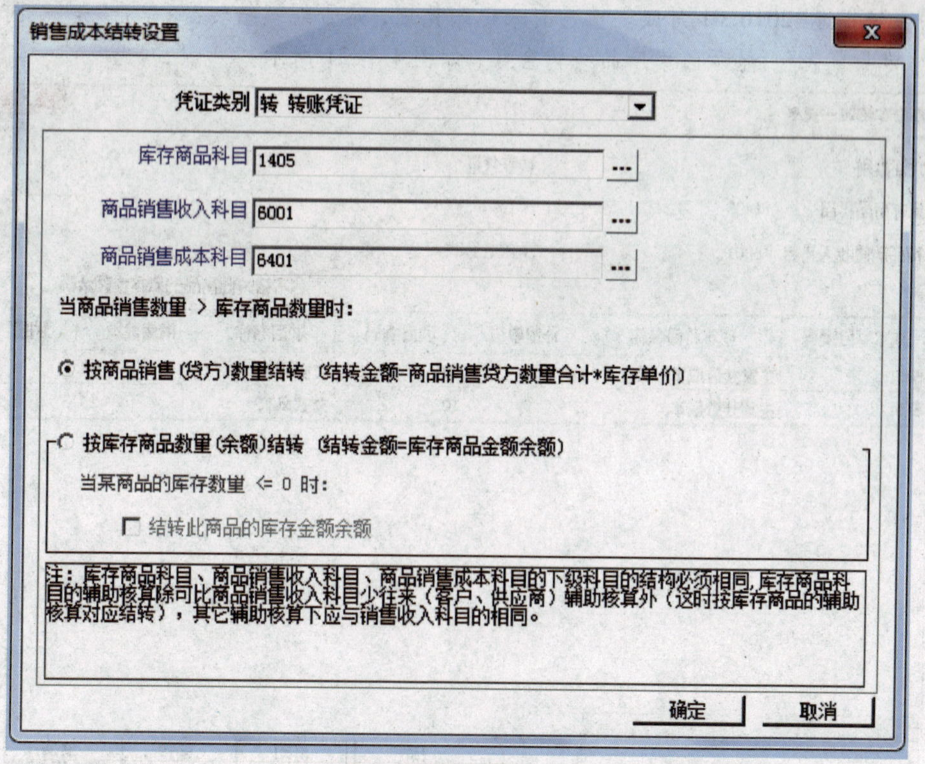
销售成本结转设置
凭证类别 转 转账凭证
库存商品科目 1405
商品销售收入科目 6001
商品销售成本科目 6401
当商品销售数量 > 库存商品数量时:
按商品销售(贷方)数量结转 (结转金额=商品销售贷方数量合计*库存单价)
按库存商品数量(余额)结转 (结转金额=库存商品金额余额)
当某商品的库存数量 <= 0 时:
结转此商品的库存金额余额
注：库存商品科目、商品销售收入科目、商品销售成本科目的下级科目的结构必须相同,库存商品科目的辅助核算除可比商品销售收入科目少往来(客户、供应商)辅助核算外(这时按库存商品的辅助核算对应结转)，其它辅助核算下应与销售收入科目的相同。
确定
取消

图4.1.19 销售成本结转设置

(4)单击“确定”按钮，关闭“销售成本结转设置”，以002张珍身份登录企业应用平台，日期“2016－1－31”，执行“期末”－“转账生成”命令，打开“转账生成”对话框，选择左边的转账类型“销售成本结转”，单击“确定”按钮，如图4.1.20所示：

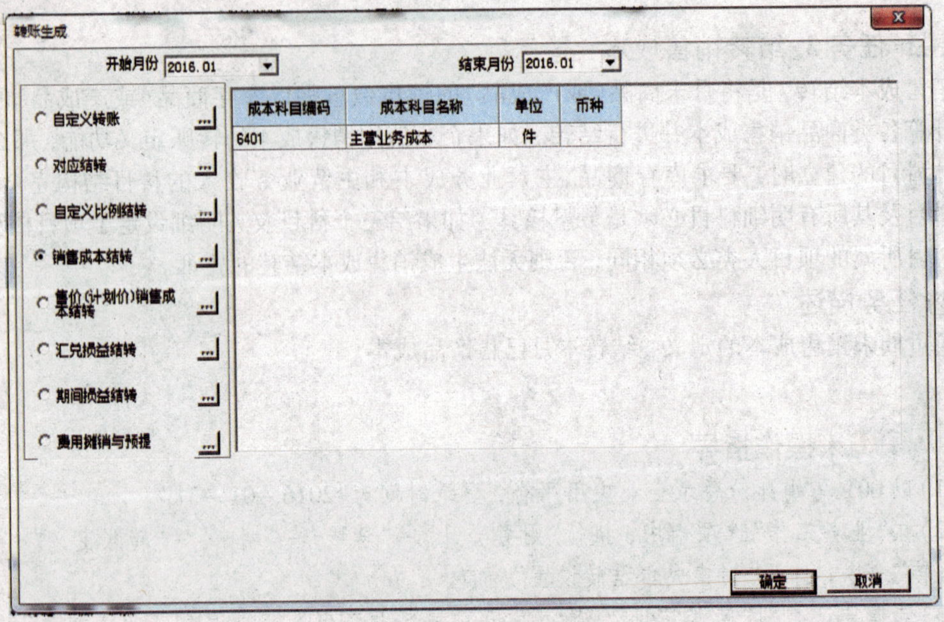

图 4.1.20　销售成本结转设置

(5) 系统提示"2016.01 月或之前月有未记账凭证，是否继续结转?"，单击"是"，打开"销售成本结转一览表"，显示已售产品结转金额，如图 4.1.21 所示：

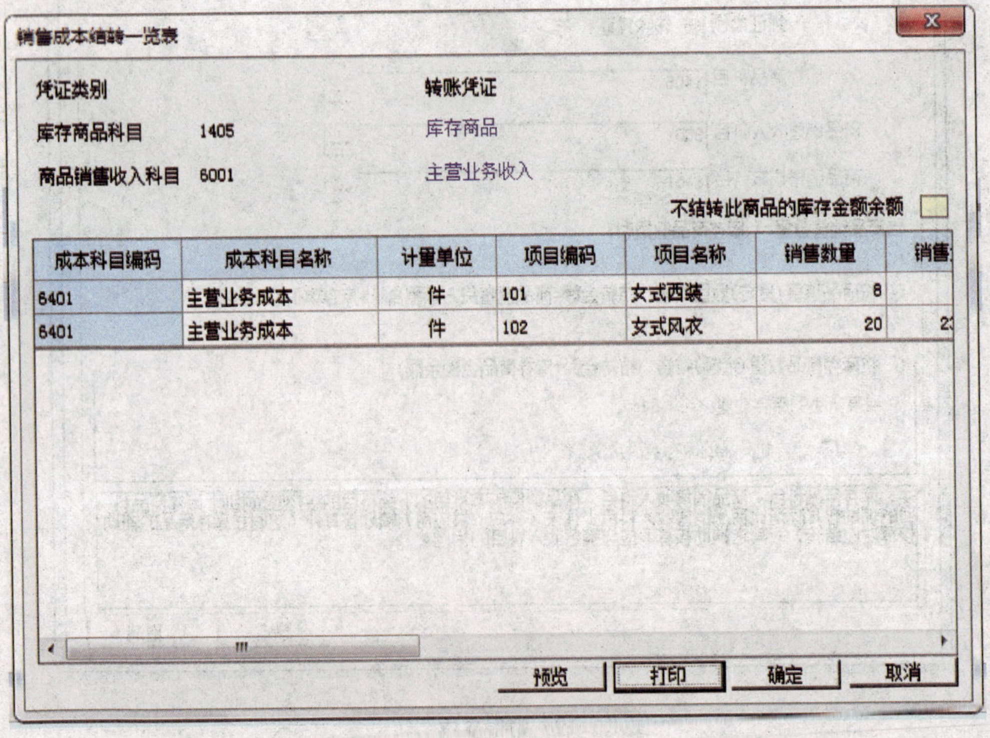

图 4.1.21　销售成本结转一览表

(6) 单击"确定"按钮，生成销售成本结转凭证，如图 4.1.22 所示，保存后退出。

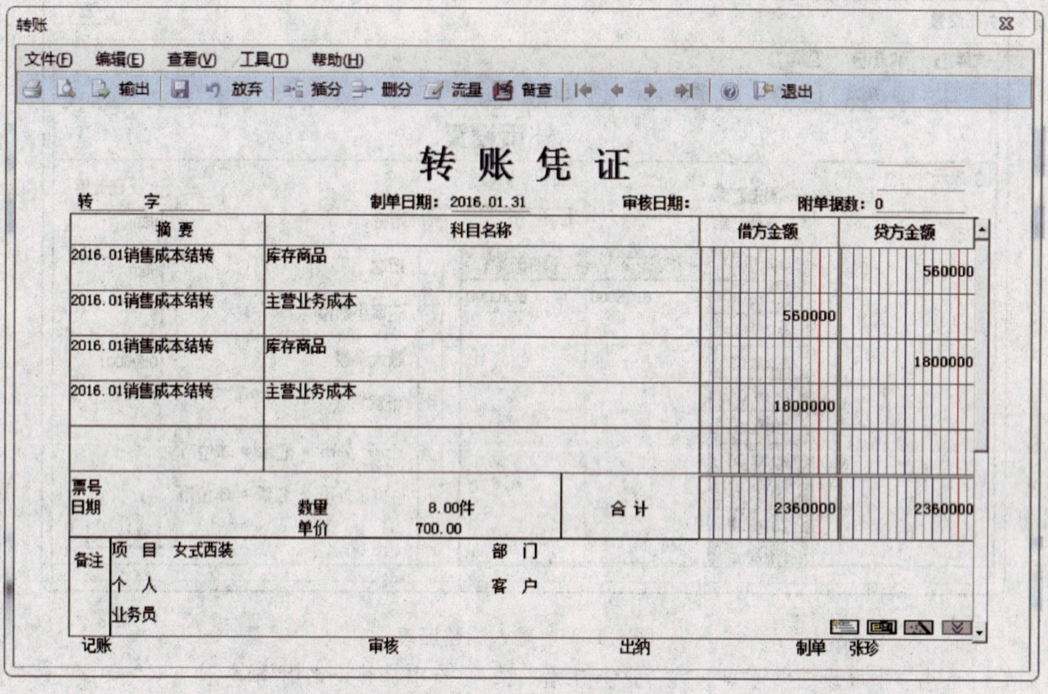

图 4.1.22　销售成本结转凭证

◆库存商品科目、主营业务收入科目、主营业务成本科目的辅助核算必须完全一致，而且必须均为数量核算。

◆若库存商品科目、主营业务收入科目、主营业务成本科目的辅助核算除了数量核算外，还均为项目核算，则在进行项目分类时，三个科目必须属于同一项目分类。

◆期初库存商品除了给出金额信息外，必须给出数量信息，否则无法生成凭证。

任务 4：确认汇兑损益

汇兑损益的定义与结转用于期末自动计算由于汇率的变动所导致的外币账户的汇兑损失或者收益。汇兑损益处理以下外币账户：外汇存款户、外币现金、外币结算的各项债权、债务。企业采用固定汇率核算的，期末应先在外币设置录入期末汇率，系统根据期末汇率与期初汇率的差异，对所有外币核算的货币性资产及债权债务自动计算汇率变动带来的损益。

※任务描述

月末人民币对美元的汇率是 1：6.20，请进行汇兑损益的设置，并生成凭证。

※操作指导

(1) 以 001 马娟身份登录企业应用平台，登录时间为“2016－01－31”。

(2) 在“基础设置”选项卡中，执行“基础档案”－“财务”－“外币设置”命令，打开“外币设置”窗口，调整汇率输入 6.20，如图 4.1.23 所示：

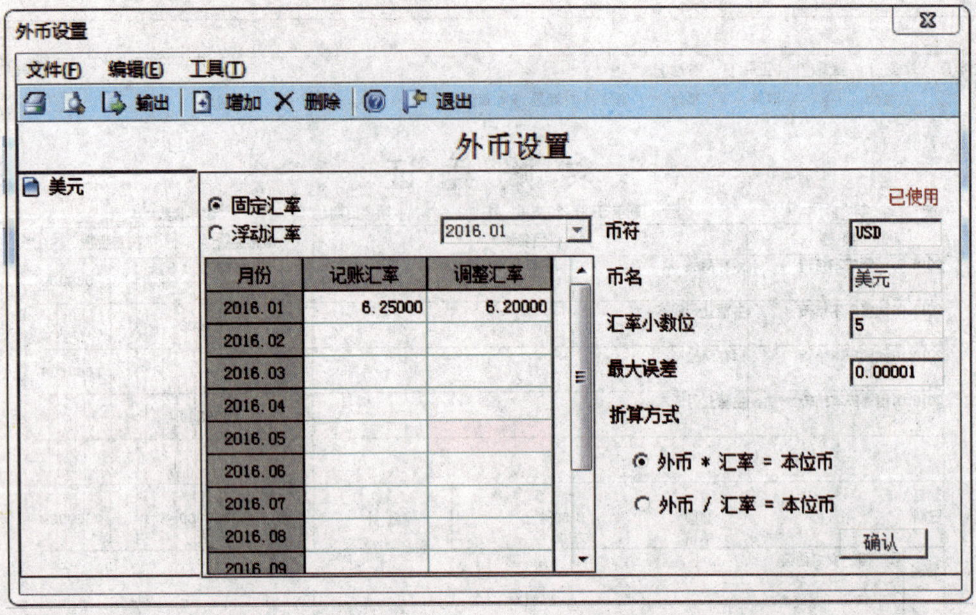

图 4.1.23　输入调整汇率

(3)退出“外币设置”窗口，在“业务工作”选项卡中，执行“财务会计”-“总账”-“期末”-“转账定义”-“汇兑损益”，打开“汇兑损益结转”窗口，输入汇兑损益入账科目“6603”，双击选择“是否计算汇兑损益”，如图 4.1.24 所示，单击“确定”按钮退出。

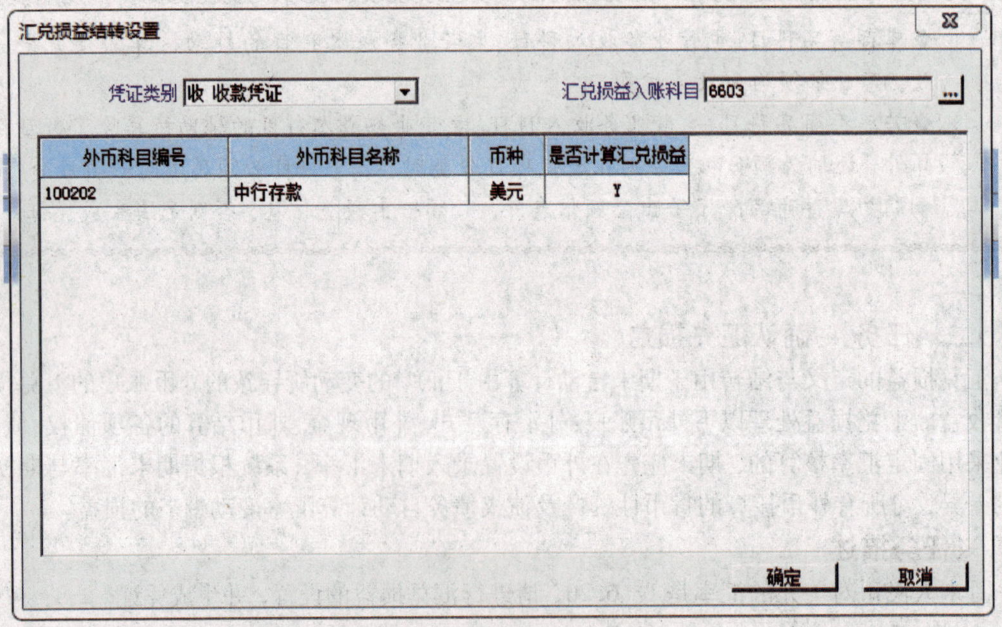

图 4.1.24　设置汇兑损益入账科目

(4)以 002 张珍身份登录企业应用平台，日期“2016-1-31”，执行“期末”-“转账生成”命令，打开“转账生成”对话框，选择左边的转账类型“汇兑损益结转”，单击上方的“全选”按钮或者双击选择“100202 中行存款”一栏，如图 4.1.25 所示：

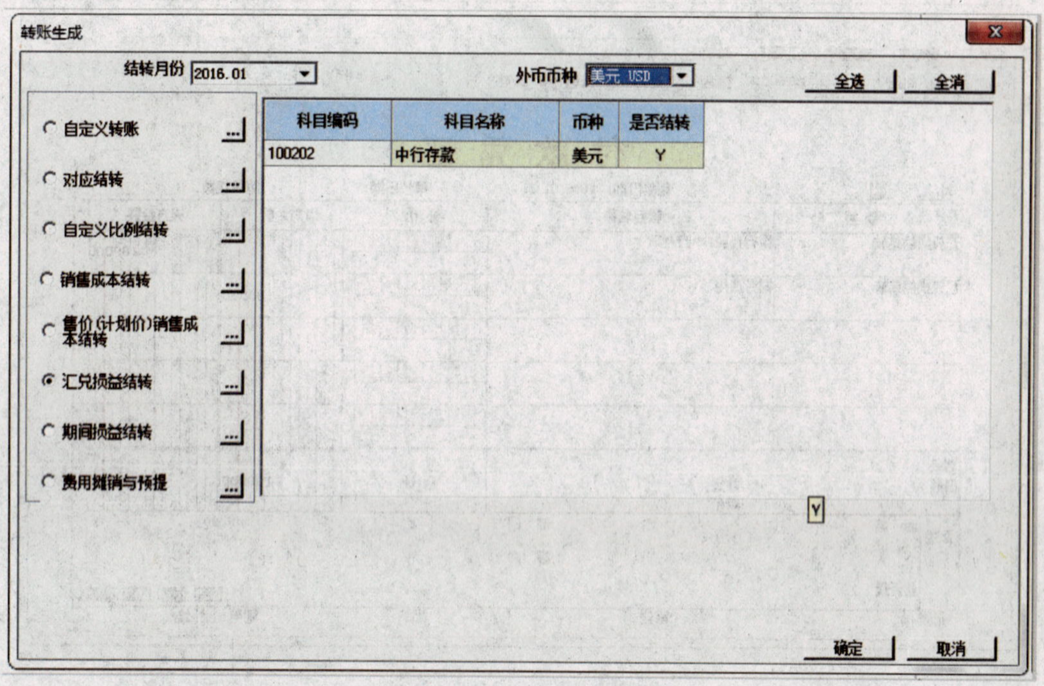

图 4.1.25　转账生成

(5)单击“确定”按钮，系统提示“2016.01 月或之前月有未记账凭证，是否继续结转?”，单击“是”，弹出“汇兑损益试算表”，显示本期汇兑损益的计算结果，如图 4.1.26 所示：

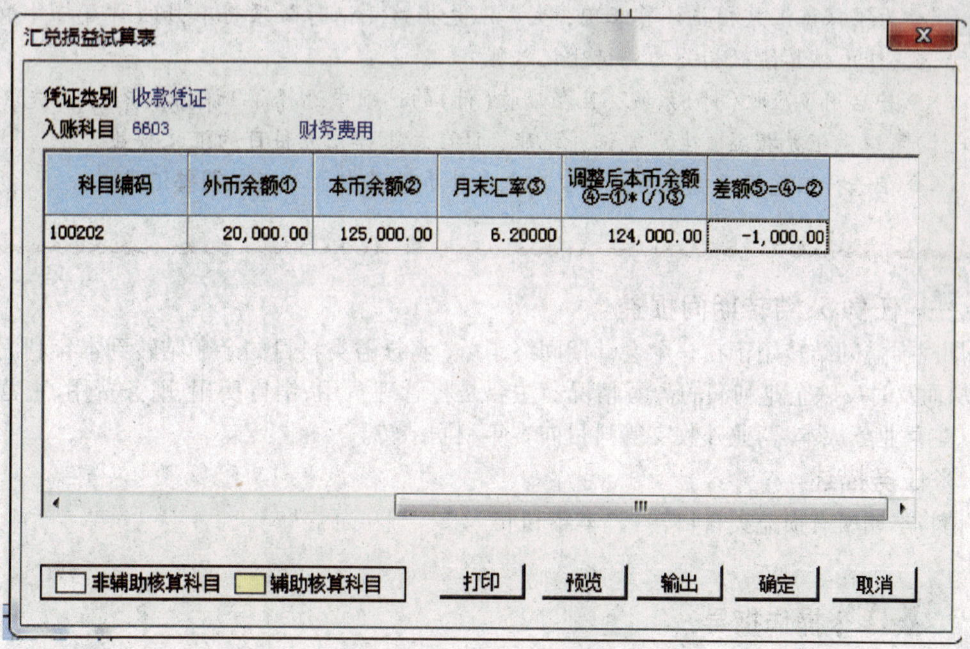

图 4.1.26　汇兑损益试算表

(6)单击“确定”，更改凭证类别为“付款凭证”，单击“流量”按钮，弹出现金流量信息，选择“23 汇率变动对现金的影响”，单击“确定”按钮，保存生成凭证，如图 4.1.27 所示：

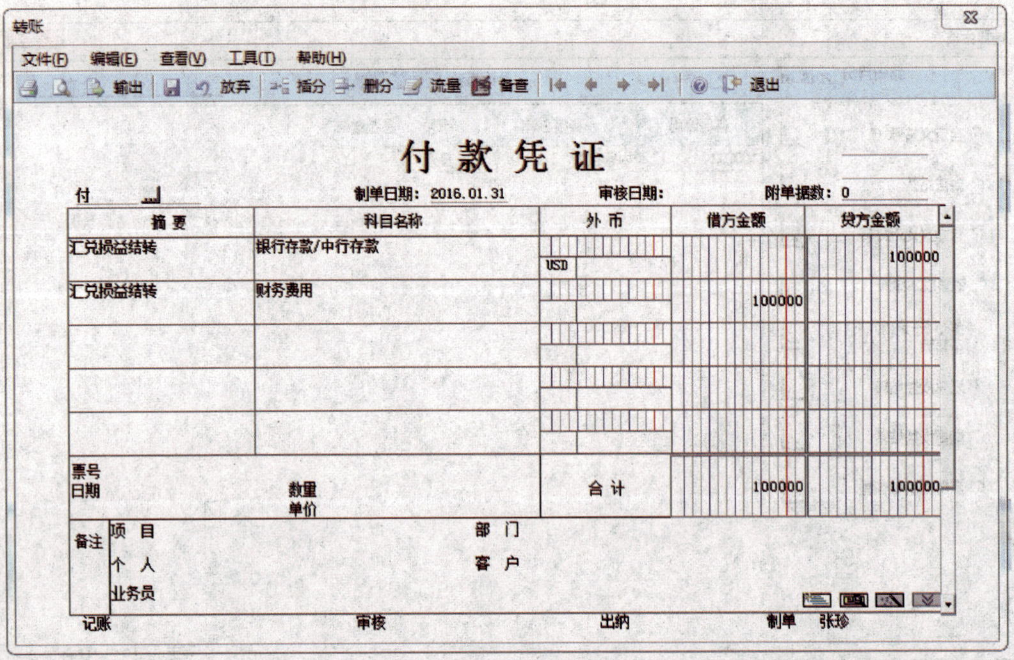

图 4.1.27　汇兑损益凭证

> 小提示
>
> ◆为了保证汇兑损益计算正确，生成汇兑损益凭证时必须将本月的所有与外币资金、外币核算债权相关的凭证登记入账。
>
> ◆若启用了应收(付)系统，且在应收(付)的选项中选择了“详细核算”，应先在应收(付)系统做汇兑损益，生成凭证并记账，再在总账作相应科目的汇兑损益。
>
> ◆在进行汇兑损益凭证生成前，应先在外币设置中录入期末调整汇率。

任务 5:结转期间损益

期间损益的结转用于在一个会计期间终了后，将损益类科目的余额结转到本年利润科目中，从而及时反映企业利润的盈亏情况。主要是将管理费用、销售费用、财务费用、主营业务收入、主营业务成本、营业外收支等科目向本年利润结转。

※任务描述

请将本期所有损益类科目转入“本年利润”。

※操作指导

(1)以 001 马娟身份登录企业应用平台，登录时间为“2016－01－31”。

(2)在“业务工作”选项卡中，执行“财务会计”－“总账”－“期末”－“转账定义”－“期间损益”命令，进入“期间损益结转设置”窗口，更改凭证类别为“转 转账凭证”，在本年利润科目处输入“4103”，如图 4.1.28 所示：

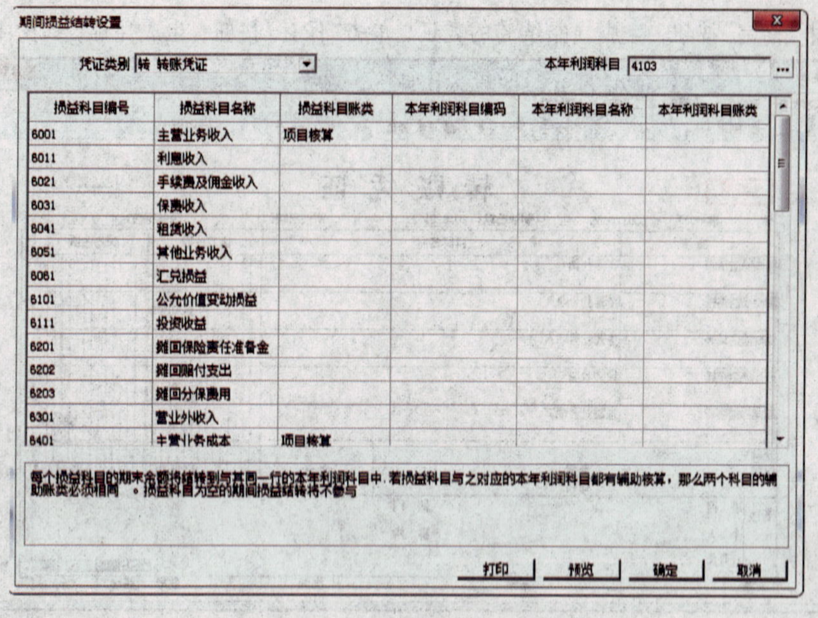

图 4.1.28 期间损益结转设置

(3)单击“确定”按钮，关闭“期间损益结转设置”窗口。

(4)以004宋丽丽身份登录企业应用平台，登录时间为“2016－01－31”，对所有收付款凭证进出纳签字。

(5)以001马娟身份登录企业应用平台，登录时间为“2016－01－31”，对凭证进行审核、记账。

(6)以002张珍身份登录企业应用平台，登录日期为“2016－01－31”，在“业务工作”选项卡中，执行“总账”－“期末”－“转账生成”命令，打开“转账生成”对话框，选择左侧的“期间损益结转”，单击上方的“全选”按钮，如图4.1.29所示：

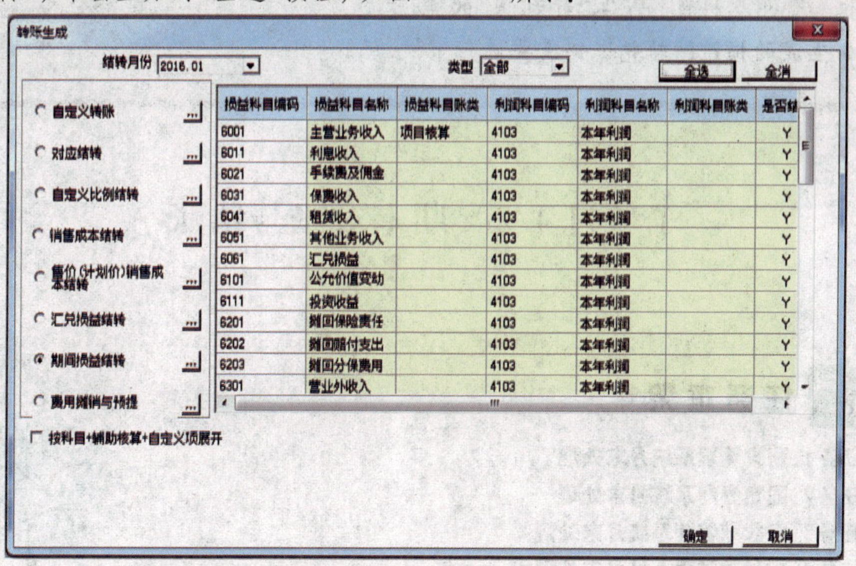

图 4.1.29 期间损益转账生成

(7)单击“确定”按钮，生成损益结转的凭证，单击“保存”按钮，生成凭证，如图 4.1.30 所示：

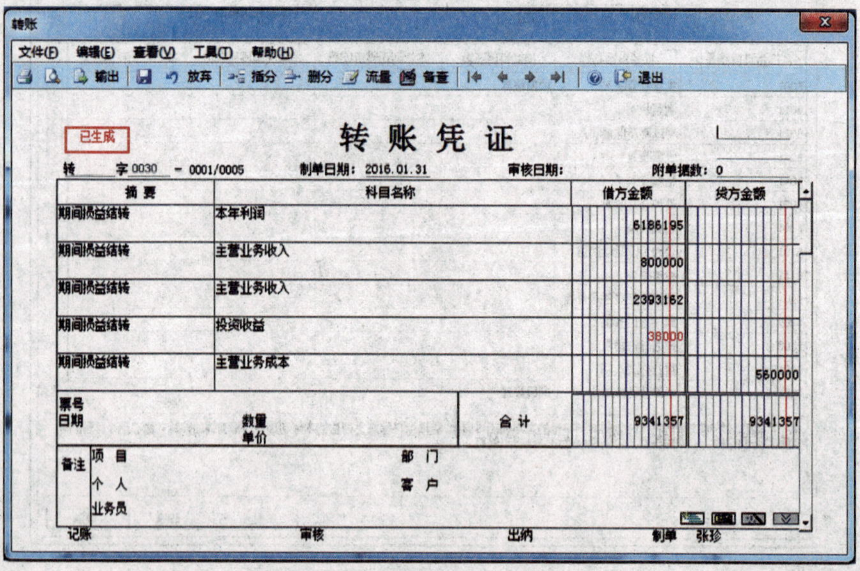

图 4.1.30　期间损益结转凭证

(8)以 001 账套主管身份对期间损益结转凭证进行审核与记账。

小提示

◆本年利润科目若有辅助账，必须与损益科目的辅助账一致。

◆在生成期间损益凭证前，必须要将所有的损益类会计凭证登记入账。

◆生成的损益结转凭证，可以将所有的收入类科目与所有的费用类科目一并转入“本年利润”，生成一张凭证，也可以在生成凭证时，不选择“全部”，而是在类型处分别选择“收入”和“支出”，则系统分别生成收入类科目转入“本年利润”的凭证和费用类科目转入“本年利润”的凭证。

◆生成的损益结转凭证仍需要进行审核、记账。

子项目 4.2　期末对账与结账

任务框架

任务 1：薪资管理系统月末处理

任务 2：固定资产系统月末处理

任务 3：应收款管理系统月末处理

任务 4：应付款管理系统月末处理

任务 5：总账系统月末处理

月末，本月经济业务全部处理完毕后，需要对所有启用的系统进行月末处理，包括薪资管理系统的月末清零处理、固定资产系统的月末对账结账处理、应收应付款管理系统的月末结账，以及总账系统的月末对账与结账工作。只有企业所启用的其他子系统全部结账了，总账系统才能结账。月末处理完毕后，本月各系统的经济业务不许再变动。

任务1：薪资管理系统月末处理

当企业完成了薪资管理系统本月业务处理后，需要进行期末处理，即对每月发生变化的工资项目进行清零处理。

※任务描述

2016年1月31日，由002薪资账套主管张珍对薪资管理系统进行月末处理，将“请假天数”、“请假扣款”、“代扣税”项目清零。

※操作指导

(1)以002薪资账套主管张珍身份登录企业应用平台，登录时间为“2016－01－31”。

(2)在“业务工作”选项卡中，执行“人力资源”－“薪资管理”－“业务处理”－“月末处理”命令，弹出“月末处理”对话框，如图4.2.1所示：

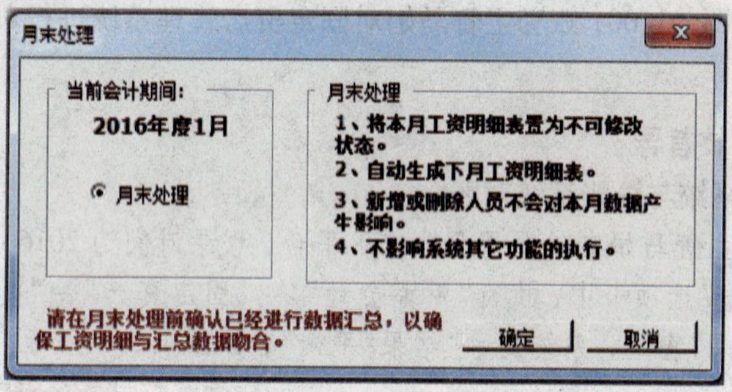
月末处理
当前会计期间:
2016年度1月
月末处理
月末处理
1、将本月工资明细表置为不可修改状态。
2、自动生成下月工资明细表。
3、新增或删除人员不会对本月数据产生影响。
4、不影响系统其它功能的执行。
请在月末处理前确认已经进行数据汇总，以确保工资明细与汇总数据吻合。
确定
取消

图4.2.1　月末处理

(3)单击“确定”按钮，系统提示“月末处理之后，本月工资将不许变动！继续月末处理吗”，单击“是”按钮，系统继续提示“是否选择清零?”，单击“是”按钮，打开“选择清零项目”窗口。

(4)根据任务要求，在“请选择清零项目”窗口，选择“请假天数”、“请假扣款”、“代扣税”，单击“ > ”按钮，将选中项目移到右侧列表框，如图4.2.2所示：

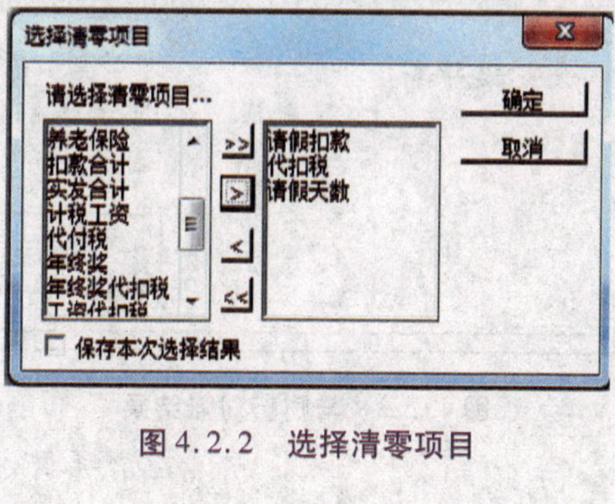
选择清零项目
请选择清零项目...
养老保险
扣款合计
实发合计
计税工资
代付税
年终奖
年终奖代扣税
>>
>
<
<<
请假扣款
代扣税
请假天数
确定
取消
保存本次选择结果

图4.2.2　选择清零项目

(5)单击“确定”按钮，系统提示“月末处理完毕!”，单击“确定”按钮退出。

小提示

◆月末处理只能由账套主管完成。

◆薪资系统的月末处理可将发生变动的工资项目清零，金额固定的项目保持不变。

◆月末处理只在每年的 1～11 月进行，年底，应该由账套主管建立新的年度账，再通过“系统管理”结转上年数据，完成工资数据的结转。

◆若本月工资数据没有汇总，则无法进行月末处理。

◆月末处理后，当月工资数据不得再发生变动，但是若发现需要更改的数据，可通过反结账功能加以实现。

任务 2：固定资产系统月末处理

系统在运行过程中，应保证总账系统与固定资产系统中固定资产相关科目的一致，可通过固定资产系统提供的对账功能加以实现，对账不限制时间，可以随时进行，当本月固定资产系统全部经济业务处理完毕后，应对该系统进行结账。

※任务描述

2016 年 1 月 31 日，由 001 账套主管马娟对固定资产管理系统进行对账结账。

※操作指导

2－1：固定资产系统与总账系统对账

(1)以 001 账套主管马娟身份登录企业应用平台，登录时间为 2016－01－31。

(2)在“业务工作”选项卡中，执行“财务会计”－“固定资产”－“处理”－“对账”命令，打开“与财务对账结果”窗口，系统提示“结果：平衡”，如图 4.2.3 所示：

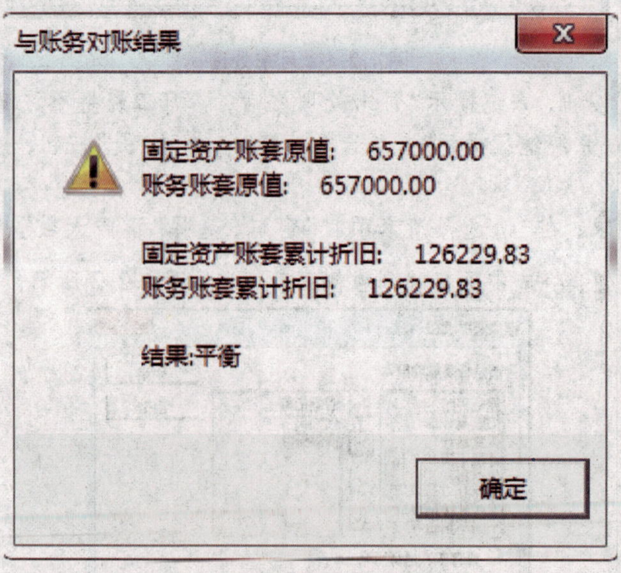

图 4.2.3　与财务对账结果

2-2:固定资产系统月末结账

(1)在“业务工作”选项卡中，执行“固定资产”-“处理”-“月末结账”命令，打开“月末结账”窗口，如图4.2.4所示。

(2)单击“开始结账”命令，打开“与财务对账结果”窗口。

(3)单击“确定”按钮，系统提示“月末结账成功完成!”，如图4.2.5所示。

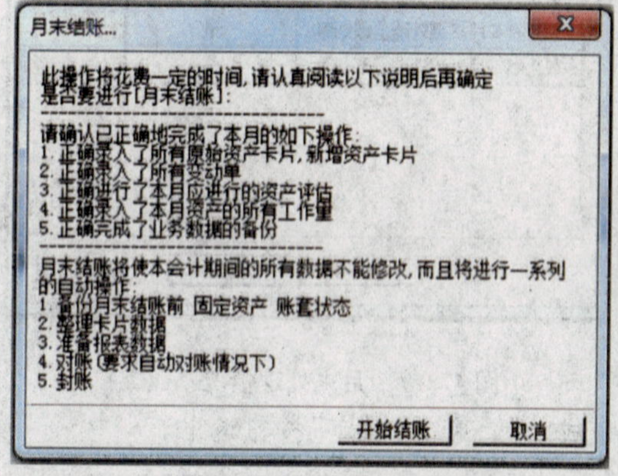
月末结账...
此操作将花费一定的时间，请认真阅读以下说明后再确定
是否要进行[月末结账]:
请确认已正确地完成了本月的如下操作:
1. 正确录入了所有原始资产卡片，新增资产卡片
2. 正确录入了所有变动单
3. 正确进行了本月应进行的资产评估
4. 正确录入了本月资产的所有工作量
5. 正确完成了业务数据的备份
月末结账将使本会计期间的所有数据不能修改，而且将进行一系列的自动操作:
1. 备份月末结账前 固定资产 账套状态
2. 整理卡片数据
3. 准备报表数据
4. 对账(要求自动对账情况下)
5. 封账
开始结账
取消

图4.2.4　固定资产月末结账

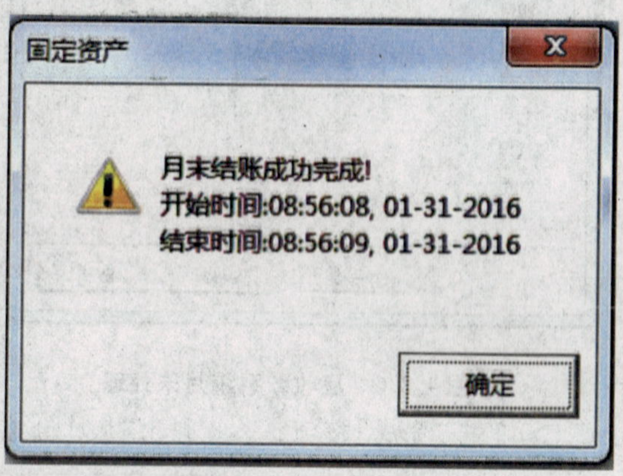
固定资产
月末结账成功完成!
开始时间:08:56:08, 01-31-2016
结束时间:08:56:09, 01-31-2016
确定

图4.2.5　月末结账成功

小提示

◆固定资产与总账对账前，应保证固定资产系统传递到总账系统的凭证已经审核、记账，否则对账不成功。

◆月末结账前要进行数据备份，否则数据一旦丢失，将造成严重后果。

◆本会计期间未进行月末结账处理，系统将不允许处理下一期间业务。

◆月末结账工作每月只能进行一次，如果结账后发现结账前操作有误，可以通过“恢复月末结账前状态”进行反结账。

任务3:应收款管理系统月末处理

当应收款管理系统中本月所有单据都已经完成审核、制单，则可以执行月末结账功能。

※任务描述

2016年1月31日，由001账套主管马娟对应收款管理系统进行月末结账。

※操作指导

(1)以001账套主管马娟身份登录企业应用平台，登录时间为“2016-01-31”。

(2)在“业务工作”选项卡中，执行“财务会计”-“应收款管理”-“期末处理”-“月末结账”命令，打开“月末处理”对话框。

(3)双击一月“结账标志”栏，如图4.2.6所示。

(4)单击“下一步”按钮，进入“月末处理-处理情况”，如图4.2.7所示。

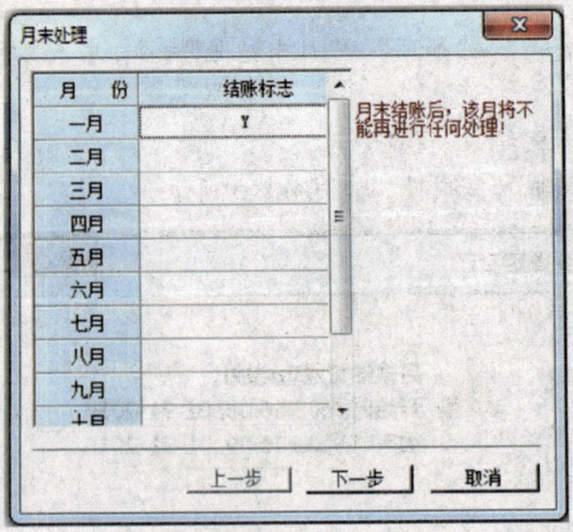

图 4.2.6　应收款系统月末处理

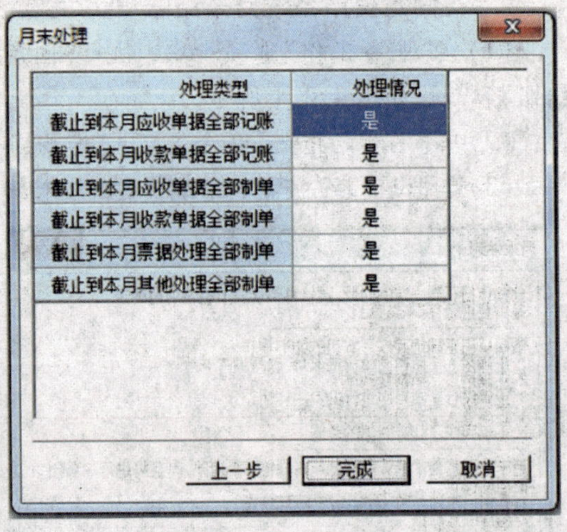

图 4.2.7　月末处理情况

(5) 单击“完成”按钮，系统弹出“1 月份结账成功”，单击“确定”按钮退出。

小提示

◆如果应收款管理系统中有尚未处理完毕的单据，则不能进行月末结账。

◆一个月只能进行一次月末结账，若上月尚未结账，则无法进行本月的结账工作。

◆在执行了月末结账后，本月将不能再进行业务处理。

任务 4：应付款管理系统月末处理

当应付款管理系统中本月应付单、付款单等所有单据都已经完成审核、制单后，则可以执行月末结账功能。

※任务描述

2016 年 1 月 31 日，由 001 账套主管马娟对应付款管理系统进行月末结账。

※操作指导

(1) 以 001 账套主管马娟身份登录企业应用平台，登录时间为“2016－01－31”。

(2) 在“业务工作”选项卡中，执行“财务会计”－“应付款管理”－“期末处理”－“月末结账”命令，打开“月末处理”对话框。

(3) 双击一月“结账标志”栏，出现“Y”标志。

(4) 单击“下一步”按钮，进入“月末处理－处理情况”，如图 4.2.8 所示：

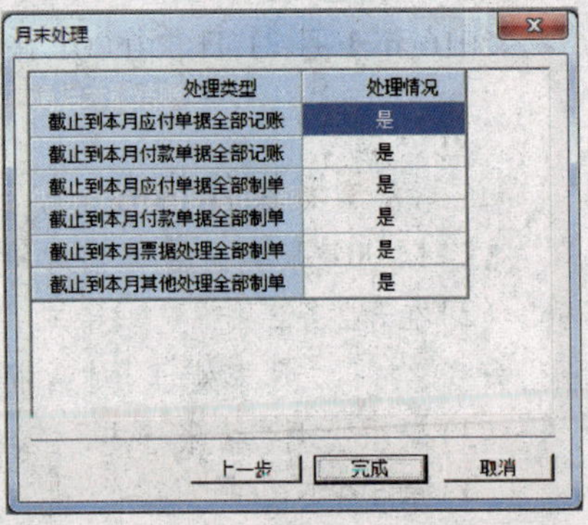

图 4.2.8　月末处理情况

(5) 单击“完成”按钮，系统弹出“1 月份结账成功”，单击“确定”按钮退出。

任务5:总账系统月末处理

对所有凭证进行审核、记账处理并完成所开启模块的结账工作后，可以执行总账系统的月末处理工作，包括总账系统的对账和结账两项工作。

※任务描述

5-1:2016年1月31日，由001账套主管马娟完成总账对账。

5-2:2016年1月31日，由001账套主管马娟完成总账结账。

※操作指导

5-1:总账对账

(1)以001账套主管马娟身份登录企业应用平台，登录时间为“2016-01-31”。

(2)在“业务工作”选项卡中，执行“财务会计”-“总账”-“期末”-“对账”命令，打开“对账”对话框。

(3)单击“试算”按钮，系统显示“2016.01试算结果平衡”，如图4.2.9所示：

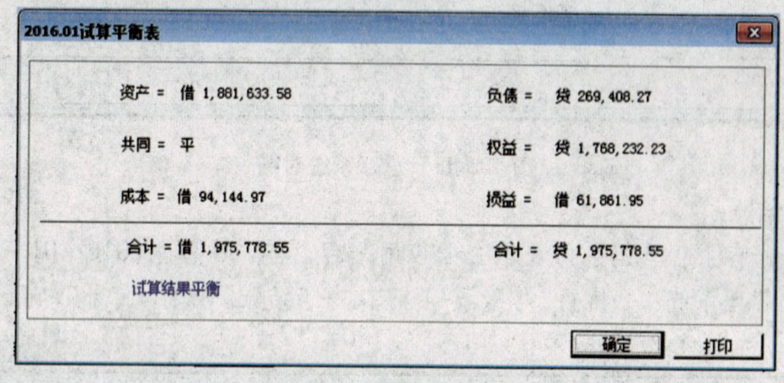

图4.2.9　试算平衡表

(4)单击“确定”按钮，退出“2006.01试算平衡表”对话框。

(5)单击“检查”按钮。系统提示“总账、辅助账、多辅助账、凭证数据正确!”，如图4.2.10所示：

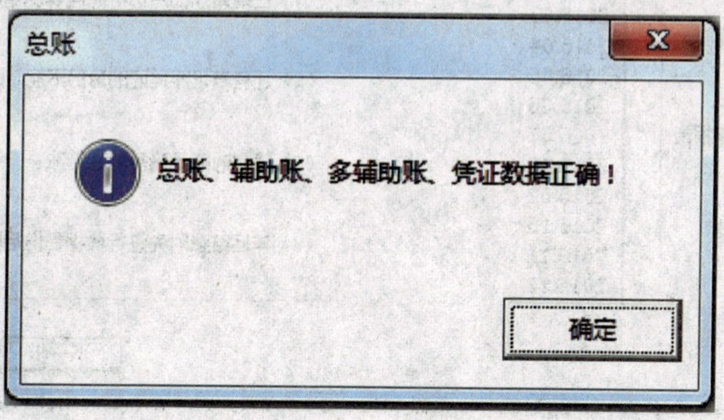

图4.2.10 总账数据检查结果

(6)单击“确定”按钮，选中“检查科目档案辅助项与财务数据的一致性”、“总账与明细账”、“总账与辅助账”及“辅助账与明细账”复选框。

(7)单击“选择”按钮，激活“对账”按钮。

(8)单击“对账”按钮，系统完成对账，如图 4.2.11 所示：

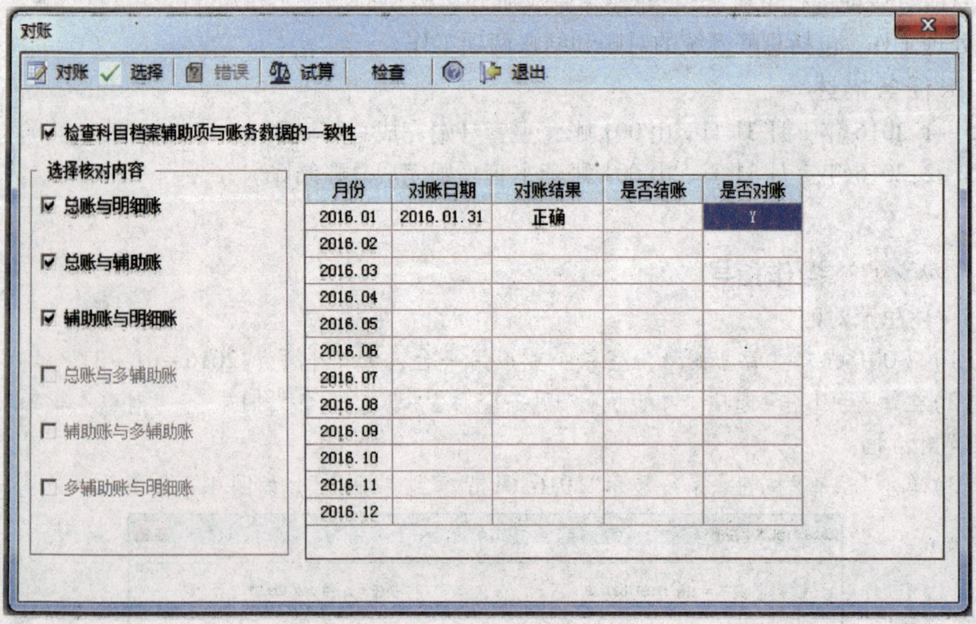

图 4.2.11　总账系统对账

5 -2:总账结账

(1)以 001 账套主管马娟身份登录企业应用平台，登录时间为 2016 -01 -31。

(2)在总账管理系统中，执行“总账” - “期末” - “结账”命令，打开“结账”对话框，系统默认“2016.01”，如图 4.2.12 所示：

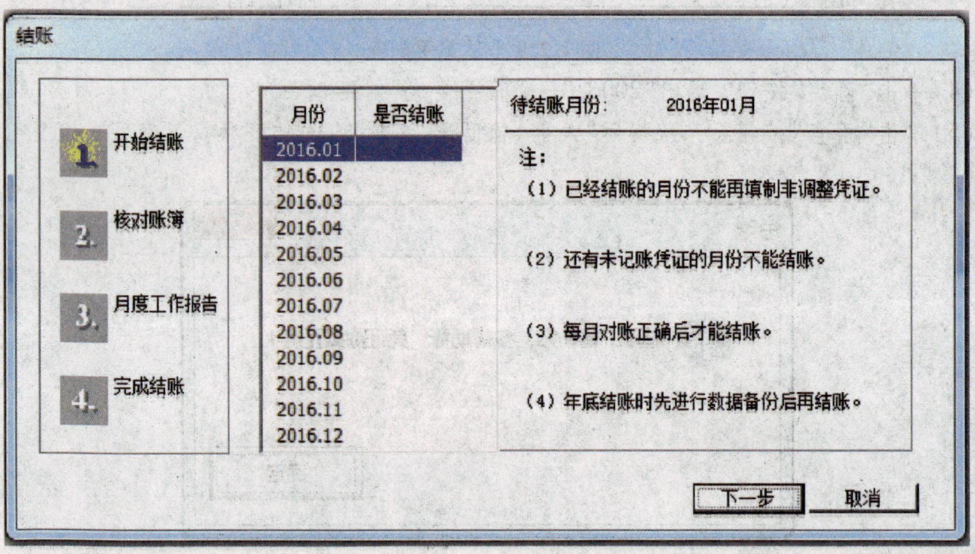

图 4.2.12　结账 - 开始结账

(3)单击“下一步”，打开“结账 - 核对账簿”对话框，单击“对账”按钮，系统“核对 2016 年 01 月 账簿”，如图 4.2.13 所示：

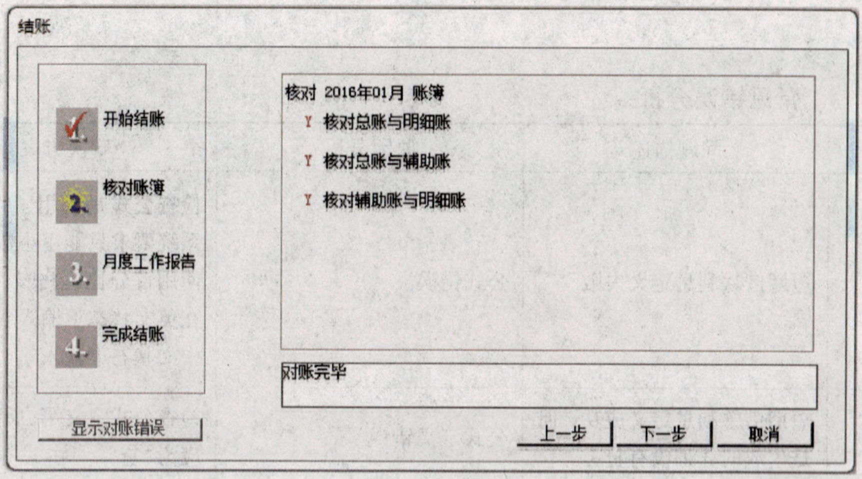

图 4.2.13 结账－核对账簿

(4)单击“下一步”，打开“结账－月度工作报告”对话框，显示“2016 年 01 月工作报告”，如图 4.2.14 所示：

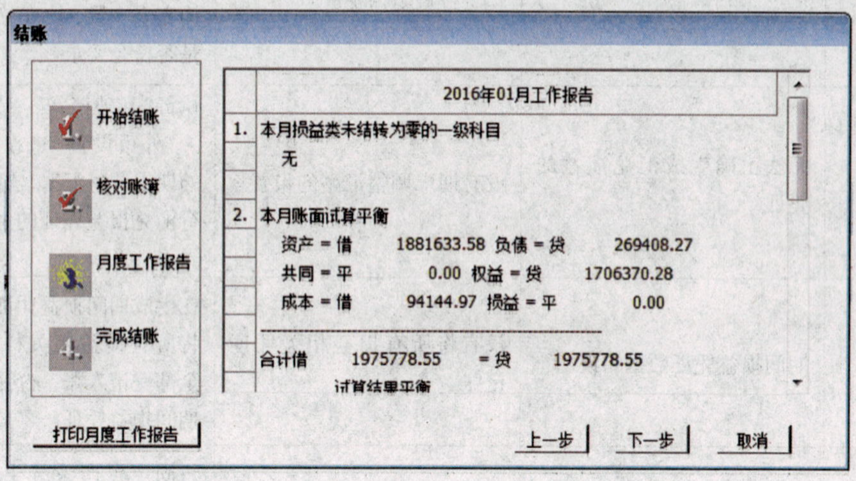

图 4.2.14 结账－月度工作报告

(5)单击“下一步”，打开“结账－月度工作报告”对话框，系统提示“2016 年 01 月工作检查完成，可以结账”。

(6)单击“结账”按钮，总账结账完成。

小提示

◆只有企业开启的其他所有系统(模块)已经进行结账后，方可进行总账的月末结账工作。

◆总账系统结账前，应将损益类科目全部转入“本年利润”，即所有损益类科目期末余额应为零，否则结账不成功。

◆结账只能由账套主管进行。

◆如果需要取消结账，需要账套主管在“结账”窗口，按“Ctrl + Shift + F6”，激活“取消结账”，输入主管口令，即可取消结账。

常见错误分析

序号	问题描述	原因分析	解决方案
1	短期借款利息定义失败	公式错误	检查公式是否用了百分比，系统要求只能用小数，不得使用百分比；公式输入时应在英文状态下输入，不能在中文状态下输入
2	短期借款利息定义成功，但是生成的凭证没有贷方	公式定义错误	检查公式定义第二行，方向应为“贷”
3	销售成本定义失败	“1405 ”、“6001” 、“6401” 三个科目结构不一致	使用销售成本定义时，要求“1405 ”、“6001”、“6401”三个科目均为数量核算，且结构完全一致，检查三个科目是否符合要求
4	无法正确生成汇兑损益的凭证	没有期末调整汇率的设置	执行“基础档案”－“财务”－“外币设置”来设置企业的期末调整汇率，然后再进行汇兑损益凭证的生成
5	期间损益凭证数据错误	没有将所有损益相关凭证记账	在生成期间损益凭证前，应将所有损益相关科目凭证全部登记入账，然后再生成期间损益凭证
6	固定资产与财务间对账不平	固定资产系统凭证没有经过审核记账	将固定资产系统生成的所有凭证进行审核、记账后，再执行两个模块的对账工作
7	应收款、应付款系统无法结账	存在未处理完毕的单据	检查有无未处理完毕的单据，如未审核、未生成凭证，全部处理完毕后，再执行结账命令
8	总账无法结账	原因多种	单击“上一步”，查看工作报告，查看具体原因，如其他系统未结账、损益类科目有余额，根据具体原因进行调整修正

项目小结

期末业务处理		
子项目	任务列表	学习内容
自定义转账与生成	1. 自定义转账	常用账务函数的含义
		使用账务函数定义公式的方法
		自定义短期借款利息计提
		自定义制造费用分摊
	2. 对应结转	对应结转的适用条件
		进项税转入未交增值税
		销项税转入未交增值税
	3. 结转销售成本	销售成本结转适用的条件
		销售成本结转
	4. 确认汇兑损益	期末调整汇率的录入方法
		系统生成汇兑损益的流程
	5. 结转期间损益	期间损益结转的注意事项
		期间损益结转凭证的生成方法
期末对账与结账	1. 薪资管理系统月末处理	月末清零的作用
		薪资系统月末处理流程
		薪资系统反结账
	2. 固定资产系统月末处理	固定资产期末与总账对账
		固定资产系统月末结账
		固定资产系统反结账
	3. 应收款管理系统月末处理	应收款管理系统月末结账前提
		应收款管理系统月末结账方法
	4. 应付款管理系统月末处理	应付款管理系统月末结账前提
		应付款管理系统月末结账方法
	5. 总账系统月末处理	总账系统期末对账
		总账系统结账前提条件
		总账系统取消结账方法

项目五　编制财务报表

职业能力目标

目标类型	目标要求	对应子项目
能力目标	能根据企业需要设计报表格式，定义报表公式，设计自定义财务报表	子项目 5.1
	能根据报表模板生成资产负债表、利润表、现金流量表等常用报表	子项目 5.2
	能通过报表数据的勾稽关系，检查报表对错	子项目 5.2
	能分析报表错误的原因并进行故障排查	子项目 5.2
知识目标	了解用友 UFO 报表的主要功能	子项目 5.1
	掌握报表格式及公式的定义方法	子项目 5.1
	理解表页管理、报表数据处理及图表功能的使用方法	子项目 5.1
	掌握根据模板生成报表的方法	子项目 5.2
	理解报表间的勾稽关系	子项目 5.2

典型工作任务

项目	子项目	典型工作任务
编制财务报表	编制自定义报表	报表格式设置
		根据报表数据生成图表
	利用模板生成常用报表	利用模板生成资产负债表
		利用模板生成利润表
		利用模板生成现金流量表

项目背景资料

（一）自定义报表

企业想获取每月库存现金、银行存款期初、期末余额及合计金额的信息，需要通过 UFO 报表功能设计一张如下格式的表格，具体设计要求：表头标题“货币资金表”要求“黑体、14 号、居中，行高为 10”；编制单位行设置为“黑体、10 号，左对齐”；将年、月、日设为关键字；表体中文字设置为“黑体、10 号、加粗、居中，表体列宽 30”；表尾的“制表人” 设置为“黑体、10 号”，单元格 D7 设定为“字符”属性。

货币资金表

编制单位：泽瑞服饰　　　　年　月　日　　　　单位：元

项目	行次	期初数	期末数
库存现金	1		
银行存款	2		
合计	3		

制表人：

（二）依据模板生成报表

企业全月经济业务处理完毕后，财务部门根据用友软件的报表模板功能生成当月的资产负债表、利润表和现金流量表。

子项目 5.1　编制自定义报表

任务框架

任务 1：设置报表格式

任务 2：生成报表数据与图表

UFO 报表是报表处理的工具，既可以独立运作，也可以与财务系统同时运作，当 UFO 报表独立运作时，可用于处理日常办公事务，完成制作表格、图形、数据运算等电子表格的所有功能。当 UFO 报表与财务系统同时运作时，通过从总账管理系统或者其他业务系统取得有关数据，自动编制各种会计报表，并生成分析图，满足企业内部管理及外部报送的需求。

任务 1：设置报表格式

报表格式管理提供了丰富的报表格式设计功能，如设置组合单元、画表格线（包括格线）、调整行高和列宽、设置字体和颜色，通过自定义报表，企业可以根据业务需要制作各种内部报表。

※任务描述

1－1：定义表格格式

请 001 会计主管马娟定义一张货币资金表，具体要求如下：表头标题“货币资金表”要求“黑体、14 号、居中，行高为 10”；编制单位行设置为“黑体、10 号，左对齐”；将年、月、日设为关键字；表体中文字设置为“黑体、10 号、加粗、居中，表体列宽 30”；表尾的“制表人” 设置为“黑体、10 号”，单元格 D7 设定为“字符”属性。如表 5－1－1 所示：

表 5－1－1

货币资金表

编制单位：泽琳服饰　　　　年　月　日　　　　单位：元

项目	行次	期初数	期末数
库存资金	1		
银行存款	2		
合计	3		

制表人：

1－2：定义表格公式

报表公式：现金期初数：C4 = QC（“1001”，月）；现金期末数：D4 = QM（“1001”，月）；银行存款期初数：C5 = QC（“1002”，月）；银行存款期末数：D5 = QM（“1002”，月）；期初数合计：C6 = C4 + C5；期末数合计：D6 = D4 + D5。

※操作指导

1－1：定义表格格式

（1）以 001 身份登录企业应用平台，日期“2016－01－31”，在“业务工作”选项卡中，执行“财务会计”－“UFO 报表”命令，进入“UFO 报表窗口”，单击“日积月累”对话框中的“关闭”按钮。

（2）单击工具栏中的“新建”按钮，建立一张空白报表，报表名默认为“report1”。

（3）单击空白报表底部左下角的“格式/数据”按钮，使当前状态为“格式”状态。报表定义需要在“格式”状态下进行，如图 5.1.1 所示：

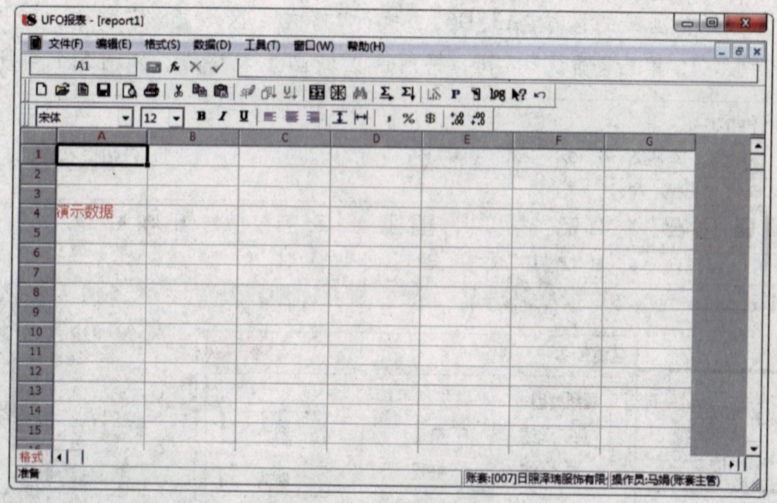

图 5.1.1　新建表格

(4)执行“格式－表尺寸”命令，打开“表尺寸”对话框。输入行数“7”，列数“4”，单击“确认”按钮，如图 5.1.2 所示：

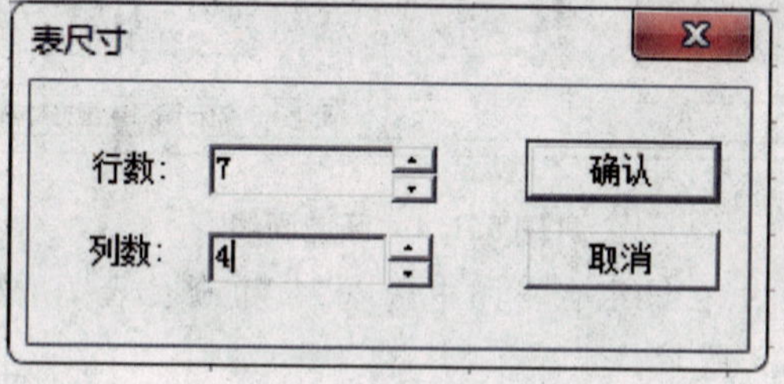

图 5.1.2　表尺寸

(5)选择需合并的区域“A1:D1”，执行“格式－组合单元”命令，打开“组合单元”对话框，选择组合方式“按行组合”，该单元合并成一个单元格。同理，定义“A2:D2”单元为组合单元，如图 5.1.3 所示：

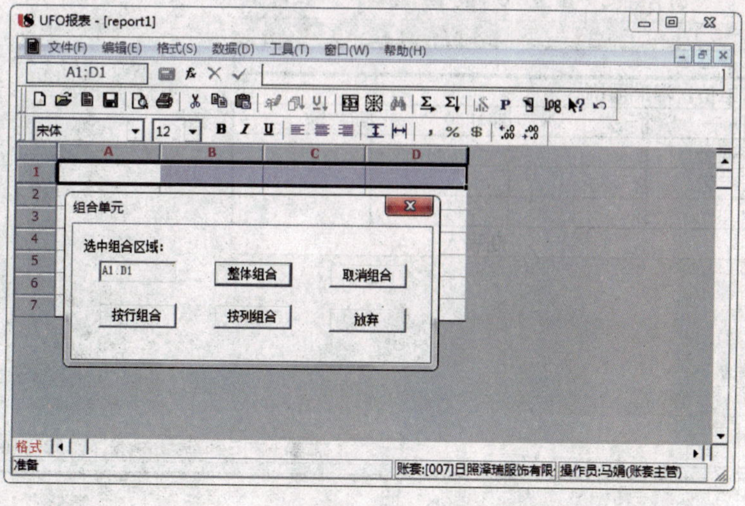

图 5.1.3　组合单元

(6)选中报表需要画线的区域“A3:D6”，执行“格式－区域画线”命令，打开“区域画线”对话框，选择“网线”，单击“确认”按钮，将所选区域画上表格线，如图 5.1.4 所示：

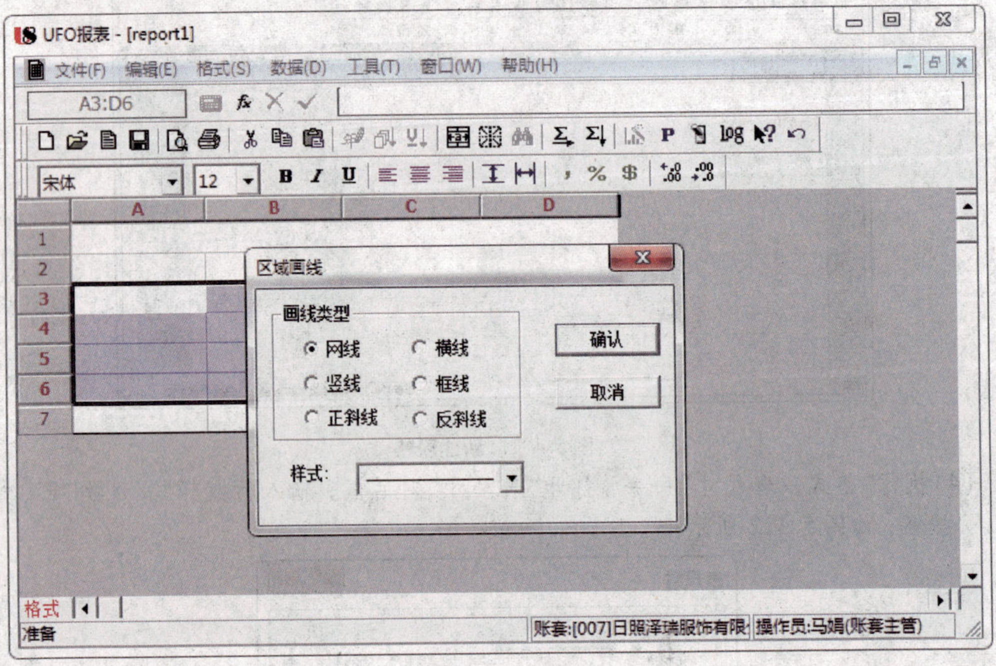

图 5.1.4　区域画线

(7)选中 A1 组合单元，在该组合单元中输入“货币资金表”，根据任务资料，输入其他单元的文字内容，如图 5.1.5 所示：

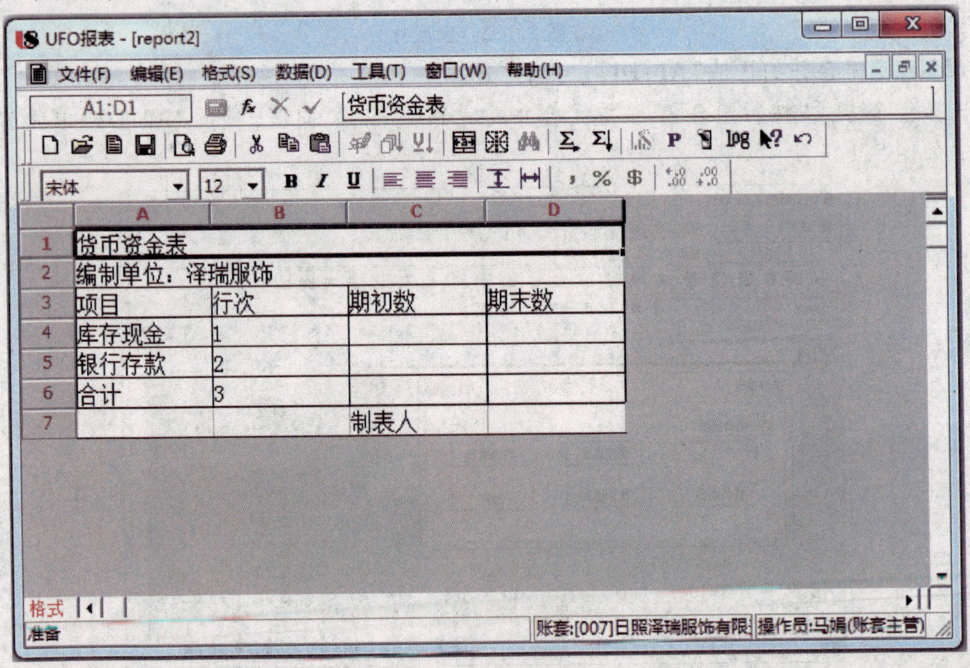

图 5.1.5　货币资金表

(8)选中需要调整的单元所在行“A1”，执行“格式－行高”命令，打开“行高”对话框，输入行高“10”，单击“确定”按钮，如图 5.1.6 所示：

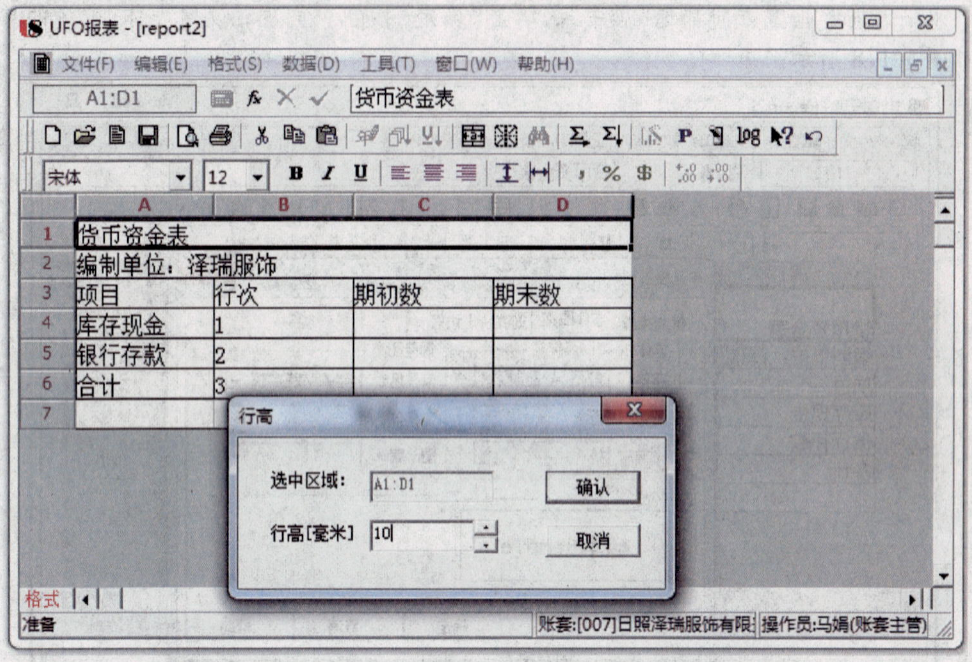

图 5.1.6　设定行高

(9)选中 A 列到 D 列，执行“格式－列宽”命令，打开“列宽”对话框，输入列宽“30”，单击“确定”按钮，如图 5.1.7 所示：

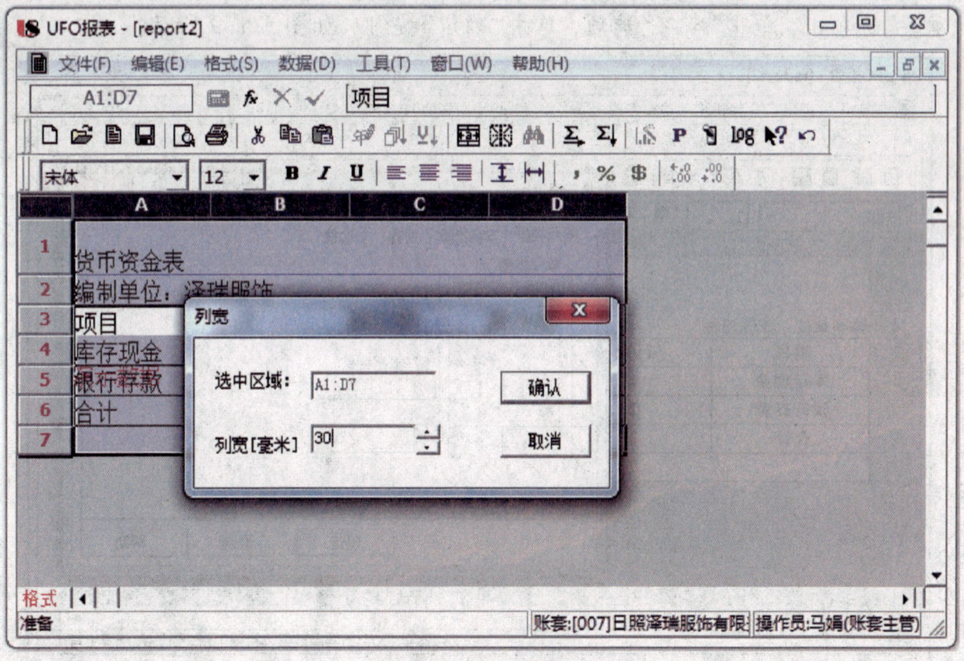

图 5.1.7　设定列宽

(10)选中标题所在组合单元“A1”，执行“格式－单元属性”命令，打开“单元格属性”对话框，单击“字体图案”选项卡，设置字体“黑体”，字号“14”。单击“对齐”选项卡，设置对齐方式，水平方向和垂直方向都选“居中”，单击“确定”按钮。同理，设置表体、表尾的单元属性，如图 5.1.8 所示：

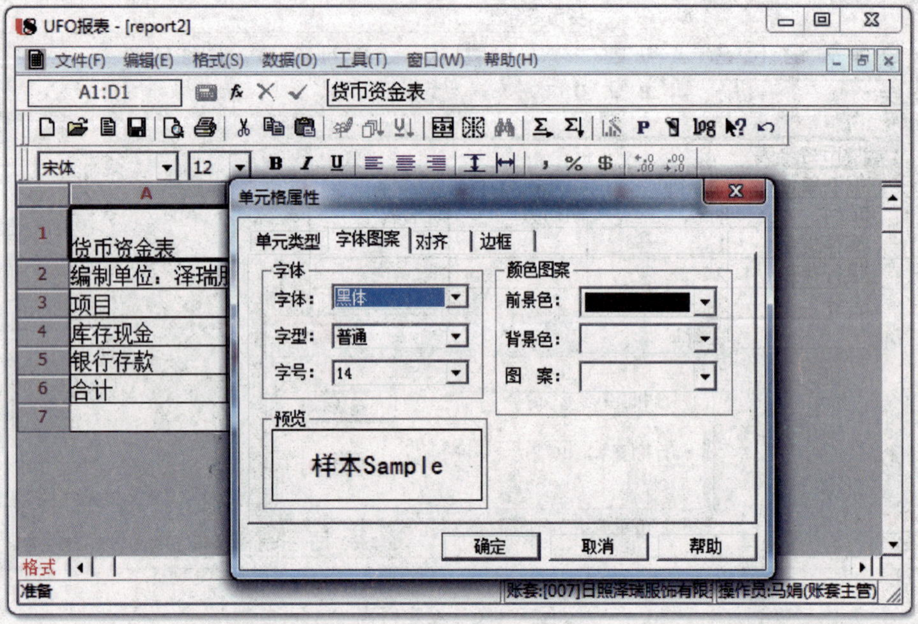

图 5.1.8　字体

(11)选定单元格“D7”，执行“格式－单元属性”命令，打开“单元格属性”对话框，单击“单元类型”选项卡，单击“字符”选项，单击“确定”按钮。如图 5.1.9 所示：

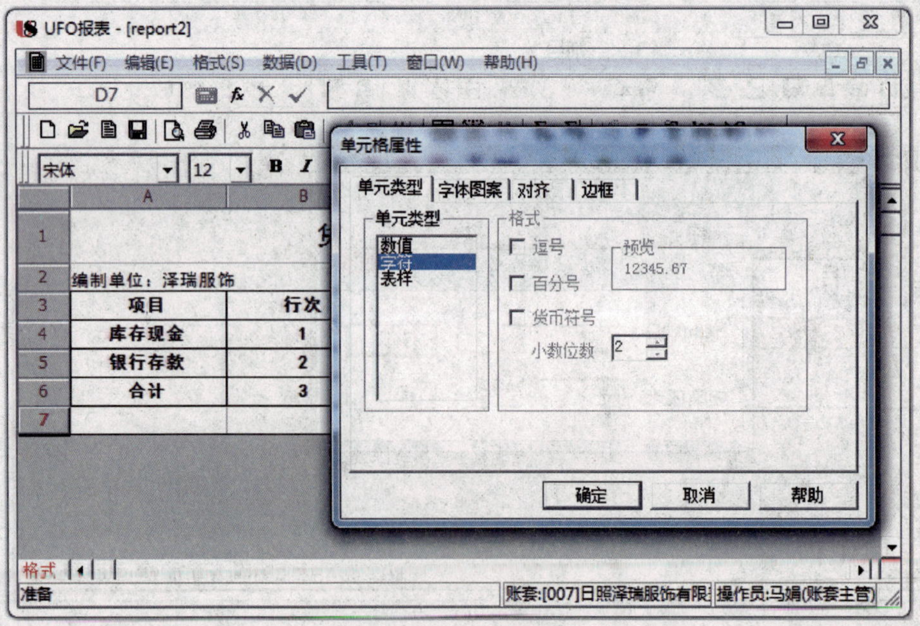

图 5.1.9　设定单元格属性

小提示 ◆格式状态下输入内容的单元均默认为表样单元，未输入数据的单元均默认为数值单元，在数据状态下可输入数值。若希望在数据状态下输入字符，应将其定义为字符单元。

(12)选中需要输入关键字的组合单元“A2”，执行“数据－关键字－设置”命令，打开“设置关键字”对话框，单击“年”单选按钮，单击“确定”按钮。同理，设置“月”、“日”关键字，如图5.1.10所示：

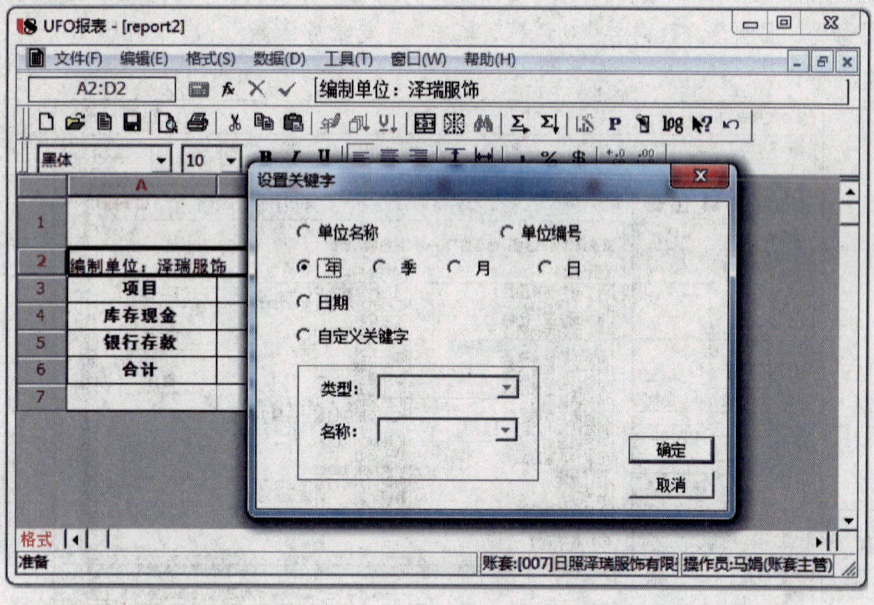

图5.1.10　关键字

(13)执行“数据－关键字－偏移”命令，打开“定义关键字偏移”对话框，在需要调整位置的关键字后面输入偏移量。年“－190”，月“－160”，日“－130”，单击“确定”按钮，如图5.1.11所示：

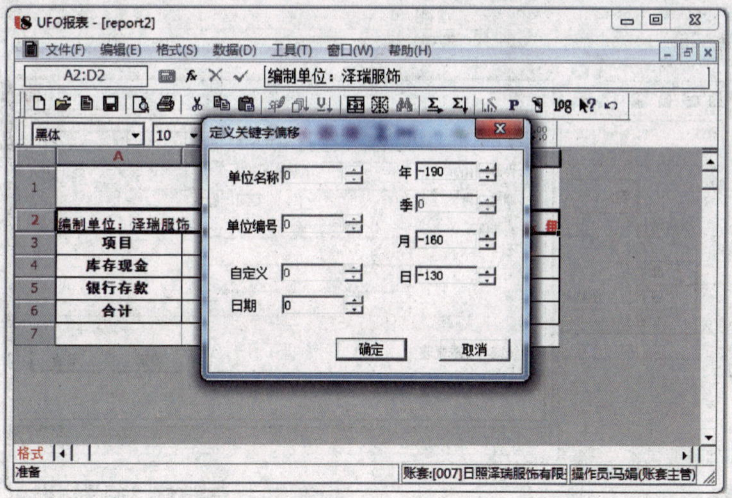

图5.1.11　关键字偏移

> ◆每个报表可以同时定义多个关键字。
> ◆如果要取消关键字，可以执行“数据－关键字－取消”命令。
> ◆关键字的位置可以用偏移量来表示，负数值表示向左移，正数值表示向右移。在调整时，可以通过输入正或负的数值来调整。

1－2：定义表格公式

（1）选定需要定义公式的单元“C4”，即“库存现金”的期初数，执行“数据－编辑公式－单元公式”命令，打开“函数向导”对话框，单击“用友账务函数”，选择函数“期初(QC)”，如图 5.1.12 所示：

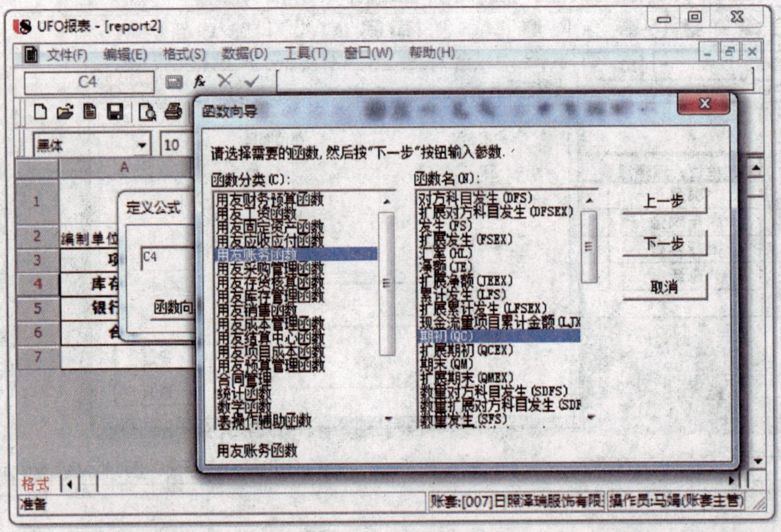

图 5.1.12　函数向导

（2）单击“下一步”按钮，单击“参照”按钮，打开“财务函数”窗口，科目选择“1001”，如图 5.1.13 所示：

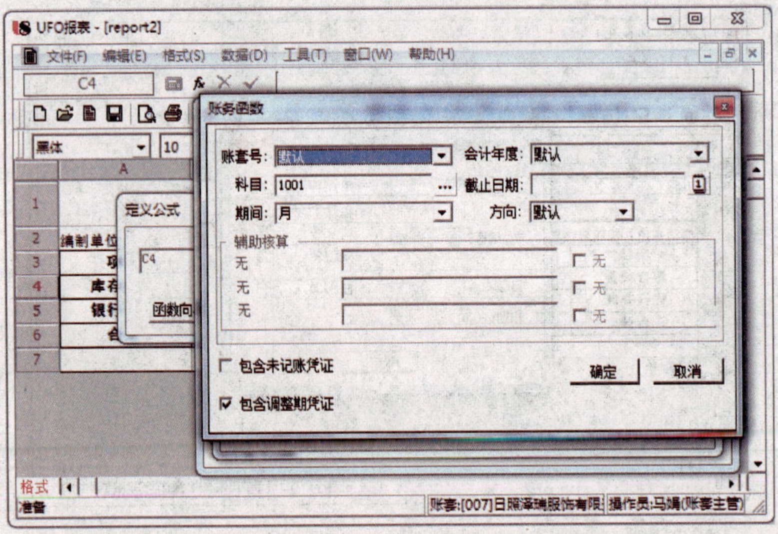

图 5.1.13　账务函数

(3)单击“确定”按钮，完成“库存现金”期初公式的定义，如图 5.1.14 所示，同理设定“库存现金”期末数公式以及“银行存款”期初、期末公式，公式的设定选择函数如图 5.1.15 所示。

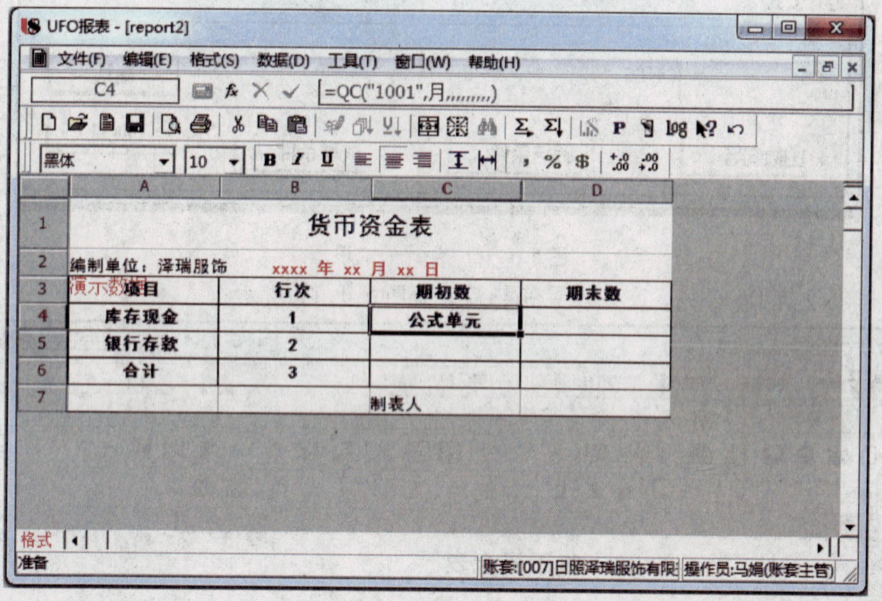

图 5.1.14　单元公式设置

◆在设置公式时应注意会计科目是库存现金 1001 还是银行存款 1002；同时注意是期初还是期末。

◆公式设置错误，数据就不对。

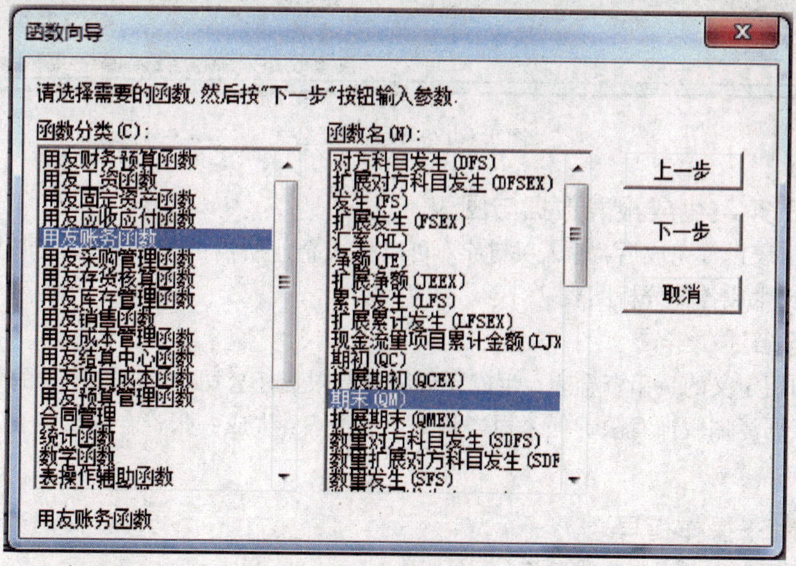

图 5.1.15　“期末数”公式设置

(4)单击“C6”，执行“数据”－“单元公式”命令，在“定义公式”窗口，直接输入“C4 + C5”，如图 5.1.16 所示：

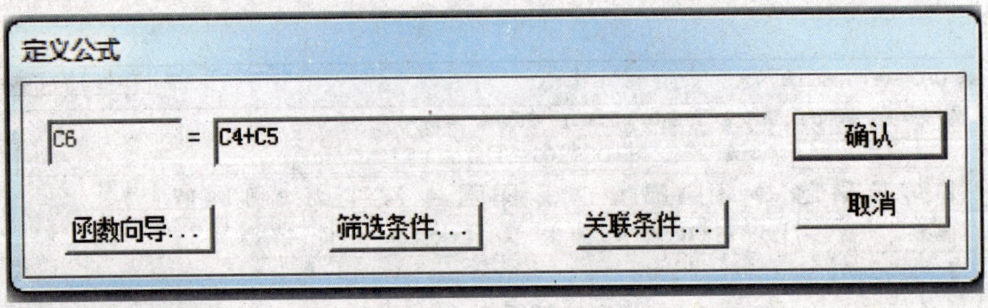

图 5.1.16　合计公式设置

(5)同理设定 D6 公式，公式设置完毕后，如图 5.1.17 所示：

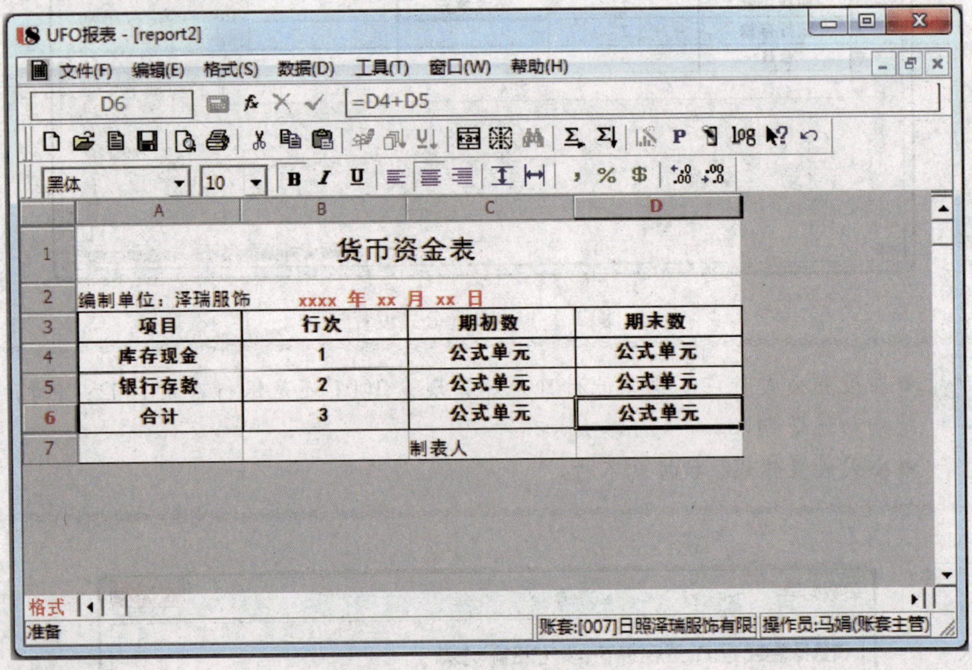

图 5.1.17　设置单元公式

任务 2：生成报表数据与图表

自定义报表设置完成后，输入关键字，可以生成企业所需的报表数据，同时企业还可以根据报表数据生成各种分析图表。

※任务描述

2－1：利用定义的货币资金表，生成泽瑞服饰有限责任公司 2016 年 01 月的货币资金表。

2－2：根据泽瑞服饰有限责任公司当月货币资金表，生成一张资金分析图表。

※操作指导

2－1：利用自定义报表生成数据

(1)单击报表底部左下角的“格式/数据”按钮，使当前状态为“数据”状态。

（2）执行“数据”－“关键字”－“录入”命令，打开“录入关键字”对话框，输入年“2016”，月“01”，日“31”，如图 5.1.18 所示：

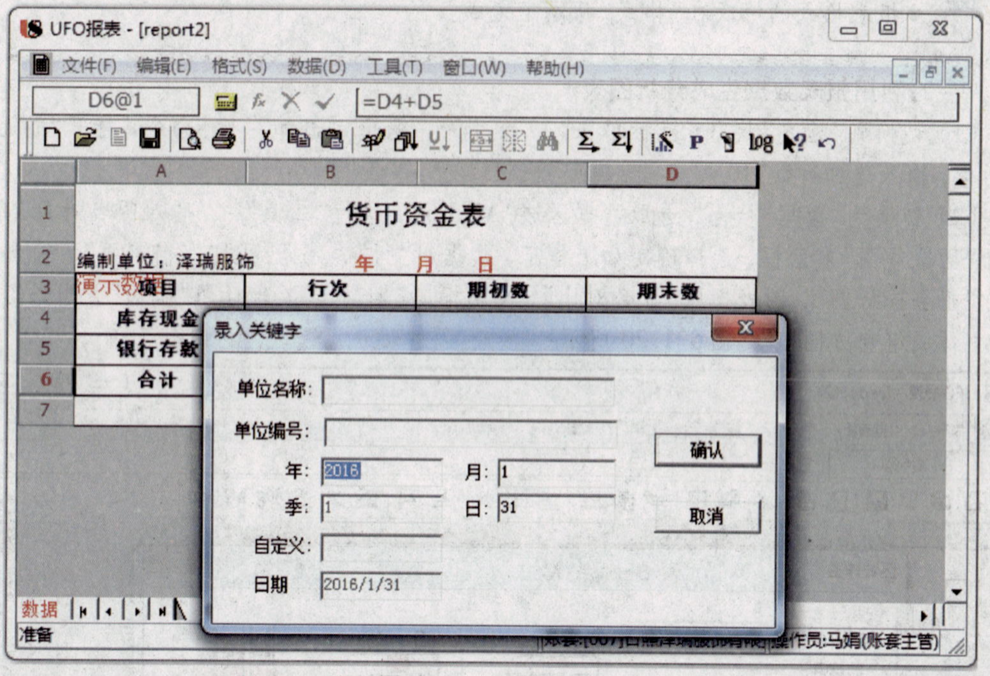

图 5.1.18　录入关键字

（3）单击“确认”按钮，弹出“是否重算第 1 页？”对话框，单击”是“按钮，系统会自动根据单元公式计算泽瑞服饰 01 月份数据，如图 5.1.19 所示：

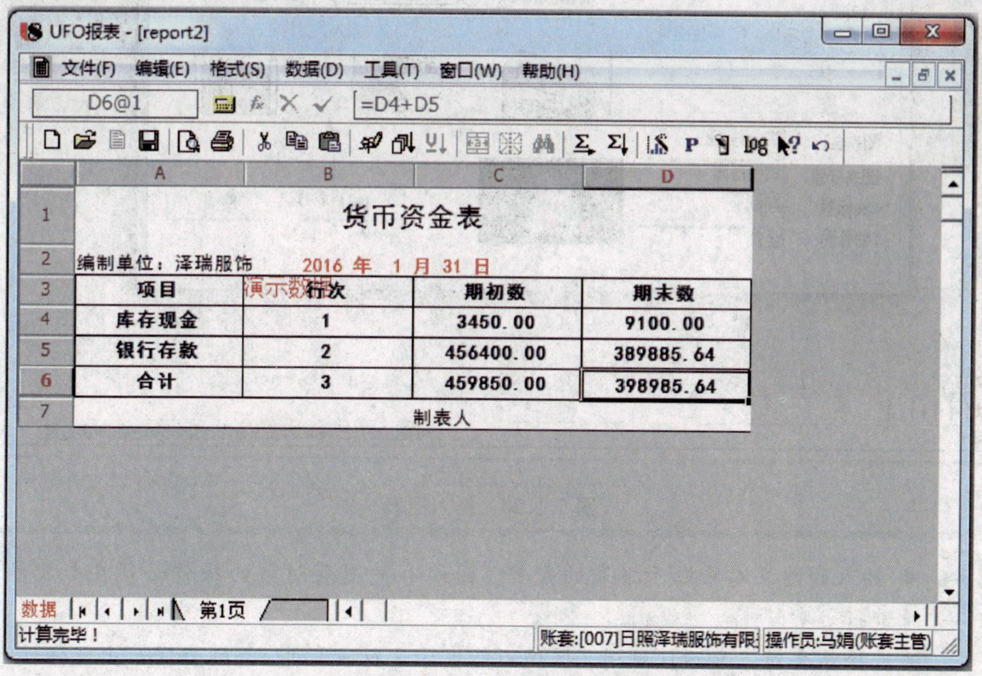

图 5.1.19　表页重算

◆在“数据”状态下输入关键字，可计算得到报表数据。
◆报表格式的修改在“格式”状态下完成。

2-2:**利用报表数据生成分析图表**

(1) 切换到“格式”状态，鼠标单击“A7”，执行“编辑-追加-行”命令，打开“追加行”对话框，输入追加行数“10”，单击“确定”按钮。

(2) 切换到“数据”状态，选取数据区域“A3:D6”，执行“工具”-“插入图表对象”命令，打开“区域作图”对话框，选择确定如下信息，数据组“行”，数据范围“当前表页”，输入图表名称“资金分析图”，图表标题“资金对比”，X 轴标题“期间”，Y 轴标题“金额”，选择图表格式“立体成组直方图”，如图 5.1.20 所示：

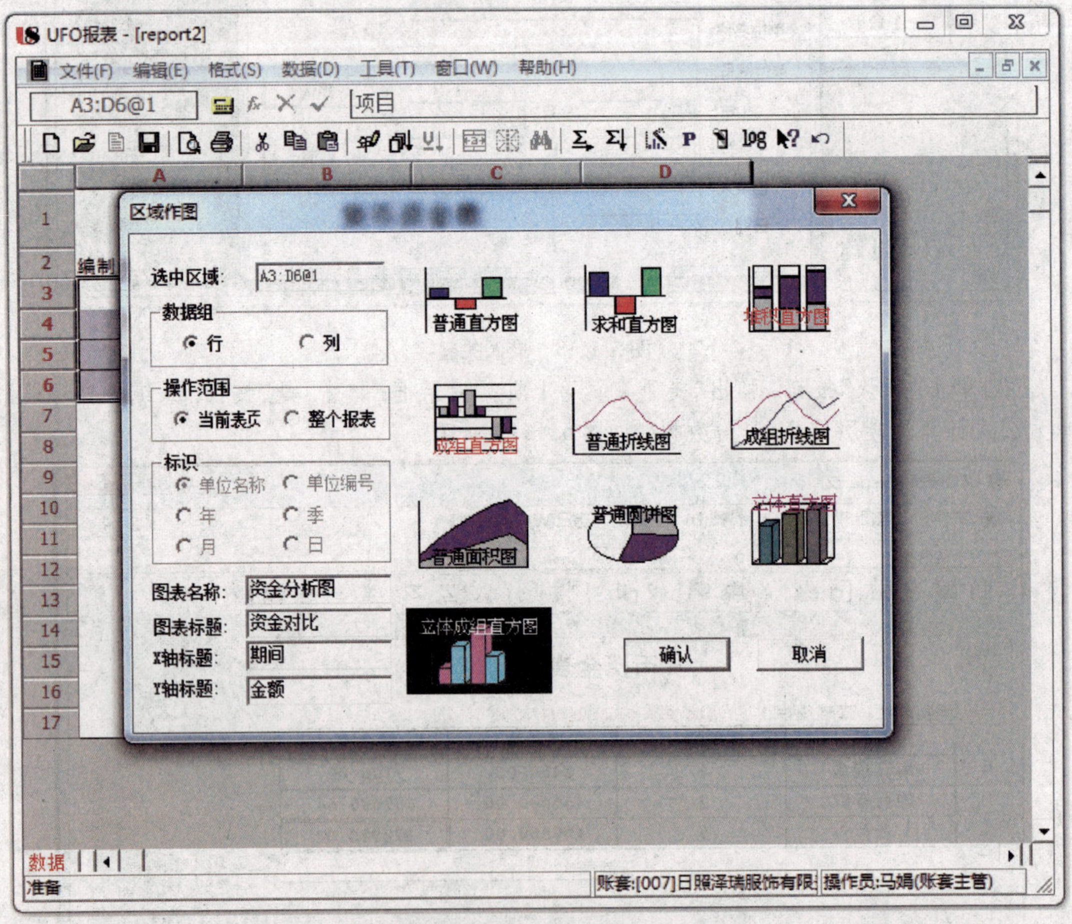

图 5.1.20 插入图表

◆ 插入的图表对象源于报表的数据，因此有关图表对象的操作必须在数据状态下进行。
◆选择图表对象显示区域时，区域不能少于 2 行*2 列，否则会提示出现错误。

（3）单击“确认”按钮，如图 5.1.21 所示：

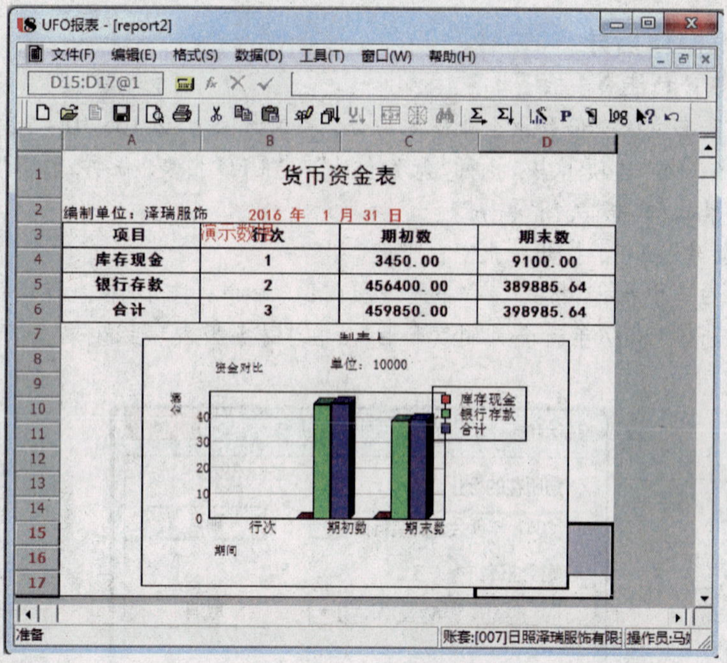

图 5.1.21　资金对比分析图

子项目 5.2　利用模板生成常用报表

任务框架

任务 1：利用报表模板生成资产负债表

任务 2：利用报表模板生成利润表

任务 3：利用报表模板生成现金流量表

用友软件提供了 UFO 报表模板，并定义好了公式，区分不同行业，提供企业常用的资产负债表、利润表、现金流量表、利润分配表等报表，企业可以利用报表模板直接生成所需的财务报表，进而简化了报表编制的工作。利用报表模板生成财务报表，是利用从总账系统中取得的有关会计数据，根据已经定义好的格式和公式，自动计算，实现报表快速准确的生成。

任务 1：利用报表模板生成资产负债表

※任务描述

利用报表模板生成日照泽瑞服饰有限责任公司 2016 年 01 月 31 日的资产负债表，命名资产负债表，并将其保存在“E\财务报表 \1 月报表”路径下。

※操作指导

1－1:调用资产负债表模板

(1)以 001 账套主管身份登录企业应用平台，登录时间为“2016－01－31”。

(2)在“业务工作”选项卡中，执行“财务会计”－“UFO 报表”命令，打开“UFO 报表”，系统提示“日积月累”，单击“关闭”按钮。

(3)单击“新建”按钮，打开一张空白报表。

(4)在该空白表中执行“格式”－“报表模板(M)”命令，打开“报表模板”对话框，在“你所在的行业”栏选择“2007 年新会计制度科目”，在“财务报表”栏选择“资产负债表”，如图 5.2.1 所示：

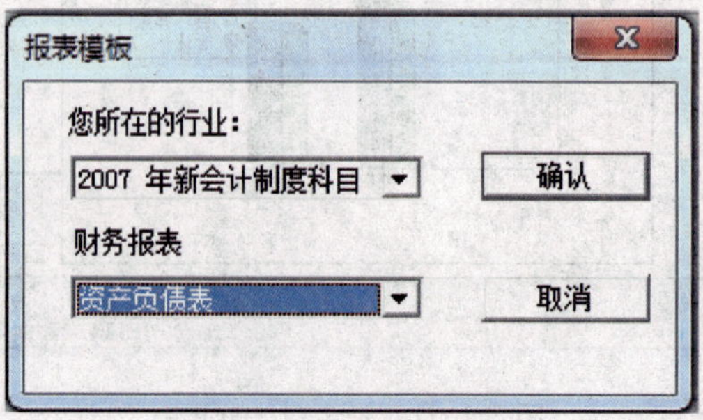

图 5.2.1　报表模板设置

(5)单击“确认”按钮，系统提示“模板格式将覆盖本表格式！是否继续?”，单击“确定”按钮，生成资产负债表模板，如图 5.2.2 所示：

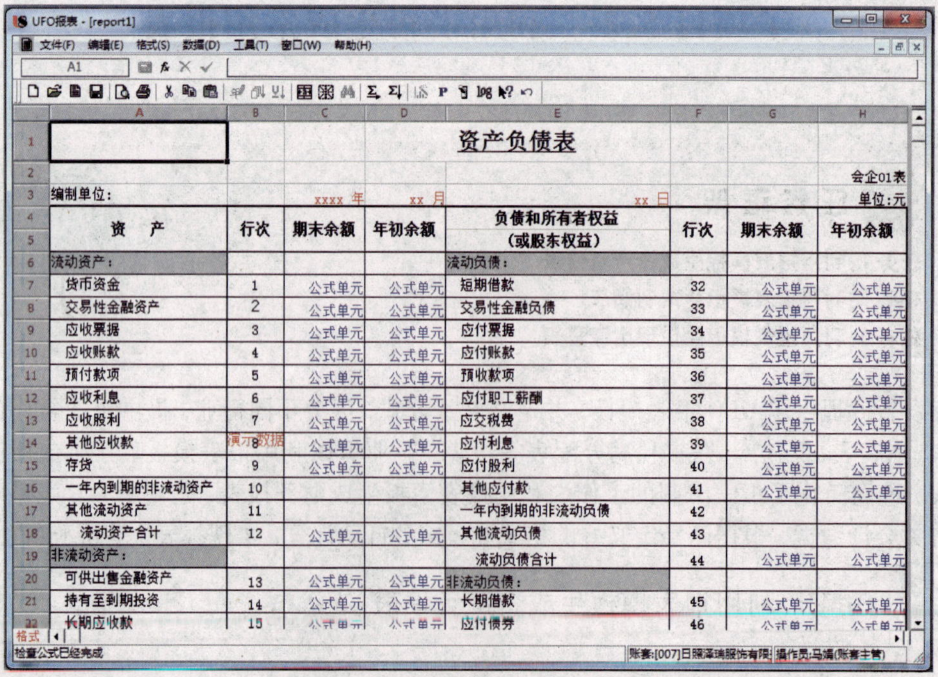

资产	行次	期末余额	年初余额	负债和所有者权益(或股东权益)	行次	期末余额	年初余额
流动资产:				流动负债:			
货币资金	1	公式单元	公式单元	短期借款	32	公式单元	公式单元
交易性金融资产	2	公式单元	公式单元	交易性金融负债	33	公式单元	公式单元
应收票据	3	公式单元	公式单元	应付票据	34	公式单元	公式单元
应收账款	4	公式单元	公式单元	应付账款	35	公式单元	公式单元
预付款项	5	公式单元	公式单元	预收款项	36	公式单元	公式单元
应收利息	6	公式单元	公式单元	应付职工薪酬	37	公式单元	公式单元
应收股利	7	公式单元	公式单元	应交税费	38	公式单元	公式单元
其他应收款	8	公式单元	公式单元	应付利息	39	公式单元	公式单元
存货	9	公式单元	公式单元	应付股利	40	公式单元	公式单元
一年内到期的非流动资产	10			其他应付款	41	公式单元	公式单元
其他流动资产	11			一年内到期的非流动负债	42		
流动资产合计	12	公式单元	公式单元	其他流动负债	43		
非流动资产:				流动负债合计	44	公式单元	公式单元
可供出售金融资产	13	公式单元	公式单元	非流动负债:			
持有至到期投资	14	公式单元	公式单元	长期借款	45	公式单元	公式单元
长期应收款	15	公式单元	公式单元	应付债券	46	公式单元	公式单元

图 5.2.2　资产负债表模板

1－2:**生成资产负债表数据**

(1)此时报表处于“格式”状态，单击“格式”，将报表从“格式”状态切换到“数据”状态。

(2)执行“数据”－“关键字”－“录入关键字”命令，如图 5.2.3 所示：

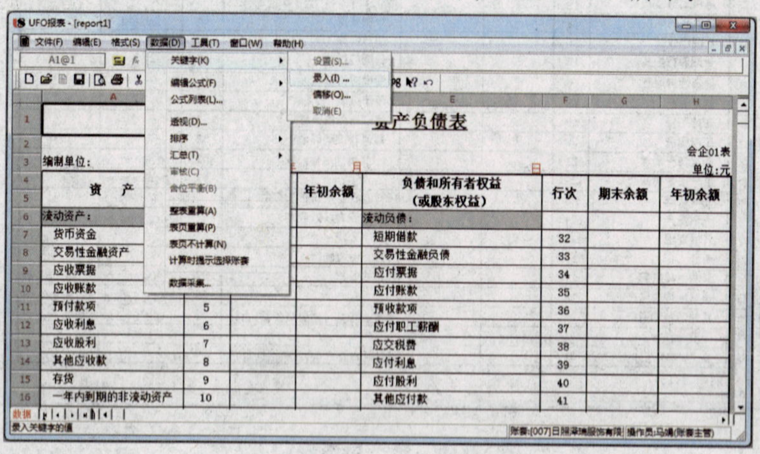

图 5.2.3　关键字录入

(3)打开“录入关键字”对话框，录入“2016 年 01 月 31 日”，如图 5.2.4 所示：

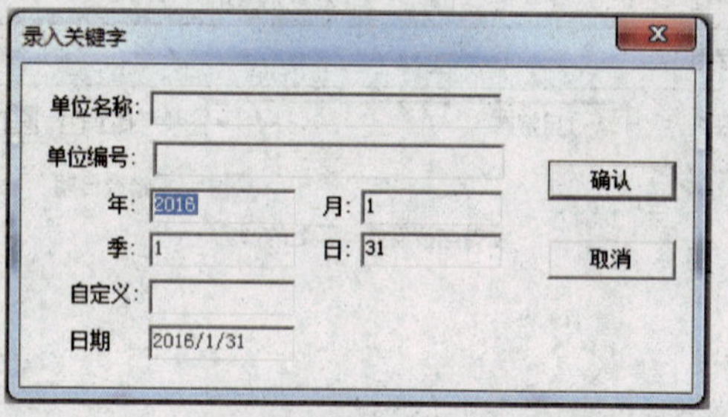

图 5.2.4　录入关键字

(4)单击“确认”按钮，系统提示“是否重算第 1 页?”,单击“是”，系统自动计算资产负债表各项目数据，计算结果如图 5.2.5 与 5.2.6 所示：

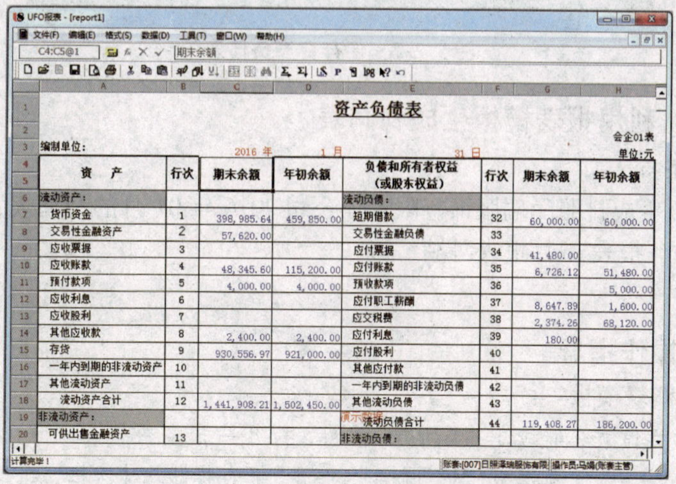

资产负债表

会企01表

编制单位:　　2016 年　1 月　31 日　　单位:元

资　产	行次	期末余额	年初余额	负债和所有者权益(或股东权益)	行次	期末余额	年初余额
流动资产:				流动负债:			
货币资金	1	398,985.64	459,850.00	短期借款	32	60,000.00	60,000.00
交易性金融资产	2	57,620.00		交易性金融负债	33		
应收票据	3			应付票据	34	41,480.00	
应收账款	4	48,345.60	115,200.00	应付账款	35	6,726.12	51,480.00
预付款项	5	4,000.00	4,000.00	预收款项	36		5,000.00
应收利息	6			应付职工薪酬	37	8,647.89	1,600.00
应收股利	7			应交税费	38	2,374.26	68,120.00
其他应收款	8	2,400.00	2,400.00	应付利息	39	180.00	
存货	9	930,556.97	921,000.00	应付股利	40		
一年内到期的非流动资产	10			其他应付款	41		
其他流动资产	11			一年内到期的非流动负债	42		
流动资产合计	12	1,441,908.21	1,502,450.00	其他流动负债	43		
非流动资产:				流动负债合计	44	119,408.27	186,200.00
可供出售金融资产	13			非流动负债:			

图 5.2.5　资产负债表(1/2)

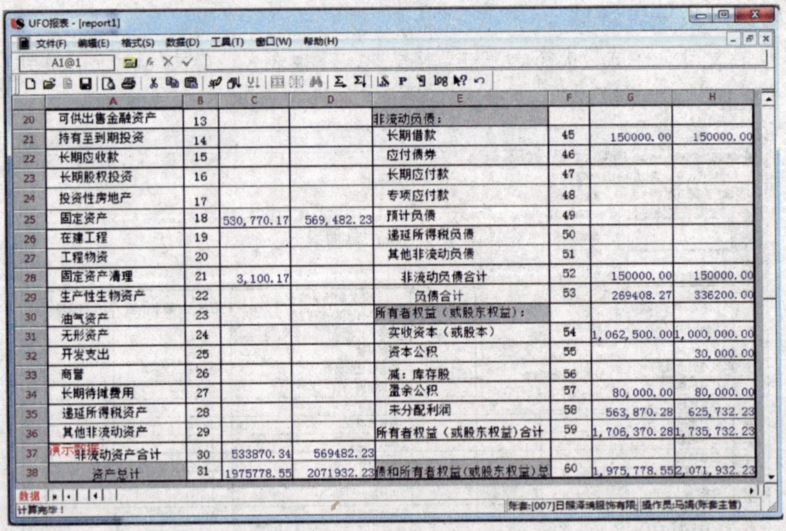

	A	B	C	D	E	F	G	H
20	可供出售金融资产	13			非流动负债：			
21	持有至到期投资	14			长期借款	45	150000.00	150000.00
22	长期应收款	15			应付债券	46		
23	长期股权投资	16			长期应付款	47		
24	投资性房地产	17			专项应付款	48		
25	固定资产	18	530,770.17	569,482.23	预计负债	49		
26	在建工程	19			递延所得税负债	50		
27	工程物资	20			其他非流动负债	51		
28	固定资产清理	21	3,100.17		非流动负债合计	52	150000.00	150000.00
29	生产性生物资产	22			负债合计	53	269408.27	336200.00
30	油气资产	23			所有者权益（或股东权益）：			
31	无形资产	24			实收资本（或股本）	54	1,062,500.00	1,000,000.00
32	开发支出	25			资本公积	55		30,000.00
33	商誉	26			减：库存股	56		
34	长期待摊费用	27			盈余公积	57	80,000.00	80,000.00
35	递延所得税资产	28			未分配利润	58	563,870.28	625,732.23
36	其他非流动资产	29			所有者权益（或股东权益)合计	59	1,706,370.28	1,735,732.23
37	演示数据 非流动资产合计	30	533870.34	569482.23				
38	资产总计	31	1975778.55	2071932.23	债和所有者权益(或股东权益)总	60	1,975,778.55	2,071,932.23

图 5.2.6　资产负债表(2/2)

(5)单击“保存”按钮，将资产负债表以“资产负债表.rep”命名，保存到“E\财务报表\1 月报表”文件夹下，如图 5.2.7 所示：

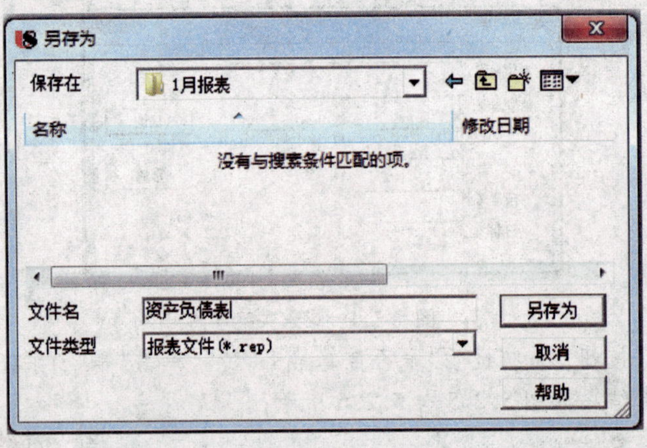

图 5.2.7　保存资产负债表

任务 2：利用报表模板生成利润表

※任务描述

利用报表模板生成日照泽瑞服饰有限责任公司 2016 年 01 月的利润表，命名利润表，并将其保存在“E\财务报表\1 月报表”路径下。

※操作指导

2－1：调用利润表模板

(1)关闭资产负债表，继续单击“新建”按钮，打开一张空白报表。

(2)执行“格式”－“报表模板(M)”命令，打开“报表模板”对话框，在“你所在的行业”栏选择“2007 年新会计制度科目”，在“财务报表”栏选择“利润表”，如图 5.2.8 所示：

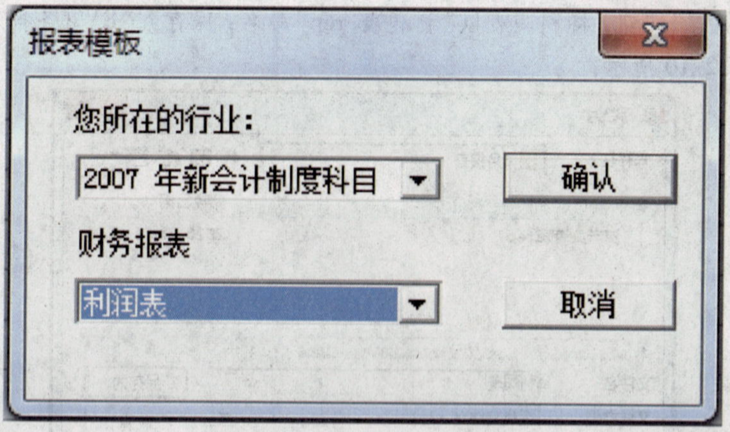

图 5.2.8　报表模板设置

(3)单击“确认按钮”，系统提示“模板格式将覆盖本表格式！是否继续?”，单击“确定”按钮，生成利润表模板。

2－2:生成利润表数据

(1)将报表从“格式”状态切换到“数据”状态，执行“数据”－“关键字”－“录入关键字”命令，打开“录入关键字”对话框，录入“2016 年 01 月”，单击“确认”按钮，系统提示“是否重算第 1 页?”，单击“是”，系统自动计算利润表各项目数据，计算结果如图 5.2.9 所示：

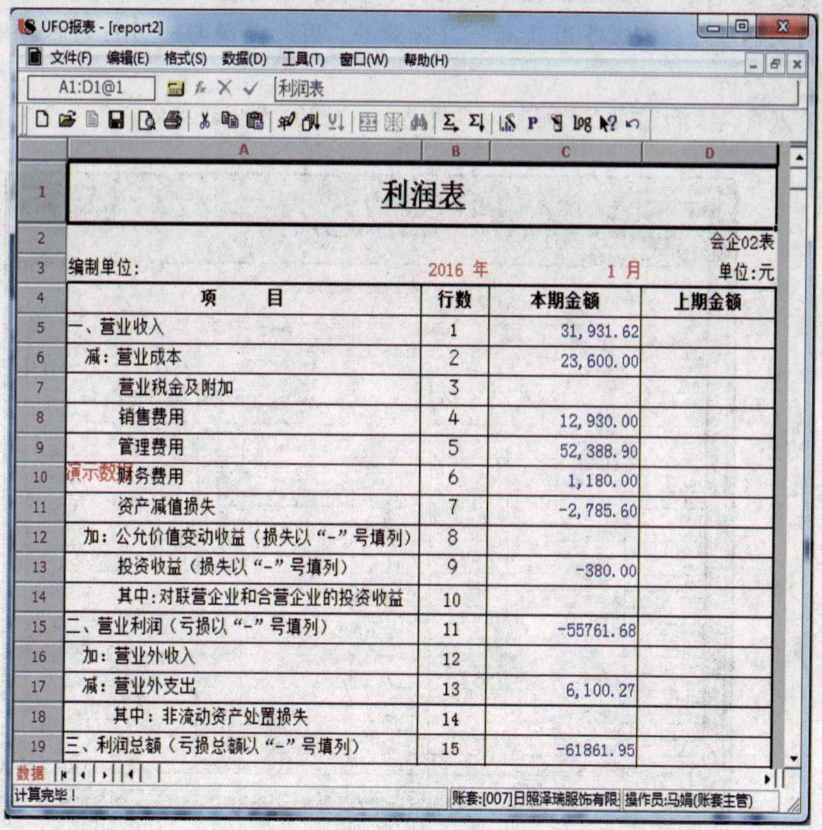

利润表

			会企02表
编制单位：	2016 年	1 月	单位:元
项　目	行数	本期金额	上期金额
一、营业收入	1	31,931.62	
减：营业成本	2	23,600.00	
营业税金及附加	3		
销售费用	4	12,930.00	
管理费用	5	52,388.90	
财务费用	6	1,180.00	
资产减值损失	7	-2,785.60	
加：公允价值变动收益（损失以“-”号填列）	8		
投资收益（损失以“-”号填列）	9	-380.00	
其中：对联营企业和合营企业的投资收益	10		
二、营业利润（亏损以“-”号填列）	11	-55761.68	
加：营业外收入	12		
减：营业外支出	13	6,100.27	
其中：非流动资产处置损失	14		
三、利润总额（亏损总额以“-”号填列）	15	-61861.95	

图 5.2.9　利润表

(2)单击“保存”按钮，将利润表以“利润表.rep”命名，保存到“E\财务报表\1 月报表”文件夹下，如图 5.2.10 所示：

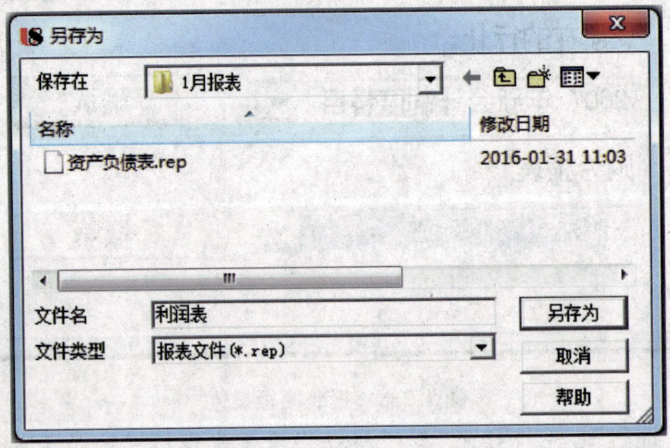

图 5.2.10　保存利润表

小提示

◆ 报表保存格式为 rep，保存后的报表名称为：资产负债表.rep 和利润表.rep

◆保存后的报表不能直接打开，需要进入账套，引入相应数据后，进入 UFO 报表，通过“打开文件”，选择相应的报表名称，才能打开。

◆资产负债表中“未分配利润”的期末与期初余额的差额，应该与利润表中本年累计的利润相等，本业务因只有一月份业务，因此差额与一月份的本期利润额相等。

◆资产负债表和利润表数据可以参看总账系统的“发生额及余额表”，见下表。

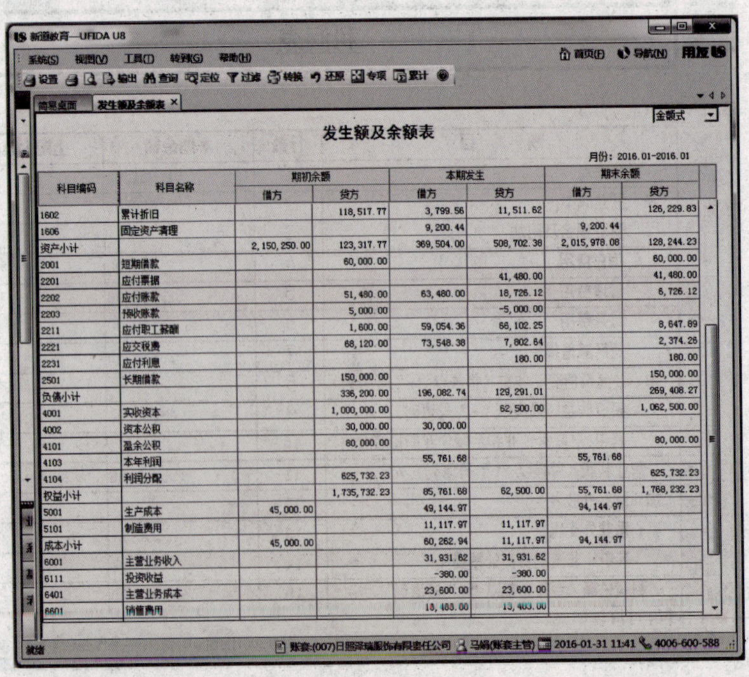

发生额及余额表

月份：2016.01-2016.01

科目编码	科目名称	期初余额		本期发生		期末余额	
		借方	贷方	借方	贷方	借方	贷方
1602	累计折旧		118,517.77	3,799.56	11,511.62		126,229.83
1606	固定资产清理			9,200.44		9,200.44	
资产小计		2,150,250.00	123,317.77	369,504.00	508,702.38	2,015,978.08	128,244.23
2001	短期借款		60,000.00				60,000.00
2201	应付票据				41,480.00		41,480.00
2202	应付账款		51,480.00	63,480.00	18,726.12		6,726.12
2203	预收账款		5,000.00		-5,000.00		
2211	应付职工薪酬		1,600.00	59,054.36	66,102.25		8,647.89
2221	应交税费		68,120.00	73,548.38	7,802.64		2,374.26
2231	应付利息				180.00		180.00
2501	长期借款		150,000.00				150,000.00
负债小计			336,200.00	196,082.74	129,291.01		269,408.27
4001	实收资本		1,000,000.00		62,500.00		1,062,500.00
4002	资本公积		30,000.00	30,000.00			
4101	盈余公积		80,000.00				80,000.00
4103	本年利润			55,761.68		55,761.68	
4104	利润分配		625,732.23				625,732.23
权益小计			1,735,732.23	85,761.68	62,500.00	55,761.68	1,768,232.23
5001	生产成本	45,000.00		49,144.97		94,144.97	
5101	制造费用			11,117.97	11,117.97		
成本小计		45,000.00		60,262.94	11,117.97	94,144.97	
6001	主营业务收入			31,931.62	31,931.62		
6111	投资收益			-380.00	-380.00		
6401	主营业务成本			23,600.00	23,600.00		
6601	销售费用			18,483.00	18,483.00		

任务 3：利用报表模板生成现金流量表

※任务描述

利用报表模板生成日照泽瑞服饰有限责任公司 2016 年 01 月的现金流量表，命名现金流量表，并将其保存在“E\财务报表\1 月报表”路径下。

※操作指导

3－1：调用现金流量表模板

(1)关闭利润表，继续单击“新建”按钮，打开一张空白报表。

(2)执行“格式”－“报表模板(M)”命令，打开“报表模板”对话框，在“你所在的行业”栏选择“2007 年新会计制度科目”，在“财务报表”栏选择“现金流量表”。

(3)单击“确认按钮”，系统提示“模板格式将覆盖本表格式！是否继续?”，单击“确定”按钮，生成现金流量表模板。

3－2：调整报表模板公式

(1)在“格式”状态下，选中“C6 销售商品、提供劳务收到的现金的本期金额”，执行“数据”－“编辑公式”－“单元公式”命令，弹出来“定义公式”对话框，如图 5.2.11 所示：

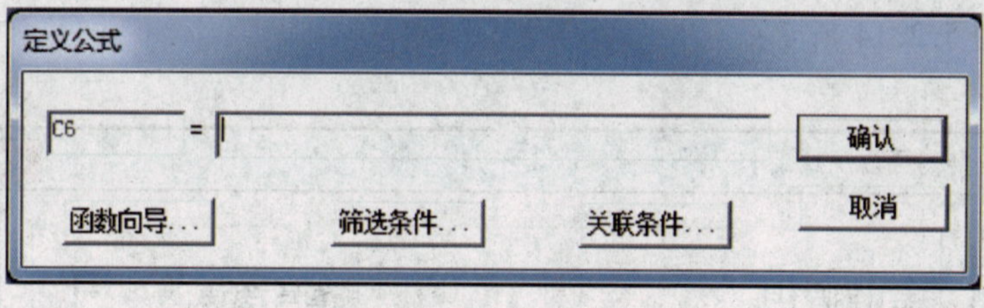

图 5.2.11　定义公式

(2)单击“函数向导”按钮，打开“函数向导”对话框，选择左侧函数分类(C)下的“用友账务函数”，单击右侧函数名(N)的“现金流量项目金额(XJLL)”，如图 5.2.12 所示：

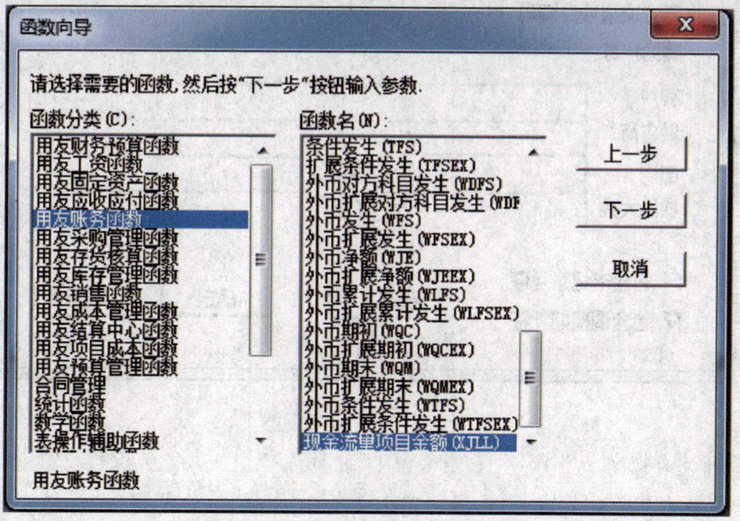

图 5.2.12　函数向导

(3)单击“下一步”按钮，打开“用友账务函数”窗口，如图 5.2.13 所示：

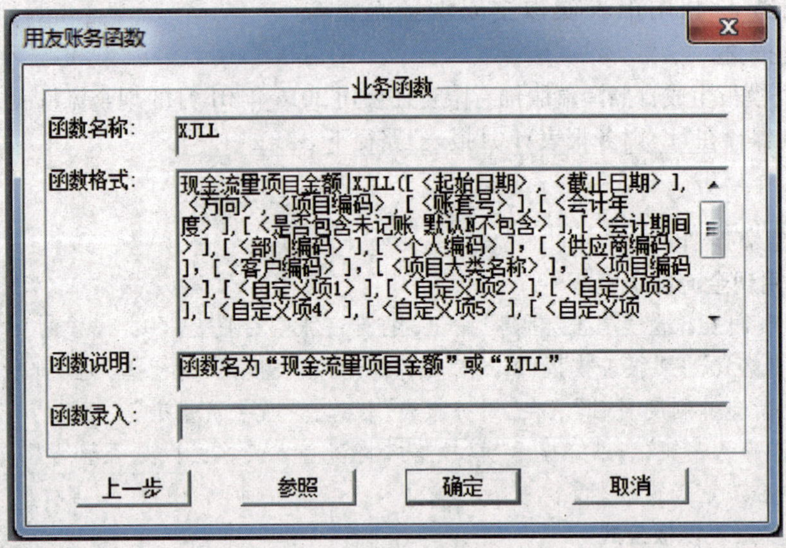

图 5.2.13 用友账务函数

(4)单击“参照”按钮，打开“账务函数”窗口，方向默认“流入”，在现金流量项目编码处选择“01”，如图 5.2.14 所示：

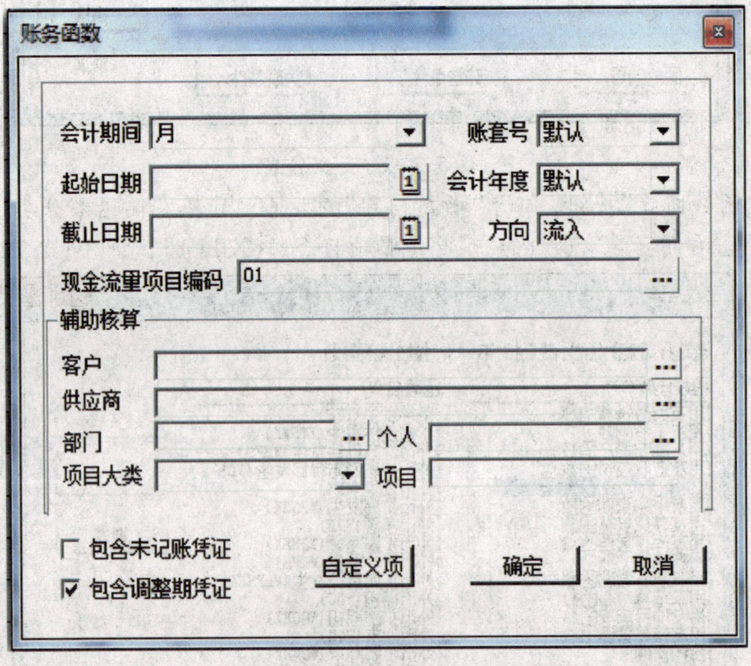

图 5.2.14 账务函数

(5)单击“确定”按钮，“账务函数”窗口关闭，“用友账务函数”窗口的“函数录入”公式设定成功，单击“确定”按钮退出，“定义公式”窗口公式定义成功，如图 5.2.15 和 5.2.16 所示：

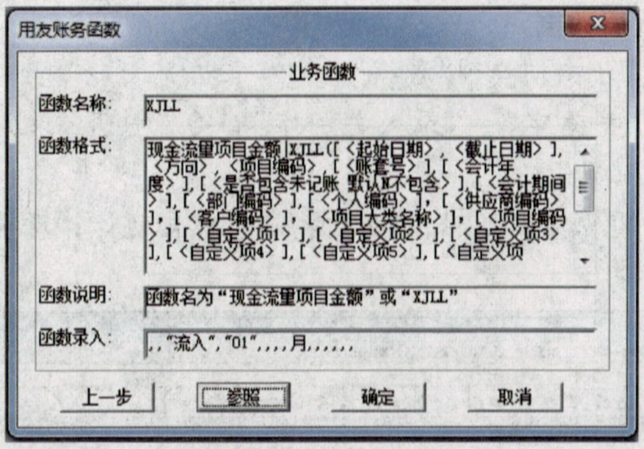

图 5.2.15　设定好公式的用友账务函数

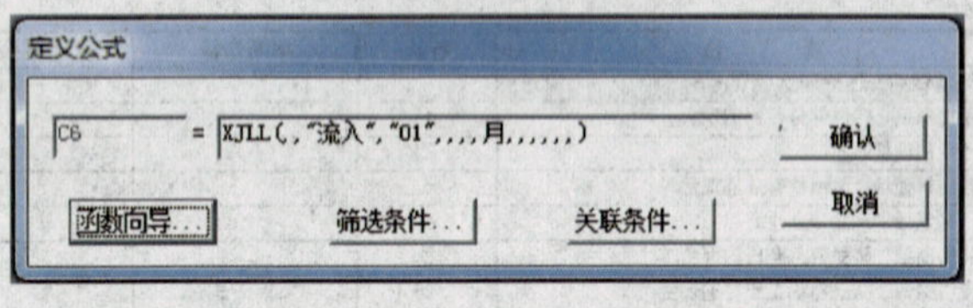

图 5.2.16　定义公式成功

(6)单击“确认”按钮，返回现金流量表模板，C6格显示蓝字的“公式单元”，同理给其他单元格定义公式。

小提示

◆ 给单元格定义公式，可以通过函数向导，也可以直接输入。

◆ 定义现金流量公式时，应注意方向问题，如给“C10 购买商品支付劳务支付的现金”定义公式时，方向应选择“流出”。

◆系统已经对小计、现金流量净额等设定好了公式，可直接使用。

◆ 生成的现金流量表可以参考“总账系统”-“出纳”-“现金流量表”-“现金流量统计表”，如下表所示。

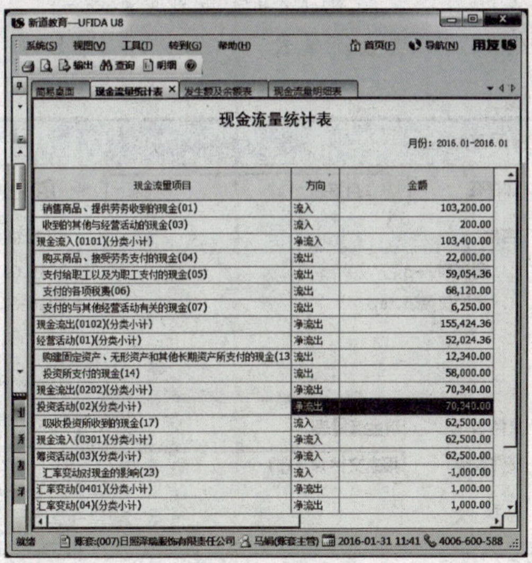

现金流量统计表

月份：2016.01-2016.01

现金流量项目	方向	金额
销售商品、提供劳务收到的现金(01)	流入	103,200.00
收到的其他与经营活动的现金(03)	流入	200.00
现金流入(0101)(分类小计)	净流入	103,400.00
购买商品、接受劳务支付的现金(04)	流出	22,000.00
支付给职工以及为职工支付的现金(05)	流出	59,054.36
支付的各项税费(06)	流出	68,120.00
支付的与其他经营活动有关的现金(07)	流出	6,250.00
现金流出(0102)(分类小计)	净流出	155,424.36
经营活动(01)(分类小计)	净流出	52,024.36
购建固定资产、无形资产和其他长期资产所支付的现金(13	流出	12,340.00
投资所支付的现金(14)	流出	58,000.00
现金流出(0202)(分类小计)	净流出	70,340.00
投资活动(02)(分类小计)	净流出	70,340.00
吸收投资所收到的现金(17)	流入	62,500.00
现金流入(0301)(分类小计)	净流入	62,500.00
筹资活动(03)(分类小计)	净流入	62,500.00
汇率变动对现金的影响(23)	流入	-1,000.00
汇率变动(0401)(分类小计)	净流出	1,000.00
汇率变动(04)(分类小计)	净流出	1,000.00

就绪　账套:(007)日照泽瑞服饰有限责任公司　马娟(账套主管)　2016-01-31 11:41　4006-600-588

现金流量统计表

3 -3:生成现金流量表数据

(1)将报表从“格式”状态切换到“数据”状态

(2)执行“数据”-“关键字”-“录入关键字”命令，打开“录入关键字”对话框，录入“2016 年 01 月”，单击“确认”按钮。

(3)系统提示“是否重算第 1 页?”,单击“是”，系统自动计算现金流量表各项目数据，计算结果如图 5.2.17 所示：

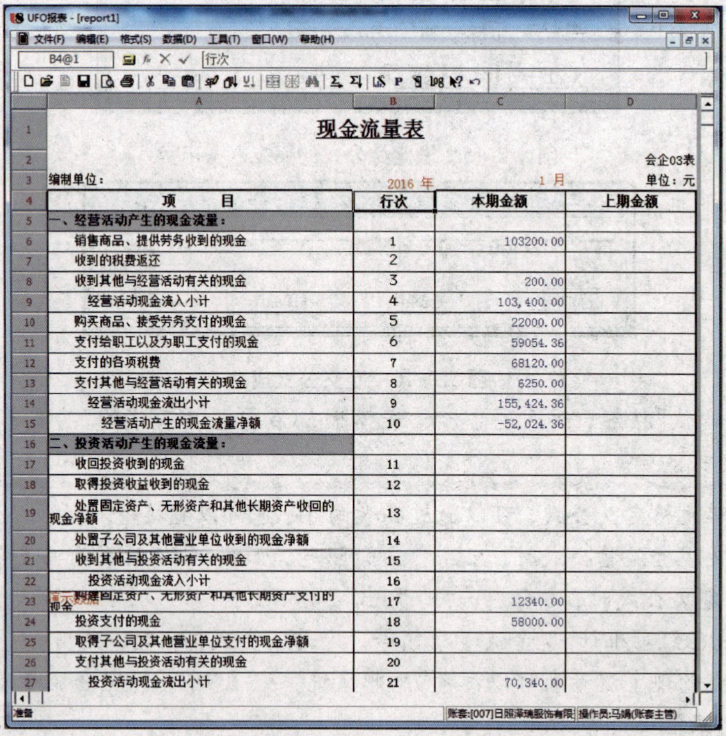

图 5.2.17 现金流量表

(4)单击“保存”按钮，以“现金流量表”命名，保存到“E\财务报表\1 月报表”文件夹下，如图 5.2.18 所示：

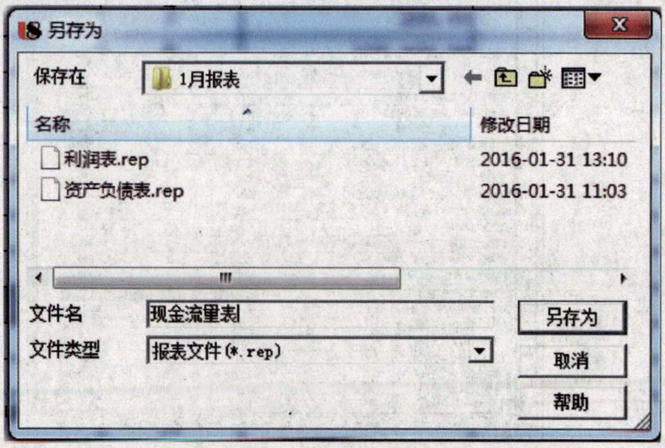

图 5.2.18 保存现金流量表

常见错误分析

序号	问题描述	原因分析	解决方案
1	货币资金表数据错误	凭证未全部记账;公式设置错误	检查所有凭证是否已经审核入账;检查货币资金表的公式所选择的函数是否正确
2	报表从“格式”状态转到“数据”状态，报表没有生成	没有录入关键字	根据任务要求，录入正确的关键字
3	资产负债表的“日”为灰色，无法录入关键字	没有 将“日”设成关键字	资产负债表需要反映某一时点数据，因此在“格式”状态下，将“日”设成关键字
4	录入关键字，报表数据不正确	引入模板时，行业性质选择错误	关闭，重新引入模板，选择“2007 新会计制度科目”，与建立账套信息相一致
5	资产负债表期初、期末数字相等	凭证没有记账	执行凭证的审核、出纳签字并记账，然后重新生成报表
6	利润表与资产负债表的勾稽关系不正确	报表数据有错误	对照总账系统“科目发生额及余额表”的数据，比对哪个项目出现问题，进行修正
7	资产负债表不平	损益类科目有余额、凭证未完全记账等	对照总账系统“科目发生额及余额表”的数据，查找原因
8	现金流量表数据与“现金流量统计表”数据不一致	公式定义错误	检查公式定义时，是否将应该设置成“流出”的，错设成“流入”

项目小结

编制财务报表		
子项目	任务列表	学习内容
编制自定义报表	1. 设置报表格式	设置表尺寸
		定义组合单元
		表格画线
		设置单元属性
		定义报表行高列宽
		设置关键字
		定义单元公式
	2. 报表数据与图表	输入关键字
		根据报表数据插入图表
利用模板生成常用报表	1. 利用报表模板生成资产负债表	调用资产负债表模板
		生成资产负债表数据
		保存报表
		打开报表
	2. 利用报表模板生成利润表	调用利润表模板
		生成利润表数据
	3. 利用报表模板生成现金流量表	调用现金流量表模板
		设计现金流量表公式
		生成现金流量表数据

参考文献

(1)张洪波.会计信息化(M).北京:高等教育出版社,2011
(2)庄胡蝶.会计信息化(M).北京:高等教育出版社,2014
(3)汪刚.会计信息系统实验(M).北京:高等教育出版社,2013
(4)亓文会.会计电算化项目教程(M).北京:北京大学出版社,2012
(5)谈先球.会计电算化实务(M).北京:教育科学出版社,2013
(6)牛永芹.ERP 财务管理系统实训教程(M).北京:高等教育出版社,2015
(7)李爱红.会计电算化项目教程(M).北京:中国财政经济出版社,2015
(8)王新玲.会计信息系统实验教程(M).北京:清华大学出版社,2014